근대시의 이념들

근대시의 이념들

초판인쇄 2020년 6월 30일 **초판발행** 2020년 7월 10일
지은이 고봉준 **펴낸이** 박성모 **펴낸곳** 소명출판 **출판등록** 제13-522호
주소 서울시 서초구 서초중앙로6길 15, 1층
전화 02-585-7840 **팩스** 02-585-7848
전자우편 somyungbooks@daum.net **홈페이지** www.somyong.co.kr

값 25,000원
ISBN 979-11-5905-513-3 93810

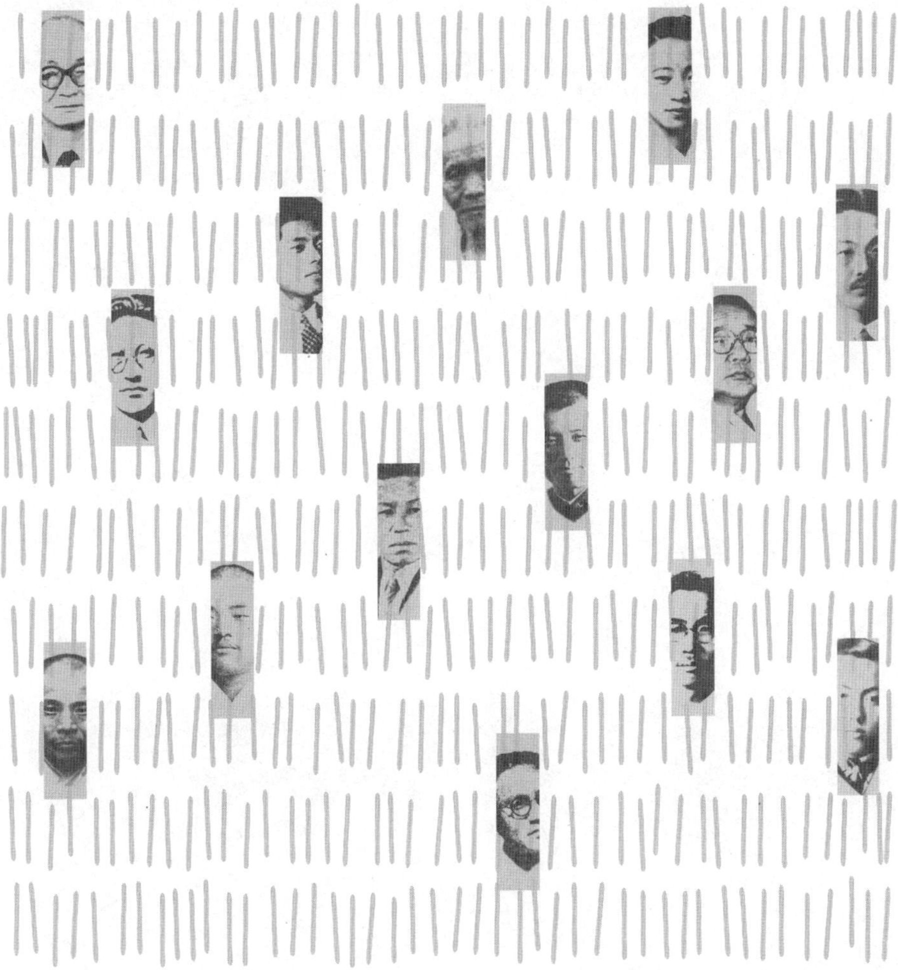

고봉준 지음

근대시의 이념들

THE IDEAS OF MODERN POETRY

소명출판

책을 내면서

두 번째 연구서를 묶는다. 그동안 발표한 글 가운데 해방 이전의 시와 비평을 대상으로 한 것들을 모았다. '모더니티'와 '미적근대성' 개념을 중심으로 이상李箱과 김수영 문학을 비교하여 박사학위를 받은 후, 나는 1960년대 이후의 시문학에 관해 집중적으로 공부할 계획이었다. 새로운 방법론이나 시각에 근거하여 근대문학을 재해석하는 작업도 매력적일 수 있으나 1960년대, 소위 4·19 이후의 문학을 본격적으로 연구함으로써 문학연구의 동시대성을 확보하고 싶었다. 이런 점에서 학위논문 이후 일제 후반기 문학에 관심을 갖게 된 데는 우연의 역할이 컸다. 구체적으로 말하자면 '근대의 초극'이라는 담론의 유혹이 컸던 듯하다. 1990년대 한국문학 연구에서 '근대성/모더니티' 개념의 위치는 매우 특별했는데, 그러한 연구 경향이 1937년 이후 일본과 조선에서 등장한 '근대의 초극', '근대 비판' 담론을 한층 돋보이게 만들었다. 민족문학의 시각으로 보면 이 시기는 암흑의 핵심을 향해 나아가는 부정적 시간이었지만, 이 시기는 담론이 창작의 수준을 압도한 때, 특히 그것의 추상적 수위가 상당히 높은 시기였다고 말할 수 있다. 특히 이 시기 일본에서 발신된 '근대의 초극' 담론은 2000년을 전후하여 국내에 집중적으로 소개된 다양한 '포스트' 담론과 뒤섞임으로써 근대문학 연구에 새로운 바람을 불어넣었다. 하지만 일제 후반기는 담론과 실제 창작 간의 수준 차이가 그 어느 때보다 컸던, 사실상 담론과 비평이 창작을 압도해버린 시기이기도 했다. 이런 이유로 이 시기는 '비평'을 중심으로 문학사의 경향과 흐름을 이해하려는 욕망을 지닌 연구자에게 더없이 매력적인 시기로 받아들여졌다. 이 책 1부에 수록된 글에는 이런 담론에 열광한 흔적이 종종 발견된다.

하지만 어느 시대에나 담론과 창작 사이에는 일정한 간극이 존재하기 마련이다. 그리고 '문학'에서 이 차이는 이론이나 담론으로 채워지지 않는다는 것 또한 사실이다. 비록 추상적일지라도 담론의 수준과 방향성에는 일정한 가치가 존재하기 마련이다. 하지만 그 추상성이 실제 창작과 연결되지 않으면, 그리하여 작품이라는 형식으로 독자에게 전달되지 않으면 그것의 영향력은 축소될 수밖에 없다. 바로 이 지점에서 문학연구는 '담론' 연구로 흐르는 경향을 노출한다. 이러한 문제의식으로 인해 문학 작품을 중심으로 일제 후반기 상상력의 지형을 확인해야 한다는 생각을 갖게 되었다. 2부에서는 '근대시=자유시' 등식에서 시작된 한국시의 흐름이 일제 후반기 '향토성', '고향', '동양적인 것', '조선적인 것'에 대한 관심을 거쳐 어떻게 '국민시' 담론으로 나아갔는가를 주로 살폈다. 이 맥락에서 중요한 논점은 1930년대 말~1940년대 초에 집중적으로 등장한 '향토성'과 '고향'에 대한 시적 상상력의 성격과 의미를 어떻게 해석하느냐는 문제였다. 이 시기 문학에서 자주 목격되는 '전통'이나 '동양'이라는 기호를 민족적 · 저항적 맥락에서 해석하는 연구들이 많지만, 그것은 생각처럼 간단 · 명료한 문제가 아니다. 조선과 일본은 '근대'를 서구화의 방식으로 경험했기에 일정 시기까지는 문학 역시 '서구=보편'이라는 등식을 벗어나지 않았다. 하지만 '근대의 초극'이라는 담론이 유행처럼 번지고 급기야 '모더니즘'의 역사적 의미가 한계가 이르렀다는 진단이 등장하면서 그러한 기존 흐름에 대한 반발의 성격으로 재조명되기 시작한 것이 바로 향토, 전통, 동양(조선) 등의 기호들이었기 때문이다. 이러한 논의 지형하에서 '조선적인 것'의 의미를 되묻는 일은 결코 단선적일 수 없다. 2부에서는 실제 작품 분석을 통해 이 물음에 대답하려고 했다.

3부에는 근대시사에서 중요한 시인이나 주제에 관해 쓴 글들을 배치했다. 여기에 수록된 글들 중에는 '밤'이라는 테마를 중심으로 윤동주의 시세계를 분석한 글과 '동양'이라는 테마를 중심으로 김종한의 국민문학론과 신민요론이 지닌 역사적 맥락을 살핀 글에 각별한 애정을 갖고 있다. 식민지 후반기라는 동일한 시대를 산 두 시인이 맑고 투명한 서정의 언어로 펼쳐 보인 세계와 삶의 방향이 너무도 달랐다는 사실은 식민지 시대의 문학과 작가의 삶에 대해 생각할 때 우리가 간과해선 안 되는 지점이다. 또한 이들의 시는 '서정'과 '현실'이 부딪혀 만들어내는 파문의 양상이 어떻게 상이하게 나타날 수 있는가를 보여주는 좋은 실증이기도 하다.

첫 번째 연구서를 출간하고 12년이 지났다. 문학을 공부하면서 내가 깨달은 한 가지는 글을 쓰는 일이 지극히 이기적인 행위라는 사실이다. 예전에는 글을 쓰는 일이 세상과 관계를 맺는 방식의 하나라고 생각했는데, 다시 생각해보니 그것은 세상과 단절하는 방식이기도 했다. 시선과 의식이 세상을 향하고 있을 때 나는 쓰지 못했고, 책상 앞에 앉아서 읽고 쓸 때 나는 세상에 대해 무심한 시간을 보냈다. 그런데 타인에 대해, 세상에 대해 무심할 때, 내 주변인들은 그 무심함으로 인해 힘든 시간을 보내야 했을 것이다. 글을 쓴다는 것은 어쩌면 가까운 사람들에게 죄를 짓는 것일 수도 있지 않을까. 매일 새벽까지, 주말에도 밀린 글을 쓰느라 학교에 머물고 있으면 종종 아이들의 얼굴이 밟혔다. 남편과 아빠가 없는 시간을 잘 견뎌준 가족에게 감사와 미안한 마음을 함께 전하고 싶다. 어려운 출판 환경에도 불구하고 선뜻 출간을 맡아준 박성모 사장님을 비롯하여 소명출판 편집자들께도 머리 숙여 감사의 인사를 드린다.

2020년 5월

고봉준

차례

책을 내면서 _____ 3

제1부 ● '근대의 초극'이라는 담론

제1장 **일제 말기 근대비판 담론의 시간성 연구** _____ 15
세계사 · 전통 · 비상시

1. 일제 후반기와 근대 비판담론의 등장 _____ 15
2. 근대의 초극과 '세계사'라는 틀 _____ 18
3. '진보'에서 '전통'으로 _____ 27
4. '비상시', 예외상태의 정상성 _____ 33

제2장 **1930년대 비평장과 휴머니즘** _____ 40
김오성의 네오휴머니즘을 중심으로

1. 전형기 비평과 휴머니즘 _____ 40
2. 네오휴머니즘 – 행동적 휴머니즘과 능동주의 _____ 42
3. 네오휴머니즘과 일본 사상계의 영향관계 _____ 49
4. 구상력의 논리와 새로운 미토스의 출현 _____ 57
5. 나오며 _____ 63

제3장 **전형기 비평의 논리와 국민문학론** _____ 65
최재서의 비평을 중심으로

1. 전형기 위기론과 비평적 대응 _____ 65
2. 보편의 상실과 현대의 혼돈 _____ 67
3. 내선일체의 (불)가능성과 조선적인 것 _____ 72
4. 식민지와 제국, 그 욕망의 공모로서의 국민문학 _____ 78
5. 나오며 _____ 89

제4장 **일제 말기 신세대론 연구** _____ 92

1. 신세대 대망론 _____ 92
2. 전형기 비평의 과제와 세대논쟁 _____ 94
3. 세대론과 역사철학 _____ 102
4. 시의 주조변화와 모더니즘의 퇴조 _____ 106
5. 나오며 _____ 119

제2부 ● 근대시 · 자유시 · 국민시

제1장 **1910~1920년대 '자유시' 논의에 나타난 장르적 무의식** _____ 123

1. '새로운 시'와 '근대시=자유시' 등식 _____ 123
2. 프랑스 상징주의의 문학 이념과 계보 _____ 127
3. 상징주의의 낭만주의적 전유와 '시가'의 전통 – 황석우와 현철의 경우 _____ 133
4. 선택과 배제, 상징주의의 굴절과 '노래'의 전통 – 김억의 경우 _____ 139
5. 나오며 _____ 149

제2장 **일제 후반기 국민시의 성격과 형식** _____ 151

1. 일제 후반기 문학과 시기 구분의 문제 _____ 151
2. 국민문학, 고쿠민분가쿠의 조선적 형식 _____ 155
3. 문학 이념으로서의 국민시, 주체로서의 국민 _____ 160
4. 국민시의 시형詩形과 예술성 _____ 165
5. 1930년대 후반 담론의 지형과 국민시 _____ 172

제3장 **일제 후반기 시에 나타난 향토성 문제** ____ 175

1. 들어가며 ____ 175
2. '조선적인 것'과 '로컬'이라는 문제 ____ 177
3. 백석과 임학수 – 향토성의 두 가지 가능성 ____ 189
4. 나오며 ____ 197

제4장 **고향의 발견** ____ 199
1930년대 후반시와 '고향'

1. 1930년대와 '고향' 상실 ____ 199
2. 근대시와 '고향' ____ 201
3. 낭만적 동경과 무한한 전체로서의 고향 – 노천명의 경우 ____ 207
4. 고향상실의 세대적 의미와 모더니티 – 김광균의 경우 ____ 213
5. 사상의 거처로서의 고향 – 조벽암의 경우 ____ 219
6. 나오며 ____ 223

제5장 **일제 후반기의 담론 지형과 『문장』** ____ 225

1. 들어가며 ____ 225
2. 『문장』 이전의 '전통' 담론 ____ 227
3. 『문장』의 위치 ____ 232
4. 비非표상으로서의 '조선적인 것' ____ 236
5. 환상의 붕괴, 그 이후의 전통주의 ____ 248

제3부 ● 근대시의 문턱들

제1장 **'사건' 으로서의 3 · 1운동과 1920년대 시문학** _____ 255
한용운의 『님의 침묵』과 최남선의 『백팔번뇌』의 의미

1. 3 · 1운동, '오해'와 '소문' 사이에서 _____ 255
2. '사건'으로서의 3 · 1운동 _____ 260
3. 『님의 침묵』 – 역설의 논리와 '마음'의 철학 _____ 266
4. 『백팔번뇌』 – 문화와 민족, 그리고 '조선적인 것' _____ 280
5. 나오며 _____ 291

제2장 **만해 사상과 근대기획** _____ 293

1. 들어가며 _____ 293
2. 『조선불교유신론』과 불교의 근대성 _____ 295
3. 『조선독립의 서』, 자유와 평등의 실천 _____ 303
4. 신간회, 사회운동과 민족운동의 매개 _____ 308
5. 나오며 _____ 313

제3장 **윤동주 시의 세계 이해** _____ 317
'밤'과 '성찰'의 연관성을 중심으로

1. 들어가며 _____ 317
2. 윤동주 시에서 밤과 서정의 관련성 – '밤' 표제작을 중심으로 _____ 320
3. 서정적 세계의 입구로서의 '밤'과 '성찰' _____ 333
4. 나오며 _____ 346

제4장 **동양적인 것의 슬픔, 또는 시적 초월의 이율배반** _____ 347
미당의 '친일문학'을 읽는 한 가지 방식
1. 들어가며 _____ 347
2. '국민시(가)'라는 문제 _____ 349
3. 서정주의 '국민시' 이해와 문학적 보편주의 _____ 355
4. 일본낭만파의 전통론과 초월주의의 영향 _____ 362

제5장 **'동양' 의 발견과 국민문학** _____ 371
김종한론
1. 신민요와 노스텔지어의 정신 _____ 371
2. 동양적 예술관과 신지방주의 _____ 377
3. 국민시의 두 방향 _____ 385
4. 나오며 _____ 395

제6장 **1930년대 후반 시의 도시표상 연구** _____ 397
오장환, 김광균, 박팔양을 중심으로
1. 1930년대 시와 도시 _____ 397
2. 오장환 – 식민지 근대성과 병리성의 공간 _____ 401
3. 김광균 – 현대의 방향상실과 분열된 낭만주의 _____ 410
4. 박팔양 – 센티멘탈리즘의 극복과 과도기적 양가성 _____ 417
5. 나오며 _____ 426

초출일람 _____ 430

제1부

'근대의 초극'이라는 담론

일제 말기 근대비판 담론의 시간성 연구

1930년대 비평장場과 휴머니즘

전형기 비평의 논리와 국민문학론

일제 말기 신세대론 연구

제1장

일제 말기 근대비판 담론의 시간성 연구

세계사 · 전통 · 비상시

1. 일제 후반기와 근대 비판담론의 등장

중일전쟁에서 태평양전쟁에 이르는 일제 후반기에 일본과 조선의 지성계에서는 근대비판 담론이 유행처럼 번졌다. 탈脫근대론의 성격을 띠고 있는 이 담론은 오늘날 세계 패권을 노린 친일파시즘의 이데올로기 정도로 폄하되거나, 심지어 "전쟁과 파시즘의 이데올로기조차 되지 못했다"[1]는 부정적인 평가를 벗어나지 못하지만, 다케우치 요시미도 인정했듯이 '근대의 초극'이라는 말은 "전쟁 중 일본의 지식인을 사로잡은 유행어 중 하나"였으며, 심지어 중일전쟁 이후 식민지 조선에서도 상당한 영향력을 행사한 것처럼 보인다. 1930년대를 '전형기', '전환기'로 인식하는 태도는 조선에서 매우 일반화되어 있었다. 이 시기 일본과 조선에서는 서구의 자

1 나는 「근대의 초극」의 최대의 유산은 그것이 전쟁과 파시즘의 이데올로기였다는 점이 아니라, 전쟁과 파시즘의 이데올로기조차도 되지 못했다는 점, 다시 말해 사상 형성을 목표로 삼았지만 사상 상실이라는 결과를 낳았다는 점에 있다고 생각한다(다케우치 요시미, 서광덕 · 백지운 역, 『일본과 아시아』, 소명출판, 2004, 79면).

연주의와 자본주의를 근대의 핵심으로 보면서 이를 초극해야 한다는 주장도 있었고, 과학주의와 휴머니즘이 서구적 근대의 본질로 지목되기도 했으며, 근대의 역사주의적 시간 개념을 비판하고 '전통'의 의미를 새롭게 부각시키기도 했고, '우리 안의 서양'에 대한 극복이 주창되기도 했다. 물론 제국 일본에서 발원된 이 담론은 국가적 통합과 전체주의적 태도를 견지하고 있었고, 일본의 자기중심성을 노정함으로써 주변 민족들을 계몽과 동일화의 대상으로만 바라보았으며, 특히 천황을 통합의 절대적인 중심으로서의 상정함으로써 천황제 파시즘이라는 비판의 여지를 남기고 있다. 그들은 서구 극복의 대안이 아시아(동양)라고 주장했지만 '아시아'는 일본의 또 다른 이름에 불과했고, 근대를 극복해야 한다고 주장했지만 극복의 방식은 여전히 근대적이라는 한계를 드러내기도 했다. 이러한 비판을 앞세워 이 시기의 근대비판 담론에서 제국주의 침략전쟁을 정당화하는 논리를 끄집어내는 것은 그다지 어려운 일은 아니다. 그렇지만 침략전쟁의 이데올로기로 쓰였다는 이유가 한 담론의 정당성을 부정하는 근거가 되는 것 또한 아니다. 특히 일제 후반기 조선의 담론장에서는 김기림, 김남천, 서인식 등처럼 천황제 파시즘의 이데올로기와는 거리를 두면서도 직간접적으로 서구적 근대의 극복을 모색하려 했던 지식인들이 상당수 존재했기 때문이다.

신체제 시기였던 1940년대 초, 김남천의 리얼리즘론은 세계사적 전환기에 직면하여 구질서(근대)의 극복과 신질서(현대)의 건설이라는 신체제 이념과의 연관성 속에서 전개되었고, "조선은 근대사회를 그 성숙한 모양으로 이루어 보지도 못하고 근대정신을 그 완전한 상태에서 체득해

보지도 못한 채 인제 '근대' 그것의 파국에 좋든 궂든 다닥치고 말았다"[2] 라는 진술로 가시화된 김기림의 곤혹스러움에서도 근대 극복이 시대적인 화두로 등장한 당시의 분위기를 읽을 수 있다. "앞으로 기대되는 신질서 건설에는 제 민족이 민족의 자격으로 참가할 것"이며, "한 민족을 건질 수 있는 것은 동시에 세계적인 원리"여야만 하고, '근대의 파산'을 "단순한 서양사의 전환이라고 부르지 않고 보다 더 함축 있는 의미에서 세계사의 전환"이라 칭하며, 세계사적 전환의 원리를 발견이 "구라파만의 당면한 특권"이 아니라 제 민족이 "선후의 구별없이 한데 모여서게 되는 것"이라고 주장하며 "초조와 흥분"을 감추지 못한 김기림의 모습에서 우리는 근대비판 담론이 당시 조선의 담론장에서 어떻게 기능하고 있었는가를 엿볼 수 있다. 김기림도 지적했듯이, 당시 일본과 조선의 지식인들에게 1940년 6월 '파리의 낙성'은 서구 근대의 파산을 알리는 상징적인 사건이었고, 세계적 대공황에서 시작되어 1940년 4월 남경의 신정부 수립과 7월에 발표된 제2차 코노에 내각의 신체제 수립 성명으로 이어지는 세계의 정치적 현실은 "구라파적 질서(원리)"의 극복, 즉 근대의 초극이 더 이상 허황된 논리만은 아님을 실감하게 했다. 이런 이유로 우리는 친일 파시즘에 대한 개별 지식인들의 정치적 태도상의 차이에도 불구하고 일제 후반기 담론의 중핵을 근대비판, 즉 '근대초극론'이라고 인식할 수 있을 것이다.

히로마쓰 와타루가 『근대초극론』에서 인용하고 있는 가토 슈이치의 말("일본 낭만파가 전쟁을 감정적으로 긍정하는 방법을 궁리해 냈다면, 교토 학파는 똑같

2 김기림, 「우리 신문학과 근대의식」(『인문평론』, 1940.10), 『김기림 전집』 2, 심설당, 1988, 48면.

은 전쟁을 논리적으로 긍정하는 방법을 제공했다")처럼 근대초극론은 단순히 이데올로기라는 성격 외에도 '감정'과 '논리'라는 양면성을 지니고 있었다. 그러므로 근대초극론에 대한 정당한 비판은 그것을 침략의 이데올로기라고 부정하는 것으로 완결될 수 없다. 어떤 담론과 대면하여 그것을 평가하고 극복하는 올바른 방법은 그 담론을 부정하고 기각하는 단순한 행위로 귀결될 수 없기 때문이다. 특히 일제 후반기 근대초극론이 당대의 지식인들을 매혹시킨 것이 '감정'이 아니라 '논리'였다면 사정은 더욱 심각해진다. 근대초극론이라 불리는 근대비판 담론의 논리 구조를 시간 범주를 중심으로 살펴보고, 그 범주들을 통해서 근대초극론의 내적 모순과 이율배반을 해명해보려는 것이 이 글의 문제의식이다.

2. 근대의 초극과 '세계사'라는 틀

일제 후반기에 등장한 근대비판 담론, 즉 '근대초극론'은 좁게는 두 개의 좌담회(『문학계』(1942.9~10)에 실린 좌담회 '근대의 초극'과 『중앙공론』(1941.11~1942.11)에 실린 좌담회 '세계사적 입장과 일본', '동아공영권의 윤리성과 역사성', '총력전의 철학')를 가리키지만, 넓게는 소화 10년대(1935~1945) 일본 사상계를 풍미했던 근대비판 담론 전체를 지시하는 사상사적 개념이다. 일본의 경우, 광의의 근대초극론은 교토학파의 니시다 기타로, '종의 논리'를 주장했던 다나베 하지메, 그리고 '풍토론'을 주장한 와쓰지 데쓰로를 포함한다. 근대초극론의 핵심적 이론이라 말할 수 있는 '세계사의 철학'은 교토학파의 2세대 철학자인 고야마 이와오나 고사카 마사아키가 주장한 것이며, 예외적으로 미키 키요시三木清의 '협동주의'를 포함하지만, 실제로 이들의 사상은 니시다 기타로를 중심으로 한 앞 세대의 그것과 긴

밀하게 연결되어 있었다. 따라서 근대비판 담론, 즉 근대초극론의 논리적 지형을 근본적으로 살피기 위해서는 먼저 니시다, 다나베, 와쓰지의 사상을 살펴야겠지만, 그것은 이 글은 범위는 물론 필자의 역량을 넘어서는 부분이므로 먼저 두 개의 좌담회를 중심으로 근대초극의 지형을 살펴보는 데서 시작하려 한다.

『문학계』 좌담회는 『문학계』 동인들과 일본낭만파, 교토 학파라고 불리는 철학자들이 주축이 되어 행해졌지만, '근대의 초극'이라는 제목의 선명성에 비해서 논의의 수준은 높지 않았다. 좌담의 사회자이자 『문학계』 동인의 일인이었던 카와카미 데츠타로의 말[3]에서 유추할 수 있듯이, 이 좌담은 좌담의 참석자들 가운데 9명이 사전에 논문을 제출한 상태에서 진행되었는데, 카와카미의 예상과 달리 '근대의 초극'이 "하나의 기호"로 인식되지도 못했고, 저마다 극복의 대상으로 설정한 '근대'의 정체 역시 상이했다. 이 좌담회에서 주목할 만한 사람은 교토학파에 속한 철학자 스즈키 시게타카이다. 그는 좌담에 앞서 제출한 논문에서 "근대의 초극이란 정치에서는 민주주의의 초극, 경제에서는 자본주의의 초극, 사상에서는 자유주의의 초극을 의미한다 (…중략…) 일본의 경우 근대의 초극이라는 과제는, 세계를 지배하는 유럽의 초극이라는 특수한 과제와 중복되기에 문제는 한층 더 복잡하다. 게다가 유럽에서도 근대의 초극이 가리키는 의

---

3 저의 출제가 반드시 요령이 좋았던 것은 아니었던 듯합니다. 사실 '근대의 초극'이라는 말은 하나의 기호 비슷한 것으로서, 이제는 이 말을 한번 내던지면 아마 모든 분들께 공통되는 느낌이 확 올 것이라는 점을 노리고 제시해보았던 것입니다. 그러나 절반이 넘는 분들이 써주신 논문을 배견하니, 역시 이러한 출제 방식은 엉터리였으며, 오히려 문제를 더 복잡하게 했을지도 모른다는 생각이 들었습니다(나카무라 미츠오 외, 이경훈 외역, 『태평양 전쟁의 사상』, 이매진, 2007, 43면).

미가 반드시 한 가지인 것은 아니다. 단적으로 말하면 초극할 근대가 19세기인지, 아니면 르네상스 이래의 넓은 의미의 근대 전체를 포함하는 것인지도 문제가 된다"[4]처럼 '근대의 초극'과 관련하여 명시적인 문제의식을 밝혔고, 좌담에서도 동일한 주장을 바탕으로 논의를 주도했다.

> 이런 고려에 근거하여 나는 이 문제를 대체로 다음과 같이 제기하고 싶다. 첫째, '근대의 초극'을 본래의 의미에서, 즉 유럽의 맥락에서 분명히 하는 일. 둘째, 문제를 일본의 시각에서 자리 매김하고, 일본의 과제로서는 무엇을 의미하는가를 분명히 검토하는 일. 셋째, 초극할 근대가 19세기인지 르네상스인지를 검토하는 일, 이것은 첫 번째 과제 속에 당연히 포함되는 일이지만 역사적 고려라는 측면에서 특별한 의미를 갖는다. 넷째, 르네상스의 초극은 당연히 '휴머니티'의 근본 문제에 닿아 있으며, 기독교의 장래와도 연관시켜야 한다. 다섯째, 기계 문명과 인간성의 문제는 과학의 문제에 연관된다. 즉 문명의 위기를 해결하기 위해서 과학의 역할의 한계라는 문제를 제기해야 한다. 여섯째, 특히 역사학과 가장 관계가 깊은 문제로서 '진보의 이념'을 초극하는 일이 문제가 되며, 역사학 고유의 문제로서 역사주의의 초극이 가장 큰 근본 문제가 되어야 한다. 역사주의의 초극은 결국 역사학에서의 근대의 초극이다.[5]

히로마쓰 와타루의 지적처럼 스즈키의 이러한 문제제기가 『문학계』 좌담회의 공통된 기조는 아니었고, 또 좌담회가 이러한 문제를 중심으로 진

4 히로마쓰 와타루, 김항 역, 『근대초극론』, 민음사, 2003, 16면에서 재인용.

5 위의 책, 17면.

행되었던 것도 아니지만, 스즈키의 이와 같은 입론은 당시 일본 사상계에서 '근대의 초극'이 구체적으로 어떤 문제들의 제기로 이어졌는가를 분명하게 보여준다. 특히 『문학계』 좌담회에서 스즈키는 근대의 초극이라는 시대적 현실을 '세계사'적인 시각과 맥락에서 사유해야 하며, 그것은 서구 근대 역사학을 이끌어온 '진보의 이념', 즉 역사주의를 초극하는 문제와 연결시킴으로써 태평양전쟁 시기 동안 교토학파가 보여주었던 근대 비판담론의 시간성을 선취하고 있다. 스즈키는 19세기 말부터 20세기 전반까지 일본에 랑케의 역사학을 소개했던 서양사학자 사카구치 다카시의 제자로 32세에 일본 최초의 본격적인 랑케 연구서인 『랑케와 세계사학』(1930)을 출간하기도 했다. 일본 역사학계에 19세기 독일 실증사학의 대표자인 랑케의 이론이 소개된 것은 메이지 초년의 일이었다. 1887년 베를린대학 사학과에서 랑케의 이론을 수학한 루트비히 리스라는 독일출신의 역사학자가 일본에 체류하면서 제국대학 사학과에서 랑케의 역사학을 강의했으며, 스즈키의 은사인 사카구치는 리스의 충실한 제자 가운데 한 사람이었다. 랑케의 실증사학은 이처럼 도쿄제국대학에서 리스에게 수학한 사카구치가 교토제국대학에 자리를 잡음으로써 도쿄에서 교토로 흘러들어왔다. 스즈키는 1926년 교토제국대학 문학부에서 서양사학을 전공했고, 사카구치의 지도를 받았으며, 1942년 교토제국대학의 문학부 조교수로 취임했다. 이 교토제국대학에서 사카구치와 스즈키를 중심으로 한 랑케의 역사학은 니시다 기타로와 그의 제자들의 역사철학과 접합되면서 '세계사'라는 개념으로 굳어졌다. 물론, 사카구치와 스즈키를 깊게 매료시킨 랑케는 일반적으로 알려진 실증사학자로서의 랑케가 아니었다. 그것은 고야마 사토시의 지적처럼 '철학화된 랑케'였으며, 더욱

본질적으로는 제국주의 일본적으로 전유된 랑케였다.[6]

서구 역사학에서 18세기는 계몽주의의 시대였고, 19세기는 역사주의의 시대였다. 계몽주의는 불변의 인간본성과 이성을 척도로 삼았고, 자연법과 이성의 법칙에 의해 과거와 현재를 파악했다. 계몽주의에서 역사는 보편적 타당성을 지닌 인간본성이나 이성과 관련되었다. 19세기 (낭만주의를 포함하여) 역사주의의 출현은 이러한 계몽주의적 시각에 대한 부정이었다. 즉 역사주의는 유적 존재인 '인간' 개념보다는 '개인'을 강조하는 입장을 취했고, 이는 역사의 영역은 보편적인 것이 아니라 특수한 것에 속한다는 헤겔에 대한 랑케의 반론에서 분명하게 확인된다. 역사는 특수한 것, 그리하여 서로 혼동될 수 없는 개별적인 것의 형상 속에서만 드러난다는 역사주의적 시각이 등장함으로써 역사적 개별성에 대한 관심이 두드러지기 시작했다. 이러한 19세기 역사주의는 랑케, 드로이젠, 트라이치케, 부르크하르트, 몸젠, 그리고 20세기의 마이네케, 리터 등에 의해 대표된다. '보편'이라는 개념에서 벗어나려한 역사주의는 역사적 개별성의 범위를 개인만이 아니라 국가, 민족 같은 집단적인 대상에도 적용했다.

랑케와 역사주의자들은 특히 '국가'에 특별한 의미를 부여했는데, 랑케에 따르면 국가는 "정신의 본질, 즉 인간정신의 독창적인 창조물이며 더 나아가 신이 계획한 것"으로 평가된다. 역사주의는 이처럼 '국가'에 집중함으로써 강력한 정치성을 띠었는데, 랑케는 프랑스대혁명이 자연적인 사건이라는 이유로 역사적 이해의 바깥에 있다고 보았다. 역사주의에서 또 하나 주목할 점은 역사주의가 계몽주의와 달리 '진보'라는 관념을 신

6 도면회 · 윤해동 편, 『역사학의 세기』, 휴머니스트, 2009, 100면.

뢰하지 않았다는 사실이다. 이것은 역사적 개별성이라는 단자적인 시각이 역사의 연속을 전제하는 '진보' 관념을 수용할 수 없음에서 발생하는 문제이다. 역사주의는 결정주의나 필연성이라는 관념에 대립했는데, 이런 역사주의가 세계적으로 크게 유행을 한 것은 제1차 세계대전 이후, 그러니까 역사의 진보에 대한 확고한 신뢰의 바탕 위에 있었던 19세기적 질서가 위기에 직면하여 새로운 방향성이 요청되던 때였다.

두 개의 좌담회에서 스즈키와 교토학파의 철학자들이 강조하고 있는 '세계사'라는 일본적 관념은 랑케의 실증사학에서 실증주의를 제거해버렸을 때 남는 것이 무엇인가를 극명하게 보여주는 사례이다. 교토학파의 좌담회인 『중앙공론』 좌담은 '세계사적 입장과 일본'이라는 제목에서 드러나듯이 유럽중심의 보편사를 대체할 '세계사'라는 개념이 중요한 문제틀이었다. 당시 교토학파에게 '세계사'라는 개념은 교토학파를 상징하는 핵심 기호이자, 서구적 근대의 초극에서 일본이 담당해야 하는 역할을 의미화하는 이데올로기의 중핵이었다. 역사학자였던 스즈키는 '세계사학'을 "종래의 역사학으로 해결할 수 없는 한계를 극복하고, 거기에 있는 철학적 모티프가 필요해지는 (…중략…) 역사주의의 나쁜 일면을 극복하는"[7] 것이라고 정의한 바 있다. 그런데 『중앙공론』 좌담에는 우리의 시선을 사로잡는 하나의 개념이 반복해서, 그것도 좌담 참석자 모두의 입에서 발화된다. 그것은 바로 '세계사와 모럴'이라는 소제小題 부분에 등장하는 '모랄리세 에네르기'라는 랑케의 개념이다. 특히 이 좌담회에서 이 개념을 끌어들이고 있는 것은 고야마 이와오이다.

---

7 나카무라 미츠오 외, 이경훈 외역, 앞의 책, 100면.

역사의 구성력 문제입니다만, 프랑스가 패배했다고 할 때, 프랑스가 패전한 근본 원인은 뭘까요? 랑케의 말로 하면, 즉 모랄리세 에네르기(도의적 생명력)가 결핍되었기 때문입니다. (…중략…) 언제나 세계사를 움직여 나가는 것은 도의적인 생명력입니다.

전쟁이라고 하면 금세 반윤리적이다, 윤리와 전쟁은 영원히 결합하지 않는다, 라고들 생각합니다. 이런 생각은 윤리를 단지 형식주의적인 것으로 만들어버립니다. 그러나 그것은 이미 진정한 도의적 에네르기가 고갈되어 버린 것입니다. 랑케 같은 사람이 말한 것처럼, 전쟁 속에 도의적인 에네르기가 있습니다.

모랄리세 에네르기의 주체는 국민이라고 봅니다. 민족은 19세기의 문화사적 개념인데, 설사 과거의 역사가 어떻든 간에 오늘날 '민족'은 세계사적 힘이 없습니다. 진정한 의미에서 '국민'이 모든 것을 해결하는 열쇠입니다. 모랄리세 에네르기는 개인 윤리도 아니고 인격 윤리도 아니며 피의 순결함도 아닙니다. 문화적이고 정치적인 '국민'에 집중하는 것이 오늘날 모랄리세 에네르기의 중심이 아닐까요?[8]

도의적 생명력이라고 번역되는 '모랄리세 에네르기'에 관한 한 주도권을 쥐고 있는 것은 고야마이며, 좌담의 다른 참석자들은 고야마의 주장에 각자의 방식대로 동의하는 형식을 취하고 있다. 이 장면은 랑케의 역사학

---

8 위의 책, 203~206면.

이 당시 일본(교토)에서 차지하고 있던 위상을 짐작하게 한다. 일찍이 랑케는 『정치문답』[9]에서 '폭력'과 구분하면서, 신흥세력이 경쟁자를 제압하기 위해서는 '도덕적 에네르기'가 필수적이라고 주장했고, "우리들이 세계사의 전개에서 목격하는 것은 여러 가지 힘이며 생명 그 자체이다. 그것은 실로 도덕적인 에네르기인 것이다. (…중략…) 이들 여러 힘의 상호작용과 계기 속에서 그 생존과 소멸 또는 부흥 (…중략…) 의 가운데에서야말로 세계사의 비밀이 가로놓여 있는 것이다"[10]라고 썼다. 당시 일본에서는 중일전쟁 이후부터 세계사나 역사철학에 관한 수많은 저작들이 교토학파의 지식인들에 의해 집필되었는데, 랑케의 번역도 이 기획의 일환이었던 것으로 추측된다. 그러나 교토학파의 랑케는 '실증사학'이라는 원래의 입장이 모두 제거되고 국가의 생명력을 강조한 세계사 철학의 선구자였다. 실제로 '세계사의 철학'은 교토학파의 제2세대들의 특징적인 개념이었다. 이러한 '세계사 철학'의 유행에는 미키 키요시도 포함되어 있었다. 그는 "중일 전쟁에 세계사적인 의미를 부여한다"는 시무時務로부터, 일본의 행동, 일본의 현실에 요구되는 바가 '세계사의 철학'이라고 설파하기 시작했다. 그리고 "새로운 사상 원리는 이미 파탄의 징조가 역력한 근대주의를 한층 높은 입장에서 초극"하는 것이어야 한다고 설파하기 시작했다.[11]

일찍이 헤겔은 이성을 역사의 주체로 간주하여 세계사를 이성의 역사라고 정의했다. 헤겔에 따르면 역사란 이념이 스스로 전개되어 점차 더

9 이 책은 1941년 일본에 번역되었다.

10 랑케의 『강국론』은 1940년 일본에서 번역되었고, 이 책의 번역자 아이하라 신사쿠는 니시다 기타로의 제자이자, 스즈키 시게타카의 동료였다. 도면회 · 윤해동 편, 앞의 책, 109면.

11 히로마쓰 와타루, 김항 역, 앞의 책, 220면.

완전한 사회 상태에 도달하는 과정이며, 세계사란 이러한 자유 의식의 진보과정에 다름 아니다. 그에게 정신의 본질은 '자유'였고, 세계사는 세계정신이 이런 자유를 실현하는 과정이었다. 이 맥락에서 그는 세계사를 동양에서 서양으로 진행되는 것으로 파악했다. 이러한 헤겔의 세계사 체계 안에서 진보의 논리적 상관항은 '보편'이라는 개념이었다. 그러나 근대의 초극을 주장했던 교토학파의 철학자들은 이러한 서양 중심의 보편사로서의 세계사가 서구를 세계의 중심으로 간주하는 근대적 태도에 불과하다고 보았고, 그리하여 거의 무의식적으로 헤겔을 논쟁의 대상으로 삼았다. 타나베 하지메, 니시다 기타로, 와쓰지 데쓰로의 철학이 그러했으며, 특히 교토학파의 2세대들은 랑케의 역사학을 빌려와 일본적인 의미의 '세계사'를 구성하려 했다. 이것은 '유럽'이 더 이상 '세계'가 아니라는 발상, 즉 "현재로서는 유럽은 더 이상 세계가 아니다. 우리는 지금 새로운 세계상을 가져야만 한다"라는 스즈키의 말처럼 유럽적 세계사에서 (태평양전쟁이라는 역사적 사건이 제대로 의미화될 수 있는) '세계적 세계사'로의 전환을 뜻하는 것이었다. 이 지점에서 교토학파의 철학자들은 랑케와 분리될 수밖에 없었다. 그들에게는 랑케의 세계사학 역시 유럽적 세계사에 불과했기 때문이다. "랑케와 같은 상상적인, 그리고 정관적인 입장에서 보는 세계사의 관념이 아니라, 세계를 어떻게 만들 것인가 하는 실천적인 의식, 바로 거기에서 현재의 세계사학은 출발한 것이니까요."[12] 이처럼 교토학파의 '세계사'는 역사적 구현이라는 맥락에서 '세계의 시간'을 문제 삼았고, 서구의 세계사가 비서구의 역사를 포함하는 보편사가 아니라 인식에

---

12 나카무라 미츠오 외, 이경훈 외역, 앞의 책, 227~228면.

서 출발하여 비서구까지 포함한 진정한 보편사=세계사의 정당성을 주장했지만 그들의 이론적 이념적 기초는 여전히 서구의 '역사적 시간'에 근거함으로써 이율배반을 낳았다.

3. '진보'에서 '전통'으로

일제 후반기 근대 비판담론에서 드러나는 또 하나의 시간성 범주는 '전통'이다. '세계사'라는 문제의식이 시간의 구현이라는 맥락에서 '세계의 시간'을 문제 삼았다면, '전통'은 '역사적 시간' 자체를 근대로 이해하고 그것을 극복하려는 문제영역에 속한다고 말할 수 있다. 역사를 '진보' 과정으로 이해하는 것을 비판하고, 현재하는 과거 혹은 영원한 현재로서의 전통을 발견하려는 시도가 여기에 해당한다. 기독교인이었던 랑케는 "도덕에서 진보가 있었다고 볼 수 없다"고 주장하면서 '진보'의 가치를 부정했지만, 19세기 기술과 산업에서의 혁신, 그리고 그것들이 다른 영역에 끼친 영향의 증대를 목격하고 인류의 사상과 문화의 거대한 확장을 진보라고 보지 않을 수 없음을 인정했다. 산업화 시대의 등장으로 인해서 19세기 유럽에서 '진보'는 "대체 종교적 범주"[13]로 자리 잡았고, "지식에서 탄생한 새로운 종교는 진보에 대한 믿음이다"라는 하이네의 말처럼 19세기의 핵심적인 가치로 등장했다. 가장 소박한 의미에서 '진보'는 역사를 '발전'의 관점에서 이해하는 태도와 결부되며, 진보의 패러다임 속에서 시간은 궁극적으로 '미래'를 향해 흘러간다. 서구 근대의 시간관념인 과거-현재-미래라는 구분이나 발전론적 역사인식은 본질적으로 '진보' 관

13 라인하르트 코젤렉 · 크리스티안 마이어, 황선애 역, 『코젤렉의 개념사 사전』 2 – 진보, 푸른역사, 2010, 120면.

념과 분리될 수 없다.

그러나 앞서 살핀 것처럼 일제 후반기 근대초극론자들은 발전론적 역사인식과 '진보' 관념을 서구적, 근대적이라는 이유에서 초극의 대상으로 삼았다. 그들은 '세계사'라는 개념이 말해주듯이, 역사를 '진보' 과정으로 이해하는 태도를 비판하고, 현재하는 과거 혹은 영원한 현재로서의 전통을 발견하려 했다. 근대초극론은 미래=진보가 현재를 규정한다는 근대적 시간관념에 맞서 과거의 현재성을 제시하는 바, 그것이 가장 분명하게 드러나는 것이 '전통'이라는 시간범주에서이다. 헤겔적인 의미에서 세계사가 보편의 시간이라면, 랑케를 우회하여 교토학파의 철학자들이 말하려고 했던 역사적 개별성은 특수의 시간, 즉 '전통'의 시간범주에 속한다고 말할 수 있다. 서구=보편이라는 관념하에서는 문명개화가 지상 과제가 되고 서양적인 것이 '문명'의 척도가 되지만, 서구적 보편성이 세계사적 보편이 될 수 없다는 자각은 일제 후반기 지식인들에게 특수로서의 '전통'에 대한 관심을 불러 일으켰다. 이처럼 근대초극론의 맥락 속에서 '전통'은 근대의 대립항, 보다 구체적으로 말하면 '발전'과 '진보'의 대립개념으로 기능한다. 물론, 이것은 서양과 동양을 실체적으로 구분하는 공간적 사고, 서구의 휴머니즘과 동양의 '인륜의 윤리'를 맞세우는 주체관의 차이와 하나의 계열을 형성한다. 서구 중심의 보편적 세계사에 대해서는 역사주의의 극복을 통한 '지역적 특수성'이, 서구=보편의 논리에 대해서는 동양=특수의 논리가, 미래로 향하는 진보 관념에 대해서는 현재하는 과거를 뜻하는 전통이라는 시간범주가 각기 대응되었던 것이다.

'전통'과 관련하여 주목할 점은 일제 후반기 조선의 지식인들이 경사되었던 '동양문화론(동양론)'과의 연관성이다. 1940년대 도쿄 문단에서 고전부흥론이 유행을 했고, 비슷한 시기 조선 문단에서도 고전에 대한 관심을 중심으로 한 동양문화론이나 전통론이 중요한 문제로 제기되었다.[14] 서인식이 「전통론」의 도입부에서 "최근 이 땅에서도 시대적 조류를 배경으로 하고 문화의 전통문제가 지식계급의 관심을 끌고 있다. 본지(『조선일보』-인용자)상에 나타난 것만으로도 「서구정신과 동방정취」에 관한 종합논문이라던가 「고전부흥의 이론과 실제」에 관한 제가諸家의 의견 징발과 같은 것은(고전이 곧 전통이 아님은 물론이나) 문화의 전통문제에 관한 현대인의 관심의 일단을 표현하는 것으로 볼 수 있다"[15]라고 쓴 것은 당시 '전통'이나 '동양'에 관한 논의가 얼마나 많았는가를 보여준다. 이런 맥락에서 일본의 역사서 『고지키古事記』나 『니혼쇼키日本書記』를 통해 일본정신을 습득할 것이 권장되었고, 문인들에게는 『만요슈萬葉集』나 『고킨슈古今集』을 통해 일본의 정통 가론과 일본적 교양을 습득할 것이 강조되었다. 『중앙공론』 좌담에서 교토학파의 역사철학자들은 메이지 이전의 일본을 "활발한 생명력이 살아 움직이던 나라"였고, '평등'에 기초한 서양의 '인격윤리'와 달리 동양은 '인륜의 윤리'를 바탕으로 하고 있었다고 주장한다. 그들은 쇼토쿠 태자의 「17조 헌법」과 불교의 실상론을 근거로 동양적 전통의 풍부함을 강조하고, '이에'가 중요한 사회적 원리로 작용했으며, "하카쿠레 같은 무사도 정신의 부활"의 필연성을 강조한다. 일본의 세계사적 입장을 메이지 이전의 고대나 중세 일본 사회에 비추어 재해석하려는 이러한 시도는 조선에서도 동일하게 반복되었는데, 단적으로 최재서가 '고대'를 매개로

14 일제 후반기 '동양론'에 대해서는 정종현, 「식민지 후반기(1937~1945) 한국문학에 나타난 동양론 연구」, 동국대 박사논문, 2005 참고.

15 서인식, 「전통론」, 『서인식 전집』 1, 역락, 2006, 114면.

새로운 국민문학을 구상하는 장면이나 한식이 「조선문학과 동양적 과제」에서 "일본문학이 동아의 문학으로 나아가기 위해서는 무엇보다도 먼저 그 동양적 예술 전통이 반성되어야 한다"고 말하면서 "동양 전체의 여러 문학이 비교 연구되고 대륙 문화의 전통이 반성되어 동양 문화의 정신이 교류"되어야 하며, "일본문학을 애호하는 일과 만주문학, 중국문학, 조선문학을 애호하는 일은 결코 모순되는 일도 상반되는 일도 아니"라고 주장하는 장면이 그러했다.[16] 한 마디로, 이 시기의 지식인들은 근대를 초극한다는 시대적 사명을 고대적인 시간에 투사하고 있었던 것이다. 일본에서는 중세와 고대가, 식민지 조선에서 '조선'을 부정하고 '고대'에 의미를 부여하는 방식을 통해서 '전통'은 '동양'이라는 또 다른 이름으로 되살아났다. 그러나 당시 근대 초극의 맥락에서 새롭게 조명되었던 고전들은 대다수가 메이지 시대 '국가 만들기' 과정에서 창조된 고전들이었다.[17] 근대(성)와 전통은 근대비판 담론의 발화자들의 생각과 달리, 결코 이원적이지 않았다. 즉 근대초극론자들은 근대와 서구를 초극해야 한다는 입장에서 중세와 고대에로 눈을 돌렸지만, 정작 그들이 근대 초극의 중요한 잣대로 간주했던 고전과 전통은 근대의 산물이었던 것이다. 일제 후반기 근대비판 담론의 시간범주 가운데 하나였던 '전통'의 이율배반은 그것이 근대의 산물이었다는 것이었으니, 그들은 '근대'로 '근대'를 초극하려 했던 셈이다.

'전통'과 관련하여 주목해야 할 또 하나의 이율배반은 그것의 공간적

16 한식, 「조선문학과 동양적 과제」(일문), 이경훈 편역, 『한국 근대 일본어 평론 · 좌담회 선집』, 역락, 2009, 127~128면.

17 서승희, 「최재서 비평의 문화 담론 연구」, 이화여대 박사논문, 2009, 163~164면 참고.

산물인 '동양문화' 자체에서 발견할 수 있다. 사실 일제 후반기의 담론장 내에서 '전통'이 중요했던 이유는 그것이 '진보'의 대척점으로 간주되기도 했거니와, 실체적인 의미에서 '동양(문화)'의 시간성을 지시하는 것으로 인식되었기 때문이었다. 철학적인 맥락에서 이해하면, 이 문제는 '보편'과 '특수'의 관계 문제와 직결되어 있다. 그렇기 때문에 이것은 근대 비판담론의 1차 발신지인 일본과 그것의 수신지인 식민지 조선에서 상이한 기능을 할 수밖에 없었을 것으로 추측할 수 있다. '역사적 개별성'이라는 관점에서 '동양(문화)'은 '서양'과 구분된다는 것이 근대 비판담론이 함축하고 있는 역사에 대한 시각이라면, 같은 논리로 '동양' 내에서의 '보편'과 '특수'를 구분할 수도 있다. 일제 후반기의 담론지형은 일본이 동양 안에서 지도적인 위치, 즉 보편을 점하고, 여타의 제 민족들이 특수의 위치에 있었음을 보여준다. 그런데 대개 '전통'이란 과거라는 시간성을 통해서 한 민족의 문화와 연결되는 것이다. 일본 지식인들의 경우 '전통'이라는 가치를 통해서 일본의 고대적 과거와 마주하는 것은 문제가 되지 않았다. 그러나 식민지의 경우는 사정이 다르다. 식민지가 일본에 대해서 '특수'를 주장하며 자신들의 전통을 배타적으로 강조할 때, '동양'이라는 총체와 그 속에서 일본이 차지하는 '보편'의 위치는 크게 위축된다. 그렇다고 해서 식민지가 자신의 '전통'이 아니라 일본의 '전통'에 주목함으로써 스스로를 보편인 일본과 동일시하게 되면 개별민족의 독자성을 전제로 한 '동양'이라는 융합은 불가능하게 된다. 여기에 '전통' 자체를 다르게 사유하는 지식인들의 철학적 입장이 개입되면 사태는 한층 복잡해진다. 이것이 바로 최재서 · 한식과 서인식의 '전통론'이 상이했던 이유이다. 서인식은 "현대는 정히 역사가 전형하는 시기이다"라는 문장을 버릇처럼 반복해서

셨다. 그렇지만 그는 '전형'의 방향이 동양과 일본이라는 것을, 그리고 일본의 세계성을 지속적으로 의심했다. '보편'이라는 가치를 끝내 포기할 수 없었던 그는 '전통'에 관한 논의를 철학적으로 접근한 글「전통론」에서도 "현대의 많은 전통주의자는 우월한 의미의 전통의 가치를 찾기 위하여 역사를 소행溯行한다. 금일에서 작일昨日로 작일에서 재작일再昨日로. 그러나 전통의 우월한 가치가 참으로 창고蒼古한 곳에만 있을까? 뿐만 아니라 저들은 그것을 창고한 것 중에서도 특히 특수한 것에서 찾는다"처럼 '전통'과 '창고적인 것', '특수한 것'을 동일시하는 입장을 비판한다. "전통의 우월한 가치가 참으로 특수한 곳에 있을까? 창고한 것에 보다도 도리어 현대의 발전된 형태 속에, 특수한 것보다도 도리어 현대의 보편화한 것 속에 있는 것이 아닐까?"[18]

'보편'과 '특수'의 관점에서, 실제로 일본은 각각 서양과 동아시아 제 민족에 대해 다른 입장을 갖고 있었다. 가령『중앙공론』좌담에서 고야마는 쇼토쿠 태자의「17조 헌법」을 '현철정치'라고 평가하면서 "현철하지 못한 범용한 자들을 지도하고 개발하듯이, 세계사적 입장에서 미개발의 민족을 지도하는 것"이 맹주의 도의라고 말하고 있다. 또한 이 좌담에서 고사카는 팔굉일우를 '이에家'의 윤리적 구조로 설명하면서 그것을 "같은 시간대에 있지만 역사적 현실에서의 위치"가 다르다는 것을 근거로 내세워 "부모와 자식"의 관계로 설명한다. "거기서 이끄는 자와 이끌리는 자의 구별이 생기는 법이죠. 동아공영권의 경우도, 세계적인 시간에서 차지했던 혹은 차지하는 위치가 다르기 때문에 이끄는 자와 이끌리는 자의 구별이

18 서인식, 앞의 글, 133~134면.

생긴 것 아닙니까?"[19] 부모와 자식의 관계, 즉 "부모가 자기 자식을 키워 독립된 인격체로 키우는 것"이 이에의 귀중한 윤리이며, '대동아'는 이러한 철학적 윤리에 근거하고 있다는 주장이다. 그러나 신체제가 주장했던 개별민족의 독자성을 인정한 동양의 융합은 시도되지 않았고, '전통'의 문제도 대부분은 일본적 전통을 그대로 수용하는 방향으로 흘러갔다. 일본은 서구를 상대화하고 일본과 동양의 특수성을 옹호했으나, 동양=비서구의 전통 내부에서 일본의 전통만을 제시하는 이율배반의 구조를 보였고, 그것을 동양 혹은 동아시아 내부에서 일본의 지배적 위치를 정당화하는 데 사용했던 것이다.

4. '비상시', 예외상태의 정상성

일제 후반기 근대 비판담론의 세 번째 시간범주는 '비상시'이다. '비상시'는 전쟁 상황과 관련하여, 현재의 시간을 새로운 시대를 향해 가는 과도기로 규정하는 방식을 의미한다. 일반적으로 '비상시'나 '전시'라는 개념은 정상적인 시간에서 일탈한 예외적 시간을 의미하며, 따라서 이러한 규정에는 위기의식이 잠재되어 있기 마련이다. 그러나 일제 후반기 담론장에서 '비상시'는 두 가지 의미로 쓰였다. 먼저, '비상시'는 일상적인 상태를 벗어난 특수한 상태를 지칭하는 '전시'의 동의어로 쓰였다. 가령 이광수가 "지금은 국가의 비상시다", "비상시의 국민은 비상시의 위의를 가져야 한다"[20]라고 썼을 때, 이것은 '전시'라는 특수한 상황을 염두에 둔 것이었다. 그러나 일제 후반기 근대비판 담론에서 '비상시'가 반드시 정상적

19 나카무라 미츠오, 이경훈 외역, 앞의 책, 281면.

20 이광수, 『신시대』 1, 1941.1, 33면.

인 상태를 벗어난 특수한 시간만을 의미했던 것은 아니다. 교토학파의 철학자들에게 '비상시'는 전시와 평시, 정상과 비정상이라는 구분을 넘어서 신체제, 고도국방국가, 총력전 체제를 표현하는 시간관념이었고, 그런 한에서 그들은 역설적이게도 '비상시'를 정상적인 시간의 일부로 규정하려고 노력했다. 고야마는 『중앙공론』 좌담회에서 "전쟁을 '비상시'라고 여기는 인식"이 강하다는 사실을 지적하고, 그러한 인식을 강력한 '정치의 지도'에 의해 극복해야 한다고 말하고 있다. 이것은 '비상'이라는 특수한 시간관념이 '전쟁'이라는 현실을 넘어선 것임을 뜻한다. 이 경우 '비상시'는 예외이되, 규칙화된 예외상태, 즉 예외가 규칙이 된 시간을 의미하는 개념이었다. 교토학파의 철학자들은 '비상시'라는 개념을 좋아하지 않았지만, 대다수의 지식인들은 신체제의 등장과 고도국방국가의 설립이라는 정치적 현실을 '비상시'라고 표상했다. 교토학파의 논리를 추상하면 '비상시'라고 하는 예외상태는 해당 시기의 일상적이고 정상적인 시간이다. 문제는 예상과 달리 전쟁이 장기화됨에 따라 '비상시'라는 규정이 갖는 단기적인 속성이 사라짐으로써 예외상태의 정상성이 한층 두드러졌다는 데 있다.

사실 1930년대 중반 이후 담론장에서 가장 빈번하게 등장한 단어는 '비상시'가 아니라 '위기'[21]나 '전환기(전형기)'라는 단어였다. 그러나 신체제가 선포된 이후부터 이 단어들은 시간성을 내포하고 있는 '비상시' 또는 '전시'라는 말과 구분되지 않고 쓰였다. '위기'나 '전형기'가 방향성을

21 일제 후반기 '위기' 담론에 대해서는 차승기, 「'근대의 위기'와 시간-공간의 정치학 — 교토학파 역사철학자들과 서인식」, 『한국근대문학연구』 4-2, 한국근대문학회, 2003, 239~269면 참고.

결여하고 있는 상황을 가리키는 것이었다면, 비상시는 '총력전'이나 '국방국가'처럼 전환의 방향을 함축하고 있는 한층 추상화된 개념이었다고 말할 수 있다. 일제 말기의 대표적인 역사철학자인 서인식은 전형기를 "옛 문화가 경색하고 새 문화가 생성하는 문명"의 과도기라고 명명했지만, 실제로 그는 이 생성하는 문명이 '동양'과 '일본'에 의해 완성되리라고 믿지는 않았다. 보편주의자였던 그는 '동양'이나 '일본'이 동양과 서양을 모두 포괄하는 세계사적 보편의 위치에 도달할 수 있을지에 대해서 끝까지 의문을 가졌다. 그럼에도 불구하고 동양=일본에 의한 근대의 초극과 세계사적 전환의 실현가능성을 믿었던 사람들에게 '비상시'는 곧 세계사적 변환이 시작되는 '신시대'(『신시대』는 1941년 1월 발간된 잡지의 제호이기도 하다)를 의미하는 것으로 인식되었고, '신체제'는 그것의 정치적 명명이었다.

> 니시타니 : 이렇게 볼 때 가장 큰 문제는 전쟁을 일종의 변태적인 현상으로 생각하는 기존의 사고방식이라고 봅니다. 이를테면 윤리나 세계관만 해도 정상적인 윤리나 세계관은 평상시에 해당되고, 전쟁에서는 일시적인 일탈이 일어난다고들 생각합니다. 실제로 과거의 전쟁에서도 그렇지는 않았는데, 그러려니 여기곤 했지요. 그러나 이번 전쟁의 특징은 전쟁이 결코 일시적인 변태 현상이 아니라는 전쟁의 본질을 확실히 드러낸 점에 있습니다. 보통 '삶'을 정상적인 것으로 보고 '죽음'을 그것의 단절로 생각하지만, 실제로는 삶의 본질 속에 죽음이 함축되어 있어요. 그렇게 생각해야 비로소 삶을 진실로 이해할 수 있습니다. 전쟁도 마찬가집니다. 이번 전쟁은 평상시와 전시를 두루 일관하는

> 성격을 지녔다고 할까, 그런 심오한 바탕에 뿌리를 내리고 있다는 생각이 들어요. 평상시와 전시를 뛰어넘는 역사의 저 밑바닥에서 전쟁이 끓어오르는 듯한 느낌입니다. (…중략…) 전쟁 자체 안에도 평상적인 일이 중요한 요소가 됩니다. 결국 전쟁이 참으로 총력전이 된 거지요. 또 전후라도 해서 전쟁이 종결되면 원래 상태로 복귀하리라고만 생각할 수는 없어요. 전쟁 자체에 작용하는 평상적인 일이 전후에도 연장되어 계속 전개된다고 봐야 할 겁니다. 그러니까 전쟁을 일시적인 변태현상이라고 생각하면 커다란 착각입니다. 그러한 인식의 부족이 전쟁 수행에도 적지 않은 장애가 되지요.[22]

교토학파는 '전쟁'과 '건설'을 분리해서 사고하지 않았고, 심지어 '전쟁'의 상대개념이 '평화'라는 논리는 제1차 세계대전까지를 지배했던 낡은 논리에 불과하다고 생각했다. 그들에게 전쟁은 곧 건설을 의미하는 것이었고, 신시대의 건설은 오직 전쟁을 통해서만 가능한 것이었다. 이 경우 '전쟁'은 "총력전은 모든 것이 변해간가는 것을 표현하므로 전쟁이나 전술만으로 이해하는 것은 불충분하지요"(스즈키), "국방국가는 전시국가, 군대국가 같은 의미는 아닙니다. 마찬가지로 총력전도 무력전의 전쟁 같은 것은 아니지요"(고야마)처럼 무력적인 충돌에 국한되는 것은 아니었다. 그러나 이러한 비전쟁론의 논리는 전쟁의 반대항으로 '평화'나 '평시'를 상정하는 대신 영구적인 전쟁이라는 새로운 개념에 의해 뒷받침되고 있

22 나카무라 미츠오, 이경훈 외역, 앞의 책, 301~311면.

었다(『중앙공론』 좌담회에서 스즈키는 '영원'과 '무한'을 구별한다). 교토학파의 철학자들에게 '총력전'은 "세계의 모든 질서가 총체적으로 막다른 데 이르러 전면적으로 변화하는 대대적인 변혁", 그러니까 "경제 질서도 자유주의 경제에서 계획경제로 변하고, 국가의 구조나 체제, 세계관도 변합니다. 19세기의 모든 것이 근본적으로 붕괴되는 것이지요. 이 모든 변화는 필연적인 것으로서, 오늘날의 현실은 변혁의 결절점이 전쟁이라는 형태로 나타난 것입니다"(고야마)처럼 서구의 19세기를 가리키는 것이었다. 문제는 이러한 총력전이 전쟁을 영구화하는 것으로 이해됨으로써 "전시와 평상시의 구별이 없어지는 상태"로 받아들여진 데 있다. '전시'와 '평시'의 구별이 사라진다는 것은 '비상시'와 '평상시'의 구별이 무의미해진다는 것을 의미하며, 나아가 '전쟁'과 '평화', '전선'과 '총후'의 경계가 없어진다는 것이다. 총력전에 대한 이러한 설명은 비상사태와 예외상태를 '법'의 내부로 포착하려던 칼 슈미트의 공법학을 연상시킨다. 그러나 이 경우 '예외상태'는 정상적인 상태가 일시적으로 정지되는 단절인 반면, 근대초극을 주장했던 일본은 언제 끝날지 모를 긴 전쟁을 수행해야만 했다. 추측컨대 이러한 논리적 딜레마 때문에 교토학파의 근대초극론은 일본 내에서도 매우 위험한 사상으로 간주되었고, 심지어 국가권력으로부터 탄압을 받기도 했다.

아감벤에 따르면 주권자는 법질서에 속하는 동시에 법질서의 외부에 서 있다. 그는 언제 헌법이 중단되어야 할지를 결정하기 때문에 정상적인 상태에서 효력을 갖는 법질서에 속하면서도, 또한 극단적인 비상사태를 제거하기 위해 무엇을 해야 하는지를 결정하기 때문에 법질서의 외부에 서 있는 것이다. 아감벤은 슈미트의 주권 개념에 대한 해석과정을 통해서

법 상태와 자연 상태의 완전한 분리는 허구이며 가설일 뿐임을 주장했는데, 이 주장을 교토학파의 '전쟁'과 '평화'에 대입하면 '전쟁'과 '평화'의 완전분리는 허구라는 스즈키의 논리에 도달하게 된다. 인류의 역사에서 '평화'가 전쟁이 없는 상황이 아니라 전쟁에 의해 성취되었으며, 그런 한에서 빈번하게 '평화'는 전쟁을 정당화하는 명분과 논리가 되었다. 이러한 전쟁과 평화의 절대적인 구별불가능성이 바로 스즈키가 부르크하르트에게서 읽어낸 전쟁의 문명사적 의의이다. 그렇지만 대동아전쟁을 총력전으로 규정한 교토학파의 역사철학자들이 생각했던 것은 전쟁과 평화의 구별을 없앰으로써 영구전쟁론을 도출하는 것이 아니라 전쟁을 비정상적인 시간으로 인식하는 것이었고, 그런 한에서 그들은 영구전쟁론이 아니라 최종전쟁론을 강조할 수밖에 없었다. 다시 말해서 전쟁에 관한 한 그들의 사상은 최종전쟁론을 주장하면서 동시에 '전시'를 정상적인 시간에 기입하려는 방향으로 균열되어 있었던 것이다. 앞서 지적한 것처럼 비상시는 정상적인 상태를 벗어난 예외적 시간을 뜻한다. 그렇지만 총력전 체제하에서 '비상시'는 '변태적인 현상'이 아니라 정상적인 시간으로 간주되었다. 그들은 전쟁 상황을 비상시라는 의미에서의 예외상태라고 간주하기보다는 일상과 비일상, 전시와 평시의 구별이 불가능한, 다시 말하면 전쟁이 일상이 되어버린 상황으로 이해했다. 이런 이유에서 전쟁은 영구적인 사건의 과정이 되며, '전쟁'과 '전후'의 구별도 무의미해진다. 이런 의미에서 총력전 체제하에서 '비상시'라는 시간범주는 '천황' 내지 '일본'이라는 주권자에 의해 도입되는 일종의 '예외상태'라고 말할 수 있다. 정상의 일부가 되어버린 예외적 시간을 뜻하는 교토학파의 '비상시'라는 개념은, 그러나 사상적으로 사유될 수 있을 뿐 실제 현실에서는 성취될 수는 없었다. '전쟁'을 정상의 일부라고 인식하는 순간 이제 전쟁은 전시와 평시, 전쟁과 전후를 구분할 수 없는 영구전쟁론으로 흘러가고 말 것이기 때문이다. 더구나 목전에서 펼쳐지고 있는 전쟁, 그러니까 더욱이 근대의 초극을 겨냥했던 대동아전쟁과 태평양전쟁이 지극히 근대적인 방식으로 수행되고 있음을 목격하고, 근대를 초극하려는 전쟁이 정작 근대일 수밖에 없음을 자인하지 않을 수 없는 상황에서 전쟁을 정상 상태로 간주하는 것은 결코 쉬운 일이 아니었다. 이처럼 일제 말기에 접어들어 교토학파의 사상체계는 목전에서 전개되는 현실과의 불일치를 노정하게 되었고, 이 불일치가 결국 사상과 현실의 괴리를 가져오게 된다. 이 불일치가 이율배반의 기원이라면, 그것은 '전시'를 일상적인 시간의 일부로 간주하려던 교토학파의 사상이 자초한 것이며, 궁극적으로 일본에 의해 수행된 이 시기의 전쟁이 '근대'의 경계를 벗어나지 못했음에서 초래된 것이라고 보아야 할 것이다.

제2장

1930년대 비평장場과 휴머니즘

김오성의 네오휴머니즘론을 중심으로

1. 전형기 비평과 휴머니즘

휴머니즘 담론은 위기의식의 산물이다. 그것은 역사의 파국이나 인간성 상실 같은 역사적인 위기의 순간에 등장하고, 인간 소외의 극복이나 파국을 향해 나아가는 역사의 방향을 되돌리려는 이념적 노력으로 제시된다. 하이데거의 말처럼 광의의 휴머니즘이 "인간이 인간다울 수 있도록 그리고 비-인간적inhuman이지 않도록, 즉 자신의 본질을 벗어나지 않도록 사려하고 심려는 것"이고, "인간이 자신의 인간다움을 향해 자유로워지며 그 안에서 자신의 존엄성을 발견하기 위한 노력"[1]에 해당한다면, 실제 그것은 '자유'와 '본성'을 어떻게 규정하느냐에 따라서 사뭇 다른 양상으로 드러날 여지를 갖는다. 비평사와 사상사에서 종종 휴머니즘이 합의되기 어려운 개념, 논쟁의 대상이 되는 까닭도 여기에 있다. 1930년대 전

1 마르틴 하이데거, 이선일 역, 『이정표』 2, 한길사, 2005, 131~132면.

형기 비평계에서 '주류'의 성격을 띠고 전개되었던 휴머니즘 논쟁 역시 이와 다르지 않았다. 1930년대 중반, 카프의 퇴조와 해체는 '총체성 이념의 상실'[2]이라는 위기감으로 현실화되었다. 총체적 이념의 상실이란, '사실의 세기'(폴 발레리)라는 말처럼, 역사와 현실을 매개할 이념이 부재하는 상태를 가리킨다. 당시 이념의 부재는 비단 조선만의 문제는 아니었다. 세계는 역사의 급변기를 경험하고 있었다. 파시즘과 인민전선의 대결로 본격화된 세계사적 전환은 국제 사회에 불안감을 증폭시켰고, 생철학에서 실존주의에 이르는 철학 사상은 근대 과학과 이성의 한계에 도전장을 던졌으며, 그것은 마침내 서구 문명의 종말이라는 묵시론적인 예언으로 확장되었다. 세계는 전쟁과 공황이라는 유래 없는 위기에 직면했고, 일본과 조선의 지식계에는 만주사변과 중일전쟁의 발발로 인해서 문화에 심각한 위기가 도래했다는 감각이 지배적이었다. 1930년대 중반의 휴머니즘론은 이러한 위기를 배경으로 문학과 철학의 새로운 방향, 즉 주류론으로 제기되었다.

히라노 겐平野謙이 '1935년 전후'라고 명명했던 이 분위기는 1930년대 중반 식민지 조선에서 휴머니즘 논쟁으로 표출되었는데, 김오성의 네오휴머니즘은 이 논쟁의 한 축을 형성했다. 이 글은 1930년대 휴머니즘 논쟁을 이해함에 있어서 김오성의 비평에 주목해야 한다는 문제의식에서 출발한다. 이것은 당시의 휴머니즘 논쟁이 카프의 공식주의에 대한 비판 이외에도, 이성주의와 합리주의 철학에 대한 회의, 마르크스주의의 퇴조, 세스토프의 불안철학, 파시즘에 대항한 앙드레 말로와 페르낭데스의 행

2 손정수, 『개념사로서의 한국근대비평사』, 역락, 2002, 186면.

동주의 휴머니즘, 생철학과 실존주의 등 다양한 사상적 흐름을 배경으로 삼고 있었다는 판단에서 기인한다. 이러한 사상사적 배경들을 빠뜨리지 않을 때 우리는 1930년대 휴머니즘 논쟁이 세계사적인 사상의 변화를 수반하고 있었음을, 나아가 그 사상의 변화가 1937년 이후 일본의 식민지 지배나 근대 초극론과 무관하지 않았음을 포착할 수 있을 것이다. 이 글은 1930년대 휴머니즘 논쟁을 백철과 카프(임화)의 대립, 혹은 카프의 퇴조와 전향이라는 문단사의 맥락에서 해명하는 기존의 연구와 달리 김오성의 네오휴머니즘을 중심으로 1930년대의 휴머니즘 논쟁이 갖는 의미와 한계를 근대 비판의 맥락에서 살펴보고, 그의 네오휴머니즘에 투영되어 있는 일본 사상계의 영향력을 비교 · 해명하려 한다.

2. 네오휴머니즘 – 행동적 휴머니즘과 능동주의

알다시피, 1930년대 휴머니즘 논쟁의 출발점은 백철의 '인간묘사론'이었다. 백철은 '인간묘사론'을 통해서 '프롤레타리아 리얼리즘'과 '유물변증법적 창작방법'의 공식주의적 인간 묘사와 '이론의 과잉'을 비판하고, '산生 인간'의 묘사를 강조하는 사회주의적 리얼리즘의 휴머니즘을 주장하려 했다. 계급 대신 개성의 탐구를 주장했던 백철의 '인간 탐구'는 문학이 "전형적인 인물형 속에 그 시대의 특징을 잘 반영시켜 놓"은 것이며, "모든 걸작의 지위가 '인간의 묘사'에 있었다"라는 비평적 주장으로 귀결된다. 그는 "인간은 문학의 성도다!", "인간을 탐구하라!"[3] 같은 슬로건을 통해서, 문학이란 결국 "그 시대의 전형적 타입의 인간을 탐구"하는 것이

3 백철, 「인간탐구의 문학」, 『사해공론』, 1936.6, 19면.

라고 이해했는데, 그것은 카프의 공식주의에 대한 비판의 성격을 띠고 있었다. 백철의 휴머니즘론은 유물변증법적 창작방법의 공식주의적 인간묘사를 극복하기 위해 제안되었음에도 불구하고 '사회주의적 리얼리즘'이라는 예술적 · 정치적 이념의 연장선에 있었고, 그런 까닭에 서구 근대 전체를 부정과 성찰의 대상으로 삼지는 않았다.

인간 탐구, 인간 묘사, 개성의 옹호와 같은 근대적 세계관에서 출발한 백철의 휴머니즘과 달리, 김오성의 네오휴머니즘론은 처음부터 근대 이성중심주의가 배태한 합리주의와 개인주의에 대한 비판에서 출발했다. 때문에 김오성에게 있어서 '휴먼'은, 논리상으로는 탈근대적 주체론에 해당한다. 백철의 휴머니즘이 총체성 이념의 상실을 드러내는 혼란과 위기의 징후였다면, 행동적 휴머니즘과 능동주의를 두 축으로 한 김오성의 네오휴머니즘론은 근대의 혼란을 돌파하려는 문화적 · 사상적 대안의 성격을 띠고 있었다는 사실에 주목하자. 이 차이는 '문학'과 '역사철학'이라는 분과적 차이 이상으로 근대 초극의 비전이라는 관점에서만 해명될 수 있다.

전형기, 근대의 위기는 역사철학자들에게 '근대적 주체'의 위기로 실감되었다. 이것은 이성적 주체나 혁명적 주체라는 근대적 주체표상이 유럽의 대공황과 파시즘의 등장이라는 역사적 국면 앞에서 무력해진 현상에서 기원한다. 세계적인 공황상태는 자본주의의 위기론을 확산시켰고, 파시즘의 등장은 합리적 이성과 그에 근거한 역사에 대한 낙관을 위협했다. 전형기 비평에서 근대적 주체성의 위기에 가장 민감하게 반응했던 사람들은 주체의 혁명성을 신뢰했던 카프 출신의 비평가들과 역사철학자들이었다. 한효가 "휴맨이즘 문제가 이성과 법칙을 존중하는 주지주의에 반향하고 인간을 행동의 관점에서 통일적으로 파악하려는 경향"[4]이라고 말했을 때, 그것은 백철이 아니라 김오성의 휴머니즘을 염두에 둔 것이었다. 김오성의 네오휴머니즘은 두 가지 사상사적 과제를 제시한다. 그 하나는 칸트, 헤겔, 마르크스로 이어지는 근대 철학의 이성중심성과 관념성을 '행동', '육체', '감성'의 시각에서 비판적으로 종합하는 것이고, 다른 하나는 불안의 철학과 행동주의 문학의 문제의식을 휴머니즘의 입장으로 포괄하는 것이다. 생철학에서 실존주의에 이르기까지 근대철학의 인간중심성에 대한 성찰, 그리고 '불안'과 '위기'로 집약되는 세계사의 전환은, 임화의 지적처럼 "조선의 고유의 것이 아니라 문화의 위기라는 세계사적 원인으로부터 오는 일 현상"[5]이었다. 그러나 이 시기 일본을 통해서 수입된 휴머니즘론은 실제에 있어서 식민지 현실의 인간 소외와 억압을 외면하고 프로문학론의 한계와 그 사상적 배경인 마르크스주의를 비판하는 이론으로 전용되었다. 이런 맥락에서 "백철 씨를 필두로 한 일련의 휴매니즘론자가 휴매니즘을 퇴조된 마르크스주의의 대용물로 신비화시키며 팟쇼에 저항하는 것이 아니라, 사실에 있어서 마르크스주의와 리얼리즘에 반기를 들고 있음을 명백히 지탄"[6]한다는 윤규섭의 휴머니즘 비판은 정확한 것이었다.

> 인간주의! 이것은 금일의 세계적 문화현상 가운데 가장 현저한 경향의 하나인 것 같다. 철학의 영역에 있어서는 독일의 딜타이, 막스 쉐라 등에 의하

4 한효, 「휴맨이즘의 현대적 의의」, 『조선문학』, 1937.5, 184면.
5 임화, 「최근 10년간 문예비평의 주조와 변천」, 『비판』, 1939.6, 200면.
6 윤규섭, 「휴매니즘론」, 『비판』, 1937.7, 103면.

여 개척되어 가지고 하이데거, 야스퍼스 등의 실존철학에 의하며, 그 완성을 보여주고 있는 철학적 인간학이 독일에서 뿐만 아니라 세계 각국의 강단과 평단을 지배하는 현상이며 문학의 영역에 있어서는 불란서의 지드, 프루스트 등의 불안문학에 의하여 개척되어 페르낭데스, 말로 등에 의해 성립되고 있는 행동적 인간주의가 작년 유월 파리에서 개최되었던 국제작가대회 이후 단순히 불란서에서뿐만 아니라 또한 세계의 문단에 커다란 파문을 지으면서 주요한 조류를 형성하고 있다.[7]

김오성은 1936년 「문제의 시대성 — 인간탐구의 현대적 의의」에서 네오휴머니즘의 역사적 · 철학적 배경에 대해 위와 같이 설명한다. 생철학에서 실존주의에 이르는 이성주의에 대한 근대철학의 성찰이 '철학적 인간학'이라는 이름으로 세계 지성계에 확산되고 있고, 파시즘의 등장과 국제작가대회 이후 행동주의 문학의 대두가 네오휴머니즘의 등장을 요청하고 있다는 것이 바로 그것이다. 세계적 문화현상으로서의 인간주의에서 네오휴머니즘의 시대성을 추출하고, 그것을 배경으로 근대 역사 · 철학의 문제점에 접근하고 있는 이 글은, 그러나 만주사변과 중일전쟁으로 현실화된 일본의 대륙 침략이나 식민지 조선의 현실에 대해서는 침묵한다. 그는 다만, 세계사의 전환 국면, 즉 "일절의 낡은 것은 일시의 안정도 유지치 못하며 그것에 대신할 새로운 것은 낡은 것의 최후간섭 때문에 그 진로가 막히여 불안과 고뇌에 잠겨 있"는 '세계'라는 범주로 '조선'의 식민지 현실을 포괄할 따름이다. 이 침묵이 의미하는 것은 무엇일까? 그것은

7 김오성, 「문제의 시대성 — 인간탐구의 현대적 의의」, 『조선일보』, 1936.4.29.

일본제국주의의 강압이라는 현실적 조건에서 기인하는 것이었을까, 아니면 보편적 역사법칙을 추구하는 역사철학적 시각 때문이었을까? 분명한 사실은, 대다수의 역사철학자들이 그러했듯이 '세계'의 시각을 견지하고 있는 김오성의 비평이 '식민지'라는 조선의 현실적 조건을 고려하지 않고 있음은 분명하다. 대신, 그는 근대철학의 사변성 · 관념성이 인간 주체의 능동성을 억압했고, 그것이 인간을 이성과 법칙에 종속시키는 결과를 초래했다고 주장한다. 때문에 근대의 위기를 극복할 대안적 이념은 '철학적 인각학'으로 요약되는 근대철학의 관상觀想주의를 비판적으로 해체하여 객관주의와 주관주의를 동시에 극복하는 것일 수밖에 없었고, 그것은 이후 감성과 지성의 통일, 주관과 객관의 통일 같은 변증법의 논리로 표출되었다.

전형기의 휴머니즘론은 '계급'으로 환원되는 마르크스주의의 인간론을 기계적이라고 비판했고, 나아가 살아서 생활하는, 개성적인 인간을 창조하고 옹호할 것을 주장했다. 그러나 다른 한편 '인간'이라는 추상적 범주의 설정은 식민지, 자본주의라는 현실을 피해가야 하는 이론의 도그마이기도 했다. 한설야의 "론論보다 증거로 우리는 인간일반이나 인간성 전모를 그 내용으로 하는 이른바 휴머니즘 문학을 본 일이 없다"[8]라는 비판이나 "모든 관념적 문예론자들은 백 씨에서와 같이 개인성을 보편성의 우위로 전도하거나 동등의 것으로 절쇠화하거나 혹은 낭만주의자와 같이 필요 이상으로 보편성을 과장"[9]한다는 임화의 지적은 전통적으로 휴머니즘론이 상정해온 '인간'이 "전 인간이 아니라 개인, 전 인류가 아니라 소시민

8 한설야, 「문단주류론에 대하야—휴머니즘에 대한 일고찰」, 『조선일보』, 1937.3.24.

9 임화, 「문예이론으로서의 신휴마니즘에 대하야」, 『풍림』, 1937.4, 60면.

지식인의 필요"에 의해 탄생한 지식계급과 중간층의 이데올로기에 불과하다는 것을 지적한 것이다. 계급, 계층, 성별의 차이를 고려하지 않은 '인간' 개념은 그 분할선의 부재 때문에 인간을 역사성·사회성이 탈각된 존재로 추상할 위험을 지니지만, 김오성의 '네오휴먼'은 '인간'을 실체적인 차원에서 개인과 동일시하지 않는다는 점에서 르네상스적 개인 개념과 다르다. 이는 '네오휴먼'이 서구 근대의 주체성인 '개인'과 '합리적 주체'의 표상인 '휴먼'을 극복의 대상으로 삼는다는 사실에서 한층 분명해진다.

1936년 『조선일보』에 발표한 「능동적 인간의 탐구」에서 김오성은 현대에 있어서 문학과 철학의 역사적 과제를 '능동주의'로 제시하고, "내가 말하려는 능동동주의가 이러한 행동주의적 경향에서 자극된 것임은 두말할 것도 없다. '행동적인 것' 또는 '능동적인 것'은 역사적인 한계상황에서 있는 현대문화에 있어 한 개의 새로운 성격을 대표하는 것이라고 생각키운다"처럼 '행동'의 신체성에 방점을 찍는다. '한계상황'이란 세스토프의 『비극의 철학』이나 불안과 죽음으로 점철된 하이데거의 존재론, 파시즘과 나치즘의 등장으로 상징되는 유럽문화의 전반적 위기를 가리키는데, 그는 그것에 대항하는 페르낭데스와 앙드레 말로의 행동주의를 휴머니즘으로 해석한다. 알다시피, 1934년 8월에 개최된 전全소비에트동맹작가대회에는 말로, 아라공, 블로흐 등이 초대되었다. 아라공이 지드의 메시지를 대독한 사건으로 더욱 유명해진 이 대회의 영향으로 다음해 6월 파리에서는 '문화옹호국제작가회의'가 개최되었는데 그것은 나치즘과 파시즘의 위협에 맞서는 문학적 인민전선의 성격을 지니고 있었다. 당시 유럽의 지식계는 현대인이 '불안과 혼란'의 한 가운데에서 "생존의 최대위협"에 노출되어 있고, "세기말적인 파시즘의 횡행"으로 인해 지성과 문화가 파탄의 지경에 이르렀다는 종말의 분위기에 휩싸여 있었다. 1918년에 출간된 슈팽글러의 『서구의 몰락』은 세기 말과 세기 초 유럽의 지적 분위기를 상징적으로 보여준다. '위기의 철학'과 '불안의 문학'은 그 몰락의 가시적인 징후인 바, 그는 키에르케고르의 철학과 벤자민 그레뮤의 『불안과 재건』에 기대어 주체적인 결의, 다시 말해 지식 계급의 능동성과 행동주의를 주장한다.

'능동성'과 '행동주의'는 네오휴머니즘의 두 축이다. '행동'을 통한 '내적 인간(생활)'과 '외적 인간(생활)'을 일치라는 지향이 증명하듯이, 네오휴머니즘은 근대의 위기를 분열되고 파편화된 것들의 융합과 조화를 통해서 해결하려 한다는 점에서 전체성·총체성의 이념을 목표로 설정하고 있다. 감성과 지성, 신체와 정신의 분리를 문제의 원인으로 제시하고, 그것들의 통합을 통해서 위기를 극복하려 한다는 점에서 네오휴머니즘은, 그것이 비록 근대 초극의 비전을 갖고 있다고 할지라도, 탈근대적인 담론은 아니다. 네오휴머니즘은 근대철학의 이성중심주의를 비판했지만, 그것을 반反이성주의가 아니라 이성과 감성, 지성과 감정의 조화로 해결하려 했다는 점에서 세기말의 반反이성주의와도 달랐다. 때문에 그의 '이성' 비판은 이성 자체의 문제가 아니라 '이성'과 '감성'의 분리·대립으로 흘러온 서구 근대철학의 주류에 대한 비판이었고, 그 해결책 또한 이성의 주권에 대한 부정이 아니었다. 같은 맥락에서 그는 「문학에 있어서 윤리와 논리」(『조선일보』, 1937.9.17~25)에서는 '윤리'와 '논리'의 결합을, 「문학에 있어서의 예술성과 사상성」(『동아일보』, 1937.10.24~30)에서는 '작가'와 '평자', '창작(예술성)'과 '비평(사상성)'의 일치를, 「감성과 지성」(『조광』, 1838.1)에서는 문학에 있어서 '감성'과 '지성'의 교류·협력을 강조한다. 이러한 통합적 비전은 좌담회 「근대의 초극」(1942)에 참석한 논자들이 주장한 초극의 방법론과 흥미로운 유사성을 보여준다.[10] 이러한 유사성은 궁극적으로 사상의 동시성을 의미하는 것이지만, 분리 · 대립되어 있는 것들의 일치와 조화라는 김오성의 입장은 역사를 "로고스적인 것과 파토스적인 것의 통일"[11]로 간주한 미키 키요시三木清의 철학에서 영향을 받은 것이었다.

3. 네오휴머니즘과 일본 사상계의 영향관계

김오성의 네오휴머니즘론을 구성하고 있는 두 요소, 즉 능동주의와 행동주의를 살피기 위해서는 1930년대 중반 일본 사상계의 동향에 주목해야 한다.[12] 제국과 식민지의 사상적 연동이라는 관점에서도 그렇지만, 많은 경우 조선 지식인들의 담론이 제국 일본의 사상에 대한 반응의 양상을 띠었기 때문이다. 이러한 연관성은 컨텍스트의 맥락에서 식민지 조선의 문학장을 이해함에 있어 전제가 되고 있지만, 김오성의 네오휴머니즘이 이 사상의 컨텍스트라는 시각에서 설명된 예는 거의 없다. 아래에서는 1930년대 일본 사상계, 특히 미키 키요시의 역사철학과 김오성의 네오휴머니즘이 갖고 있는 선택적 친화력을 사상적 영향관계라는 관점에서 살펴보려 한다. 1930년대 중반 일본은 조선과 마찬가지로 나프의 해체와

10 가령 이 좌담회에서 요시미치는 근대의 초극을 새로운 "보편적 통일 원리"의 재현이라고 주장하면서 그 정신질서의 재건을 신을 찾아내는 영성(靈性)의 문제로 설명한다. 그가 유럽의 근대를 극복하기 위해 고대인을 "구제를 요청하는 자연적 덕성의 인간"으로 보아야 한다고 말할 때, 또는 과학과 신을 연계시켜야 한다고 말할 때, 그것은 근대 이후를 통한 근대의 극복이 아니라 전통과 근대, 고대와 근대의 융합과 합일을 의미하는 것이었다.

11 미키 키요시, 한정석 역, 『구상력의 논리』, 경문사, 1991, 19면.

12 1930년대 중반 일본 문단의 상황에 대해서는 김용제, 「동경문단시감 (一)」, 『백광』, 1937.6 참고.

전향, 그리고 불안과 위기의 문학 같은 퇴조기를 경험하고 있었다. 일본 문단에 '행동주의 문학론'과 '지식계급의 능동정신'이라는 새로운 담론이 등장한 것이 바로 이때였다. 고마쓰 기요시小松清가 행동주의 문학론을, 후나바시 세이이치舟橋聖一가 지식계급의 능동정신을 『행동』지誌를 중심으로 각각 주장했다.[13] 나프 해체를 전후한 시기, 일본 문단은 이들의 능동주의와 행동주의에 대해서 비판적으로 반응했는데, 비판의 요지는 지식 계급의 실체성을 인정할 수 있는가가 쉽게 용인되지 않았기 때문이었다. 특히, 이 담론들은 파시즘과 마르크스주의 사이에서 선택을 요구받고 있던 현실에서 마르크스주의 비판이 곧 파시즘으로 귀결될 수 있음을 우려하는 논자들에게 집중적인 공격을 받았다. 일본 문단에서도 행동주의 문학은 세스토프의 『비극의 철학』을 배경으로 하는 불안의 문학과 동일한 흐름을 형성했다. 1934년 1월 가와카미 데쓰타로와 아베 로쿠로가 세스토프의 『비극의 철학』을 공역·소개함으로써 행동주의, 불안의 문학, 위기의 철학은 일본 문단의 관심 대상이 되었다.[14] 물론, 세스토프가 번역되기 이전, 이미 일본 문단에는 불안의 사상이 소개된 상태였다. 미키 키요시의 「불안의 사상과 그 초극」(1933)이라는 비평이 그것이다. 이 글에서 그는 벤자민 크레뮤의 『불안과 재건』을 하이데거와 야스퍼스의 한계상황과 연계시켜서 "이 사건(만주사변―인용자)에 의해 일반적인 인텔리겐차들 사이

13 고마쓰 기요시는 1935년 11월 국제작가회의의 의정서를 「문학의 옹호」라는 제명(題名)으로 번역·소개했다. 1930년대 일본 문단에서 행해진 행동주의 논쟁과 고마쓰 기요시의 사상에 대해서는 왕신영, 「1935년 전후의 '행동주의논쟁'―제창자 고마쓰 기요시의 입장에서」, 『비교문학』 32, 한국비교문학회, 2004 참고.

14 1930년대 일본문단에서의 불안논쟁과 세스토프의 연관성에 대해서는 왕신영, 「1930년대의 일본에 있어서의 '불안' 논쟁을 중심으로」, 『일어일문학연구』 47-2, 한국일어일문학회, 2003 참고.

에서 번지기 시작한 정신적 기류는 다름이 아닌 '불안'이다"라고 썼다.[15]

김오성의 네오휴머니즘은 1935년 전후 일본 사상계에 제출되었던 '능동주의'와 '행동주의'를 휴머니즘 개념으로 포괄한 것이었는데, 그것은 백철의 인간탐구론, 인간묘사론과 맞물리면서 "능동적 인간타입"의 창조에로, "주체와 객체의 대립적 변증법적 통일체"에로 발전되었다. 그는 "금일의 현실적 불안은 정신적이기 전에 감성적인 것"이라고 생각했기에 근대철학의 관념성을 혐오했고, '행동'을 정신주의로 귀결시켰다는 이유로 페르낭데스를 비판하기도 했다. 이 시기 네오휴머니즘론으로 발표된 그의 많은 평문들은 모두 '주체성=능동성=실천성'이라는 도식에 입각하여 '지성의 재건'을 강조하고 있다. 궁극적으로 '지성의 재건'이란 위기에 직면한 근대적 주체성을 재구축함으로써 근대의 위기를 극복할 수 있다는 이념의 표현물이었다. 그는 "능동주의가 진실로 불안을 초극하려는 인간층의 지배 이데올로기가 되려면, 즉 만화萬話의 이론보담도 오히려 불안과 혼란 속에서도 냉정한 통찰력과 백척불굴의 신념과 불타는 건설적 정열을 가지고 이 류類의 명일을 창건하기 위하야 행동할 그러한 능동적 인간타입을 발견하며 창조하지 않으면 안 될 것이다"처럼 네오휴머니즘이 현대문화의 혼란을 극복할 새로운 방향이라고 믿었다. 그러나 네오휴머니즘의 역사철학의 '세계'란 제국의 지식인들과 식민지 지식인들에게 상이하게 표상될 수밖에 없었다. 제국의 관점에서 '세계'는 보편의 문제로 사유되지만, 식민지에서 그것은 '식민지'라는 현실적 조건으로 사유될 수밖에 없었다. 제국은 '세계'를 배경으로 자신을 정당화할 수 있었지만, 식민

15 위의 글, 426면에서 재인용. 전후문학을 주제로 삼은 크레뮤의 『불안과 재건』은 1935년 1월 일본에서 번역되었다.

지는 '세계'를 근거로 자신의 현실을 긍정할 수 없었기 때문이다. 이 '세계'라는 믿음이, '세계=유럽'이라는 등식이 깨어질 때, 다시 말해 '세계'의 보편성이 "실은 하나의 근대적 세계에 지나지 않다는 것이 의식"[16]될 때, 고야마 이와오高山岩男의 '세계사의 철학'이 그랬던 것처럼 역사철학은 쉽게 '동아의 맹주'라는 또 다른 제국주의의 논리로 전화轉化된다.

김오성은 1936~1937년 네오휴머니즘에 관한 세 편의 비평(「네오·휴머니즘론」, 「네오·휴맨이즘 문제」, 「휴머니즘 문학의 정상적 발전을 위하여」)을 발표했는데, 이 글들은 철학사의 맥락에서 네오휴머니즘 비판에 대한 응답의 성격을 지닌다. 1936년 10월 『조선일보』에 발표된 「네오·휴마니즘론」에서 그는 현대의 인간탐구가 "인간을 법칙의 속박"으로부터 해방시키는 것이라고 주장하면서, 근대철학이 '이성'과 '법칙'에 인간을 종속시킴으로써 인간의 자기 상실과 자기 속박을 야기했다고 비판한다. "하나는 이성적 법칙이며 달은 하나는 객관적 법칙이다. 그러나 양자가 모다 자연과학 법칙을 근거로 한 점에서 한가지로 근대적 성격을 가지고 있다고 볼 수 있는 것이다."[17] 김오성은 근대철학의 이성주의가 자연과학적 법칙성에 근거하고 있다는 사실을 지적함으로써 그것의 근대적 성격을 부각시키고, 베이컨, 스피노자, 라이프니츠, 칸트, 헤겔의 철학에 이르는 근대철학의 흐름을 인간의 자기소외 과정과 동일시함으로써 "이성은 인간의 온갖 행위를 규정하는 일반자로서 자기의 온갖 법칙을 획득하게 되었으니 신칸트파, 생의 철학 등을 통하야 이성의 법칙은 자연과학에 대등되는 정

16 차승기, 「근대의 위기와 시간-공간 정치학」, 『한국근대문학연구』 4-2, 한국근대문학회, 2003, 246면.

17 김오성, 「네오 휴마니즘론」, 『조선일보』, 1936.10.1.

신과학을 일러노케 된 것이다. 이리하야 형식주의는 완성된 것이다"라고 '합리파'의 역사를 '이성'과 '형식'으로 요약한다.[18] 김오성에 따르면 유물사관은 이 합리파의 정점에 위치한다. 그에 따르면 대전 이후의 다다이즘, 불안철학, 불안문학 같은 데카당스적 경향은 모두 이 이성과 법칙의 사유에 대한 회의와 비판에서 출발하는 셈이다. 하여, 그는 현대 휴머니즘의 과업을 '인간의 탈환'이라고 선언하는데, 그러면서도 그는 르네상스의 휴머니즘과 네오휴머니즘을 구분한다. 서구 근대를 추동한 르네상스 휴머니즘이 단자적 개인을 상정한 반면, 네오휴머니즘은 "인간을 한 개의 유적존재"로 사유한다는 것이다. 그는 "사회적 관계 그것이 인간이란 것이다, 인간은 사회적 관계를 떠나 생각할 수 없다"처럼 인간을 사회, 역사, 관계와 분리해서 사유할 수 없음을 강조한다.

그런데 여기에서 한 가지, 우리는 1920~1930년대 프랑스의 네오휴머니즘이 근대의 이성과 법칙이 아니라, 역설적으로 아방가르드와 큐비즘 같은 '안티-휴머니즘적' 예술을 비판의 대상으로 삼았다는 것을 상기할 필요가 있다. 실제 프랑스 회화에서 네오휴머니즘을 주장했던 발드마르 조르주는 네오휴머니즘의 특징을 "인간중심적인 비전을 통해 신체를 매개체로 표현하는 '엔트로포모르피즘'과 세상 앞에서 정복의 정신으로 역동적이고 생동적인 태도를 취하는 인간의 입장들이 표현되는 '움직임', 좀 더 정확히 말하면 자연을 취하고 인간의 특성을 선언했던 피디아스 시기의 고전적 움직임"[19]이라고 정리했다. 말하자면, 네오휴머니즘은 이성

18 김오성의 이러한 설명에는 근대철학사에 대한 오해와 왜곡이 개입되어 있지만, 그것은 이 글의 주관심사가 아니므로 논외로 한다.

19 김성원, 「네오 휴머니즘 연구를 중심으로 한 1920~1930년대 파리 미술계 동향」, 『현대미술사연구』 11, 현대미술사학회, 2000, 76면.

과 법칙에 대한 비판을 통한 인간해방의 비전이기 이전에 세계대전 이후 미래를 확신할 수 있는 가치를 찾으려는 지식인들의 욕구에서 발생한 '질서로의 회귀' 욕망을 표현한 것이었다. 김오성의 네오휴머니즘이 간과한 것은 바로 이 새로운 휴머니즘이 질서와 법칙에 반反하는 운동이 아니라, 실제로는 질서와 법칙을 비판해온 20세기 초의 예술과 사상으로부터 인간적인 가치를 회복하고, 나아가 새로운 가치질서를 수립하려는 노력이었다는 사실이다.[20] 김오성이 이것을 의도적으로 은폐시켰는지, 아니면 오해했는지를 확인하는 것은 불가능하다. 다만, 백철이 「현대문학의 과제인 인간탐구와 고뇌의 정신」에서 파시즘에 대항하기 위한 작가들의 인민전선인 국제작가회의를 정치와 이데올로기로부터 자유로운 인간으로 귀환하려는 지식인들의 운동으로 왜곡[21]한 것처럼, 역사의 자기 맥락화하는 작업이 있었음을 확인할 수 있을 따름이다. 그런데 이 자기 맥락화는 김오성의 네오휴머니즘에 커다란 균열을 불러오고 있다. 그것은 근대철학이 인간 주체를 세계의 중심으로 설정해온 과정을 김오성의 네오휴머니즘이 고스란히 반복하고 있기 때문이다. 김오성은 '인간'을 "역사를 창조하는 주체"로 간주하고, 나아가 "인간은 역사적인 동시에 비역사적인 존재이다. 비역사적이란 것은 역사적 제약의 초극을 의미하는 것이며, 인간의 역사적 사실의 창조를 의미하는 것이다"라고 주장한다. 그러므로 이때의 능동성이란 기실 헤겔이 말했던 자연 상태의 지양과 다른 것이 아니다. 네오휴머니즘을 "이리하야 인간은 세계내의 모든 자연물을 정복하며

20 제1차 세계대전 이후 영미의 이미지즘과 주지주의 운동도 비슷한 경향을 보여준다.
21 여기에 대해서는 구장률, 「휴머니즘론의 사적(史的) 전개 과정 연구」, 연세대 석사논문, 2001, 23면 참고.

변혁하고 있으며 직접 혹은 간접으로 모든 자연물에 인간적인 원리를 강제함으로써 자기를 창조하며 발전시키고 있는 것이다. 인간의 능동적 실천력은 세계를 인간적인 세계, 인간화의 세계로서 변화시키고 있는 것이다"라고 설명할 때, 그것은 정확하게 근대철학이 휴머니즘이라는 이름으로 만들어 놓은 인간과 자연의 이분법을 반복하는 것에 불과했다. 그가 인간을 '실체'가 아니라 '주체'로 파악해야 한다고 주장할 때, 나아가 인간을 역사발전의 주체로 설정할 때, 그것은 근대형이상학의 관념성을 부정하는 논리는 될지언정 인간을 역사와 진보를 주체로 간주해온 근대철학의 인간중심·이성중심주의에 대한 비판은 되지 못했다.

김오성의 「네오·휴맨이즘 문제」(『조광』, 1936.12)는 '조선'과 '세계'의 관계에 대해 응답의 성격을 띤다. 이 글에서 김오성은 "어떤 실천운동의 테제가 아닌 문화형태에 대하여 조선적 특수성을 말함은 무의미한 일"이라고 지적하는가 하면, 나아가 세계사적 변화를 근거로 "그것(네오휴머니즘—인용자)은 지역적으로 어느 일국 내의 것이 아니요 한 개의 세계적 과제가 되었다"고 선언한다. 아울러 그는 조선의 지식인들이 네오휴머니즘을 적극적으로 수용해야 하는 까닭은 조선인들이 "세계문화의 일환 속에 살고" 있기 때문이라고 설명한다. 이런 맥락에서 그는 네오휴머니즘의 실천 방법을 "첫째, 네오·휴맨이즘은 인간을 실체로서 해석할 것이 아니라 주체로서 탐구하지 않으면 안 된다", "둘째, 네오·휴맨이즘은 인간을 관상적으로 해석할 것이 아니라 행위적 관점에서 파악하지 않으면 안 된다", "셋째, 네오·휴맨이즘은 인간현실을 보존할 것이 아니라 오히려 그것을 초극하는 것이 아니면 안 될 것이다"라는 세 가지로 요약한다. 인간을 '실체'로 해석하는 것과 '주체'로 탐구하는 것은 어떤 점에서 구분되는가? 그것은 현대철학의 지적처럼 주체와 주체화 사이에 어떤 간격도 없다는 것, 인간을 생물학적인 개체가 아니라 특정한 사건과 관계 맺고 있는 존재로 재규정하는 것을 의미한다. 이는 네오휴머니즘이 '인간'이 아니라 '주체', 나아가 인간이 특정한 주체로 재탄생하는 주체화의 방식에 강조점을 두고 있음을 일컫는다. 1930년대 휴머니즘 논쟁의 구도에서 대상을 '인간'에서 '주체'로 옮겨놓는 이러한 시각은 상당한 설득력을 갖고 있지만, 실제로 그는 르네상스의 '인간', 마르크스주의의 '프롤레타리아' 등이 '인간'이 아니라 '주체'였음을 이해하지는 못했던 듯하다.

특히 식민지라는 조건하에서 모든 인간은 분열된 주체성을 갖게 된다. 그들은 에스닉Ethnic한 주체성을 지니면서도 신민으로서 제국의 일부로 편입될 수밖에 없다. 때문에 네오휴머니즘의 정당성 '세계'의 수준에서 관철되는 것과 '식민지'에 적용되는 것은 전혀 별개의 문제이다. 이 맥락의 차이를 간과하고 사상과 이념을 '보편'으로 삼을 때, 사상과 이념은 그 의도와는 전혀 다른 효과를 낳는다. 김오성은 역사철학이라는 보편담론의 관점에서 네오휴머니즘의 문제를 제기했지만, 보편 담론으로서의 휴머니즘은 식민지 현실의 비동시성을 포착할 수 없었기에 한낱 관념에 불과했다. '보편'이란 비균질적인 시·공간을 균질적인 세계로 표상함으로써 내적인 차이를 동일성으로 환원해 버리기 때문이다. 르네상스의 인본주의에서 근대 시민사회의 성숙과정을 거쳐 도달한 서구의 인간 소외가 식민지라는 현실에서 목격되는 인간 소외와 같을 수는 없었다. 마찬가지로 메이지 근대를 경험하고 제국에 대한 욕망을 키워가던 일본 내에서의 휴머니즘과 식민지 조선에 수입된 휴머니즘이 갖는 정치적 효과는 분명 다른 것이었다. 제국과 식민지의 관계에서 사상의 연동성은 필연적이라고 할 수 있지만, 제국의 담론을 모방한 식민지의 담론은 많은 경우 제국의 지배를 정당화하는 논리로 뒤바뀌게 된다. 그것은 가령 1937년 이후 조선의 지식인들이 일본의 영향하에서 세계사적 변화를 자신의 문제로 받아들일 때, 그것이 곧 친일의 논리로 뒤바뀌고 말았다는 사실에서도 확인된다.

4. 구상력의 논리와 새로운 미토스의 실현

김오성의 네오휴머니즘은 '문학'이 아니라 '역사철학'에서 출발한다. 네오휴머니즘의 공론성空論性에도 불구하고 이 글이 김오성에 주목하는 이유는 그것이 단순한 창작방법론이 아니라 근대의 위기 극복을 위한 새로운 이념으로서의 성격을 띠고 있기 때문이다. 이것은 그가 인간묘사의 문제를 창작방법론으로 이해했던 카프 비평가들을 비판한 이유와 동일하다. 앞서 지적했듯이, 근대 시기 식민지라는 조건은 근대의 극복이나 초극이라는 화두가 등장하기에 유리한 조건은 아니다. 그것은 근대의 폐해가 무르익은 유럽사회에서 등장하거나, 그렇지 않으면 세계사의 전환이라는 이름으로 자신들의 팽창주의를 정당화하려 했던 제국 일본에서나 가능한 것이었다. 물론, 유럽의 경우 근대의 폐해가 본격화되기 이전에도 '이성'과 '합리론'에 대한 비판은 있었다. 그러나 그 비판들이 '초극'이나 '전환'이라는 이름으로 근대 이후를 설정한 경우는 거의 없었다.

김오성의 네오휴머니즘은 조선의 현실에서 발생한 독자적인 사상이 아니라 역사철학에서 구상력의 논리에 이르는 미키 키요시三木清 사상에서 영향받은 측면이 강하다. 1932년 『역사철학』의 출간 이후, 미키 키요시는 객관적인 것과 주관적인 것, 합리적인 것과 비합리적인 것, 지적인 것과 감정적인 것의 결합을 자신의 철학적 테마로 삼았다. 그는 역사철학적인 시각에서 근대의 위기를 로고스와 파토스의 통일이라는 관점에서 이해했고, 역사를 로고스적인 것과 파토스적인 것의 요소를 분석, 그것들의 변증법적인 통일을 모색하려 노력했다. 1930년대에 출간된 두 권의 책(『위기에 있어서의 인간의 입장』(1933)과 『인간학적 문학론』(1934))에서 그의 이념적 모색이 '휴머니즘'으로 귀결되었다는 사실은 김오성의 논리를 이해하는 데 있어서 중요한 단서를 제공한다. 그는 1939년에 출간된 『구상력의 논리』에서는 오성과 감성의 결합을 사유했던 칸트의 구상력 개념을 빌어 '형形의 논리'를 제기했다. '행위의 철학'을 전면에 내세운 이 책에서, 그는 '행위'를 주관적 관념론자들의 개념인 '의지'와 구분하여 '제작製作'이라고 정의했고, 제작의 관점을 근거로 '형形'의 역사성에 주목했다. 그에게 있어서 역사성은 '한계'이면서 또한 '초극'의 계기였다. 인간 주체에게 '역사'는 일정한 조건으로 주어진다는 점에서 '한계'였고, 그럼에도 불구하고 인간 주체는 그 역사적 한계를 극복하고 새로운 역사를 생산한다는 점에서 '초극'이었다. 때문에 역사적인 것으로의 '형形'은 그 역사성으로 인해서 가변적인 것일 수밖에 없었는데, 그는 '형形'을 '객관적인 것(한계)'과 '주관적인 것(초극)'의 통일이라고 설명함으로써 역사성과 비역사성을 동시에 주장했다. 그는 헤겔의 철학이 형形의 논리였음은 분명하지만, 헤겔의 철학은 그리스적 존재론과 마찬가지로 '관상觀想'적인 차원에 머물렀다고 비판했다. 오성과 감성의 통일이라는 문제의식은 또 한편으로 이성과는 다른 논리, 즉 로고스의 형식논리와는 구분되는 논리의 문제를 제기했다. 그는 "우리들은 사물로써 사물을 마주친다"처럼 인간의 세계이해에서 신체성이 차지하는 위상에 대해 새롭게 질문하기 시작했고, 그것은 인간 주체의 신체를 파토스pathos라고 명명한다면 사물의 논리는 단순히 로고스적인 논리만이 아니라 동시에 파토스적인 것에 관련된 것이기도 하다는 것으로 귀결된다. "역사적인 형은 단지 로고스적인 것이 아니고 로고스적인 것과 파토스적인 것의 통일이다. 구상력의 논리는 이와 같이 로고스와 파토스의 통일 위에 서 있는 것이다."[22] 로고스적인 것과 파토스적인 것의 통일에 집중함으로써 그는 마르크스주의에서 니시다 철학으로 나아갔다.

김오성의 네오휴머니즘은 근대의 위기를 이성주의와 관념철학에서 기인하는 것으로 인식하는 태도나, 그 위기를 대립적인 것들의 통일과 결합을 통해 극복할 수 있다고 주장하는 것, 아울러 그 주장이 휴머니즘으로 귀결된다는 점에서 미키 키요시의 사상에서 영향 받은 바가 크다. 1939년에 발표된 김오성의 「문학에 있어서 윤리와 논리」는 이 근접성을 가장 뚜렷하게 보여준다.

> 문학이 파토스 또는 감정에 의존함과 반대로 철학은 로고스(지성)에 의존한다. 파토스가 심장(心臟)적이라면 로고스는 두뇌(頭腦)적인 것이다. 파토스는 두뇌 없는 심장이라면 로고스는 심장 없는 두뇌라 할 것이다. 그러므로 파토스는 항상 새로운 체계를 건설하며 창조하려함에 반하야 로고스는 이미 얻어진 체계를 조성하며 완성하랴하는 것이다. 예술가는 사상(思像)을 무기로 함에 반하야 철학가는 논리를 무기로 한다. 그리하야 예술가는 체험과 관찰과 상상함으로써 구체적인 형상을 창작함에 반하야 철학가는 사색과 논리에 의하야 개념적 관심으로서 추상적인 이데올로기를 형성한다. 이리하야

22 미키 키요시, 한정석 역, 『구상력의 논리』, 경문사, 1991, 19면.

> 파토스와 로고스 문학과 철학은 서로 화합할 수 없는 안티노미적 관계를 갖고 있는 듯하다. 그러나 파토스는 로고스가 없이는 자기를 실현할 수 없으며 로고스는 파토스가 없이는 자기를 새로히 형성할 수가 없는 것이다. 철학이 낡은 로고스의 형태로부터 새로운 로고스를 형성하려면 전형기적인 파토스의 부정을 매개로 하지 않으면 안 된다. 이러한 의미에서 파토스는 로고스를 촉진시키며 발전시키는 원동력이 되는 것이다. 그러므로 로고스는 파토스가 가져오는 뮤토스를 이데올로기로서 조직하며 완성할 의무를 가지고 있는 것이다.

김오성은 '문학'과 '철학'을 각각 '파토스'와 '로고스'의 영역으로 정의한다. "파토스가 심장心臟적이라면 로고스는 두뇌頭腦적인 것이다", "파토스는 두뇌 없는 심장이라면 로고스는 심장 없는 두뇌라 할 것이다" 같은 진술에서 우리는 그가 감성과 지성을 이분법적으로 구분하고 있음을 직감할 수 있다. 이 이분법적인 구분, 즉 로고스적인 것과 파토스적인 것의 통일이야말로 미키 키요시의 '역사철학'과 '구상력의 논리'를 관통하는 문제의식이다. 또한 그가 「감성과 지성」에서 "감성이 대상에 대한 인간의 자연적 태도임에 반하야 지성은 반성적 탐구적 태도"이며, "지성은 감성이 개개의 대상에 집착하는 반대로 일반적인 것을 대상으로 한다"라고 썼을 때, 그것은 구상력이 '개물적인 것'과 '일반적인 것'이라는 상반된 것들을 하나로 결부시킨다고 주장했던 미키 키요시의 논리를 일반화시킨 것에 다름 아니었다. 파토스와 로고스의 통일이라는 이 지향점은 근대철학의 형이상학적, 관념론적, 주·객관주의를 비판하기 위한 논리적 도구이자 현실 진단이었다. 파토스와 로고스가 "안티노미적 관계"에 머물러 있을 때, 감성과 이성은 별개의 것으로 분리되고, 그것은 철학의 순수성을 강화할 수는 있을지언정 역사적 의미에서는 "심장 없는 두뇌"와 "두뇌 없는 심장"만을 낳는다는 것이 서구철학사에 대한 김오성의 진단이었다. 그는 순수철학이 파토스나 감정을 철학체계 내에 끌어들인 예가 없었고, 이런 맥락에서 "아리스토텔레스로부터 토마스 아퀴나스, 데카르트, 스피노자, 라이프니츠, 칸트, 피히테, 헤겔에 이르기까지 그들은 모두 파토스를 축출한 순수로고스로서 자기네의 체계를 형성한 것"이라고 지적한다. 그는 칸트 역시 파토스가 아니라 "우미 장미 숭고 등 지성적인 이데에 의존한 것"으로 예술을 설명했다고 비판한다.

> 우리는 지금 다시 새로운 파토스를 가지고 있다. 근대적 문화형태의 위기는 차라리 우리들의 새로운 파토스의 부정에서 나타난 것이라 할 것이다. 우리들의 새로운 파토스는 근대적 사회형태의 위기를 한 개의 분수령으로 하여 역사적 전형기의 의식형태로서 생겨진 것이다. 그리하여 지금 우리는 위대한 건설과 창조의 전야에서 위대한 뮤토스의 세계를 향하여 그것을 실현하지 않으면 안 될 시기에 처해 있다. 우리들의 일절의 노력은 금일 절대다수의 인간의 뮤토스 즉 장래한 새로운 형태를 창조하는데 집중하지 않으면 안된다. 그러나 ××적인 것은 금일인의 위대한 뮤토스를 금일의 문학은 자기의 세계로서 획득하지 못했으며 정확한 논리를 찾지 못했다. 오늘의 문화인은 여기에 ××한 책임감을 가져야 할 것이다. 이제 우리들의 새로운 뮤토스를 실현하기 위하야는 우리들 문화인은 한편으로 뮤토스의 세계를 한층 더 심각하게 탐구하며 다른 한편으로 뮤토스를 실현할 정화한 논리, 즉 지도적 이데올로기－를 발견하지 않으면 안 된다. 그리하기 위하여는 문학과 철학

은 서로 연결하며 협력하지 않으면 안 된다. 파토스와 로고스, 뮤토로시-와 이데올로기-의 연결 여기에서만 우리들 문화인은 금일의 새로운 건설, 새로운 창조, 즉 뮤토스의 실현에 참여할 수 있을 것이다.

김오성에게 "새로운 뮤토스의 실현"은 "건설과 창조의 행동"과 동일한 것이었다. 그는 행동의 차원에서 예술을 정의함으로써 순수예술의 가능성을 부정했고, 마찬가지 이유에서 순수철학의 의미를 인정하지 않았다. 대신 그는 '행동'의 범주에 '생(활)'이라는 개념을 끌어들였다. 그렇다면 인용문에 등장하는 '뮤토스'는 무엇을 의미하는가? 단적으로 그것은 미키 키요시가 "역사적인 형形의 논리"로 설명했던 신화이다. 신화, 제도, 기술이라는 세 항목으로 구성된 『구상력의 논리』에서 그는 모든 제도적인 것을 노모스적인 것이라고 정의했다. 그는 발레리의 '관습convention'을 포함하는 도덕, 습속, 법률, 정치, 언어, 예술의 총체를 '제도institution'라는 개념으로, 혹은 신화와 대비되는 의미에서 노모스라고 명명한다. 이런 맥락에서 그는 '고전'을 노모스적인 것으로 간주한다. 그리고 발레리의 '픽션' 개념을 빌어 고전이 고전이기 위해서는 '신화적인 것'이 필요하고, 다시 말하면 고전은 사후적으로 로고스에 의해 완성되는 것이며, 때문에 고전은 로고스적이지만 동시에 그 로고스는 로고스이면서 미토스적인 것이라는 결론에 도달한다. 물론, 이러한 결론은 신화와 유토피아의 구별이 불가능하다는 것, 다시 말해 신화적 요소를 포함하지 않는 유토피아가 없듯이 유토피아적 요소를 포함하지 않은 신화는 없다는 신화론이 전제되어 있다. 근대 낭만주의 철학이 비합리적인 세계관이라고 폄하했던, 푸코가 "일체의 대립 이전에 존재하는 원초적 무분별"이라고 불렀던 미토스

mythos의 복원을 통해서 미키 키요시와 김오성은 근대의 초극이라는 같은 꿈을 꿈꾸었던 것이다.

5. 나오며

이상에서 1930년대 휴머니즘 논쟁을 김오성의 네오휴머니즘론을 중심으로 재구성하고, 네오휴머니즘론과 일본 사상계의 연관성을 해명함으로써 근대 초극을 지향한 네오휴머니즘의 성과와 한계를 살폈다. 김오성은 네오휴머니즘론을 통해서 근대철학의 합리적 이성주의를 극복할 수 있다고 믿었고, 이것은 1930년 말부터 근대의 초극이라는 시대적인 문제의식과 뒤섞이면서 사상사적 과제로 확장되었다. 좌담회 『근대의 초극』에서 스즈키 시게타카鈴木成高가 보여주듯이 근대 초극론자들의 근대 비판은 '고전'의 부흥과 '고대'의 부활이라는 복고주의적 해석 경향이 강했고, 김오성에게서 그것은 파토스와 로고스의 결합이라는 미키 키요시적인 논리를 매개로 전개되었다. 제국의 담론에서 고전의 부흥과 고대의 부활이 복고주의에 머물지 않고 동아의 건설을 위한 사상적 근거로 제시되기에 이르렀지만, 정작 식민지 조선에 있어서 그것은 타자의 과거를 자신의 것으로 긍정해야 하는 딜레마를 낳았다. 제국 일본에 의해 발화된 근대 초극론이 '고대'와 '동양'이라는 새로운 지평을 제시한 반면, 김오성이 두뇌 없는 심장으로서의 '파토스'와 심장 없는 두뇌로서의 '로고스'를 조화시킴으로써 근대적 주체성만을 극복의 대상으로 삼을 수밖에 없었던 까닭도 이 때문은 아니었을까.

김오성의 네오휴머니즘론은 합리론에 반反하는 비합리론이 아니라 근대가 상실한 파토스를 복원하여 총체적인 주체로서의 인간human을 생산하는 데로 나아갔다. 이것은 흔히 '오성'과 '감성'의 통일이라는 칸트의 철학적 비전과도 무관하지 않다. 그러나 더 직접적으로는 미키 키요시가 『구상력의 논리』에서 제시하고, 이후 근대 초극론자들이 받아들였던 제국의 사상에 밀접하게 연관되어 있었다. 김오성에게 이 연관성은 '세계'를 사유함에 있어서는 절대적으로 유리한 조건이었지만, 역설적으로 식민지 현실에 접근할 때에는 치명적인 약점으로 작용했다. 그것은 네오휴머니즘론이 '제국'과 '식민지'라는 조건의 차이를 사유하지 못하고 제국의 사상을 새로운 '보편'으로 이해한 데서 비롯된다. 역사철학자였던 김오성에게는 식민지라는 조선의 현실보다 '세계'의 사상적 변화를 사유하는 것이 한층 중요한 문제였고, 그 때문에 네오휴머니즘은 계급, 계층, 성별, 국적 같은 분할선에 주목하지 못함으로써 철학사적인 의미는 있었지만 현실적인 파급력은 갖지 못했다. 그는 제국의 신민으로서의 인간과 식민지인으로서의 인간을 구분하지 않았지만, 그가 현실에서 대면해야 했던 살아 있는 '인간'의 대부분은 제국과 식민지 사이에서 분열된 주체성을 감당하고 살아야 했던 사람들이었다. 그는 제국의 담론장 안에서 '인간'이 가리키는 범위와 식민지의 담론장 안에서 '인간'이 가리키는 범위가 다를 수 있음을 알지 못했다. 또한 그는 담론의 정당성과 발화의 위치가 갖는 의미심장한 관계를 미처 포착하지 못했다. 김오성의 역사철학은 제국의 논리를 식민지 지식인이 발화할 때 발생하는 논리의 비정당성과 착종을 사유하지 못함으로써 결국 친일의 논리로 전화되고 말았다.

제3장

전형기 비평의 논리와 국민문학론

최재서 비평을 중심으로

1. 전형기 위기론과 비평적 대응

'전형기' 비평의 성격은 근대 비판과 새로운 세계 원리의 모색으로 요약된다. 중일전쟁을 시작으로 일본의 파시즘 체제와 군국주의적 확장 욕망이 첨예화되었던 이 시기, 조선의 비평계를 지배하는 시대정신은 '위기'와 '모색'이었다. 물론 비평적 입장에 따라 이 위기의 실체와 모색의 방향은 사뭇 달랐다. 그것은 "세계인으로 하여금 이와가치 공통적 불안관념을 포회抱懷하게 하는 세계적 위기"[1]처럼 불안으로 표현되었는가 하면, 또 "차안此岸의 몰락은 확실하지만 건너뛰어야 할 피안彼岸의 세계는 나타나 있지 아니하다. 전환기가 가지고 있는 위기의 하나는 이 피안彼岸의 결여에 있지는 아니한가"[2]처럼 세계사 · 문명사의 이름으로 선언되기도 했다. 그러나 이 시기의 비평은 현대가 역사의 전형기(전환기)라는 인식에 대

1 신일용, 「세계적 위기의 전면적 의미」, 『개벽』, 1935.1.

2 김남천, 「소설의 운명」, 『인문평론』, 1940.11, 13~14면.

체적으로 합의하고 있었다. 당시 조선의 비평계는 이 역사적 전환을 서구 근대의 종언과 연결시키려는 근대비판론의 형태를 띠고 있었다.

전환기라는 역사 인식은 서구문화의 몰락과 동양적 전통의 부활을 주장했던 일본 사상계의 영향에 힘입은 바가 크다. '근대의 초극'이라는 슬로건으로 압축할 수 있는 일본 사상계의 방향전환은 동양·동아東亞 담론과 결합되면서 식민지 조선에도 커다란 영향력을 행사했는데, 전형기 조선의 비평계에 등장한 근대비판·근대극복의 논리는 바로 이 영향의 산물이었다. 그러나 근대 비판/극복이라는 역사적 비전은 제국 일본의 관점이었을 뿐, 거기에는 식민지 조선에 대한 고려가 없었다. 이 시기 일본의 근대비판론이 갖는 사상사적 의미를 무시할 수는 없지만, 그러나 근대 비판/극복이 식민지 지식인의 목소리로 발화될 때 거기에는 적지 않은 자기모순과 이율배반이 포함되게 된다. 식민지 지식인은 자신의 시선을 제국의 그것과 동일시함으로써 근대성의 획득과 추구라는 콤플렉스로부터 자유를 획득하지만, 동시에 그것은 식민지라는 현실적 조건을 사유할 수 없는 맹목盲目의 지점으로 빠져드는 것이기도 했다. 중일전쟁 이후의 친일문학은 바로 이 자유와 맹목의 교차지점에서 출발한다. 이런 맥락에서 "1930년대 후반에 전격적으로 일어난 전면적인 근대비판은 궁극적으로 피식민 주체가 지닌 존재론적 전환 욕망의 적나라한 표현물"[3]의 성격을 갖는다.

---

3 김예림, 『1930년대 후반 근대인식의 틀과 미의식』, 소명출판, 2004, 21면.

2. 보편의 상실과 현대의 혼돈

'주지주의 문학론', '질서적 문학관' 등으로 알려져 있는 최재서의 초기 비평은 현대의 극복에 대한 이론적 모색을 함축하고 있다는 점에서 '전형기'에 대한 응답의 성격을 띠고 있다. 1934년 「현대주지주의 문학이론의 건설」(『조선일보』, 1934.8.7~20)과 「비평과 과학 – 현대주지주의 문학이론의 건설 속편」(『조선일보』, 1934.8.31~9.7)을 발표하면서 문단활동을 시작한 최재서는 현대를 전통과 신념의 상실시대로 규정, '전통', '교양', '지성', '모랄'에 기대어 그 혼돈의 극복방향을 모색했다.

> 現代가 混沌하다함은 다시 말하면 現代가 依據할 傳統과 信念을 잃었단 말이다. 이 잃어진 傳統과 信念에 代身될만한 傳統과 信念을 探求하고 摸索하는 精神이 곧 不安과 焦燥를 特徵으로 삼는 現代精神이다. 그리고 現代人은 이 엄청난 代用物을 科學가운데에 求하랴고 한다. 果然 科學이 次代의 人類를 統制할만한 人生觀을 提供하겠느냐함에 對하야 疑惑이 不無하다. 現代精神의 悲劇的 一面은 반듯이 이곳에서 생겨난 것이라고 볼 수 있다. 그러나 何如튼 現代精神이 科學에 絶對的 期待를 갖이고 있는 것만은 事實이다. 따라서 우리가 現代批評理論 가운데서 많은 科學援用을 目睹함은 當然한 일이라 할 것이다. 나는 이러한 主知的 傾向을 鮮明하게 表示하는 批評家로서 리챠-즈와 리이드 두 사람을 든다.[4]

최재서의 초기 비평은 흄, 엘리어트, 리차즈, 리드의 '주지적 경향'을 소

4 최재서, 「비평과 과학」, 『문학과 지성』, 인문사, 1938, 19면.

개하는 데 집중되어 있다. 그가 19세기적 전통과의 단절에 집중했던 이들의 이론에 주목했던 까닭은, 흄의 '불연속적실재관'에 근거한 "과학적 절대태도와 기하등적 예술적 고전주의적 문학"이 "과거 전통에 대한 시대적 불만을 이론적으로 인식하고 신시대의 막연한 교망翹望을 의식적으로 추구"하는 한편 낭만주의의 '연속적 실재관'과 '인본적 태도'에 대한 단절의 선언을 함축한다고 보았기 때문이다. 낭만주의적 세계관과의 단절이야말로 최재서에게는 현대정신의 일단을 보여주는 것이었다.

현대의 '혼돈'이란, 최재서에게 종교(기독교)와 마르크스주의로 대표되는 보편적 질서의 부재를 의미하는 것이었다. 그는 모더니즘 문학의 특징인 '불안'과 '초조'에서 보편적 질서의 부재에 대응하는 징후를 읽었다. 보편의 상실, 그것은 '사실의 절대성'[5]과 맞닥뜨림을 의미했다. 사실의 절대성이란 "보편자가 없는 나라에서 보편자의 의장意匠을 차례대로 다 벗겨냈을 때" 드러나는 물질성을 가리키는데, 이는 중일전쟁 이후 전향 지식인들이 사용했던 '사실의 수리受理'와도 일맥상통한다. 이런 맥락에서 최재서는 "질서는 결코 소극적이 아니라 창조적이고 또 사람을 불완전과 죄악으로부터 피난하야 주는 힘이 된다. 따라서 사회제도는 필수불가결하게 된다"처럼 '전통', '질서', '통제'의 긍정적 의미를 주장하기에 이른다. 그런데 최재서도 인정했듯이 주지적 경향 자체가 '건설적 문학이론', 다시 말해 혼돈의 대안으로 제출된 것은 아니었다. 그러나 최재서는 이들의 이론에서 현대의 혼돈을 극복할 수 있는 가능성, 다시 말하면 새로운 보편의 단초를 발견했다. 그것이 바로 '지성'과 '모랄'이었다. 최재서는 리차즈의

5 마루야마 마사오, 김석근 역, 『일본의 사상』, 한길사, 1998, 194면.

'비행동적 행동'으로서의 태도를 '지성'의 내용으로 간주하는 한편 엘리어트의 역사의식이 암시하는 보편성을 '모랄'의 문제로 재전유 했다. 최재서는 일찍이 평론집 『문학과 지성』의 서문에서 비평을 '지성의 영위'라고 정의한 바 있다. 그는 '지성'과 '모랄'을 통해 비평의 판단적 기능, 다시 말해 도그마 비평을 회복시키려 했는데, 이는 비평이 현대의 혼돈에 새로운 보편적 질서를 부여해야 할 시대적 소명을 띠고 있음을 의미하는 것이었다.[6] 최재서의 비평관과 관련하여 자주 인용되는 비평과 위기의 동근성同根性,[7] 그리고 '인문평론'이라는 제호는 이 소명에 대한 응답이었던 셈이다.

> 근대문명은 자연과 인생을 동일시하는 범신론적 인생태도를 근저로 한 자연주의적 문명이지. 그 태도를 갖이고 볼 때 인간은 희랍인이 생각한 것과 같이 불완전하거나 혹은 기독교가 말하는 것과 같이 죄악의 기(器)가 안이라 무한한 완성의 가능성을 가지고 또 소위 쇠! 네제레(즉 아름다운 혼)을 갖인 개체이여. 그래서 사람이 할 일은 이 완성의 가능성을 철저히 발전식히고 이 아름다운 개성을 완전히 표현함이었었네. 그러나 우리는 이제 자연은 결코 인생의 벗이 아니라 흉악하고 잔인한 적임을, 인간은 무한한 발전은 고사하고 유한한 발달조차 위대한 노력을 요함을 또 인간성은 결국에 있어는 악이라 함을 그 우 또 다시 깨닷게되였네. 완성하리라고 보이는 인간이 결국은

---

6 최재서의 초기 비평에 나타난 현대성의 극복에 관해서는 이양숙, 「최재서 문학비평 연구」, 서울대 박사논문, 2003, 19~26면 참조.

7 "크리티시즘은 결정과 판단을 의미하는 래틴 criticism에서 나온 말이어서, 첫째로 '어떤 물건의 특질에 대하여 판단을 — 특히 불리한 판단을 내리는 동작'이고, 둘째로 '예술이나 문학작품의 특질과 성격을 평가하는 예술'이기 때문이다." 최재서, 「비평과 월평」, 『최재서 평론집』, 청운출판사, 1961, 130면.

십구세기말에 떼카단아(兒)가 되고 선이라고 보이든 개성의 이십세기 초두엔 결국 (略) 세계대전을 일으켰으니까. 낭만시대에 대한 우리의 꿈이 아모리 달콤하고 애닯다 할지라도 우리는 그것을 던저바리지 안을 수 없네. 여기에 제2루네쌍스가 생겨날 기운이 도네.[8]

현대적 혼돈의 극복이 시대정신이고, 그것이 '보편'의 회복을 통해서 해결가능하다고 할 때, 자연스럽게 '보편'의 층위를 어디로 설정할 것인가가 핵심적인 문제로 떠오르게 된다. 전형기 비평에 주어진 이 보편의 가능성은 크게 '조선', '일본(동양)', '세계'로 요약할 수 있다. 물론 '국가-사이'라는 인터네셔널inter-nation의 가능성이 없지는 않았지만, 카프의 해산으로 그것은 사실상 불가능한 상태였다. 이 선택에서 '조선'을 보편(전통)으로 설정하면 민족주의 담론이 되며, '세계'를 보편(전통)으로 설정하면 코스모폴리타니즘 담론이 된다. 굳이 말하자면, 이 선택의 분기分岐가 『인문평론』과 『문장』의 차이점이었다고 추측할 수 있다. 물론 이 시기에 최재서가 선택한 것은 '조선'이 아니었다. 때문에 그가 찾고자 했던 전통 역시 조선의 그것이었다고 단정하기는 어렵다. 최재서에게 조선민족의 문화적 전통은 이미 상실된 것으로 인식되었기 때문이다.[9] 김기림의 모더니

8 최재서, 「문학발견시대」, 『문학과 지성』, 인문사, 1938, 47면.

9 문화를 의식하고 전달하는 데에 비로소 문화는 존재한다. 서고(書庫)에 고적(古籍)이 산적하고 지하실에 보물이 충만하얏다고 문화가 존재하는 것은 아니다. 그 유산이 우리의 생활과 교섭을 갖고 우리의 진로를 조커나 글르거나 어느 정도까지 좌우함에 이르러 문화는 비로소 존재하는 것이다. 조선의 문화유산은 과연 현대 조선의 영혼의 양식이 되어 있슬까? 현재 문화영역에서 우리들의 사고를 지배하고 있는 것은 아모리 보아도 조선 전래의 것이 아니라 서양문화에서 온 것이다. 이것은 금후도 계속될 것이며, 또 계속시켜야 할 것이다(최재서, 「문화기여자로서」, 『조선일보』, 1937.6.9).

즘은 '세계'의 선택에 부합하는 것이었고, 이후 「모더니즘의 역사적 위치」는 이 선택의 철회를 의미하는 것이었다. 물론 이러한 선택이 전적으로 자의적이었다고 보는 것은, 그것이 순전히 '노예의 언어'[10]라고 주장하는 것만큼이나 표면적이다. 1930년대 후반 조선의 비평계는 일본사상계의 담론장에서 자유롭지 못했고, 만주사변과 중일전쟁으로 촉발된 전시체제는 이 선택에 일정한 강제성으로 작용하고 있었다. 그러나 전형기의 비평 담론이 보여주는 다양성은, "하위주체는 말할 수 있는가"라는 탈식민주의적 문제설정과 달리, 식민지 지식인들이 '노예의 언어'와 그 바깥을 넘나들면서 지속적으로 발언하고 있었음을 증명한다.

그렇다면 최재서에게 '보편'과 '전통'의 주체는 무엇(누구)이었을까? 인용문에서 최재서는 '보편'을 '세계'라는 지평 위에서 사고하고 있는 것처럼 보인다. 이는 '낭만시대'와 '제2의루네쌍스'를 대비시키는 장면에서 구체적으로 확인된다. 그가 말하는 '문학발견시대'란 "문학의 창조와 표현시대는 지나가고 문학의 발견과 기록시대"가 도래하는 것을 의미한다. 한마디로 그것은 "작가가 이미 탕진하야 고갈한 개성을 억지로 과장하야 표현하랴고 애쓰지 않고 사회로 튀여나가서 민중의 감정과 의욕과 예지를 발견하랴고 애쓰는 시대"를 가리킨다. 그러므로 '발견'이란 "근대문명 — 즉 루네쌍스 이후의 문명 — 에 대한 반동적 운동"의 성격을 갖는데, 문제는 이러한 논리전개가 현실적인 적합성을 획득하기 위해서는 '근대'라는 '생활의 실체'가 선행되어야 한다는 사실이다. 최재서는 이 생활의 실체를 가리켜 '문명의 도취'라고 말한다. 문명의 도취란 "전기의 별과 삘딍의

10 채호석, 「1930년대 후반 문학비평의 지형도 – 『인문평론』의 안과 밖」, 『외국문학연구』 25, 한국외대 외국문학연구소, 2007, 328면.

밀림으로 된 밤의 대도회를 고양이 같이 음분淫奔하고 범같이 용감하고 사자같이 잔인한 부호의 영양令孃이 자동차를 몰고" 가는 문명 상태를 의미한다. 그러나 "조선에는 그런 작품을 쓸 작가가 없는 것이 아니라 그런 생활의 실체가 없는 것일세"처럼 조선에서 그것을 발견하기는 어려웠다. 이 생활의 실체를 만족시켜줄 수 있는 것은 오직 '조선=일본'이라는 제국적 등식밖에 없었다. 내선일체, 동아신질서, 그리고 신체제와 동아연맹론 같은 일본 제국주의의 담론이 식민지 지식인들에게 가져다준 매력은 그러한 담론적 틀이 '조선=일본'이라는 등식 위에서 세계사의 전환을 인식할 가능성을 제공했다는 사실이다.

3. 내선일체의 (불)가능성과 조선적인 것

'주지적 경향'에 대한 탐색에서 출발한 최재서의 초기 비평에서 '현대'의 지평은 '세계'였다. 그가 제2의 르네상스라고 명명했던 문명사의 전환이 정확히 '동양'이나 '일본'을 가리키는 것이었는지, 그가 회복하려 했던 '전통'이 동아신질서나 일본적인 것 같은 제국의 담론이었는지는 명확하지 않지만, "세계에 지식을 구하고 그 전체적 설계도 안에 자기의 지위를 설정하고 이리하야 자기의 왜소한 자아를 역사적 진전의 코-스 우에 올려놓으려는 지적노력을 떠나서 작가의 모랄도 따라서 생명도 없다"[11]라고 공언하는 최재서의 모습에서 세계주의자의 면모를 발견하는 것은 어렵지 않다. 이는 현대를 다만 혼란과 과도기로 정의하고, 그 정의의 대부분이 주지적 경향에 종속되어 있는 평론집 『문학과 지성』의 경우에도 마

---

11 최재서, 「메가로포리타니즘」, 『문학과 지성』, 인문사, 1938, 283면.

찬가지이다. 문명사의 전환이라는 문제의식 안에 '조선=일본'이라는 내선일체의 논리로 전화될 개연성은 얼마든지 있겠지만, 그리고 실제로 1930년대 후반의 정세는 그 필연성을 설명해주고 있지만, 주지주의 시기의 최재서 비평이 이 등식 위에 놓여 있었음을 해명하는 일은 쉽지 않다. 1939년 10월 『인문평론』의 창간이 최재서 비평에서 각별한 의미를 갖는 까닭도 이 때문일 것이다.

> 세계의 정세는 시시각각으로 변하고 獨波(독일과 폴란드 ― 인용자) 간에는 벌써 무력충돌이 발생하야 구주(歐洲)의 위기를 고하고 있다. 그러나 동양에는 동양으로서의 사태가 있고 동양 민족엔 동양 민족으로서의 사명이 있다. 그것은 동양신질서의 건설이다. 지나(支那)를 구라파적 질곡으로부터 해방하야 동양에 새로운 자주적인 질서를 건설함이다. 이리하여 바야흐로 동양에는 커다란 건설이 경영되면서 있다. 정치적 공작에 경제적 재편제에 산업개발에 치수 개관에 교통 시설에 교육 개선에 모든 인력과 물력이 놀랄만한 능력을 발휘하면서 신질서 건설의 대목표를 향하야 일로매진하고 있다. 이 때를 당(當)하여 문학자는 무엇을 하여야 할 것인가?[12]

『인문평론』의 창간사의 일절이다. 현대의 혼돈이라는 주지적 문제의식은 이 시기에 이르러 구체적인 역사적 사건으로 지평이 바뀌어 있다. 이것은 그가 경제공황과 파시즘으로 상징되는 서구 자본주의의 위기적 상황을 염두에 두었음을 의미한다. 이런 맥락에서 그는 세계정세의 심각한

---

12 최재서, 「건설과 문학」, 『인문평론』 1, 1939.10.

변화와 동양신질서의 건설이라는 시대적 소명 앞에서 문학자의 소임이 무엇이어야 하는가에 대해 묻고 있다. 세계정세의 변화란, 구체적으로 말하자면 "세계관에 있어서 자유주의 · 합리주의의 실격, 사회에 대한 실증주의적 관찰의 부적합, 정치에 있어서 민주주의의 무력화, 세계경제의 파탄, 개인주의적 문학의 막다름"[13]을 가리킨다. 이러한 시각에 대한 기존 연구의 평가는 대체로 그것이 전시 사상통제를 배경으로 하는 일본의 논리를 그대로 반복하고 있다는 것이었다. 물론 『인문평론』이 일본 제국주의의 영향권, 다시 말해서 일제의 사상통제 밖에 있었다고 상상하기는 어렵다. 그러나 『인문평론』에 이르러 일본 제국에서 발화된 담론이 일정한 굴절을 보인다는 것 역시 사실이다. 가령 『인문평론』 창간호에 실린 서인식의 「문화에 있어서의 전체와 개인」이 그 대표적인 사례이다. 서인식의 글의 요지는 현재의 정세가 대외적으로는 "일만지日滿支를 일체로 한 동아협동체의 건설", 대내적으로는 "국내의 정치경제질서를 새로운 통제원리 위에서 재편성"해야 하는 과제가 제시되고 있으며, 그 과제를 책임질 원리가 "전체주의"라는 것이다. 서인식은 그러나 이 전체주의가 "자민족과 타민족의 공존을 부정"하는 독일의 전체주의와 달리 "동아제민족의 정치적 주권과 문화적 독립은 끝까지 서로 시인하고 존중하면서 동아전체의 공존을 위하여 유기적 지속적으로 협동한다는 원리 위에서 구상되는 한 개의 새로운 지역적 공동체"라고 쓰고 있다. 그러나 그는 이것은 '현실'이 아니라 '정부의 성명'을 옮겨놓은 것에 불과하며, 나아가 그때까지 제시된 동아협동체론이 "구체적 내용의 제시에까지 이르지 못하고 단순

13 최재서, 「문학정신의 전환」, 『전환기의 조선문학』, 영남대 출판부, 2006, 28면(이하 최재서의 일문 평론집 『轉換期の朝鮮文學』의 인용은 노상래의 번역본을 따른다).

한 상념 또는 이념으로서 주장되는 단계"를 넘어서지 못하고 있음을, 그리고 "오늘날의 일본이 세계성의 문화를 창조할 만큼 문화적으로 성숙하고 있지 못함"을 지적한다. 물론 이것은 헤겔주의자였던 서인식이 서구적 보편성에 대응하는 동양적(일본) 보편성을 용납할 수 없었기에 나온[14] 것이었고, 그런 점에서 "개인과 전체의 변증법적 지양"이라는 도식적 결론은 예고된 것이었지만, 역설적으로 이것은 일본의 제국주의 논리가 조선이라는 이질적인 공간에 그대로 수용될 수 없다는 불가능성의 표식이기도 하다.[15] 만일 제국-식민지 사이에서 담론이 왜곡이나 굴절 없이 유통되기 위해서는 어떤 방식으로든 '조선=일본'이라는 등식의 내면화가 선행되어야 한다. 문제는 "동양에는 동양으로서의 사태가 있고 동양 민족엔 동양 민족으로서의 사명"이라는 인식에서 '조선'이 결코 보편자의 위치에 설 수 없었다는 점에 있다. 이 시기 여전히 '조선'은 동양이라는 보편 안에서 일개 '특수'에 불과했다.

이 보편과 특수의 곤혹스러움이 구체적으로 드러나는 장소가 바로 '조선적인 것'에 대한 물음이다. 가령 1941년 3월 『조광』 대담에서 임화가 제

14 서인식은 서구적 보편성과 대비되는 동양적 보편성을 새로운 세계사의 원리로 상정하는 태도에 대해 비판적 입장을 보였다. "동양과 서양의 상극은 동양의 특수원리에 의해서 해결될 수는 없는 것이다 (…중략…) 단순한 동양주의가 세계사의 원리가 될 수 없음은 두 가지 의미에서다. 하나는 기성의 도그마로서의 동양의 전통적 원리가 세계적 원리가 못 된다는 것, 다른 하나는 뮈토스로서 동양주의인데, 이 역시 동양적 뮈토스로서만 문제되는 한 그렇게 될 수 없다는 것이다." 서인식, 『역사와 문화』, 학예사, 1939, 212~213면.

15 최재서는 이러한 서인식의 인식론을 "서인식과 같이 동양적 전통이 있느냐 하는 실로 딱하고도 피치 못할 난관에 부닥쳐 동·서양 문화의 종합이라는 것도 일반이 추측하듯이 낙관할 것만도 아니라는 인상을 주었다"라고 비판했다. 최재서, 「전환기의 평론계」, 『매일신보』, 1940.11.11~14.

기한 문화의 직역봉공 안에서 "조선문화의 특수성"을 어떻게 해결할 것인가라는 문제가 그것이다. "그리고 우리들로서는 생각하는 문제는 솔직하게 말씀 드린다면 직접 우리들이 생활하는 문화, 조선의 지역적인 특수성, 이러한 문제는 이제부터 장차 어떠한 방법으로 진행식히실렵니까, 하나의 국민문화가 건설되어 간다는 것은, 그다지 어려웁게 생각할 것이 아닐 것 같습니다만, 그 도상에 있는 조선문화는?"[16] '내선일체론'은 중일전쟁 이후 식민지 지식인들의 핵심적인 전향 논리였다.[17] 일본과 조선의 인종적 · 문화적 · 역사적 공통성에 근거하여 일본과 조선이 하나임을 주장하는 내선일체의 논리는 1910년 조선에 대한 강제병합 이후에 지속되어 온 동조동근론의 변형에 불과했다. 내선일체에서 '일체'는 개별적 실체들의 결합이 아니라 처음부터 하나였다는 논리, 즉 완전한 동화와 일체를 강조했기에 조선인의 삶에 대한 간섭 또한 높을 수밖에 없었다. 형식논리상 내선일체는 '조선=일본'이라는 등식을 의미하지만, 그렇다고 조선이 곧 일본이 될 수 있는 것은 아니었다. 이론이 현실을 추수해야 했던 당시의 현실을 감안할 때, 그리고 '일본'이 실체로서의 근대국가 일본이 아니라 식민지를 포함하는 '일본'으로 재구성되어야 할 때, 내선일체나 동아신질서라는 이론적 구상은 커다란 딜레마에 직면하게 된다. 김종한의 지방문학론[18]은 이 딜레마에 대한 하나의 모색이었지만, 일본이라는 보편과 조선이라는 특수를 인정하는 한 논리상 '조선=일본'이라는 등식은 성립

16 김예림, 『1930년대 후반 근대인식의 틀과 미의식』, 소명출판, 2004, 78면에서 재인용.

17 내선일체와 전향 논리의 상관성에 대해서는 홍종욱, 「중일전쟁기(1937~1941) 사회주의자들의 전향과 그 논리」, 서울대 석사논문, 2000, 45~60면 참조.

18 김종한의 지방문학론에 대해서는 윤대석, 『식민지 국민문학론』, 역락, 2006, 20~30면 참조.

될 수 없고, 이에 따라 조선 지식인들은 일본이라는 보편자의 언설을 '조선적'이라는 특수성 속에서 해명해야 할 운명에 거듭 직면하게 된다. 이 '조선적'이라는 구체적 현실성의 흔적은 『국민문학』에도 깊이 새겨져 있다. 알다시피 제국 일본은 식민지와의 관계에서만 제국으로서의 의미를 갖는다. 그렇기 때문에 '내선일체론'은 조선과 일본을 동일한 것으로 상상하면서도, 동시에 차이를 생산하는 기제를 필요로 했다.[19] 이것이 내선일체가 실제 현실에서 내지인과 조선인의 차이를 무화시키는 논리로 작동할 수 없는 이유였다. 조선인은 일본 국민의 한 사람으로 호명되었지만, 그것이 곧 황민의 지위를 의미하지는 않았다.[20]

1930년대 후반 이후의 담론장에서 '조선적인 것'에 대한 물음은 반복해서 등장한다. 이 반복의 정체는 '조선'이 일본의 한 부분이었을망정 그것과 온전하게 결합하지 못하고 있었음을 의미한다. 가령 '국책문학'의 성격을 공개적으로 표방했던 『국민문학』 창간호 좌담 「조선 문단의 재출발을 말한다」에서도 '조선적인 것'은 중요한 논점으로 제기된다. 이 좌담회에 사회자로 참석한 최재서는 "광의의 일본문화 중의 일익으로서의 조선적인 것이라는 것"에 대한 새로운 검토를 요청하지만, 이 질문에 대한 참석자들의 대답은 매우 피상적이다. 그리고 최재서는 조선문학을 로칼 컬러(향토색)나 특수성으로 규정하는 데 불만을 토로하며 '독창성'이라는 새로운 개념을 제안한다. 최재서가 주장한 '독창성'이 일본문학의 선차성을 부정하는 것은 아니었지만, 향토색이나 민족적인 감정을 제외했을 때

19 일본(제국)과 조선(식민지) 사이에서 내선일체가 동일성과 차이라는 이중성을 띠게 되는 것에 대해서는 고봉준, 『모더니티의 이면』, 소명출판, 2007, 260~269면 참조.

20 이에 대해서는 장용경, 「'조선인'과 '국민'의 간극」, 『역사문제연구』 15, 역사문제연구소, 2005 참조.

일본문화의 일익으로서의 조선적인 것이 무엇일 수 있는가라는 그의 질문은 이 좌담회에서 끝내 합당한 대답을 찾지 못한다. 최재서의 비평에서 이 질문은 매우 중요한 의미를 갖는다. 최재서는 자신이 일본 국민임을 부정하지 않았지만, 그렇다고 해서 조선인이 곧바로 일본 국민이 될 수 있다고 생각하지도 않았다. 그것은 '조선적인 것'에 대한 질문과 해답이 완성되지 않는 한 사실상 불가능한 것이었을 것이다. 그리하여 『국민문학』 창간 1주년 기념좌담회 「국민문학의 1년을 말한다」에서 최재서는 '국민문학'의 성과를 비판하는 미야자키 세타로宮崎清太郎에 대해서 "내지에서 국민문학이 말해진 경우와, 이쪽에서 말해진 경우는 다릅니다"라는 반론을 제기하는데, 이것은 제국에서 발화되는 '국민문학'이 식민지에서 동일하게 발화될 수 없음을 최재서가 의식하고 있었다는 것을 말해준다. 국책문학으로서의 '국민문학' 또한 제국과 식민지에서는 사뭇 다른 양상을 띨 수밖에 없었다는 것이다. 이 제국과 식민지의 '다름' 때문에 식민지 지식인들은 '조선적인 것'(훗날 이것은 언어의 문제로 제기되기도 한다)에 대한 물음을 결코 포기할 수 없었던 것이다.

4. 식민지와 제국, 그 욕망의 공모로서의 국민문학

1940년대 초반 최재서는 『인문평론』에 세 편의 글을 발표했다. 1939년의 비평계를 회고하는 「전형기의 평론계」(1940), 문화생활과 문화주의의 구별에 근거하여 국민문화의 이념을 타진하는 「전환기의 문화이론」(1941), 파리의 함락이라는 역사적 사건을 계기로 문화옹호와 국가옹호가 동일한 것임을 해명하는 「문학정신의 귀환」이 그것들이다. 특히 두 번째 평론집 『전환기의 조선문학』의 첫 머리에 실려 있는 두 편(「전환기의 문화

이론」, 「문학정신의 귀환」)의 글은 『인문평론』에서 『국민문학』으로 넘어가는 시기, 최재서의 사유체계를 보여준다는 점에서 일별을 요한다. 1940년대 최재서를 포함한 조선지식인들의 사유체계를 이해하기 위해서는 1940년 6월 15일 파리의 함락과 1942년 5월 징병제 실시 선언이라는 역사적 사건에 주목해야 한다. 독일의 파리점령은 일본은 물론 식민지 지식인들에게도 국가주의에 의한 서구 근대의 종언으로 인식되었다. 파리함락은 당시 지식인들의 전향에 결정적인 영향을 끼쳤다. 흥미로운 사실은 이 역사적 사건의 충격이 이 시기 최재서의 비평을 관통하고 있고, 그와 동시에 '조선적인 것'에 대한 물음이 일시적이나마 후퇴했다는 것이다. 실제로 위에서 언급한 두 편의 글은 조선 문화의 전환을 배경으로 삼고 있음에도 불구하고 일본이라는 국가주의 내에서 조선 문화의 성격이나 방향성에 대해서는 묻지 않고 있다.

> 그렇다면 국가는 어떤 힘으로 문화에 통일을 부여할 수 있는가? 그것은 국가 이상(理想) 이외에는 있을 수 없다. 전 국민에게 목표와 표준을 부여할 수 있을 만한 높고 원대한 이상이 없으면, 국민문화는 발전은커녕 유지하는 것조차도 의심스러울 것이다. 어떤 커다란 국가 이상이 있어서, 그것이 풍속, 도덕, 제도, 법률, 학문, 예술 등의 내부에서 각각 객관시되어 구체화될 때 비로소 국민문화는 성립한다. 원래 문화라는 것은 가치 체계(그것은 이상을 내면적으로 응시하는 모습이다)의 제도화일 뿐이다. 지금까지 개인적인 혹은 외래적인 가치체계를 신봉하여 온 국민에게 국가적인 가치 체계를 부여하는

> 것이 오늘날 모든 국가의 당면한 긴급과제여야 한다.[21]
>
> 문화 옹호와 국가 옹호는 별개의 것이 아니라 가깝지도 멀지도 않은 사이임을 우리들은 프랑스의 비극으로부터 배웠다. 문화를 옹호하기 위해서 국가를 옹호한다고 하는 것은 어폐가 있지만, 원래 양자는 동일한 것이기 때문에, 문화를 위해서라도 국가를 지켜야만 한다는 말은 지당할 것이다. 그것이 그렇지 않다고 생각한 것은 역시 19세기 코스모폴리타니즘의 환상이었던 것이다. 국가적 굴레를 벗어나서만 문화는 발달할 수 있다고 하는 문화주의적 사고방식은 19세기적 환상과 함께 대포소리에 날아가버리고 말았다. 지금까지의 생각에 이르면 현대문화가 취해야만 할 전환의 방향이 거의 자명한 일이 되지 않았는가? 문화의 국민화 — 이것 이외에 길은 없을 것이다. 그리고 문학정신의 전환도 전체적인 전환과 방향을 하나로 해야 한다.[22]

두 편의 인용문을 관통하는 목소리의 주체가 식민지 지식인이라고 단정하기는 어려운 일처럼 보인다. 그것은 이 글들이 조선 문화의 역사적인 대전환이라는 문제를 설정하고 있음에도 보편자의 목소리에 근접해 있기 때문이다. 「전환기의 문화이론」은 '문화생활'과 '문화주의'라는 개념으로 최근 15~16년간의 문화 분열 상태를 비판하고, 나아가 국가적 입장에서 문화주의를 문제 삼아야 한다고 주장한다. 여기에서 '문화생활'은 "일본과 서구의 절충"으로 암시되는 문화주택, 가스설비, 라디오, 축음기, 커피 등등의 물질적 편리함과 값싼 향락을, '문회주의'는 문화 그 자체를 "멸사봉공해야 할 신"으로 간주하는 예술적 태도를 가리킨다. 최재서는 문화

21 최재서, 노상래 역, 「전환기의 문화이론」, 『전환기의 조선문학』, 영남대출판부, 2006, 19면.
22 최재서, 「문학정신의 전환」, 『전환기의 조선문학』, 영남대 출판부, 2006, 29면.

분열의 두 양상을 비판한 뒤, 현대의 위기는 "합리주의의 적자로서 발달한 자본주의가 합리주의적 경리經理로써는 더 이상 통제할 수 없을 정도로 강대해진 것"이며, 때문에 그것은 국가 이상理想에 의해서만 시정될 수 있다고 주장한다. 「문학정신의 귀환」은 이러한 비판과 대안의 정당성을 '파리의 함락'에서 찾는다. 프랑스 혁명 이후 코스모폴리타니즘 문화의 요람이었던 파리가 독일에 함락된 까닭은 "조국의 문화를 지키고자 하는 데에서 이론을 초월한 전투력"을 얻은 독일과 달리 문화가 국가와 동떨어진 채 영위되었기 때문이라는 것이다. 그리하여 최재서는 글의 말미에서 '비평정신의 상실'을 돌파하는 유일한 방법으로 "국민적 입장에서 고구考究하는 길"을 제시한다.

이러한 시각은 1940년 11월 조선문인협회 주최로 개최되었던 문예보국강연대 연설 「신체제와 문학」에서도 동일하게 확인된다. 고도국방국가 건설을 목표로 신체제 수립에 매진해야 한다는 식의 국책선전으로 일관된 이 연설에서 최재서는 중일전쟁에서 파리 함락에 이르는 역사적 과정을 동아공영권의 확립이라는 세계사적 의의에 근거하여 정리한 다음, 그것을 위해서는 "팔굉일우八紘一宇의 대이상"을 실현해야 한다고 주장한다. 물론 이러한 정세인식을 하위주체에 의한 노예의 언어라고 평가할 수도 있겠지만, 또 얼마간은 그렇게 평가하는 게 정당하겠지만, 다른 한편으로 그것은 1938년 무한 삼진의 함락에서 동양의 신질서 수립을 어렴풋하게 예감했던 조선 지식인들이 파리의 함락이라는 사건을 세계사의 전환으로 실감했음을 보여주는 대목이기도 했다. 그러나 앞서 지적했듯이, 그것이 완전하게 가능하기 위해서는 '조선=일본'이라는 등식의 확립이 필요했다. 이런 점에서 다음과 같은 진술은 매우 흥미롭다.

무엇보다도 상쾌해지고 싶다. 칙칙했던 혹은 주저주저했던 지식인의 표정을 버리고 신념에 가득차고 의욕에 불타는 지식인이 되고 싶다. 그리고 막 태어난 간난 아이(嬰兒)처럼 눈을 떠가는 동아의 천지를 조망하고자 한다. 거기에 우리들이 떠맡아야 할 과업이 있고, 우리들의 천분을 펼쳐야 할 넓은 천지가 있는 것이 아닐까. 이천 사백만의, 일억, 아니 칠억의 동아민족을 향하여 말하고 또 글 쓸 때가 현실로 다가오고 있다. 이 사실을 직시해야 한다.[23]

'국민문학'은 일본의 파시즘적 지배정책이 극에 달했던 1940년대에 국가총동원이라는 신체제 운동의 문학적 표현으로 제기되었다. 이러한 외적 조건이 '국민문학' 시기의 문학을 하위주체에 의한 주인의 복화술로 평가하게 만든다. 그러나 '국민문학'은 일본 제국주의의 식민지 지배 욕망과, '조선=일본'이라는 등식의 내면화를 근거로 스스로를 세계사의 보편의 위치에 올려놓으려는 식민지 지식인의 욕망의 공모관계라는 성격을 지니고 있다. 물론 이 욕망이 철저한 오인誤認의 구조에 의해서 작동했다는 사실 또한 지적되어야 할 것이다. 동조동근론의 연장선에서 조선과 일본의 완전한 유기적 일체화를 요구한 내선일체론은 조선과 일본이라는 개별적 실체의 융합이 아니라 일본이라는 국체에의 흡수와 동화를 의미하는 것이었기 때문이다. 당시 전향사회주의자들은 이것을 올바로 인식하지 못했기에 일본과 조선을 제국과 식민지의 관계로 사고하는 데 실패했다. 그들은 "앞으로의 조선은 (만주사변 이후 이미 편린을 보였지만) 완전히 일본의 식민지인 것을 그치고 일본국민으로서의 권리 의무의 평등은 온

23 최재서, 「조선문단의 혁신」, 『국민문학』 1, 1940.11.

갖 생활분야에서 인정되어져서 동포적 협력과 상호부조의 협동체로서의 지위에 높여져야 한다"[24]처럼 일본을 동포적 협력과 상호부조의 협동체로 사유하거나, "내선일체의 의의는 팔굉일우의 관념으로 어느 개성의 말소를 의미하지 않고 만방협화의 종적 관련을 표시한 것이니 조선의 언어, 산업, 문화 등은 모두 조선적으로 향상발전케하여 공존공영을 꾀하지 않으면 아니된다"[25]처럼 내선일체가 조선민족의 독자성을 인정하면서 공존공영을 모색하는 것이라고 생각했다. 현실에서는 불가능했던 이러한 협동체로서의 일본 인식이 오인의 구조 속에서는 가능했고, 이것이 결국 내선일체에 대한 조선인들의 욕망을 증폭시키는 결과를 낳았던 셈이다. 인용문에서 칠억의 동아민족을 향해 글을 쓰고 싶다는 원망願望, 그것은 내선일체를 통해서 조선 민족을 세계사의 보편에 올려놓겠다는 식민지 문학인의 욕망에 다름 아니다. 최재서가 언급한 "칙칙했던 혹은 주저주저했던 지식의 표정"이 이 욕망의 논리적 아포리아를 가리킨다면, "무엇보다도 상쾌해지고 싶다"라는 진술은 그것을 신념으로 뛰어넘으려는 의지의 표현에 해당한다.

그렇다면 『국민문학』 창간사에 해당하는 이 글의 첫머리에 등장하는 '상쾌함'의 정체는 무엇이었을까? 그것이 "작년 12월 8일 아침, 우리는 황공하옵게도 선전宣戰의 조칙을 받들었고, 또 지난 5월 8일 조선에 징병제를 실시한다는 발표를 접하였다. 우리 국민은 그 순간 진리의 모습을 한 태양신의 자태를 우러러, 마음의 암운이 한꺼번에 불식되는 상쾌함을 느

24 홍종욱, 앞의 글, 48면에서 재인용.

25 김명식, 「'氏制度' 창설과 선만(鮮滿)일여」, 『삼천리』, 1940.3.

꼈던 것이다"[26]에서 확인되는 '상쾌함'과 다른 것이었을까? 가설에 불과하지만, 조선의 지식인들에게 '조선=일본'이라는 내선일체의 논리는 가능성/불가능성이라는 이중성으로 작동했다. 이 시기, 천황제 파시즘을 향해 나아갔던 최재서를 사로잡고 있었던 문제는 '조선인은 어떻게 일본인이 될 수 있는가'였고, 내선일체의 논리는 그 가능성의 하나로 인식되었던 듯하다. 그러나 이 질문이 조선인들의 고유한 질문에 불과하다는 것, 그리고 '조선적인 것'이라는 혈통과 문화의 특이성을 부정할 수 없다는 것을 깨닫는 순간 내선일체는 불가능한 등식으로 뒤바뀌고 만다. '상쾌함'이란 이러한 자의식에서 벗어나고 싶다는 것, 온전한 일본 국민의 한 사람으로 생각하고 말하고 싶다는 것을 가리키는 것은 아니었을까. "국민문학이 되고부터 작가가 우선 생각할 문제는 내선일체이다"[27]라는 진술은 내선일체라는 오인의 공식이 식민지 지식인들에게 얼마나 간절한 것이었는가를 단적으로 보여준다. 1942년 5월 징병제 실시 선언은 이 오인된 욕망에 결정적인 힘을 실어주었다.

> 이번에 조선에서 징병제가 공포된 근본적인 의의는 황공스럽게도 천황폐하가 반도 이천사백만을 '고굉(股肱)처럼 신뢰'한다는 점에 있다. 말할 것도 없이 황국의 병권(兵權)은 대원수 폐하의 통솔하에 있다. 따라서 병역은 일본 국민에게는 최대의 광영이다. 물론 병역은 국민의 삼대 의무 중 가장 중요한 것이다. 그러나 우리들은 지금 의무보다도 더 많은 부름을 받은 영광과 감격을 느껴야 할 것이다. (…중략…) 둘째, 반도인은 징병제 실시를 기회로

26 최재서, 「우감록(偶感錄)」, 『전환기의 조선문학』, 영남대 출판부, 2006, 138면.
27 최재서, 「국민문학의 작가들」, 『전환기의 조선문학』, 영남대 출판부, 2006, 164면.

확실하게 그리고 영구히 조국관념을 부여잡을 수 있게 될 것이다. 내선일체 운동의 진전에 수반하여 반도인의 국가 관념이 갑작스레 고조된 것은 주지의 사실이다. 또 이것이 결국은 이번의 결정을 촉진시킨 커다란 이유였다. 그렇지만 국가의식이 전민중에게 침투되지 못하고, 또 그것이 조국 관념에까지 철저하지 않은 것처럼 보이는 것도 주지하는 바와 같다. 아무래도 피로써 국토를 지킨다는 외곬의 보장성이 없었기 때문으로 여겨진다. 이번에야말로 반도인이 흔들림 없는 조국 관념을 굳건히 가져야만 하며 또 그렇게 될 것이다. (…중략…) 마지막으로 징병제 실시를 계기로 반도인의 지위가 비약적으로 향상될 것이라는 점은 명료하다. 이미 내선일체 운동의 강령은 조선인이 진정으로 황국신민이 됨으로써 대동아공영권에서 지도적 민족이 되어, 그 건설에 참여해야 한다고 하였다.[28]

물론, 이것이 한낱 표면적 논리에 불과했는지도 모른다. 파리의 함락에 직면하여 문화의 국민화를 강조했던 최재서는 비평의 임무를 국책 협력으로, 새로운 문화정신의 함양으로 설정했다. 이것이 국민문학이라는 이름으로 표현된 국민의식의 하나였음은 주지의 사실이다. "국민문학에서 결정적 조건이 되는 것은 창작 정신으로서의 국민의식이다." 문제는 이 피상적인 원칙을 어떻게 구체화할 것인가였고, 이것은 앞서 지적했던 '조선인은 어떻게 일본이 될 수 있는가'라는 것과 평행관계를 형성하고 있었다. 그는 이 국민'의식'이 국책을 그대로 외우는 것이나 시국적인 소재의 선택과는 다른 차원임을 주장했고, "종래 조선어로 쓰던 자가 일본어로

28　최재서, 「징병제 실시의 문화사적 의의」, 『전환기의 조선문학』, 영남대 출판부, 2006, 142~146면.

쓴다는 것" 같은 언어의 문제만도 아니라고 보았다. 논리적 차원에서 최재서의 사유가 도달한 지점은 "인간은 완전한 국가를 구성함으로써 처음으로 의미 있는, 바꿀 수 없는 존재가 되고 가치 있는 존재가 되는 것입니다", "가치의 근원은 생활전일체로서 민족 또는 국가이며, 가치의 생산자는 전일체의 분지分枝로서의 개인 또는 국민이라는 것입니다" 같은 파시즘적 국가주의이다. 이 논리전개를 따라 '교양'은 "일본적 교양의 수득"으로 바뀐다. 그러나 이것은 순전히 논리이지 사실성의 차원은 아니었다. 그리고 이것이 최재서가 1944년 1월까지 창씨개명을 하지 않은 이유였다고 말할 수도 있을 것이다. 여전히 현실에서 내지인과 반도인 사이에 차별이 존재했고, 그 차별은 조선 지식인들이 자신들을 국민=보편과 동일시할 수 없는 이유이기도 했다.

그러나 이 차별의식은 징병제 실시 선언으로 새로운 국면을 맞는다. 물론 위의 인용문은 전적으로 일본 제국주의의 논리에 대한 모방이다. 그러나 위의 인용에서 흥미로운 것은 모방의 동일성이 아니라 '징병'이라는 의무가 조선 지식인들에게 "의무보다도 더 많은 부름", 즉 "최대의 광영"처럼 권리로 실감되었다는 사실이다. 이는 징병제가 설령 동원정책에 불과할지언정 형식적인 차원에서 내선일체의 한 단계 진전으로 느껴졌기 때문일 것이다. 인용문에서 최재서는 징병제 실시의 두 번째 의미를 "피로써 국토를 지킨다는 외곬의 보장성", 즉 국가의식의 획득과 연결시키고, 세 번째 의미를 "반도인의 지위" 상승과 연관시켜 설명한다. 징병제로 인해서 완전한 내선일체가 이루어지면 조선인이 황국신민이 되고, 그것은 조선인이 대동아공영권의 지도민족으로 격상된다는 것을 의미한다는 논리이다. 조선의 지식인들은 내선일체와 징병제가 조선인의 지위를 격상시키리라고 믿었던 셈이다. 파리의 함락, 그리고 징병제 실시 선언 직후 최재서의 비평은 급격하게 천황제 파시즘으로 나아간다. 이 시기 그는 "피로써 국토를 지킨다는 각오가 없으면 조국 관념은 생기지 않는다", "조국을 위해서 스스로 피를 흘려 생명을 버리고 싸우는 일에서부터 국민적 정열은 용출한다", "오늘 내지의 부인이 세계에 으뜸가는 군국의 어머니로서 절찬되는 근거는 전통적인 천황 귀의의 종교적 신념 때문이다"(「징병제 실시의 문화사적 의의」)처럼 열정과 신념의 중요성을 강조한다. 비상시라는 시국의 영향도 있었겠지만, 이 시기 최재서는 조선인이 일본인이 되기 위한 방법은 이 열정과 신념을 체득하는 것이라고 믿었던 것처럼 보인다. 교양, 언어, 이름(창씨개명)으로 돌파할 수 없었던 국민의식의 내면화를 이 열정과 신념의 획득으로 돌파할 수 있다고 믿었던 것이다. 그러나 신념은, "신념은 가르침을 받을 수 있는 것이 아니다. 스스로 체득해야만 하는 것이다"(「징병제 실시와 지식계급」)에서 확인되듯이, 가르침이 아니라 체득의 문제이며, 때문에 '징병'이라는 계기, 나아가 국가를 위해 목숨을 바쳐 싸우는 전장의 체험이 강조될 수밖에 없었다. 그는 명시적으로 "반도인이 일본에 대하여 조국 관념을 가질 유일한 길은 제국 군인이 되어 직접 국토방위의 임무를 맡는 것 외에는 없다고 생각한다"라고 썼다. 그리고 1944년 1월 창씨개명 이후 4월에 『국민문학』에 「받들어 모시는 문학」을 발표했다.

> 문제는 늘 간단명료하였다. — 너는 일본인이 될 자신이 과연 있는가? 이런 질문은 다시 다음과 같은 의문을 일으켰다. 일본인이란 무엇인가? 일본인이 되기 위해서는 어찌해야 하는가? 일본인이기 위해서는, 조선인이라는 것

을 어떻게 처리해야 하는가? 이들 의문은 이미 지성적인 이해나 이론적인 조작만으로 되는 일이 아닌 마지막 장벽이었다. 그렇지만 이 장벽을 뛰어넘을 수 없는 한, 팔굉일우도 내선일체도 대동아공영권의 확립도 세계신질서의 건설도, 통틀어 대동아전쟁의 의의조차 아리송해진다. 조국관념의 파악이라고는 하지만 이들 의문에 대한 명확한 대답을 지니지 않는 한, 구체적 현실적이라고 할 수는 없다. 여기서 나 자신의 체험을 말해보자. 나는 작년 말경부터 여러 가지로 자신을 정리하리라고 깊이 마음먹고 새해 첫날에는 우선 그 시작으로 창씨를 했다. 그리고 2일 아침에는 이것을 고하기 위해 조선신궁에 참배하였다. 그 앞에 깊이 머리 숙이는 순간 나는 맑은 대기 속에 빨려들어 모든 의문에서 해방된 느낌이었다. — 일본인이란 천황에 봉사하는 국민이다.[29]

창씨개명의 변辯을 함축하고 있는 이 글에서 최재서는 오랫동안 자신이 간직해 왔던 질문을 다시 꺼낸다. 그것은 "일본인이 되기 위해서는, 조선인이라는 것을 어떻게 처리해야 하는가?"라는 물음이었다. 이 물음에 대한 근본적 해답을 찾지 못하는 한 내선일체는 물론 그것을 통해서 조선민족이 보편의 위치로 격상될 수 있다는 논리 또한 관념의 수준에 머무를 수밖에 없다. 중일전쟁 이후 국가주의를 향해 나아간 최재서의 비평적 행보는 실상 이 물음에 대해 논리적으로 정당한 해답을 발견하려는 과정이었다고 해도 과언은 아니다. 이런 맥락에서 인용문에 등장하는 "지성적인 이해나 이론적인 조작만으로 되는 일이 아닌 마지막 장벽"이라는 표현에

29 최재서, 「받들어 모시는 문학」, 김병걸 · 김규동 편, 『친일문학작품집』 1, 실천문학사, 1986, 389~390면.

주목할 필요가 있다. 주지적 경향에서 현대의 혼돈을 읽어내고, 그것에 기초해서 새로운 전통의 발견을 모색했던 최재서의 지성주의는 이 '마지막 장벽' 앞에서 이전과는 전혀 다른 방향을 선택한다. 그 다른 방향이란 구체적으로 '신념'을 가리키는데, 그는 이 신념의 획득이 의지의 산물보다는 국가를 위한 죽음, 즉 전쟁을 통해서 가능하다고 생각했다. 이처럼 논리와 지성이 신념으로 바뀌는 순간, "일본인이 되기 위해서는, 조선인이라는 것을 어떻게 처리해야 하는가?"라는 질문에 대한 해답은 한 치의 망설임도 없이 천황이라는 일본 파시즘의 상징을 긍정하는 데로 나아간다. 신념, 그것은 자기 확신이며, 그런 한에서 자신이 스스로에게 부여하는 정체성이다. 그러나 그는 식민지인의 지위에 대해 일본의 인정 논리가 황민이 아니라 국민이었음을 생각하지 못했다. 또한 정체성이 (대)타자의 인정을 필요로 한다는 것, 다시 말해 인정의 주체와 인정의 대상 사이에서만 발생한다는 사실 역시 깨닫지 못했다. 일제강점기 조선인의 지위가 무엇이었는가는 패전 이후 재일조선인들에게 외국인등록령을 실행한 장면에서 명확하게 확인되지만, 이 시기 최재서의 사유는 국민의 경계境界가 어디까지인가를 놓치고 있다.

5. 나오며

이상에서 최재서의 비평을 중심으로 전형기 비평의 논리와 국민문학의 상관성을 살폈다. 역사적 패러다임의 전환을 '위기'로 사유했던 전형기 최재서의 비평은, 그 위기를 새로운 전통의 발견을 통해 극복하려 했지만 중일전쟁을 기점으로 급속하게 일본이라는 국가주의로 귀결되고 말았다. 이 글은 이 변화의 과정을 내선일체라는 논리와의 연관성 속에서 고찰하고,

나아가 '일본=조선'이라는 등식으로 요약되는 내선일체론이 보편과 특수의 동일성이라는 이율배반과 오인誤認의 구조 위에서 작동했음을 해명하려 노력했다. 전형기 비평담론에서 반복적으로 등장하는 '조선적인 것'이란 실상 식민지라는 특수성의 장소이면서 내선일체의 불가능성이 확인되는 곳이기도 했다. 그리고 1940년대 초반 국가총동원이라는 신체제 운동의 문학적 표현으로 등장한 '국민문학'은 이 불가능성을 국가주의의 수준에서 봉합하려는 시도였다. 그러나 '국민문학'이라는 개념에는 '조선=일본'이라는 등식의 내면화를 통해서 스스로를 세계사의 보편에 위치시키려는 식민지 지식인의 욕망 또한 깊숙이 개입되어 있다. 최재서의 일제 말기 비평은 내선일체의 불가능성과 국민문학의 오인 구조를 신념으로 돌파하려는 노력의 하나였는데, 이런 관점에서 본다면 그의 뒤늦은 창씨개명은 "일본인이 되기 위해서는, 조선인이라는 것을 어떻게 처리해야 하는가?"라는 질문에 대한 심정적 해답의 확인 작업이라고 말할 수 있다.

『인문평론』과 『국민문학』의 주재자였던 최재서의 비평이 전형기 비평담론 내에서 일정한 대표성을 띠고 있음은 사실이다. 그러나 전형기 비평의 다양성이 최재서의 비평세계로 환원되는 것은 아니다. 때문에 전형기 비평담론의 다양성을 올바르게 이해하고 그 속에서 최재서 비평의 특이성을 도출하기 위해서는 『문장』의 비평담론은 물론 『녹기』와의 차별성을 해명하는 작업이 뒤따라야 하리라고 생각한다. 아울러 구舊 카프 출신의 비평가들이 중일전쟁 이후에 보여준 비평적 행보가 주지적 경향에서 출발한 최재서의 비평과 어떤 차이점을 노정하고 있는가를 확인하는 작업이 행해진다면 '내선일체론'과 '국민문학'에 개입되어 있는 조선 지식인들의 보편에 대한 욕망과 그 이율배반성을 한층 뚜렷하게 드러낼 수 있으리라고 생각한다. 이 글은 그 다양한 비평적 경향들에 대한 입체적 조망을 추후의 과제로 남겨둔다.

제4장

일제 말기 신세대론 연구

1. 신세대 대망론

문학사에서 세대 간의 논쟁은 피할 수 없는 사건이다. 한 세대의 문학적 이념이 현실과의 긴장관계를 잃어버리고 고착화될 때, 거기에는 이미 새로운 세대의 등장이라는 미래적 사건이 잠재되어 있기 마련이다. 이러한 역사적 흐름은 인간의 성장과 노쇠처럼 자연적인 과정이고, 때문에 이념과 감수성의 변화는 문학사적인 문턱 이외에 별다른 학문적 대상이 되지 못할 수도 있다. 그렇지만 1930년대 말에서 1940년대 초까지 조선문단에서 진행되었던 세대논쟁, 즉 신세대론은 이런 일반적인 의미의 세대론으로 설명될 수 없는 '잉여excess'[1]를 포함하고 있는데, 그것은 우선 세대에 관한 논의가 신세대가 아니라 구세대에 의해 '대망론'의 양상을 띠

1 자크 데리다의 개념인 잉여(excess)는 환원불가능한 대상의 특이성을 나타내는 것으로, 여기에서는 일제 말기의 세대론이 일반적인 세대론으로 설명될 수 없는 특징을 갖고 있음을 드러내기 위해 사용했다.

고 시작되었다는 사실에서 찾을 수 있다. 그러나 더 중요한 사실은 1930년대 말의 세대논쟁이 전형기轉形期, 다시 말해 한 시대를 이해하는 인식틀의 변화가 진행되는 과정과 맞물려 등장했다는 것이다. 당대의 비평에서 1930년대 후반은 흔히 '사실의 세기'라고 명명된다. 폴 발레리의 용어인 '사실의 세기'는, 그것이 비록 백철의 '사실 수리론'처럼 신체제에 대한 인정의 논리로 왜곡되기도 했지만, 보편적 질서의 부재로 인한 과도기적 상황을 가리킨다.

한국문학사에서 1930년대는 새로운 이념에의 모색기였다. 기성세대에 의해 제출된 '대망론'은 이러한 이념의 변화라는 문제의식과 맞물려 있었고, 때문에 논쟁의 과정 역시 단순한 문학적인 헤게모니 쟁탈전 이상의 의미를 지니고 있었다. 일반적으로 이 시기의 세대논쟁은 먼저, 문단사의 관점에서 세대논쟁은 이 논쟁에 참여했던 신세대가 해방 이후 문학적인 헤게모니를 획득했다는 것, 다음으로 "프로문학의 성과와 한계에 대한 모색과 지양"[2]이라는 평가처럼 카프 해산 이후의 문학사를 복원함에 있어 이들의 문학적 성과를 간과할 수 없다는 것, 나아가 이들 세대의 문학이 카프의 계급주의나 계몽주의적 문학관과 다른 양상의 문학주의를 표방했다는 사실에서 찾아진다. 특히 이러한 논의의 대부분은 김동리, 현덕, 최명익, 박노갑, 김정한, 정비석, 박영준, 황순원, 현경준 등 1935년을 전후해서 문단에 등장한 작가들의 문학에 집중되고 있다. 때문에 이 논쟁은 계급주의 대 비계급주의, 30대 대 20대, 비평가 대 작가라는 구도에 따라 주로 연구되어 왔다. 이 글에서는 기존의 시각과 달리 일제 말기의 세대

2 강진호, 「1930년대 후반기 신세대작가 연구」, 고려대 박사논문, 1994, 2면.

논쟁을 문학적 이념의 주조 변화라는 측면에서 접근하여, 전형기 비평의 문제의식과 연결시켜 해명해보려 한다. 1939년 『조선일보』가 신춘문예 현상모집에서, 평론의 경우 관례를 어기고 '신세대의 정신'이라는 논제를 제시했을 정도로 신세대논쟁은 문단의 중요한 화두 가운데 하나였다. 이것은 이 논쟁이 단순히 생물학적인 세대교체의 차원에 머물지 않고 '사실의 세기'라는 절박한 상황에 대한 사유의 일면을 지니고 있었다는 것을 보여준다. 아래에서는 이 논쟁에서 비평과 시를 대상으로 제출된 평문들을 중심으로 이 논쟁의 사상사적 의미를 재해석해 보려 한다.

2. 전형기 비평의 과제와 세대논쟁

비평사의 관점에서 볼 때, 1930년대 후반의 세대논쟁은 '전형기'라는 시대적 문제의식과 밀접하게 연관되어 있다. 1935년 카프의 해체는 문학적인 지도 이념의 부재라는 공백 의식을 낳았고, 이것은 '사실의 세기'(발레리)라는 위기의식으로 표출되었다. 이 위기감은 정치적인 이념의 차이를 불문하고 대다수의 비평가들이 공유하고 있던 세기적인 위기의 근원이었다. 전형기 비평은 이 위기의 극복이라는 시대적 과제에서 자유롭지 못했고, 그 이념적 모색은 휴머니즘론, 지성론, 포오즈론, 고발론, 모랄론 등의 다양한 비평적 담론으로 표출되었다. 세대논쟁은 현상적으로는 문단 실세의 위치를 점하고 있는 30대와 20대의 신진작가, 비평가와 작가 사이의 논쟁이었지만, 그 이면에는 문단 헤게모니의 쟁탈과는 별개로 신진작가의 문학적 의미를 '전형기'라는 조건 속에서 사유하려는 흔적이 투영되어 있었다. 때문에 세대논쟁은 세대에 근거한 문단 헤게모니 쟁탈이나, 해방 이후의 문단 재편이라는 측면보다는 1930년대 문학장의 변화와 문학적 이념의 모색이라는 관점에서 이해될 필요가 있다.

1939년 1월 『조광』은 「신진작가 좌담회」를 개최했다. 이 자리에서 신진작가들은 불성실과 권위의식, 평론가의 무능력을 지적하며 기성세대를 신랄하게 비판했다. 비판만 쏟아내는 월평의 무용성, 외국의 비평가와 달리 조선 비평가의 시야의 협소함, 취향이나 이념의 잣대에 따라 작품을 일방적으로 평가하는 태도, 지도비평적 태도, 연재소설을 다 읽지도 않고 비평하는 나태함 등이 이들 비판의 핵심이었다. 그런데 기성세대에 대한 이 비판은 비단 특정한 문학적 이념과 경향에 한정되지 않고 문단 전체를 겨냥한 것이었다. 가령 김동리가 "그 짜장 흔한 예를 들면 레알리즘이니, 휴맨이즘이니, 지성이니 모랄이니 하는 따위들인데, 이것들이 이즈음 이 땅에 있어서 대체, 그들의 '사상'이냐 '문자'냐 말이다. (…중략…) 그럴진대야 여기 앙드레 지드, 바레리, 삼목청, 하상철태랑들에서 조금씩 야끼마시나 해가지고 이땅 문단에 임하되 어지간한 문예사전 한권쯤만 가지면 꼭 도서관까지 찾어갈 것도 없고 너나없이 누구나 다 그따위 문자는 얼마던지 지어낼 수 있는 것이며 아주 사상가도 될 수 있지 않겠느냐"[3]라고 비판할 때, 이것은 당시 문단을 장악하고 있었던 특정한 문학이념에 대한 비판만은 아니었다. 「신진작가 좌담회」에서 확인되듯이 문단 신세대의 구세대 비판은 임화, 유진오에서 백철, 이태준에 이르기까지 30대 문인 전체를 겨냥하고 있었는데, 이러한 비판의 광범위함은 이 논쟁을 세대 간의 갈등과 반목으로 이해하게 만들며, 이 좌담회에 참석했던 신진작가들이 '작품의 사상성'(허준), '장면묘사'(현덕), '하층생활을 취급'(박노갑), '문

---

3 김동리, 「문자우상」, 『조광』, 1939.4, 305~306면.

장'(계용묵), '소시민의 생활'(김소엽)처럼 창작에 관한 원칙들을 쏟아냄으로써 문학적 가치의 기준이나 창작방법에 관한 논쟁처럼 보이게 만드는 것 또한 사실이다. 가령 박노갑이 자신들의 문학은 세계문학을 목표로 하기 때문에 조선 문단에서는 본받을 만한 작가가 없다고 주장하고, 현덕이 선배라고 사숙할 만한 존재가 없음을 토로할 때, 여기에서 문단적인 위계의 변화 이상을 읽어내기는 어려워 보인다.

그렇지만 이 세대논쟁이 신세대에 의한 구세대 비판이라는 형식이 아니라 구세대에 의한 신세대 대망론의 형식으로 출발했다는 사실에 주목을 주목해야 한다. 구세대에 대한 신진작가들의 비판이 본격적으로 드러나기 시작한 데에는 좌담회가 결정적인 계기가 되었지만, 좌담이 개최되기 이전 이원조,[4] 김용제,[5] 한효,[6] 임화[7] 등이 신진작가들에 관한 평문을 발표했고, 세대논쟁은 이러한 문제와 분리되지 않았다. 흥미로운 사실은, 1930년대 후반까지 상이한 비평적 입장을 보였던 기성의 평론가들이 이 논쟁에서는 매우 유사한 태도와 입장을 견지했다는 것이다. 이러한 태도의 유사성은 이 논쟁이 세대 간의 문제였음을 보여주는 증거로 제시할 수도 있겠지만, 그것은 이들 비평가들이 '세대' 문제를 보편적 이념의 구축이라는 전형기 비평의 시대적 과제를 배경으로 이해하고 있었음을 보여주는 것이라고 평가할 수 있다.

세대논쟁에서 '세대'의 문제를 주류탐색이라는 전형기 비평의 시대과

---

4 이원조, 「신인론」, 『조선일보』, 1935.10.10~17.

5 김용제, 「조선문학의 신세대」, 『동아일보』, 1937.6.11~16.

6 한효, 「신진작가론」, 『풍림』, 1937.1.

7 임화, 「문학과 세대의 문제」, 『조선일보』, 1938.7.19; 임화, 「세대교체와 문학외적 힘」, 『조선일보』, 1938.7.21; 임화, 「현대의 세대적인 의미」, 『조선일보』, 1938.7.23.

제와 연결시켜 사고한 대표적인 비평가는 임화였다. 임화는 신진작가 좌담회가 개최된 1939년 1월에 「신인론」(『비판』, 1939.1~2)을, 같은 해 6월에는 「신세대론」(『조선일보』, 1939.6.29~7.2)[8] 썼는데, 이 글들에서 그는 세대를 "한 시대의 주조와 습속과 컨벤숀, 그리고 그러한 것들을 일신상에 체현하고 있는 주인공들의 무리와 시대가 마치 사람의 역사에 있어 대가 바뀌어지는 데 따라 생산되는, 즉 시대적으로 표현되는 사회적 세대의 이름"이라고 정의하면서 생물학적인 연령의 동일성이나 가족 관념의 연장선에서 세대를 이해하는 태도와 분명한 선을 긋는다. 그에 따르면 세대는 나이를 근거로 한 경계가 아니라 '정신의 고향'을 달리하는 데서 구별되는 것이며, 이를 위해서는 먼저 각 세대의 '정신적 고향'이 무엇인가를 확인해야 한다는 것이다. 이런 시각에서 그는 30대 문인들이 '정신적 고향'을 갖고 있었음에 반해, 이 시기에 등장한 신진작가들은 "아이데알리즘(이른바 리얼리즘에 대립하는 창작방법으로서가 아니라 정신으로서)의 결여"를 특징으로 한다고 평가한다.

> 기존의 것에 대한 모든 부정이 새로운 창조의 출발점이 되고 새로운 가치 형성의 계기가 되느냐 하면 그런 것은 아니다. 여기서 우리는 부정이란 것의 내용을 신중히 생각지 아니할 수 없다. 그 의기에 있어 그 기혼에 있어, 기존의 것에 만족할 수 없어, 보다 새롭고 따라서 보다 높은 것의 창조자일려는 정열은 언제나 고귀한 것이다. 그러나 문학은 그 모든 타의 영역의 문학적 창조와 마찬가지로 단순한 의기나 정열만으로 개혁되고 발전되는 것만은 아니

8 임화의 이 글은 평론집 『문학의 논리』에 「소설과 신세대의 성격」이라는 제목으로 실렸다.

다. 우선 낡은 것에 대한 부정은 낡은 것에 대한 겸허한 수용과 그 수용을 통한 명철한 이해를 토대로 하지 않으면 안 된다. (…중략…) 그러므로 신인들의 주요한 과제는 조선문학의 역사와 현상에 대해 누구보다도 상세명철한 지식을 얻기에 전력을 다해야 한다.[9]

임화는 신인의 본질을 '문학의 새로움'에서 찾는 한편, "문학상의 진정한 새로움과 연령의 약소나 문단 경력의 짧음과를 혼동"하지 말 것을 지적했다. 선배세대와의 단절을 강조하는 신진작가들과 달리 임화는 "낡은 것에 대한 부정은 낡은 것에 대한 겸허한 수용과 그 수용을 통한 명철한 이해를 토대로 하지 않으면 안 된다"는 것을 전제, 신인들에게 조선문학의 역사와 현상에 대한 탐구를 제시한다. 여기에서 조선문학의 역사와 현상이란 곧 이 시기에 임화가 쓰고 있었던 문학사를 의미한다. 이 글들에서 임화는 신진작가들에게 "하루바삐 문단에서 기성작가의 유니폼을 빌어 입은 에피고넨 군을 일소할 것과, 통감도 못 읽고 과거를 보러 오는 것과 같은 산문선비의 만용을, 또한 그것이 낳는 문학청년적인 불만을 공부에 해소시킬 것"을 충고한다. 문청들에 대한 문단선배의 충고처럼 들리는 이 지적에는, 그러나 신진작가들이 하나의 세대로 등장하기 위해서는 이념의 통일성이 확보되어야 하고, 어떤 방식으로든 그 이념은 '무이상주의'로 떨어지지 않는 '아이데알리즘'이어야 한다는 것이 전제되어 있다. 임화는 신진작가들의 세대론이 온전한 의미의 세대론이 되기 위해서는 전세대에 대한 비판과 부정이 하나의 이념적 방식으로 집중되어야 하

9 임화, 「신인론」, 『비판』, 1937.1~2.

고, 그 이념은 시대정신처럼 한 세대의 사상과 예술의 방향성을 결정짓는 '정신적 고향'이어야 하는데, 당시 신진작가들에게는 그 정신적 고향으로서의 이념이 존재하지 않는다고 비판한 것이다. 이것은 신진작가들의 오해와 달리 "소설의 신세대가 아직 일선상에 두각을 내밀지 못하고 있음은 결코 기술이 부족해서가 아니"라는 것을 의미한다.

'세대'에 대한 이러한 이해는 「시단의 신세대」(『조선일보』, 1939.8.18~26)에서도 동일하게 드러난다. 이 글에서 임화는 시대의 변화는 소설보다는 시에서 먼저 확인된다는 사실에 착안, 김기림까지를 "종언한 시대의 아들"이라고 평가한다. 임화의 이 평가는 1930년대 후반의 문학사 이해에서 굉장히 중요한 의미를 담고 있는데, 그것은 1930년대 후반의 시가 모더니즘을 추구의 대상이 아니라 극복의 대상으로 설정하고 있었음을 보여주기 때문이다. 그는 "기림과 우리 구舊 '카프' 시인들은 제네레슌을 달리 하였으나 근본적으론 같은 시대의 한 환경의 시인들이었다"라고 주장한다. 이는 김기림의 모더니즘이 1930년대 후반에 이미 시대적인 의미를 잃었다는 것을 의미하는데, 임화는 정지용 역시 새 세대였음에도 불구하고 "시대성과의 교섭을 거절"함으로써 새 시대의 인간이 되지 못했다고 지적한다.[10] 임화는 조벽암, 김광섭, 김상용의 시에서 "토탈리즘의 도도한 파도에 대한 부조화의 기분", "현대옷의 부조화"를 읽어내는데, 이것은

10 이 글에서 임화는 이찬의 「대망」, 윤곤강의 「대지」, 임화의 「현해탄」이 낡은 시대의 인간이 새 시대에서 자신의 영토를 발견하려는 의욕의 표현으로, 이찬의 「분향」, 윤곤강의 「만가」가 스러지는 시대에의 장송곡이라고 평가한다. 또한 조벽암의 「향수」, 김광섭의 「동경」, 김상용의 「망향」을 전체주의의 등장에 대한 부조화의 기분의 반영이라고 평가한다. "시단 위에 울리던 구시대의 여운은 벌써 현대로부터 떠나 갈려는 지향 가운데 이미 다 울려버린 감이 없지 않다."

"그들 사이에 있는 경향과 입장상의 차이를 초월"한 시대정신의 포착이라는 점에서 '세대'에 관한 인식과 맥락을 같이 한다.

앞에서 지적했듯이, 당대의 비평가 대부분은 세대논쟁을 단순한 문학적 경향의 변화나 새로움이 아니라 '세대'로 요약되는 보편적 이념의 변화라는 관점에서 이해했는데, 이는 1930년대 중반 지성주의와 주지주의를 주장하다가 『인문평론』과 『국민문학』을 거치면서 신체제 옹호론으로 변모해 갔던 최재서의 경우도 예외가 아니었다. 이 논쟁 시기에 최재서는 「신세대론」(『조선일보』, 1939.7.6~7), 「평론계의 제문제」(『인문평론』, 1939.12), 「신세대론 그후」(『신세기』, 1941.5.26~6.9)를 발표했다. 최재서는 「신세대론」에서 임화, 유진오, 서인식의 논의를 끌어들여 논지를 전개하고 있는데, 20대와 30대 사이에 언어가 통하지 않는다는 유진오의 주장을 '레토릭'으로 평가한 부분을 제외하고는 이들의 주장을 긍정한다. 이 글에서 "이리하여 진지한 이론가로 하여금 '한 사람은 한 세대 안에 두 세대의 ××을 살 수 있습니까?'하는 이 역시 까마득한 질문을 시키도록 되었다"라는 대목은 "우리가 육체적으로 한 세대 밖에 살 수 없는 것이라면 정신적으로는 두 세대 이상을 살 수 있는가"[11]라는 서인식의 문제의식을 이어받고 있는 것이라고 말할 수 있고,

> 현재에 있어서 사회정세가 일변하여 일반이 신세대출현을 대망할 뿐이지 신세대는 형성되지 않았기 때문이다. 이런 의미라면 임화씨의 '신인불가외'론도 긍정할 수 있는 것이다. (…중략…) 이것은 변화만을 알고 진보를 모

---

11 서인식, 「세대정신」, 『조선일보』, 1939.4.25.

르는 인간들이 할일이다. 진보란 전통을 계승하고 또 새로운 전통을 ××함으로 말미암아 그 전통에다 무엇이나 새로운 것을 보태는 데서만 있을 수 있다. (…중략…) 그것은 우리의 손으로 문단삼십년사를 쓸 일이다. 여러 가지 의미를 가지고 있지만 우선 다음 세대에 전통을 ××시키기 위하여 또 일변으로는 현대의 자××리의 ×××삼기 위하여 더욱이 후자는 의미 깊은 일이다. 왜 그러하냐 하면 자기 자신을 정리하는 데 있어 역사를 써 보는 것보다도 더 도움이 되는 일은 없기 때문이다.[12]

와 같은 대목은 통일된 세대의 이념을 잣대로 신세대의 세대적인 의미를 인정하지 않았던 임화의 비판을 그대로 수용한 부분이라고 평가할 수 있다. 특히 변화와 전통을 구분하면서 신문학사를 써야 한다는 주장은 조선문학의 역사와 현황을 알아야만 새로운 세대의 시대적 과제를 이해할 수 있다고 주장했던 임화의 주장을 연상시킨다. 물론, 변화와 전통의 구분을 통해서 최재서가 강조하려던 것은 T.S.엘리엇의 전통론과 T.E.흄의 주지주의적인 시각이었다. 지성주의자로서의 최재서는 시대의 변화와 세대의 교체를 단절과 변화가 아닌 연속과 진보의 관점에서 이해해야 했던, 그를 위해서는 문단의 신세대가 구세대를 부정하는 방식이 아니라 계승하는 방식으로 나아가야 한다고 보았던 셈이다. 임화의 마르크스주의와 최재서의 주지주의 사이에서 이처럼 쉽게 뛰어넘을 수 없는 간극이 존재했지만, 세대논쟁에서 이들은 이념적인 비전을 보여주지 못했다는 이유로 신세대의 가능성을 부정적으로 평가하는 데에서 한 목소리를 내었다.

---

12 최재서, 「신세대론」, 『조선일보』, 1939.7.6~7.

3. 세대론과 역사철학

최재서의 「평론계의 제문제」(『인문평론』, 1939.12)와 서인식의 「세대의 문제」(『조선일보』, 1939.11.28~12.1)는 문단경력이나 생물학적인 연령이 세대의 논의가 될 수 없으며, 새로운 세대의 등장은 전형기 비평의 문제의식과 마찬가지로 '이념'의 형태를 동반해야 한다는 입장에서 쓰인 글들이다. 1939년의 문단에 관한 총평에 해당하는 「평론계의 제문제」에서 최재서는 임화, 김오성, 서인식의 글을 소개하면서 "세대론이 오로지 30대의 세대에서만 나오고 소위 신세대라고 막연히 지목되는 사람들에게선 아무런 의견도 발표되지 않았다"는 사실을 강조하면서 세대논쟁이 실상 '신세대 대망론'의 성격을 띠고 있음을 지적한다. 뿐만 아니라 "임화 씨가 『조선신문학사』를 『조선일보』에 집필중인 것은 신세대논의의 당연한 귀결이고 또 가장 큰 수확이다"라고 평가함으로써 세대논쟁에서 임화의 입장을 받아들이고 있다. 한편 서인식 역시 1930년대 후반의 비평계에서 '세대론'이 갖는 비평적 위상을 아래와 같이 정리한다.

> 세대문제가 논단에서 논의되는 이유의 타반(他半)은 도리어 새로 등장하는 신세대의 정신적 상모(相貌)가 구세대의 그것과 일방(一方) 상이한 측면이 있음에도 불구하고 그들의 현대에 있어서의 또는 현대에 대한 체험 내용과 체험의 해석방식, 요구와 주장이 반드시 명확한 것이 아니며 신세대 전체를 개괄하여 하나의 독특한 정신적 통일을 발견하기 어려운 데 있지 않을까 한다.[13]

13 서인식, 「세대의 문제」, 『조선일보』, 1939.11.28~12.1.

서인식 역시 '세대'를 "정신사적 개념"으로 이해한다. "정신의 역사, 즉 협의의 문화사, 사상사에 있어서만 세대가 소위 문화의 전승과 축적에 관련된 문제로서 중요한 의미를 가지는 것이다." 이런 측면에서 그는 신세대의 '정신적 통일'의 부재를 지적하고 있는데, 이것은 신세대가 기성과 구별될만한 "포지티브한 정신적 표지"를 보여주지 않는다는 것을 의미한다. 보편주의자였던 서인식은 1930년대 후반에 등장한 문단의 신진작가들이 "문학에 있어서의 사상성보다도 예술성을 고조하는 경향, 모든 정치적 사상적 조류를 떠나서 문학의 문학으로서의 순수성을 옹호하려는 의욕, 내용보다도 형식, 정신보다도 기술에 치중하는 경향, 특히 문학에 있어서의 언어의 예술적 가치를 도입"하는 특징을 보여준다고 평가한다. 그렇지만 그는 여러 신진들의 작품과 산문을 통해서 드러나는 특징적인 면모는 "하나의 '포지티브'한 정신적 표지라기보다도 과거의 경향문학을 고봉으로 한 일련의 정론주의적 경향에 대한 단순한 '네가티브'한 반동"일 뿐이라고 말한다. 이것은 신세대들이 자신들의 문학적 이념 및 특징이라고 주장한 것이 실상은 카프를 중심으로 한 구세대의 문학에 대한 단순한 부정이었고, 때문에 거기에서는 어떠한 '정신적 통일'도 발견할 수 없다는 임화의 논리와 사실상 동일한 것이었다. 또한 그는 임화가 「시단의 신세대」에서 김기림의 모더니즘까지를 극복되어야 할 구세대에 포함시켰듯이, "오늘날의 기성층은 그 정신적 행로에서 볼 때에는 어폐가 있는 말 같지만 거의 제 갈 곳까지 다 간 느낌이 없지 않다"처럼 '정신'에 근거하여 구세대의 반시대성을 지적한다. 특히 임화가 구세대의 시적 정신을 "현대옷의 부조화"라고 지적한 것과 서인식이 구세대의 시적 정신을 "그들의 정신생활에 있어서는 현대는 바로 낯선 이방이다"라고 지적한 부분은 놀라울 정도의 유사성을 보여준다.

한편 김오성은 「신세대의 정신적 지표」(『인문평론』, 1940.2)에서 세대논쟁의 의미와 과정을 정리하고 있는데, 그 역시 30대의 평론가들과 마찬가지로 신세대론이 "신세대 자체에서 제기된 것이 아니고, 낡은 세대에 속하는 사람들에 의하여 제기"됨으로써 "신세대가 자기네의 과제를 자각치 못하거나, 또는 일부러 눈감어 회피하려는 것을 구세대가 단호하며 예고하는 형식"으로 제기되었음을 밝히고 있다. 김오성은 「신세대의 개념」(『조선일보』, 1939.4.19~25)에서 딜타이의 생철학에 근거하여 세대의 개념을 규정하였는데, 그는 현세대가 상속받은 문화가 르네상스 이래 인간주의에 근거한 시민문화였으나 그것이 현시대에는 인간성을 제약하는 한계가 되었고, 때문에 신세대는 시민문화를 극복해야 한다고 주장했다. 서인식의 「현대의 과제」(『조선일보』, 1939.4)는 바로 보편주의적 관점에서 김오성의 입장을 문제 삼았다.

> 삼십 대가 정신적 지주를 상실하였음과 같이 신세대가 의거할 아무런 정신적 지주가 준비되어 있지 못하다. 경향사상에 대신할 만한 아무런 사상적 기반도 생겨지지 못했다. 이리하여 신세대의 문제는 신세대 자체의 내부에서 제기되지 못하고, 삼십 대에 의한 신세대의 대망론으로서 문제될 수밖에 없이 된 것이다. (…중략…) 그러나 금일의 이십 전후의 신세대는 삼십 대에 향해서 그러한 전면적인 부정의 태도를 취할 수는 없으리라 생각된다. 왜 그러냐 하면 삼십 대는 오륙십 대와 같이 완고하게 자기를 보수하려는 것이 아니고, 어데까지나 새것을 요구하되, 한 번 가졌던 정신적 지주를 상실한 뒤 그들의 감수성은 벌써 새 사태를 받아들일 수 없음에서, 그것을 신세대의 향

> 하여 대망하고 있음으로써이다. (…중략…) 금일의 '사실'은 엄밀한 의미에서 정신력을 부정하고 있다. 말하자면 금일의 '사실'은 정신에 의해서 되어지는 것이 아니고, 정신을 거부함으로써, 한갖 충동과 본능에 의하여 전개되는 현상인 것이다. 그러므로 금일은 세대가 주체적으로 경영하는 것이 아니라, 객관적 태도에 의하여 세대의 주체성이 무시되고 있는 시대인 것이다.[14]

서인식은 「현대의 과제」(『조선일보』, 1939.4)에서 보편주의적 관점에서 김오성의 입장을 문제 삼았지만, 그들의 입장 차보다 중요한 것은 이 시기의 역사철학자들이 세대논쟁의 전면에 등장함으로써 '세대'가 문학만의 문제가 아니라 전형기 비평의 시대적 과제로 사유되지 시작했다는 사실이다. 세대론에 대한 김오성의 입장은, 위의 인용에서 확인되듯이 임화, 서인식, 최재서 등과 크게 다르지 않았다. 임화가 주장한 '정신적 통일'이 여기에서는 '정신적 지주'로 바뀌어 있을 뿐, 세대론이 신세대 대망론의 일환으로 제기되었고, 신세대가 이념적인 비전을 갖고 있지 못하며, 따라서 구세대에 대한 신세대의 문학적인 비판이 '정신'이 아니라 충동과 본능처럼 생물학적인 기준에 의해 작동한다는 것은 동시대의 비평가들의 시야를 벗어난 것이 아니었다. 특히 서인식과 김오성은 역사철학자의 입장에서 '사실'의 문제에 예민하게 반응했는데, 이것은 임화가 "인생을 혹은 소여의 조건을 먼저 움직이지 못할 것으로 항수하고, 그것을 비판하는 대신 해석하고 그것을 부정하는 대신 긍정하고, 그리고 그 가운데서 일생의 스케줄을 꾸며 보는 것이 오늘날의 당연한 인생 태도가 되지 않었는가

14 김오성, 「신세대의 정신적 지표」, 『인문평론』, 1940.2.

한다"라고 말했던 비판의 역사철학적인 버전에 해당하는 것이었다.

한편, 30대 비평가의 문제의식을 뚜렷하게 보여주는 이 글은 "정신을 요구하는대, 기교를 내여놓는 것은 동문서답의 극일 것이다"처럼 '세대'를 둘러싼 논쟁이 어디에서 어긋나 있었는가를 가장 명확하게 보여준다. 김오성은 문학적인 이념이 '정신적 지주'와 무관하지 않다고 보았으며, 전형기 비평의 화두였던 '휴맨이즘', '모랄론', '지성론' 역시 시대정신의 구축과 회복이라는 관점에서 이해했다. 문단의 30대가 문학을 시대정신과 세대의식의 차원에서 접근한 반면, 신세대 작가들은 표현과 기교처럼 지극히 문학적인 관심에서 이 문제에 접근했고, 바로 이 지점에서 논쟁은 순수논쟁으로 번져나갈 여지를 갖고 있었다. 뿐만 아니라 김오성의 글은 "이러한 의미에서 문단의 신인군을 신세대고 부르는 것은 천부당만부당한 일이다. 신세대는 아직 형성되지 못했다. 신인군은 신세대가 될 자격조차 갖지 못했다"라는 1930년대 작가들의 입장을 분명하게 보여주고 있지만, 신세대의 문화사적 책임이 "시민적인 것의 극복"임을 재차 강조함으로써 르네상스의 휴머니즘에 근거하고 있는 유진오의 인간적인 것의 추구라는 문제의식과의 갈등을 예고하고 있었다. 시민문화와 휴머니즘의 극복이라는 문제는, 비록 이 논쟁에서 논의되지는 못했지만, 신체제 문학과 근대의 초극이라는 문제의식이 전면에 내세우고 있었던 것이 이것들이었음을 고려한다면 언제든지 제기될 수 있는 문제의 하나였다.

4. 시의 주조변화와 모더니즘의 퇴조

신세대 논쟁은 일제 말기에 등장한 신진 소설가들의 미의식의 변화와 관련하여 주로 언급되고 있지만, 실제로 그 파장이나 의미는 시에서 더욱 두드러졌다. 앞에서 지적했듯이, 임화는 「시단의 신세대」에서 경향문학과 모더니즘을 합쳐서 "종언한 시대의 아들"이라고 명명했다. 경향문학의 흐름은 카프의 해산으로 사실상 와해된 상태였고, 1930년대 중반 소설에서는 구인회가, 시에서는 시문학파의 등장이 두드러지는 변화의 하나였다. 그런데 1930년대 후반에 접어들면서 시단에는 모더니즘에 대한 부정과 극복, 나아가 근대에 대한 극복의지가 표출되기 시작했고, 이것은 신세대 논쟁과 결코 무관하지 않았다. 한때는 젊은 시인들이 추종의 대상으로 삼았던 모더니즘이 1930년대 후반에 이르러서는 극복의 대상으로 바뀌기 시작했는데, 이는 세대론에서 드러난 시대와의 단절이라는 문제가 문학의 형식을 빌렸음에도 불구하고 역사적인 비전의 모습을 포함되어 있었다는 사실을 가리킨다. 이런 맥락에서 "신세대 문학 현상의 흥기 양상은 모더니즘 미의식의 문학사적 부침 문맥과 역비례 관계 속에 놓여 있었다"[15]라는 평가는 매우 적절하다.

1930년대 후반, 문학의 주조 변화를 살피게 위해서는 소화 10년대 일본 문단의 변화를 살펴야 하는데, 이는 전형기 문학의 성격과 세대론이 중일전쟁에서 신체제의 성립기에 걸쳐 있었기 때문이다. 소화 10년대, 일본 문단에서 계급주의의 후퇴로 인한 이념의 공백을 대체한 것은 '일본낭만파(1935.3~1938.8)'와 잡지 '문학계'였다.[16] 이들은 국수주의에 근거한 일본정신의 부활과 서구적 합리주의에 대한 비판으로서의 동양문화론을 주창했고, 1940년대에 접어들어 교토학파의 철학과 결합하여 '근대의 초

15 한홍구, 「일제 말기 세대의 미의식 연구」, 서울대 박사논문, 1992, 128면.

16 1930년대 문학과 소화 10년대 일본문학의 연관성에 대해서는 고봉준, 「1930년대 비평장과 휴머니즘」, 『한국문학이론과 비평』 40, 한국문학 이론과 비평학회, 2008 참고.

극' 담론을 형성시켰다. 같은 시기, 조선문학, 특히 시에서는 모더니즘의 영향력이 급감하고 있었다. 마르크스주의의 퇴조와 구인회의 등장이라는 통상적인 이해와 달리, 중일전쟁 이후부터 모더니즘의 영향력은 꾸준하게 감소하는 추세였다. 잡지 『문장』의 등장은 이러한 주조 변화의 단적인 사례이다. 이 잡지가 등장한 시기에 유학에서 돌아온 김기림이 「모더니즘의 역사적 위치」(『인문평론』, 1939.10)를 발표했다는 사실이 한낱 우연적인 사건만은 아니다. 『문장』의 전통주의가 모더니즘의 퇴조를 보여주는 사례라면, 역사철학자, 모더니스트(김기림과 최재서), 구 카프계의 연합체였던 『인문평론』은 주조 변화를 성찰하고 대안적인 이념을 모색해야 한다는 비평계의 위기감을 상징하는 것이었다고 말할 수 있다. 이러한 주조변화는 창작에서도 뚜렷하게 확인되는데, 이상과 더불어 모더니즘의 전위였던 박태원이 동양 고전의 세계에 몰입하기 시작했고, 구인회의 일원이었던 정지용이 산수시의 세계로 방향을 바꾸었으며, 이태준이 고완품古翫品에 대한 취향을 전면화하기 시작한 때가 바로 이 시기였다.

모더니즘에 대한 부정과 극복은 1930년대 후반 시의 특징 가운데 하나이다. 근대도시의 비참한 삶을 어둠의 풍경을 빌어 노래하던 오장환이 『성벽』(1937)과 『헌사』(1939)에서 전통과 고향의 세계로 방향을 전환했고, 정지용의 『백록담』(문장사, 1941), 『사슴』 이후의 백석의 시, 『와사등』 이후의 김광균의 고향 시편, 장만영의 『양』(1937)과 『축제』(1939) 등이 비근대적인 시적 세계를 탐색하기 시작했다. 이러한 변화는 신세대의 시에서도 확인되는데, 『문장』을 통해 등단한 이호우와 김상옥, 모더니즘의 후예였던 김종한, 향수鄕愁의 세계에 주목했던 오일도, 장서언, 이한직, 이용악의 『분수령』(삼문사, 1937)과 『낡은 집』(삼문사, 1938), 신석초의 「바라춤」(『문장』, 1941.4), 조지훈의 「고풍의상」(『문장』, 1939.4)과 「승무」(『문장』, 1939.12)와 「봉황수」(『문장』, 1940.2) 등이 이 시기에 발표 · 출간되었다. 모더니즘의 영향력 약화가 반드시 전통주의로 표출된 것만은 아니었다. 서정주의 제2시집 『귀촉도』의 상당 부분이 이 시기에 쓰였고, 유치환의 생명적인 탈脫모더니즘시가 창작되었으며, 경향파였던 윤곤강이 '표현' 개념을 강조한 『동물시집』(한성도서, 1939)을 출간한 것 역시 이 시기였고, 함형수가 「해바라기의 비명」에서 생명주의적 미의식에 몰두한 것도, 함형수의 사촌 함윤수가 김대봉, 김용호 등과 동인지 『맥』(1938)을 출간한 것도 이때였다. 김기림의 「모더니즘의 역사적 위치」는 이러한 변화의 한 가운데에 위치하고 있었다.

시단의 주류 변화와 세대론이 겹쳐진 곳에 임화의 「시단의 신세대」가 놓여 있다. 임화가 김기림의 모더니즘까지를 "종언한 시대의 아들"로 간주했다는 것은 앞서 밝혔지만, 그는 여기에 머물지 않고 이찬의 『대망』(1937)과 윤곤강의 『대지』(1937)를 "낡은 시대의 아들들이 새 시대에서 제 영토를 발견하려는 의욕의 표현"으로, 이찬의 『분향』(1938)과 윤곤강의 『만가』(1938)를 "스러지는 시대에의 장송의 곡"으로 평가한다. 더 나아가서 조벽암의 『향수』(1938)와 김광섭의 『동경』(1938), 김상용의 『망향』(1939)이 "토탈리즘의 도도한 파도에 대한 부조화의 기분"을 반영하고 있다고 평가한다. 이들의 시가 "현대로부터 떠나가는 심정의 근본지향"이나 "상실된 시대의 재현"과 관련되어 있다고 판단, 임화는 그 이면에서 "현대옷의 부조화"를 찾아낸다. 이들의 시가 현대라는 시대의 도래에 대해서 부조화와 상실로 응답하고 있다는 것이다. 그러면서 그는 "운명적으로 새로운 시는 얼굴을 똑바로 들어 위도 뒤도 아닌 전면을, 지상을, 직시할 수밖에 도리가 없는 것"이라고 썼다. '직시直視'란 시대와의 교섭을 회피했던 정지용의 시, 그리고 부조화와 상실의 감정으로 현대에 응했던 과거의 시와 달리, 정면으로 맞부딪혀야 한다는 것을 의미한다. 물론 여기에서 임화가 요청한 것은 명랑성과 같은 사실의 수리가 아니었다. 오히려 그는 "그들의 정신을 구속하고 있는 현대에서 죽엄과 더불어 비로소" 해방될 수 있다고 노래한 오장환의 『헌사』에 등장하는 시편들을 "새 제네레슌이 자기를 읊은 노래 가운데 가장 적절하고 아름다운 노래"라고 고평高評한다. 여기에서 그는 다른 세계로의 도피가 아니라 "폐허의 대합실"에서 탄생을 기다리는 "불행한 시정신이 오열하는 한 절정"을 읽어낸다. "이것은 현대에 생을 향유한 것 그 자체가 비극의 '알파'요 '오메가'인 심정, 바꿔 말하면 생이 그냥 슬픔인 현대 서정시의 중요한 측면의 표현이다." 임화에 따르면, 오장환의 시는 이전 세대와 운명을 함께 하고 있다고 말할 수도 있지만, 그의 시가 아무런 관념도 도입하지 않음으로써 '단순성'을 획득하고 있고, 그 단순성이 "응태凝態와 허위를 석지 않은 슬픔의 정"을 지니고 있다고 보았다. 이 단순성과 가식 없는 슬픔이 "서정시의 현대적 운명의 일단"이라는 것이다. 임화가 오장환 시의 단순성을 가리켜 서정시의 현대적 운명이라고 평가한 것은 바로 이때가 박용철과의 기교주의 논쟁 시기였기 때문으로 추측된다. 이 글에서 "최초로부터 서정시는 기교주의와 무연한 것이다. 현대에 대한 서정시의 비타협적정신이란 이러한 곳에서 연소되는 것이다. 「헌사」는 그런 의미에서 현시단에 도도히 흐르는 언어의 유희에 대한 치열한 반항의 선언이기를 나는 희망한다"라는 구절은 다분히 박용철을 겨냥한 것이었다.

시신(詩神)의 영토에 직장(職匠)은 본래로 무연한 것이다. 시가 언어의 인종(因從)이여서는 아니된다. 언어는 오히려 정신의 편리한 주택이여야 한다. 이메지가 또한 언어에 준하는 것이다. 이메지 가운데서는 언어에서보다도 정신은 자유로워야 한다. 시정신은 결코 언어로 이메지를 만드는 기술이 아니다. 그러나 현대시의 한 조류가 이메지를 만드는 일에서 출발한 것을 우리는 안다. 이것은 저 세기말의 심볼리즘이 울리던 처량한 음악에 대한 반동인 것을 또한 우리는 숙지하고 있다.[17]

신세대 시인들이 언어, 기교, 표현 등의 가치를 내세운 반면, 임화는 그 모든 가치들의 상위 개념으로 '정신'을 설정하고, "사상과 지성이 사변과 요설을 대신"해야 한다고 주장한다. 사상과 지성이 '정신'의 또 다른 표현임은 쉽게 알 수 있는 바, 임화는 윤곤강 · 오장환 · 김광균의 시를, 개개의 경향적 차이에도 불구하고, '구시대에의 반성'이라는 점에서 높게 평가한다. 여기에서 임화가 주장하는 현대시의 '반성'이란 "기교주의의 사치성"과 "경향시파의 소박성"에 대한 이중적 반성과 자각을 가리킨다. 그렇지만 "단순성! 그것이야말로 금일의 시가 상실하고 있는 최대의 재산이요, 이것이야말로 또한 서정성의 불변한 생명이다"라는 진술에서 드러나듯이 경향시파의 소박성은 "서정시의 심오한 단순성"으로 변주됨으로써 새로운 의미를 획득하는 반면, 기교주의의 사치성은 여전히 비판의 대상으로만 머물 뿐이다. "사치의 시에서 단순의 시에로의 회귀, 시의 이러한 현대적 르네상스를 위하여는 소박의 정신은 그 관문關門의 하나다."

17 임화, 「시단의 신세대」, 『조선일보』, 1939.8.18~26.

소설에 비해서 시단에서의 세대논의가 활발하지는 못했지만, 이것은 해방 이후의 문단 질서와 연관된 착시현상이거나 『조광』의 기획 「신진작가의 문단호소장」이 소설가 중심으로 편성되어 있었던 데에서 발생하는 문제이기도 하다. 실제로 이 시기에 자신의 시론을 적극적으로 개진하고 세대논의에 깊숙이 개입한 신진 시인들도 있었다. 오장환은 『인문평론』(1940.2) 특집 '신세대론'에 발표한 「방황하는 시정신」에서 19세기의 서정시의 개념은 더 이상 통용될 수 없음을 전제한다. 그는 과거 조선의 신문학이 "몇 세기나 서구보다 뒤떠러진 문명"을 따라잡기 위해 노력했고, 그 결과 "사조의 다량주문과 유입" 속에서 조선의 시단이 성장해 왔음을 토로한다. 그러면서 그는 이 문제의 해결책으로 전통의 문제를 제기한다. "사천년이나 되는 문화를 가지고 이것이 중간에 와서 한 번도 자기를 반성함이 없이 덮어놓고 외계로만 향한 속절없음을 생각해보라. 그렇게도 우리의 풍토와 문화 속엔 돌아볼 재산이 없었는가." 이러한 주장이 서구적 보편성에 대한 회의, 나아가 모더니즘의 영향력의 쇠퇴라는 시대적 분위기를 반영하고 있음은 분명해 보인다. 특히 "영영히 집단적인 한 종족의 커다란 울음소리나 자랑을 노래하지 못할 것인가"라고 외치는 대목에서는 신세대의 시가 시대적 · 민족적 요구에 응해야 한다는 태도가 깔려 있다.

> 시를 언어의 축제 영원에의 기도 영혼의 비극 기억에의 향수에 끌리는 자연발생적인 것으로 생각하고 어떤 기분이나 정서의 상태를 펜과 원고지에 옮겨 놓는 것으로 그 임무를 마친 것 같이 생각하는 분이 있는 것 같다. (…중략…) 거기에 주로 이십세기 이전의 기분이나 정서로 차 있어 포화에 날아

간 폴-란드의 소식도, 피로한 도시의 얼굴도, 문화와 신념과 가치를 상실해 가는 현대의 목쉰 호흡과는 아무 연관이 없는 일종 기이한 감을 주는 질서로 차 있다.[18]

김광균의 「서정시의 문제」 역시 20세기 현대시의 운명을 재래의 서정적 세계와 구분한다는 점에서 오장환의 그것과 닮았다. 그렇지만 오장환이 "신뢰할만한 현실은 어디 있느냐"는 질문을 통해서 '현대'의 문제를 제기하고, 그 대안으로 민족문화와 집단성의 차원으로 시선을 돌린 반면, 김광균은 "시에 있어서의 시대성을 거부하는 정신은 아무래도 시대의 적일 수밖에 없다"라고 전제, "고전에의 맹종"을 경계하고 현대성의 추구를 주장한다. 이런 맥락에서 그는 "시는 현대의 지성과 정신을 통하여 의식적으로 소위 되는 정신적 소산물일 따름이다"라는 입장을 도출하는데, 이는 문학에서의 "형태의 사상성"이라는 문제로 표현된다. 이것은 세대논쟁에서 첨예한 논란의 대상이 되기도 했던 문제이거니와, 김광균은 정신의 혁명은 문학에서 필연적으로 '형태의 혁명'으로 드러나기 마련이며, 이에 근거하여 그는 현대시가 본질적으로 음악에 속하는 '자유운문'의 기능으로부터 벗어나야 한다고 주장한다. "오늘의 문명이 추상적인 것보다 구체적인 것, 청각보다 시각, 관념보다 수학으로 조직된 것으로보아 우리가 탐구할 형태가 보다 음악적인 것에서 보다 조형적일 것은 넉넉히 자신할 수 있다." 김광균 시의 회화성은 바로 여기에서 시작된다. 같은 맥락에서 그는 석유나 지등을 켜든 사람에게 전등의 발명이 '등불'에 대한 관념에 변

18 김광균, 「서정시의 문제」, 『인문평론』, 1940.2.

화를 초래할 것이며, 붓으로 쓴 시와 타이프라이터로 찍은 시의 호흡이나 시각효과가 달라질 수밖에 없을 것임을 강조한다. 신세대론의 일종으로 제출된 김광균의 이 글은 동시대의 시인들과 달리 모더니즘의 흔적을 강조한 경우라고 볼 수 있을 것이다.

그렇지만 세대논쟁의 시기에 시단의 주류 변화를 가장 분명하게 보여준 것은, '정신'을 강조한 임화의 반대편에 위치한 신세대 시인으로는 김종한을 꼽을 수 있다. 김종한은 1937년 『조선일보』 신춘문예와 1939년 『문장』 추천으로 등단했다. 세대논쟁과 관련해서 김종한은 「시문학의 정도—참된 시단의 신세대에게」(『문장』, 1939.10), 「시단 신세대의 성격」(『동아일보』, 1940.1.21~23), 「시단개조론」(『조광』, 1940.3)을 남겼다. 정지용의 추천으로 등단한 그는 현대시의 주지적 경향을 비판하면서 순간의 경험을 포착하는 짧은 서정시를 선호했는데, 때문에 그는 '산문성'과 '운문성'의 구별을 비평의 중요한 잣대로 내세웠다. 「나의 시작설계도」(『문장』, 1939.9)에서 최재서의 비평을 비판하는 근거 역시 최재서가 산문에 요구할 사상성을 시에 요구했다는 것이었다. 그는 첫째, "불이不易에 본질하고 유행에 준하는 것이 문학의 정도"처럼 인간성의 본질을 표현하려는 문학 자체의 본질성은 시대의 변화와 무관하게 바뀌지 않는다고 주장했고, 둘째, 시는 내용이 형식에 내속하는 것이므로 "언어 자체의 미를 떠나서는 여하한 시상도 사상도 공허한 개념에 불과한 것"이라고 주장했다. 이런 입장에서 그는 「시문학의 정도」에서 임화, 최재서, 김기림을 비판한다.

> 전통유산조차 소화하지 못한 시의 습작생들을 끄집어다가 '새로운 관념'을 보여주었느니, 아포리넬의 경지를 초월하였느니 하고 치기스런 선전에

열을 올리고 있으니 조선 평론가들에게는 그처럼 할 일이 없읍니까. (…중략…) 우리처럼 전통유산에 가난한 자는 해외의 선진시단에서 수입하고 또 수입하고 해야 할 것이겠으나, 그러나 또한 수입의 '한계성'을 명료히 하지 않으면 유해무익한 때도 많을 것입니다. 결국, 이상은 시인은 아니었습니다. 우리가 이상의 시에서 느끼는 일종의 매우 불유쾌한 다다취나 순수취가 바로 그 '한계성'을 무시한 결과가 아닐까 합니다. (…중략…) 독창적인 것을 노려서는 안 됩니다. 특히 현대에 있어서는. 그 까닭은 독창적인 것은 현대에 있어서는 매우 심한 경쟁의 목표이기 때문입니다. 모두들 남보다 나으려고 별별 수단을 다 써보는 것입니다. 그러므로 아침에 독창적인 것은 저녁에는 완전히 모방되고 마는 것입니다. (…중략…) 낡은 것과 동시에 우리는 새로운 것도 명시해야 할 것입니다.[19]

인용문의 첫 문장은 임화의 글(「시단의 신세대」) 비판으로 시작되었지만, 글 전체에서 비판의 대상은 김기림과 이상의 모더니즘, 임화의 경향파시, 최재서의 주지주의 등이다. 실로 이것은 1930년대 후반 이전에 문단의 중요한 흐름이었던 것들에 대한 총체적인 비판이라고 할 수 있는데, 이 비판에서 살아남는 것은 "지용의 자연유기체설적인 순수성과 백석의 조선색이 농후한 잠미즘" 뿐이다. "어즈버 최고의 순간에의 지향과 염원을 가지지 못한 감정이란 것이 얼마나 저급한 것인가를 우리는 절실히 깨달아야 할 것입니다. 그것은 시적법열이나 신에의 일치나 기운생동이나 또는 무사념, 진성 등의 용어로 번역하여도 좋습니다"처럼 '최고의 순간'이

19 김종한, 「시문학의 정도」, 『문장』, 1939.10.

라는 정신주의적 가치를 시 정신의 본질이라고 생각한 김종한은 '독창적인 것'을 추구하려는 현대주의자에서부터 사상의 정신을 문학의 정신과 동일시한 경향파까지를 극복의 대상으로 놓았으며, 마찬가지로 해외문학 사조의 수입을 일삼는 태도와 복고주의적인 태도 일체를 부정했다. 또한 그는 "우리 신세대들이 시인으로서 출발하려 했을 때, 우리는 계승할 유산도 반동할 전통도 받지 못했습니다"[20]라고 주장할 정도로 자신의 세대가 문화적 전통의 불모지에서 성장했다고 인식했다.

한편 김종한은 「시단개조론」에서 인용과 가상토론의 형식을 빌려 시단 전체에 변화를 촉구하는 한편, 자신의 시론을 펼쳤다. 경향파와 모더니즘에 대한 비판은 이 글에서도 반복되는데, 김기림에 대한 비판으로 시작되는 이 글에서 김종한은 근대시의 특징을 '초속주의'로 규정한다. 그리고 "일부의 악덕평론가들"이 주장하는 데모크라시의 문제를 "미국이 배독선언의 프로파간다로 정책적으로 유포시킨 경박무차한 사상"으로 간주, "충실한 마르크스의 제자들은 위대한 속물인 마르크스의 배설물을 시적이념으로 오신하고 시의 예술성을 선전비라에까지 저락시켜버렸다"고 원색적인 비판을 쏟아낸다. 뿐만 아니라 그는 김기림의 『기상도』와 김광섭의 시세계를 삼면기사에 비유하고, 최재서의 근시안과 정지용의 태도마저 문제를 삼는다. 그렇지만 이 글이 나름 의미를 갖는 것은 이러한 비판 때문이 아니라 낭만주의의 네 가지 요소(신비성, 몽환성, 자유성, 소박성)를 신세대 시인들이 분유하고 있다고 설명하는 대목 때문이다. 김종한은 '현대'가 낭만주의의 원천인 노스텔지어, 나아가 낭만정신을 전체성의 방식

20 김종한, 「시단 신세대의 성격」, 『동아일보』, 1940.1.21~23.

의 소유할 수 없는 시대라고 규정하고, 이한직의 「온실」(『문장』, 1939.8)[21]을 신비성으로, 김광균의 시를 신비성에 조형적인 수법을 가미한 것으로 평가하는데, 이것은 임화의 구성방식을 차용하여 신세대 시단을 자기방식으로 의미화한 것이라고 볼 수 있다. 그는 또한 황민의 「학」[22]을 몽환성의 대표적인 사례로, 안용만과 오장환의 시를 자유성으로, 자신의 시를 소박성으로 평가한다. 분명한 것은, 김종한이 주목한 신세대의 시적 경향이 동시대 신진소설가들이 주장한 것과 동일하게 '정신'과 '이념'보다는 순수에의 의지를 한층 강조한 것이었고, 이때의 '순수'는 모더니즘의 형식이나 기교와도 구분되는 무사념의 절대순간, 다시 말해서 시대성에서 한 걸음 벗어난 초속주의가 시적인 순간과 결합함으로써 포착되는 세계의 언어적 표현해 해당했다는 것이다. 실제로 김종한은 일제 말기에도 이 시정신을 포기하지 않았고, 이로 인해서 친일의 순간에마저 서정성을 잃지 않을 수 있었다.

1930년대 후반 시단은 모더니즘에 대한 부정과 극복이 전면화의 양상을 띠고 있었고, 이것은 역사철학자들과 동시대의 비평가들이 사회 · 역사적인 근대의 극복의지를 표출한 경향과 교묘하게 맞물려 있었던 것처럼 보인다. 이러한 주조 변화는 무엇보다도 서구 근대를 모방으로 대상으로 삼지 않는다는 데서 확인된다. "이와 같이 조선시는 다른 어느 족속과도 다른 조선 민족 독자의 특색 있는 표현 양식이 있게 되는 것이다. 이에서 미루어 볼 때 소위 모더니즘이란 이 땅에다 뿌리박고 건전하게 성장할

---

21 『문장』 출신의 이한직은 김종한과 마찬가지로 카프의 경향시와 모더니즘의 주지주의를 모두 비판하고 순수시를 지향했다는 평가를 받는다.

22 황민의 「학」은 1939년 4월 호 『문장』 제3호에 조지훈, 김종한과 함께 추천된 작품이다.

수 없는 극히 부자연한 것이 아닐 수 없다. 만약 이식이 가능하다면 그것은 어느 온실 속에나 심기어질 하나의 표본 밖에는 안 될 것이다"[23]라는 박두진의 발언은 결코 한 개인의 감각만은 아니었다. 물론, 앞서 살폈듯이 시단 신세대론은 임화에서 김종한에 이르기까지 사뭇 다른 방향에서 제기되었지만, 그럼에도 불구하고 카프의 경향시와 김기림의 모더니즘시가 동일하게 부정 대상으로 제시된다는 그들은 일치점을 보이고 있다. 서구 근대, 또는 모더니즘이 약화된 자리에 때로는 조선의 전통이 대체되기도 하고, 또 때로는 '표현'[24]이나 '순수'처럼 미적인 자의식이 들어가기도 했지만, 이 변화가 근대=자본주의를 사회주의가 아닌 다른 방식으로 돌파할 수 있다는 시대적 분위기와 무관했던 것은 아니었던 듯하다. 비록 비평적인 입장에서의 신세대 대망론[25]은 신세대 시인들의 많은 저항에 부딪혔지만, 그 충돌의 파열음 속에서 우리는 '사실의 세기'를 짓누르고 있었던 시대의 무게를 실감할 수 있다. 또한 그 무게를 극복할 수 없는 '실제'

23 박두진, 「시와 시의 양식」, 『문장』, 1940.2.

24 시란 표현을 떠나서는 있을 수 없다는 사실이다 (…중략…) 예술은 — 시는 표현이요 표현이 없는 곳에서 시의 창조를 찾으려는 것은 허망에 불과한 것으로 표현문제를 떠나서 시의 문제는 없다고 하여도 과언이 아니라는 것을 말하여 준다는 것이다 (…중략…) 또한 표현이란 표현된 형식을 떠나서 있을 수 없는 것이니 문제는 결국 그것이 '어떻게' 표현되었느냐 하는 일점으로 귀착되고 만다 (…중략…) 시란 표현형식을 떠나서 생각할 수 없는 극단의 예술적 장르라는 것이 거짓이 아니라면 표현문제는 무엇보다도 많이 그리고 직접적으로 형식의 문제를 제기하게 되는 것만도 속일 수 없는 일이다(윤곤강, 「시와 창조」, 『작품』, 1939.6).

25 현재는 모든 부분에 있어 역사의 전환기라 한다. 전환기란 구질서가 ×장되고 신질서가 건설되려는 과도기를 말함이다. 이때를 당하여 구질서를 창조 내지 유지하여 오든 구세대가 퇴장하고 신질서를 건설할 운명에 있는 신세대의 등장이 요망된다는 것은 당연한 일이다. 새로운 질서에는 새로운 사고양식이 필요하고 새로운 사고양식은 새로운 세대에만 기대할 수 있기 때문이다. 이것이 세대논의가 보여준 하나의 중요한 점이다(「세대론의 진의」, 『인문평론』, 1940.2).

로 받아들일 때, 백철의 소설 「전망」이나 정비석의 「삼대」처럼 문학적인 세대론 문제는 한 시대의 종언과 단절이라는 미명하에 신체제의 수용으로 확장되기도 한다.

5. 나오며

1930년대 후반의 세대논쟁은 흔히 문학사에서 순수문학 논쟁과 함께 기술되면서, 구세대와 신세대 간의 감정적인 논쟁이나 저널리즘적인 성격으로 이해되어 왔다. 이것은 논쟁에 참여한 문인들이 상대방을 비판할 때 논리보다는 감정을 앞세웠고, 불신과 무능력을 비판의 준거로 내세운 측면이 있었기 때문이다. 그렇지만 이 세대논쟁은 기존의 세대론과는 전혀 다른 맥락 위에서 놓여 있었다. 이 글은 이 논쟁이 통상적인 세대논쟁과 달리, 구세대에 대한 신세대의 비판이 아니라 신세대에 대한 구세대의 대망론으로 출발했고, 문학적인 이념이나 형식을 둘러싸고 진행된 문학 논쟁이기보다 카프의 해체와 중일전쟁 이후의 정세변화, 즉 전형기의 시대적 문제의식에 대한 응답의 성격을 띠고 있었다는 시각으로 읽었다. 이 글은 그 일례로 1939년 『조선일보』가 관례를 어기면서까지 '세대론'을 평론 부문의 주제로 제시한 사실을 제시했다. 말하자면 이 논쟁은 생물학적인 연령에 근거한 문단의 인적쇄신이 아니라 주류적 이념의 변화라는 시대의 요청이라는 측면에서 이해되어야 하는데, 실제 이 논쟁에 참여했던 구세대의 비평가들은 입장의 차이와는 별개로 신세대의 문학이 새로운 시대를 이끌어갈 이념을 산출할 것을 요청했지만, 정작 신세대 작가들은 기교와 형식의 차별성을 강조함으로써 이 요청에 적극적으로 응답하지 못했다.

1930년대 후반의 세대논쟁을 이해하기 위해서 식민지 문학사에서 중일전쟁이 갖는 의미를 살펴야 한다. 일제 말기의 파시즘 체제가 시작됨을 알리는 사건이었던 중일전쟁은 또한 일본 제국주의가 서구 근대를 극복의 대상으로 설정하게 된 계기이기도 했다. 이 논쟁에 참여한 구세대의 비평가들은 이 점을 놓치지 않았고, 때문에 개성이나 상상력보다는 한 시대를 이끌어갈 새로운 이념의 등장을 갈구했다. 이러한 정세 변화가 바로 1930년대 후반의 세대논쟁을 둘러싸고 있던 분위기였는바, 이는 이 논쟁이 한낱 저널리즘의 수준에 머무른 세대의 감정 표출과는 구분되어야 하는 이유이기도 하다. 특히 시의 경우, 이 논쟁을 전후한 시기에 주류의 변화가 뚜렷하게 확인되는데, 1930년대 중반까지 커다란 영향력을 행사하던 모더니즘이 급속히 위축되고 전통주의에 근거한 작품들이 쏟아져 나온 것은 이러한 변화의 사례에 해당한다. 실제로 이러한 주류 변화는 몇몇 시인에게 국한되지 않고 신세대라고 명명되었던 다수의 시인들에게서 집단적인 형태로 나타났다. 정확한 일치점을 발견하기는 어렵지만, 이러한 시단의 주류변화가 서구적 근대를 극복의 대상으로 설정한 중일전쟁 이후의 담론과 일정한 연관성을 지니고 있음은 어렵지 않게 추측할 수 있다. 1930년대 후반, 문학계에서는 모더니즘의 극복이, 사상계에서는 서구적 근대의 극복이 화두였다. 이런 맥락에서 이 글은 이 논쟁을 '카프'로 상징되는 보편적 이념의 해체를 어떤 이념으로 극복해야 하는가라는 시대사적 문제의식과의 연관성하에서 이해하려고 했다.

제2부

근대시 · 자유시 · 국민시

1910~1920년대 '자유시' 논의에 나타난 장르적 무의식

일제 후반기 국민시의 성격과 형식

일제 후반기 시에 나타난 향토성 문제

고향의 발견

일제 후반기의 담론 지형과 『문장』

제1장

1910~1920년대 '자유시' 논의에 나타난 장르적 무의식

1. '새로운 시'와 '근대시=자유시' 등식

20세기 초 시 장르에서 조선적 근대문학 수립은 '새로운 시新詩'의 문제로 담론화되었다. 하지만 '새로운 시新詩'를 써야 한다고 주장하면서도 정작 무엇이 '새로운 시'인지, '새로운 시'는 어떻게 써야 하는 것인지에 대한 확신이나 합의는 존재하지 않았다. '새로운 시'에 대한 명확한 모델은 존재하지 않았지만, 그렇기 때문에 시인과 비평가에게는 동시대 다른 나라의 시를 참조하여 조선의 '근대시'를 창안해야 하는 과제가 주어진 시기였던 것이다. 이 과제에 대한 최초의 응답은 '자유시' 담론이었다. 이 시기 문학장에서 근대시는 곧 '자유시'로 이해되었다. 이때 자유시의 모범은, 일본을 경유해서 유입된 프랑스 상징주의였다. 물론 자유시가 근대시의 유일한 모델은 아니므로 '근대시=산문시' 등식이 등장할 가능성도 없진 않았다. 이 시기 상징주의를 소개한 백대진, 김억, 황석우 등이 모두 보들레르를 상징주의의 출발점으로 소개했다는 사실이 그 증거이다. 상징주의의 시조인 보들레르는 『파리의 우울』에서 자신의 시를 "리듬도 각운도 없이 음악적이며, 혼의 서정적 약동에, 몽상의 파동에, 의식의 소스라침에 적응할 수 있을 만큼 충분히 유연하고 충분히 거친, 어떤 시적인 산문의 기적"[1]이라고 소개했다. 하지만 일본유학생 출신들은 '시적인 산문'의 가능성을 외면하고 근대시에 대한 논의를 '자유시' 쪽으로 견인했다.[2] 유럽의 경우에는 '근대시=자유시'라는 등식은 매우 제한적이지만, 조선에서는 '자유시'가 사실상 근대시의 유일한 모델로 받아들여졌다. 지금까지의 자유시에 관한 논의는 내용과 형식의 두 갈래로 나뉘어 진행되었다. 한편에서는 주체, 내면, 탈계몽, 개인 등이 근대시의 기준으로 강조되었고, 다른 한편에서는 형식·형태론적 기준이 강조되었다. "근대 자유시 형성과정을 근대적 주체가 정체성을 확립하는 과정으로 파악"하는 태도(정우택)가 전자에 해당한다면, '리듬', '시형' 등에 초점을 맞추고 있는 연구(강홍기, 한수영)는 후자에 해당한다. '근대성' 담론의 영향력이 강했던 1990년대에는 주로 전자의 연구가 많았으나, 최근에는 후자의 연구가 증가하고 있다. 그럼에도 불구하고 근대시는 시인이 처한 "계층의식, 자기의 세계관, 자각적인 위치와 밀접히 관련되어 있는 문제"이기에 '형식'을 기준으로 삼는 태도를 비판하는 목소리도 여전히 존재한다.[3] 이처럼 '근

1 보들레르, 황현산 역, 『파리의 우울』, 문학동네, 2015, 10면.

2 박슬기, 「한국과 일본의 자유시론의 성립」, 『한국현대문학연구』 42, 한국현대문학회, 2014 참고.

3 시는 형식으로서의 민요적 율조라든가, 자수율 등으로만 이룩되는 것이 아니었다. 근대시는 그것에 해당되는 사상의 근대성 없이는 성립되지 않음을 그들은 몰각했거나 적어도 소홀히 했음에 틀림없다. 율격이나 리듬만 살리고, 조선말의 고운 모습만 살리면 독창적이고 한국적일지 모르지만 그런 것이 근대적 자유시가 될 이치가 없다(김윤식, 「한

대시'의 근본적인 성격을 어떻게 규정할 것인가는 여전히 논란의 대상이지만, 이 시기의 '자유시' 논의에 끼친 프랑스 상징주의의 영향에 대해서는 충분한 해명과 합의가 이루어진 듯하다. 프랑스 상징주의가 한국의 근대시 형성에 끼친 영향에 대해서는 이식과 수용의 관점에서, 영향의 관점에서, 인물과 매체의 관점에서, 최근에는 번역의 관점에서 다양하게 논의되었다.

그런데 여전히 해명되지 않은 몇 가지 문제가 있다. 왜 유럽 각국과 달리 조선에서는 '근대시'에 관한 논의가 '자유시' 문제로 귀결되었을까, 프랑스에서는 낭만주의에 대한 부정으로 상징주의가 등장했는데 왜 한국에서는 상징주의 이후에 낭만주의가 나타났을까, 한국은 왜 보들레르의 작품 가운데 산문시를 번역하지 않았을까, '언어'에 대한 상징주의 이념을 과연 당시의 시인과 지식인들이 이해할 수 있었을까 등이 그것들이다. 이는 프랑스 상징주의를 번역 · 소개하면서 정작 상징주의의 대표인 랭보나 말라르메가 배제되고, 가장 포괄적인 의미에서만 상징주의에 포함되는 베를렌느, 상징주의와 낭만주의의 경계에 위치한 보들레르가 집중적으로 번역 · 소개된 이유와 무관하지 않을 듯하다. 지금까지의 연구에서 이 문제들은 주로 수용-영향의 특수성, 번역과정에서의 굴절 등으로 설명되었는데, 이 글에서는 그것을 '장르적 무의식'[4]의 관점에서 접근

국 근대시 형성에 대한 한 고찰－우리 근대시 계보에 관하여」, 『한국학보』 6-3, 일지사, 1980, 84면).

4 이 글에서 사용하는 '장르적 무의식'이라는 개념은 학술적 장에서 유통되고 있는 엄밀한 학문적 개념은 아니다. 필자는 이 개념을 특정한 예술을 둘러싸고 있는 대중적 합의, 예술 생산에 끼친 과거(전통)의 영향이라는 의미로 사용하고 있음을 밝혀둔다. 흔히 새로운 예술은 과거(전통)에 대한 저항이나 부정으로 이해되기에 새로운 예술 창작은 백지 상태에서 출발하는 것으로 간주된다. 하지만 필자는 그 새로운 출발점으로서의 '백지'가

해보려 한다. 문화의 이식, 영향, 수입은 어떻게 설명하더라도 백지상태에서 이루어지지 않는다. 이식이나 수입에 대한 강한 열망을 전제할 때조차 번역이나 수입은 모종의 질서 위에 새로운 질서를 구축하는 충돌과 융합의 과정일 수밖에 없다. '번역'의 문제를 둘러싸고 '의역'을 강조한 김억과 '직역'을 강조한 양주동의 논쟁 또한 이 문제와 동일한 궤도 위에 놓여 있다. 언어의 차이로 인해서 '직역'은 이념적으로만 존재할 수 있을 뿐 현실적으로는 존재할 수 없다. 따라서 우리는 이 시기 '자유시' 논의에 대해 이렇게 질문할 수도 있을 것이다. 그토록 많은 사람들이 프랑스 상징주의를 번역 · 소개했음에도 불구하고 왜 그것은 아주 빠르게 퇴조하고 말았을까? 그 대답은 언어와 문학적 전통(무의식)의 차이에서 찾아져야 하는 것인지도 모른다. 즉 그토록 강력한 영향력에도 불구하고 그것이 끝내 창조적인 굴절이나 흔적을 남기는 데 실패했다면, 그 이유는 그것을 번역 · 소개하는 사람들의 무능력이 아니라 '상징주의'라는 이념이 돌파할 수 없는 '장르적 무의식'이 존재했기 때문은 아니었을까. 물론 '장르적 무의식'은 경험적 의식의 차원에서 그것을 대리 보충하는 서술로서만 자신을 드러내기에 논리적으로 해명하기 어렵다. 하지만 어쩌면 그것이야말로 '근대시=자유시'라는 등식을 가능하게 만든 부재하는 원인이라고 말할 수도 있을 듯하다. 최근의 한 연구는 프랑스 상징주의를 최초로 소개한 백대진과 김억이 자유시와 산문시를 구별하지 못한 것에 큰 관심을 표시하지 않

항상 아무 것도 그려지지 않은 무(無)는 아니며, 특정한 장르에 속하는 예술작품을 생산하고 소비하는 사람들에게는 이미-항상 그 장르에 대한 관습적 이해가 영향을 끼친다고 생각한다. '장르적 무의식'이라는 개념이 모호하거나 비평적 언술에 불과하다는 지적에 반론을 제시할 능력은 없지만, '장르적 무의식'의 층위에서 장르적 (불)연속을 살펴보는 작업이 근대문학 연구의 시선이 될 수도 있으리라고 기대한다.

왔지만,[5] 어쩌면 그 차이를 볼 수 없도록 만드는 그 지점에 '시'에 관한 당대의 무의식이 자리하고 있었을 수도 있다.[6]

2. 프랑스 상징주의의 문학 이념과 계보

김억과 황석우는 일찍부터 프랑스 상징주의를 소개하고 '자유시' 논의를 이끌었다.[7] "우리 시단은 적어도 자유시로부터 발족치 안으면 아니 되겟습니다"[8]라는 황석우의 주장은 근대시를 자유시로 규정한 최초의 선언이었다. 같은 시기 김억 역시 자유시를 "재래의 시형과 정규定規를 무시하고 자유자재로 사상의 징운徵韻을 잡으려하는 — 다시 말하면 평측이라든가 압운이라든가를 중시치 아니하고 모든 제약, 유형적 율격을 버리고 미묘한 '언어의 음악'으로 직접, 시인의 내부생명을 표현하려는 산문시"[9]라고 설명했다. 하지만 신체시와 자유시의 관계를 둘러싸고 벌어진 현철과 황석우 '신시 논쟁'이 보여주듯이 '자유시' 개념이 분명하게 이해되어 사용된 것은 아니었다. 이 논쟁에서 현철은 자유시와 신체시를 '동체이명'으로 간주하여 그것이 서구시의 모방이라고 주장했고, 황석우는 신체시와 자유시는 별개이며, 전자는 일본에서, 후자는 서구에서 각각 기원한 것은

5　박슬기, 앞의 글, 7면.

6　현철은 '산문시'를 이렇게 설명했다. "산문과 율문, 즉 운문 사이에는 어써한 경계가 잇슬 것이다. 그 경계에 중립한 것이 곳 산문시이다. 다시 말하면 시취(詩趣)를 가진 산문이나 산문에 시취(詩趣)가 잇는 것이 산문시이다." 현철, 「비평을 알고 비평을 하라 – 『시사신문』의 미세 군과 동경 잇는 황 군에게 답」, 『개벽』 6, 1920.12.

7　이하윤은 자유시가 "중국의 백화시운동과 불란서 및 미국의 그것이 일환이 되어 일본을 통하여 우리나라에 수입, 발전되었다"라고 설명한다. 이하윤, 「한국신시발달의 경로」, 『이하윤 전집』, 한샘, 1982, 119면.

8　황석우, 「조선 시단의 발족점과 자유시」, 『매일신보』, 1919.11.10.

9　김억, 「프란스 시단 (2)」, 『태서문예신보』 11, 1918.12.

사실이지만, 자유시는 이미 '세계시형'이라고 주장했다. 1924년 1월 『금성』에 발표된 양주동의 글에도 "혹은 신체시라고도 하며 혹은 자유시라고도 하는 우리 조선시가, 그 근본을 미루어 보면, 서양시의 모방인 것은 물론이외다"[10]라는 진술이 등장하는 것을 보면 신체시와 자유시의 차이와 기원을 둘러싸고 적지 않은 시각차가 존재했음을 알 수 있다. 이 차이에도 불구하고 '근대시=자유시'라는 등식은 어렵지 않게 성립되었고, 그 과정에서 프랑스 상징주의의 영향이 결정적이었음은 이미 많은 연구들이 지적했다. 하지만 한국의 근대시 성립과정에 있어서 정말 프랑스 상징주의의 영향력이 강력하고 결정적인 것이었는지는 재검토될 필요가 있다. 왜냐하면 이 시기 이후의 창작과 시론 모두에서 그 영향을 발견하기가 쉽지 않기 때문이다. 이 문제를 논의하기 위해서는 먼저 프랑스 상징주의에 대한 개괄적인 설명이 필요하다.

19세기 프랑스 시는 '낭만주의-고답파-상징주의'로 이어진다. 19세기 중반 '예술을 위한 예술'을 주장하면서 등장한 고답파는 '감정'을 중시한 낭만주의에 대한 저항이었고, 이때부터 프랑스 시는 '감정'의 절제와 '지성'의 강조, 즉 '감정'에 대한 '지성'의 우위가 특징이었다. 보들레르가 상징주의의 기원으로 평가되는 이유도 그가 시와 개인의 감정을 분리시킴으로써 시적 주체와 경험적 자아를 단절시키고, "개성이라는 우연이 제거되고 현대성이 창작의 주체가 되며, 아울러 정신적인 엄격성과 청명한 예술가 의식이 이러한 창작방식의 불가결한 전제조건"[11]으로 만들었기 때

10 양주동, 「시란 어떠한 것인가」(『금성』 2, 1924.1.25), 『양주동 전집』 11, 동국대 출판부, 1998, 13면에서 재인용.

11 후고 프리드리히, 장희창 역, 『현대시의 구조』, 한길사, 1996, 7면.

문이다. 그는 시가 감정의 토로여서는 안 되며, 오히려 개인적 감정의 중화가 절대적으로 필요하다고 주장했다. 또한 지성에 의해 가다듬어지지 않은 '자연적 대상'을 열등한 것으로 간주하고, 인공적인 것만이 가치 있다고 주장했다. 또한 언어 역시 자연발생적인 감정의 전달이 아니라 정교한 기호체계로 다듬어져야 한다고 강조했다. 보들레르-랭보-말라르메로 이어지는 상징주의 계보는 개인적 감정을 중화해야 한다는 보들레르의 생각을 계승하되 그 가능성을 현상 세계를 뛰어넘는 '상징'의 세계에서 발견하는 방향으로 나아갔다. 이를 위해서 그들은 모든 현상적 질서를 가상의 것으로 간주하고, 가상적이고 상징적인 대상에서 출발하여 형이상학적인 지양을 거쳐 절대적인 세계에 도달하려는 공통의 지향점을 보여주었다. 하지만 그 구체적인 방법에서는 사뭇 달랐다. 이처럼 상징주의는 동질성보다는 이질성이 두드러지는 문학사조이기 때문에 종종 몇몇 계보를 중심으로 설명된다. 가령 마르셀 레몽은 상징주의를 다음의 두 가지 흐름으로 구분한다. "『악의 꽃들』이 현대시 운동의 근원들 중의 하나라는 데는 오늘날의 의견들이 대부분 일치한다. 거기서 흘러나온 첫 번째 흐름은 예술가들의 줄기로서 보들레르에게서 말라르메로, 그리고 다시 발레리로 이어지며, 다른 하나의 흐름은 견자見者들의 줄기로서 보들레르에게서 랭보로 그리고 다시 모험을 찾아 떠나는 최근의 시인들에게로 이어진다고 보는 것이다."[12] 여기에서 보들레르-베를렌느-말라르메-발레리로 이어지는 계보는 음악성의 미학을, 보들레르-랭보-초현실주의로 이어지는 계보는 시적 실험과 혁명의 미학을 각각 의미한다. 도미니크 랭세는 '보들

12 마르셀 레몽, 김화영 역, 『프랑스 현대시사』, 문학과지성사, 1983, 11면.

레르-로트레아몽-랭보-초현실주의'의 흐름과 '보들레르-베를렌느-말라르메'의 흐름으로 구별했다. 그는 전자가 언어가 출현시키는 신비적이면서 착란적인 공간에 대한 탐색으로 나아간 반면, 후자는 언어의 통제와 상징적인 표현에 관한 관심으로 나아갔다고 설명한다. 후고 프리드리히는 '현대시'라는 이름으로 '보들레르-랭보-말라르메'를 계보화했다.

사정이 이러함에도 불구하고 근대 초기의 한국문학장에서 상징주의를 호명할 때 랭보와 말라르메는 사실상 언급되지 않았고 대신 베를렌느의 지명도가 압도적이었다. 그 이유는 이들의 시적 경향을 비교해보면 쉽게 드러난다. 랭보는 '폭발'의 시인이었다. 그는 산문과 운문의 경계를 무시하고 불규칙적인 리듬을 가진 산문시를 썼다. 그는 시인을 미지의 것과 불가시적인 것을 보고 듣는 '견자見者'라고 이해함으로써 경험적 자아를 부정했다. 신뢰하지 않았다. "자아는 일종의 타자이다 (…중략…) 나는 생각한다라고 말하는 것은 잘못이다. 나는 생각되었노라고 말하는 것이 마땅하다"라는 유명한 진술이 그것이다. 그래서 랭보는 '자아'에 대한 신뢰라는 낭만주의적 이념과는 정반대로 '미지의 것'에 도달하기 위해서는 "자아의 자기무력화"가 필요하고, 이것은 의지와 지성에 의해 경험적 자아나 감정이 통제될 때에만 가능하다고 주장했다. 후고 프리드리히는 이것을 "의도적으로 국외자가 되는 것"이라고 평가했다. 그리하여 그는 "어떠한 감정도 가지고 있지 않다"는 것이야말로 자신이 우월한 이유라고 주장했고, 반대로 낭만주의가 강조한 '감정'은 역겨움을 준다고 비난했다. 그의 시는 프랑스에서 완전한 자유시의 최초의 모범으로 평가된다.[13]

13 프랑스에서 '자유시'는 정형율법을 벗어나지 않으면서 내적으로 자유로운 자유시(vers libre)와 정형률 자체를 완전히 파괴하면서 벗어난 자유시(vers-libre)로 구분된다. 그리

한편 말라르메는 "예술적 상상력의 본질은 이상화시키는 모사가 아니라 현실의 탈형상화에 있다는 보들레르 이후 유포된 견해를 완성함으로써 그의 예술적 상상력에 존재론적 토대를 부여"[14]했다. 그는 시에서 "서정적 상냥함"을 추방해야 한다고 주장했다. 말라르메의 상징주의의 핵심은 '언어'와 '음악'에 있다. 그는 언어를 두 가지로 구분한다. "있는 그대로 혹은 직접적"인 언어와 "본질적인 말"이 그것이다. 말라르메에게 시는 본질적인 우주의 구조를 반영하는 숭고한 것이기에 경험이라는 '우연'에 뿌리를 두고 있는 일상 언어는 시에 적합하지 않다. 일상어는 오염되어서 더 이상 숭고한 기능을 할 수 없다는 것이다. 그러므로 시인에게는 모든 우연을 부정하는 방식을 통해 언어를 개선할 의무가 있다. 또 하나는 언어가 지닌 '음악'적 힘이다. 말라르메가 언어를, 시를 '음악'에 비유한 것은 음악이 비재현적인 예술이기 때문이었다. 그는 음악이 '의미'와 무관한 힘으로 작동하듯이, 시 또한 '의미작용'과 상관없는 언어/단어들의 음악이기를 희망했다. 그는 작곡을 하듯이 계산적으로 시를 썼다. 이를 위해서 시인은 본질을 포착하는 지성과 언어 작업을 수행하는 지성을 지녀야 했고, 그럼으로써 시는 작가의 서정적 목소리 없이 시 내부의 언어적 구조에 의해 진행될 수 있었다. "말라르메는 평범한 통사를 거부하고 계산에 의해 문장을 구성함으로써 단어들이 외부의 우연적 빛의 침투 없이 서로 서로를 반영하여 시가 그 자체로 충만한 것이 되게 하려 한다."[15]

그러나 베를렌느의 상징주의는 이들과 사뭇 달랐다. 도미니끄 랭세는

고 랭보의 자유시는 후자에 해당한다.

14 후고 프리드리히, 장희창 역, 『현대시의 구조』, 한길사, 129면.

15 이부용, 「말라르메의 모색과 꿈」, 연세대 석사논문, 1999, 65면.

"만일 상징주의자가 되는 일이, 단지 어떤 숨겨진 의미나 본질이 외관의 배후나 기호의 배후에 존재하는 것을 알려 주기 위해서 언어의 여러 가지 상징을 구사하는 데에 있다고 한다면, 베를렌느는 상징주의가 아니며 상징주의자라 할지라도 아주 조금뿐일 것이다"[16]라고 평가했다. 앙리 뻬르는 베를렌느를 '순간의 시인'("그는 가장 순간적인 짧은 인상들을 즐겼으며, 그의 현기증의 회오리 속에서 전개되는 움직임을 즐겼다")[17]이자 '음악의 시인'이라고 평가했다. 일찍이 보들레르는 『파리의 우울』을 출간하면서 "리듬도 각운도 없이 음악적인 시적 산문의 기적을"이라는 유명한 문장을 남겼다. 여기에서 보들레르가 언급한 '시적 산문'이란 리듬이나 각운이 없으면서도 음악성을 지닌 산문을 말한다. 보들레르가 열어놓은 산문시의 가능성을 극한까지 밀고나간 사람은 랭보였다. 그는 프랑스 시사詩史에서 가장 반反음악적인 시를 쓴 시인으로 기억된다. 하지만 시의 '음악성'을 누구보다 중요하게 생각한 베를렌느는 그 길로 가지 않았다. 대신 그는 정형시의 영향권 내에 머물면서 불규칙적 시행들을 실험함으로써 시행의 규율을 확장하는 편을 택했다.[18] 베를렌느는 프랑스어의 특징적인 면 때문에 프랑스시의 운율 구성에는 마디(리듬의 단위)가 필수적이며, 따라서 그것을

---

16 도미니끄 랭세, 정봉구 역, 『19세기 프랑스 시』, 탐구당, 1984, 194면.

17 앙리 뻬르, 윤영애 역, 『상징주의 문학』, 탐구당, 1985, 87면.

18 나는 분명히 시행의 규율을 확장하였으며, 그것은 잘한 일이다. 그러나 나는 시행의 규율을 제거하지는 않았다. 시행이 있으려면, 리듬이 있어야만 한다. 오늘날에는, 사람들이 다리가 수없이 많이 달린 시행들을 짓는다. 그것은 더 이상 시행이 아니다. 그것은 산문이다. 때로 그것은 심지어 횡설수설하는 말이다. 그리고 무엇보다도 그것은 불어가 아니다. 절대로 그것은 불어가 아니다. 사람들은 그걸 두고 리듬 있는 시행이라고 부르고 있다(윤세홍, 「베를렌느의 음악적 시」, 『불어불문학연구』 74, 한국불어불문학회, 2008, 256면에서 재인용).

부정하는 것이 아니라 확장하는 것이 시인의 사명이라고 생각했다. 베를렌느의 대표작 가운데 하나인 「작시법(또는 시작법)」(1874)은 "무엇보다도 우선해서 음악을, / 그것을 위해 기수각을 택하라 / 보다 흐릿하고 대기 중에서 보다 용해되기 쉬운 / 그 안에 무게나 거만함이 전혀 없는"라는 진술로 시작되는데, 이 진술들은 모두 홀수시행(4+5)으로 쓰여 알렉상드랭과 10음절시행의 짝수 음률을 선호하던 당시의 관행으로부터 벗어나 있다. 이처럼 베를렌느는 보들레르에게서 지성보다는 감각적인 느낌을 중시해야 한다고 배웠으나 보들레르와 달리 감각적 느낌에 형이상학적 의미를 담으려 하지 않았고, 상징주의에 참여했으나 알렉상드랭을 부정하는 실험적 성격보다는 그것의 변형과 확장을 통해 프랑스어 고유의 음악성을 시에 담으려고 했다. 「작시법」은 이러한 의도가 창작원리로 가시화된 대표적 사례였다.

3. 상징주의의 낭만주의적 전유와 '시가'의 전통 – 황석우와 현철의 경우

황석우는 '예술'을 "천재天才"와 "신성불가침神聖不可侵의 절대생명絶對生命"으로, 시인을 "신神의 옥좌玉座에 대좌對坐ᄒᆞ는 영광榮光"을 가진 "예술계의 제왕帝王"으로 간주했다. 그에게 시詩는 영靈의 예술이었고, 시인의 감흥感興은 "신인神人과의 접촉–그 회화會話"였으니, 영률靈律이란 신과 인간의 접촉–대화에 사용되는 언어의 리듬을 의미했다.[19] 시를 인간과 신, 지상계와 천상계의 관계로 간주하는 사고방식은 보들레르에게 유래한 것이다.

---

19 시에ᄂᆞᆫ '영률(靈律)'한 맛이 잇슬 ᄲᅮᆫ이다. 기교라 함은 결국 '영률(靈律)의 정돈'에 불외(不外)ᄒᆞ다. 다시 말ᄒᆞ면 율(律)이라 ᄒᆞᆷ은 기분의 직목(織目)(오라메)을 이름일다. 이 기분의 기(機)의 기미(機微)를 암에 이르러야 비로셔 일인(一人)의 시인(詩人)됨을 엇ᄂᆞᆫ다(황석우, 「시화(詩話)」, 『매일신보』, 1919.9.22).

그리고 황석우가 언어를 인어人語와 영어靈語로 구분하고, 후자를 가리켜 "인간과 신과의 교섭에만 쓰이는 ᄒᆞᆫ 어학語學"이며, 그 언어는 사전이나 학교에서 배울 수 없는 천재天才의 언어라고 말할 때, 그는 낭만주의자의 모습을 드러낸다. 여기에는 언어를 일상적 언어와 본질적 언어로 구분한 말라르메의 주장도 일부 포함되어 있는데, 이는 황석우가 상징주의에 대해 알고 있었다는 것을 의미한다. 다만 시인의 명상을 "신神의 묘혼眇昏ᄒᆞᆫ 궁전宮殿에 입入ᄒᆞ려는 마음", 시적 감흥의 순간을 "취醉ᄒᆞᆫ 신경神經과 입과의 두 존재存在밧게 아모 것도 인認ᄒᆞᆯ 수 업"는 "관현악" 상태라고 설명하는 장면에서 두드러지는 것은 낭만주의 이념이다.[20]

> 諸君이여! 우리 詩壇은 적어도 自由詩로부터 發足치 안으면 아니되겟습니다. (…중략…) 諸君이여 나는 諸君 압헤 이 自由詩로써 우리 詩壇의 發足点으로 ᄒᆞᆷ을 唱ᄒᆞ고, 左에 簡約히 그 體를 말ᄒᆞ여 보려 ᄒᆞᆷ니다. (…중략…) 이 專制詩形에 反抗ᄒᆞ여 立ᄶᅡ 者가 곳 自由詩임니다. 自由詩는 그 律의 根底를 個性에 置 ᄒᆞ엿습니다. 自由詩의 創開者는 彼 有名한 象徵詩壇의 베-ㄹ네인, 마랄메, 베-ㄹ하렌 등 諸 詩人임니다. 此外 푸란시쓰, 링섄, 레늬에 等도 이 自由詩 派의 赫赫한 詩人이엇습니다. 近日 歐米와 日本에셔 普通 詩라 云云 ᄒᆞᆷ은 곳 이 自由詩를 指ᄒᆞᆷ임니다. 日本에셔 自由詩의 일흠이 生ᄒᆞᆷ은 彼 三富朽葉, (고인) 加藤介春, 福士次郎 等의 自由詩運動으로브터 始ᄒᆞᆷ인 듯ᄒᆞᆷ니다. ᄶᅡ러 律이라 ᄒᆞᆷ도 이 自由詩의 或 性律을 일음임니다. 이 律名

20 영감(靈感)은 신(神)의 설백(雪白)의 힝그로운 협(頰)에 촉(觸)ᄒᆞᆯ ᄃᆡ, 그 손을 ᄶᅪᆨ 쥐일 ᄃᆡ 이려나는 '혼(魂)의 정(淨)ᄒᆞᆫ 육감(肉感)'일다. 이 육감(肉感)의 적(滴)이 엉겨, 쓰거운 말이 되야 전신경의 직추(織錐)의 현(絃)에 슷쳐 ᄯᅥ러질 ᄯᅢ가, 시(詩) 서정시를 낫는 경(境)일다(황석우, 「시화(前續)」, 『매일신보』, 1919.10.13).

에 至ᄒᆞ야ᄂᆞᆫ 사람의게 依ᄒᆞ여 各各 個 內容律, 或 內在律, 或 內心律, 或 內律, 心律이라고 呼ᄒᆞᆸ니다. 그러나 이ᄂᆞᆫ 모다 自由律 곳 個性律을 形容ᄒᆞᄂᆞᆫ 同一 意味의 말임니다. 나ᄂᆞᆫ 此等 種種의 名을 包括ᄒᆞ여 單히 '靈律'이라 呼ᄒᆞ려 ᄒᆞᆸ니다.[21]

1919년 11월 『매일신보』에 발표된 이 글에서 황석우는 당시를 "신시가新詩歌의 용흥기湧興期"라고 규정하고, 조선 시단도 "우리 개성의 독특한 새 시형"을 세워야 하며, 그것은 '자유시'에서 시작되어야 한다고 주장한다. 그는 1920년 7월 『폐허』에 「일본 시단의 2대 경향」을 발표했는데, 이 글에는 '상징주의'라는 부제가 붙어 있다. 이 두 편의 글은 황석우가 프랑스 상징주의와 그것의 일본적 수용에 대해 상당한 식견이 있었음을 말해준다. 이 글에서 그는 상징주의를 ① 지적 상징주의, ② 정서적, 지적 상징주의, ③ 정서적 상징주의로 대별하고, ①과 ②를 합쳐서 '광의의 상징주의', ③을 '협의의 상징주의'로 규정한다. 하지만 그는 상징주의를 19세기 프랑스의 문학사조에 한정하지 않고 특정한 예술 경향을 가리키는 일반적 개념으로 확대해서 사용한다. 그 결과 그는 '근대 상징주의(프랑스 상징주의)'와 '지적 상징주의'를 구별해야 한다고 주장하거나, 심지어 "고대의 위치한 예술작품에는 이 정서적 지적 상징주의의 예가 많이 있다"라고 말하면서 세익스피어, 괴테, 단테, 입센, 메테를링크, 다눈치오 등을 '정서적 지적 상징주의'에 포함시키기도 한다. 또한 말라르메, 베를렌느, 메테를링크 등을 '정서적 상징주의'로 분류한다. 하지만 이러한 구별은 오늘날의

21 황석우, 「조선 시단의 발족점과 자유시」, 『매일신보』, 1919.11.10.

시각에서 많이 벗어난 주장이다. 그렇지만 그가 조선 근대시의 출발점을 '자유시'로 인식했고, 그것을 "인류 공통의 시형"으로 간주했다는 점은 중요하다.

그렇다면 황석우는 '시'를 어떻게 이해하고 있었을까? 먼저 「시화—기분과 예지」에서 황석우는 시를 '기분氣分'과 '예지叡智'의 총합으로 정의한다. 이 글의 주장을 요약하면 시는 기분과 감정의 예술이며, '예지'는 그것의 언어적 표현 과정에 필요한 "ᄒᆞᆫ 機械, 곳 그 潛夫로서 利用되는 者"에 불과하다. 황석우의 이런 생각은 다분히 낭만주의적이다.[22] 그는 상징주의를 수용·소개한 강력한 전신자의 한 사람이었으나, 그의 문학론은 상징주의가 극복 대상으로 삼았던 낭만주의적 경향을 경도되어 있다. 물론 언어를 인어人語와 영어靈語로 구별한 것에서는 말라르메의 영향이, "영어靈語에ᄂᆞᆫ 영어靈語의 특별特別ᄒᆞᆫ 자모子母가 잇스나, 영어靈語의 '성性'의 조화調和 강긴强緊의 보용補用에 예例컨ᄃᆡ 'ㅣ', 'ㅅ' 갓흔 자者로 제공提供되는 자者일다"처럼 특정한 모음을 영어靈語로 간주하는 대목에서는 랭보의 「모음들」의 영향도 나타난다. 그런 까닭에 황석우의 영어靈語를 상징주의의 '상징(어)'로 해석할 여지도 없지 않다. 하지만 "(시는—인용자) 음악적音樂的 요소要素와의 정精을 악握ᄒᆞᆫ 예술藝術일다. 그럼으로 '음향音響'의 절제節制 세련洗鍊이 시詩의 가장 긴요緊要ᄒᆞᆫ 공부工夫일다. '음향音響'은 시詩란 산 인격人格의 호흡呼吸 그 맥脈의 고동鼓動일다. 이것이 보통普通 시詩의 음성율音性律 음량율音量律 등等이라ᄂᆞᆫ ᄒᆞᄂᆞᆫ 자者일다"[23]처럼 그는 음악성을 벗어난 시를 상상할 수 없었다. 그가 외형률의 엄격한 형식적 규율에서 벗어난 '자유시vers libre'를 새

22 이순선, 「황석우 문학 연구」, 전북대 박사논문, 2010, 56면.

23 황석우, 「詩話(選外)—詩의 初學者에게」, 『매일신보』, 1919.9.22.

로운 시의 출발점으로 선택한 이유도 여기에 있다. 이때의 '자유'란, 에드먼드 윌슨의 지적처럼 "불규칙하다는 점"이다. 이러한 생각은 「시가의 제문제」(『조선시단』 8, 1934.9)까지 그대로 이어진다. 글의 제목이 '시詩'가 아니라 '시가詩歌'인 것에서 알 수 있듯이, 황석우에게 시는 언제나 노래 / 음악이었다. 그에게 있어서 시가詩歌는 곧 운율이며, 운율은 "시가詩歌 자신의 발어發語의 악센트", "말의 심장에서 약동하는 감정 무도舞蹈의 여율旅律-피의 여율旅律되는 심율心律"이었다. 그에게 시는 단적으로 '읊는 것'이었다.[24]

그렇다면 황석우의 동시대의 문학인들은 '자유시'를 어떻게 이해했을까? 이를 위해서 황석우와 현철의 '신시논쟁',[25] 특히 현철의 생각을 살펴보자. 선행연구의 대부분은 이 논쟁을 국민시가 문제, 그리고 "시형과 시는 달다"라는 황석우의 주장을 중심으로 운율의 문제로 해석한다.[26] 사실 황석우와 논쟁을 시작할 당시 현철은 시, 특히 상징주의, 자유시 등에 관해 제대로 이해한 상태가 아니었다. 그는 논쟁을 시작하면서 "근대 우리 문단에서 신시이니 상징주의이니 하여 몽롱체를 표현하는 그 학리學理에 대하여 평론적 태도로 그 소신하는 바를 지면상 단개하여 독자의 일고에 공供하려 한다"[27]라고 공언했으나, 서양의 자유시와 일본의 신체시가

---

24 시를 을프는 대 잇어서는 그 시를 읽는 사람의 심금에 울니는 감격대로 그 소리를 자유롭게 혹(或) 고, 저로 을플 자(者)이다(황석우, 「시가의 제문제」, 『조선시단』 8, 1934.9).

25 '신시논쟁'에 대해서는 정우택, 『황석우 연구』, 박이정, 2008; 신지연, 「신시논쟁의 알레고리」, 『한국근대문학연구』 18, 한국근대문학회, 2008; 김춘식, 「신시 혹은 근대시와 조선시의 정체성」, 『한국문학연구』 28, 동국대 한국문학연구소, 2005 등에 잘 정리되어 있다.

26 이에 대해서는 박슬기, 『한국 근대시의 형성과 율의 이념 – 자유시 리듬의 문제』, 소명출판, 2014, 126~146면 참고.

27 현철, 「소위 신시형과 몽롱체」, 『개벽』 8, 1921.2.

동일하다는 것, 다만 서양에서는 "시의 내용을 표준하여 그 이름을 자유시라고 하엿고 일본시는 그 형식의 화가나 배구에 대하야 신체시라고 한 것"[28]이라든가, "신형식이나 구형식이나 한가지로 시라고 하는 것이 다 가티 율격 상 율어로 조성된 이상에는 그처럼 큰 차별은 업슬 듯하다"처럼 '시'와 '시가'를 구별하지 않는 것으로 미루어 짐작컨대 '자유시'나 '상징주의'의 핵심적인 문제의식을 알지 못했다. 현철은 자유시에 관한 황석우의 주장이 "시대의 유행어"에 불과하며, 따라서 "구미歐美를 표준"으로 삼기 전에 "먼저 우리의 고시古詩를 연구"하라고 충고한다. 현철은 자유시나 상징주의를 알지 못했기 때문에 황석우를 가리켜 "상징주의라 하야 정동情動도 업는 알지 못할 시를 공개"했다는 비난으로 시종일관할 수밖에 없었다. "시라고 하는 것은 내용으로는 정이 격앙에서 일출溢出하여야 할지요 외형으로는 운문이라야 한다는 정규定規가 잇는 것이다. 만일에 그의 내용으로 정의 격앙에서 일출하더래도 그 형식이 운문이 아니면 이는 곳 시라고 할 수 업는 산문에 불과한 짜닭이다"라는 그의 주장은 이런 맥락에서 읽어야 한다. 현철은 「문학에 표현되는 감정」(『개벽』 8, 1921.2)에서도 문학은 감정感情의 산물이라고 주장하면서 "감정이 업는 시가나 희곡은 알콜성이 업는 주류나 향기가 업는 꼿과 가튼 것"이라고 강조한다.

이처럼 황석우와 현철은 시는 물론 문학, 특히 자유시와 상징주의에 대한 이해에서 상당한 이견을 드러냈다. 하지만 랭보나 말라르메의 주지적 상징주의 관점에서 보면 그 거리는 생각보다 가깝다. 먼저 이들은 공통적으로 시에서 음악적 요소를 필수적인 것으로 간주한다. 이는 시를 여전히

28 위의 글.

'노래'의 관점에서 이해했다는 의미이다. 시를 '노래'로 이해하는 태도에 관해서라면, "산문散文을 '읽는 것'이라 하면, 시詩는 '읊는 것'이라 할지니" 라고 주장한 이광수 또한 예외가 아니었다.[29] 그들로서는 근대시의 소통 방식이 '가창'과는 다른 맥락에 있다는 주장[30]을 받아들일 수 없었다. 현철에게 '음악'과 분리된 시는 시가 아니다. 또한 그들에게 '시'는 '감정'의 산물이어야 했다. 예컨대 그들은 개인의 감정이란 지나치게 우연적인 것일 수밖에 없어서 현대시는 오히려 지성에 의해 감정이 규제되어야 한다고 주장한 보들레르-랭보-말라르메의 상징주의 원칙을 받아들일 수 없었다. 이것이 황석우와 현철에게 상징주의, 그것의 한 가능성으로서의 '산문시'가 자리할 여지는 없었던 이유였다.[31]

4. 선택과 배제, 상징주의의 굴절과 '노래'의 전통 – 김억의 경우

김억은 상징주의의 가장 강력한 전신자였다. 그는 조선에서 '자유시'라는 용어를 처음 사용한 문학인이었지만, 1920년대 중반 이후 '근대시=자유시' 등식의 강력한 비판자로 변신했다.[32] 흔히 이 시기 김억의 비평과

29 散文을 '읽는 것'이라 하면, 詩는 '읊는 것'이라 할지니, 그 內容으로 觀하건대 (…중략…) 詩는 作者가 人生의 一方面 又는 自己의 想像內의 世界中에 最히 興味 有한 者를 選出하여 音律 좋은 言語로 此를 描出하여 讀者로 하여금 咨嗟詠嘆케 하는 것이요, 形式으로 論하건대, 一, 韻을 押할 것, 二, 平仄을 排列할 것이니, 此는 實로 詩人이 感을 最히 有力하게 讀者에게 傳하기 爲하여 言語에 自然한 曲調가 生하게 하려는 方便이라(이광수, 「문학이란 하오」, 『매일신보』, 1916.11.10~23).

30 고트프리트 벤, 「서정시의 제문제」, 슈나이더 외, 전광진 역, 『현대독일시론』, 탐구당, 1981, 62면.

31 오문석, 「근대 초기 시론의 탈근대적 성격 – 김억을 중심으로」, 『비평문학』 42, 한국비평문학회, 2011 참고.

32 1924년 이후 김억 문학의 변화에 주목한 연구는 다음과 같다. 이은지, 「'최후예술'로서의 상징주의 문학 – 김억의 예술론에 나타난 귀납적 보편성 연구」, 『민족문학사연구』

번역, 특히 '자유시형'에 관한 논의는 이후의 '격조시형'이나 시조론, 민요시 등의 관점에서 논의되지만 여기서는 '자유시'와 '상징주의' 문제를 중심으로 살펴볼 것이다.[33] 김억이 상징주의를 처음 언급한 것은 「요구와 회한」에서였고, 그 내용은 베를렌느와 보들레르에 관한 것이 대부분이었다. 이 두 시인에 대한 김억의 관심이 남달랐음은 널리 알려진 사실인데, 김억에게 프랑스 상징주의는 사실상 이들의 시를 가리키는 것이었다. 물론 김억이 랭보나 말라르메를 모르지 않았고, 언급하지 않은 것도 아니다.[34] 김억은 「프란스 시단」에서 상징주의를 "'기술을 말아라, 다만 암시' 그것인 듯하다"라고 설명하는데, 이것은 말라르메가 1891년 *Echo de Paris* 지紙와의 인터뷰에서 했던 답변이었다.[35] 또한 그는 "물건을 가르처 분명히 이러이러ᄒᆞ다홈은 시미詩味의 사분의 일이나 업시ᄒᆞ는 것이다. 조곰식 조곰식 추상하여 가는데 시라는 진미가 생긴다. 암시는 곳 환상이다"라는

53, 민족문학사학회, 2013; 곽명숙, 「김억의 '조선적 시형'에 대한 고찰」, 『인문연구』 55, 영남대 인문과학연구소, 2008; 서진영, 「한국 근대시에 나타난 '격조론'의 의미 연구」, 『한국현대문학연구』 29, 한국현대문학회, 2009; 신지연, 『증상으로서의 내재율』, 소명출판, 2014; 구인모, 『한국 근대시의 이상과 허상 — 1920년대 국민문학의 논리』, 소명출판, 2008.

33 황석우, 김억, 주요한이 노래를 '발견'하는 과정을 추적하고, 시기별로 달라지는 그들의 문학관과 시 창작의 변화를 역사적으로 맥락화해야 한다는 심사위원의 지적이 있었다. 한국 근대시사의 초창기를 역사적으로 재구성하기 위해서는 당연히 선행되어야 할 연구이지만 그 연구 범위가 지나치게 넓어 이 글에 포함시키지는 못했다.

34 한국문학의 상징주의 수용에 대해서는 다음 연구들이 좋은 참고가 된다. 조재룡, 「한국 근대시와 프랑스 상징주의 시 사이의 상호교류 연구」, 『불어불문학연구』 60, 한국불어불문학회, 2004; 박성창, 「베를렌느 시 번역을 통해 본 김억의 자유시 모색과 실천」, 『한국현대문학연구』 35, 한국현대문학회, 2011; 김준현, 「보들레르의 번역과 수용(1916~1940) — '산문시'의 문헌정서를 중심으로」, 『코기토』 78, 부산대 인문학연구소, 2015.

35 김병철, 『한국근대서양문학이입사연구』 상, 을유문화사, 1980, 157면.

말라르메의 말을 직접 인용하기도 한다. 그리고 '상징'이 "눈에 보이는 세계와 안 보이는 세계, 물질계와 영계靈界, 무한과 유한을 상통식히는 매개자"라고 부언하면서 이렇게 적고 있다.

> 마라르메 갓튼 시인은 '시가는 반듯시 상징어가 잇서야 한다'고까지 하엿다. 상징파 시가의 특색은 의미에 잇지 안이하고, 언어에 잇다. 다시 말하면 음악과 갓치 신경에 닷치는 음향의 자극-그것이 시가이다. 그러기에 이 점에서는 '관능의 예술'이다. 찰나찰나에 자극, 감동되는 정조의 음율 그것이 상징파의 시가이기 때문에 자연 '몽롱'안될슈업다. 베르렌의 유명한 '시작법'의 주장이 다 그것이다. 람보의 「모음」시와 갓튼 것은 음악적 장구(章句)이며, 동시에 상징파시의 극치이다.[36]

여기에서 김억은 말라르메, 베를렌느, 랭보를 '음악적'이라는 표현으로 묶는다. 그가 상징주의에서 각별히 주목한 것은 '음악'이었다. 김억은 이 글에서 빅토르 위고 이후 프랑스 시단에 등장한 새로운 변화로 '고답파'를 소개하고, 이어 베를렌느, 말라르메 등의 상징주의를 고답파에 대한 반항으로 규정한다. 흥미로운 것은 김억이 상징주의를 '데카당스'의 관점에서 바라본다는 점이다. "한편 데카단파에서 얼마 아니하야 '씸쏠리스트'가 생기고 또 씸쏠리스트에 '뻬르, 립리스트vers-libristes'가 생겻다. 쇠퇴파衰頹派라든가 상징파라든가 자유시파라는 것을 동일시하기도 한다."[37] 상징주의를 데카당스의 관점에서 이해하는 것이 잘못은 아니지만, 이때 김억이

---

36 김억, 「프란스 시단」, 박경수 편, 『안서김억전집』 5, 한국문화사, 1987, 31면.
37 위의 책, 27면.

"상징주의의 형이상학적 정열을 언급하기보다는 데카당스 그 자체의 옹호에 관심"[38]을 쏟고 있음은 주목해야 한다. 김억이 상징주의에서 주목하는 또 하나는 "암시를 통한 환기와 음영"이다. 김억은 이 맥락에서 랭보의 「모음들」의 일부를 직접 번역·소개하고, 심지어 '자유시'는 "람보가 산문시에서 발명하엿다"라고 소개한다. 이는 프랑스 상징주의에 대한 김억의 이해가 상당히 깊었음을 보여주는 장면이다.[39] 그러면서 상징주의 시의 특별한 가치를 "재래의 시형과 규정을 무시ᄒᆞ고 자유자재로 사상의 미운微運을 잡으랴 하는 — 다시 말하면 평측이라든가 압운이라든가를 중시치 안이 ᄒᆞ고 모든 제약, 유형적 율격을 바리고 미묘한 「언어의 음악」으로 직접, 시인의 내부생명을 표현하랴 ᄒᆞ는 산문시"라고 요약한다. 그는 이러한 상징주의의 미덕이 잘 드러난 작품으로 베를렌느의 「시작법」을 언급한다. 또한 "시가와 음악과의 융합"이 상징주의의 특징이라고 지적하면서 말라르메를 사례로 언급하기도 한다. 하지만 이처럼 프랑스 상징주의를 정확하게 알고 있으면서도 김억은 베를렌느와 보들레르에만 관심을 두었고, 랭보와 말라르메에게는 무관심했다. 이는 『안서김억전집 – 해외시역집』 2-1에 수록된 그 많은 번역시 가운데 랭보의 작품이 단 1편, 말라르메의 작품은 없다는 것에서도 확인된다. 김억은 상징주의 문학이념을 설명할 때에는 랭보와 말라르메에 대해 언급하지만, 창작이나 번역에서는 의도적으로 그들을 배제했다.[40]

---

38 황종연, 「데카당티즘과 시의 음악 – 김억의 상징주의 수용에 관한 일반적 고찰」, 『한국문학연구』 9, 동국대 한국문학연구소, 1986, 177면.

39 김억의 상징주의 수용과 이해에 대해서는 이재오, 「상징주의와 김억의 시론」, 『한국현대문학연구』 2, 한국현대문학회, 1993, 92면 참고.

40 랭보의 시는 1919년 『창조』 제3호에 주요한이 "Sensation"을 「산보」라는 제목으로 번역

이 문제를 조금 더 밀고 나가보자. 이 시기 김억의 대표 시론으로는 흔히 「시형의 음율과 호흡」(『태서문예신보』 14, 1919)이 언급되지만, 위에서 제기한 물음의 답변을 얻는 데는 「작시법」과 번역시집 『잃어진 진주』에 실린 산문이 더 유용하다. 위에서 우리는 김억이 '자유시'의 발명자로 랭보를 지목하면서 '자유시=산문시'라는 관점을 노출하고 있음을 살폈다. 즉 프랑스에서 자유시는 전통적인 시형의 규칙에서 조금 벗어났으나 음악적인 요소를 완전히 버리지는 않은 자유시와, 그러한 음악적 요소마저 모두 버린 자유시로 구별되고, 랭보가 후자의 대표적 시인이라고 소개했다. 이 논리에 따라 김억은 '랭보=자유시'라는 등식을 염두에 두고 있었고, 나아가 랭보의 자유시를 수용하는 것이 결국 산문시를 수용하는 것과 동일한 것이라고 생각했다. 그래서 산문시에 대한 이 거부감 때문에 김억은 '근대시=자유시'에 등을 돌릴 수밖에 없었다. 이는 "아무리 내재율을 존중하지 아니할 수가 없다고 하더라도 자유시형의 가장 무서운 위험은 산문과 혼동되기 쉬운 것이외다. 나는 자유시를 볼 때에 너무도 산만함에 어느 점까지가 산문이고 어느 점까지가 자유시인지 알 수가 없어 놀래는 일도 많습니다"[41]에서 분명히 드러난다. 이것이 김억이 랭보와 말라르메의 작품에 전혀 손을 대지 않은 이유, 비교적 낭만주의적 경향이 강했던 보들레르와 베를렌느에 집착했던 이유이다.[42] 김억은 한때 『태서문예

한 것이 처음이고, 김억이 1924년에, 이하윤이 1930년에 동일 작품을 각각 「산책」과 「선사시옹」이라는 다른 제목으로 번역한 것이 전부이다. 말라르메의 시는 1939년 『순문예』 창간호에 이종길이 「바다의 미풍」을 번역 소개한 것이 처음이자 마지막이다. 문충성, 『프랑스 상징주의 시와 한국의 현대시』, 제주대 출판부, 2000, 116면.

41 김억, 「격조시형론소고 (2)」, 『동아일보』, 1930.1.17.

42 이에 대해 박성창의 연구가 시사하는 바가 크다. 박성창, 「베를렌느 시 번역을 통해 본 김억의 자유시 모색과 실천」, 『한국현대문학연구』 35, 한국현대문학회, 2011, 133면.

신보』 제4호에 투르게네프의 산문시를 번역 소개하고 감동을 표시하면서 투르게네프의 평전을 쓰겠다고 다짐하기도 했었으나, 산문과의 거리두기를 시작하면서 가장 운문적 성격이 확실하다고 판단한 베를렌느에게 관심을 집중했다. 이러한 변화의 핵심에는 행과 연을 구분하는 자유시형, 즉 산문시형에 대한 거부, 율격과 호흡, 시어의 음악성을 중시하는 태도가 자리하고 있다. 그런 점에서 김억은 상당히 제한적으로 상징주의를 수용했다.

그렇다면 김억의 '시'에 관한 생각은 어떠했을까? 김억은 1925년 4월부터 10월까지 『조선문단』에 6회에 걸쳐 「작시법」을 연재했는데, 그 내용을 요약하면 다음과 같다. 시가詩歌는 첫째, "이지理智를 써나 감정 세계를 소요하는 것", 둘째, "사람의 감정이 엇던 극에 달하엿슬 째에는 얼골에 남몰을 표정이 생기며, 입에서는 그째 그 감정을 경험하는 사람이 아니고는 그러한 소리를 낼수업는 음성이 나옵니다. 시는 그째에 발서 생긴 것"이며, 셋째, "이러한 감정과 이러한 음성을 그대로 표현함에는 문자의 표정과 음악의 음조를 빌지 아니하고는 그 감정의 「그 자신의 소리」를 들을 수가 업"으며, 넷째, 따라서 내용의 측면에서 "시가를 볼째에는 감정의 고조된 소리입니다. 다시 말하면 격동에 격동을 거듭한 감동 그 자신입니다", 형식의 측면에서는 "시가는 운문이다"라고 정리 가능하며, 다섯째, 결국 "시가라는 것은 고조된 감정(정서)의 음악적 표현이라는 것이 넓흔 의미로 가장 온당"하다는 것이다. 이러한 생각에 기초하여 그는 운문이란 "일정한 규칙과 제약이 있는 것"이며, 그 규칙과 제약이란 곧 "운율"이라는 주장을 펼친다. 같은 맥락에서 그는 '산문'과 '시가'를 대립항으로 설정한다. 그리고 '시가'는 "어대 싸지든지 무엇보다도 감정을 생명 삼은 것"

이며, "일정한 규율적 표현형식"이며, "암시적"이어야 하고, "집중적이고 생략적"이어야 하며, "리듬"이 반드시 필요하다고 강조한다. 그에 따르면 '리듬'이란 "인생의 감정이 언어에 표현되야 언어로 생기는 여러 가지 변화와 그것을 조화하는 형식"이다. 그래서 "설은 노래에는 설은 리듬이 잇고 깃븐 노래에는 깃븐 리듬이 있"는 것이다. 그리고 이 리듬은 개별적인 것이어서 같은 시상을 두 시인이 노래한다 할지라도 리듬은 다를 수밖에 없기에 '개성적'이라고 말한다. 그에게 리듬은 "감정의 내재 리듬"이다.

①

새롭은 시가라함은 필경 규율에 대한 상반어로 고전적 엄밀한 시형의 약속에 대한 말이니 평측이니 압운이니 음절제한이니 하는 까닭스러운 것을 파괴하야바리고 재래시형의 온갖 속박과 제한과 규정을 버서버린 극히 자유롭은 시형이라는 데 지내지아니합니다. 한마듸로말하면 모든 것을 쑤다려부시자는 '근대적'이니 이에 대한 해석을 구태여 말하고저 하지 아니합니다. 엇더한 시형과 표현형식을 물론하고 고전적 시형과 표현형식을 반항하고 니러난 근대의 시가는 다갓치 새롭은 시가라고 말할 수 잇습니다.[43]

②

근대시인의 내부생명을 아모러한 구속도 업시 가장 자유롭게 표현하랴는 열렬한 경향은 까닭스럽고 귀찬은 운문의 모든 약속과 제재를 쑤다려부싀지안코는 말지아니하엿습니다. 한마듸로말하면 자유시라고하여도 엄정한

43 김억, 「작시법 (5)」(『조선문단』 11, 1925.8), 박경수 편, 앞의 책, 305면.

의미로보아 내재율은 잇서 시인마다의 자유롭은 것입니다. 그러고 날마다 늘어가는 소설과 희곡의 세력은 서사시가의 영토를 점차 잠식하야 시가의 영토는 순정한 감정을 표함으로써 생명삼는 서정시로 한정되고 말앗으니 이것을 가르쳐 여러 가지 원인을 말하는 것보다도 '근대적'이라는 삼자로 덥허 바리는 것이 가장 적절할 듯합니다.[44]

김억은 '근대적'이라는 표현을 부정적으로 사용하지 않는다. 오히려 그는 근대시의 장점이 개인적 · 개성적인 점에 있으며, 프랑스 상징주의를 "개인의 감각과 정서에게 새롭은 해방과 가치잇는 자유를 위하야 용감하게 싸훈 가장 존경밧을만한 희생된 선구자"라고 평가한다. 이 글과 함께 관심을 기울여야 할 글이 아더 시몬스의 번역시집 『잃어진 진주』(1924)에 수록된 산문이다. 이 글의 주장을 요약하면, 시는 정조情調의 산물이어야 한다, 고답파에는 시가의 생명이라고 말할 수 있는 주관적 정조가 없다, 베를렌느로 대표되는 상징파는 "음악적이며, 시미적"이다, 그럼에도 불구하고 일본과 조선에서 상징시는 음악적 울림이 전혀 없는 작품으로 변질되었다, 자유시란 "평측이라든가 두운이라든가 각운이라든가 심하면 씰라블제한까지 잇섯든 것을 다 파괴하고, 그러한 속박과 제한을 밧지 아니하는 자유롭은 시"이다, 그럼에도 불구하고 프랑스의 민요시인 폴 포르는 근대화된 민요시인 동시에 자유시이다, 시는 찰나찰나의 영의 정조적 음악이다, "시가 문자라는 형식의 길을 밟게되면 벌서 그 표현될 바의 표현을 잃은 제2의 시"이다, 그리하여 "가슴 속에 '시상'으로 잇는 그때의 시가

44 김억, 「작시법 (7)」(『조선문단』 12, 1925.10), 위의 책, 144면.

진정한 시"이다, "시는 한 마디로 말하면 정조(감정, 정서, 무드)의 음악적 표백"이이다, "시에는 열정이 필요합니다. 열정의 소유자가 아니면 시라는 아름답은 화원에는 들어갈 수가 없습니다" 등이다. 요컨대 감정, 정조, 리듬, 음악 등으로 귀결되는 '시가', 즉 '노래'야말로 김억이 생각하는 시의 본령이고, 김억은 여기에서 벗어나는 일체의 것을 비판한다. 김억이 시종일관 랭보와 말라르메 등의 상징주의를 애써 외면하거나, 반대로 보들레르와 베를렌느에 집착하는 이유도 여기에 있다.

이러한 주장은 결국 '시'가 '노래'라는 주장으로 귀결되는데, 김억은 상징주의의 음악적 요소들을 '노래'를 정당화하는 논리로 전유했다.[45] 하지만 그것은 노래와 음악을 혼동한 결과였다. 시와의 관계에서 '노래(성)'과 '음악(성)'은 다른 것이다. 많은 연구자들이 상징주의가 '음악'을 중시했다는 사실, 특히 말라르메를 인용하여 그것을 정당화하고 있으나, 실제 말라르메가 '음악'을 강조한 맥락은 노래성과 관계가 없다. 말라르메는 본질적, 형이상학적 세계에 도달하기 위해서는 우선 언어가 일상적 용법에서 벗어나야 한다고 주장했고, 그 맥락에서 비표상적인 성격을 지닌 '음악'의 가치를 높게 평가했다. 말라르메의 '순수시'는 이러한 음악적 상태에 대한 갈망이었다. "모든 예술은 음악의 상태를 지향한다", "이데는 음악처럼 일어난다"라는 말라르메의 말은 음악이 현실과 관련된 어떠한 물질적 요소도 갖고 있지 않다는 것, 현상세계로부터 완전히 독립되어 있기 때문에 가장 자유롭고 순수한 추상적 형식 유희라는 관점에서 이해되어야 한

45 조영복은 김억의 조선어 시가 기획에 "노래로서의 시가를 기억하는 세대의 세대적 기억과 한시의 영향으로부터의 불안"이 작용하고 있다고 지적한다. 조영복, 「'노래'를 기억한 세대의 '조선어 시가'의 기획 – 안서 김억의 논의를 중심으로」, 『한국현대문학연구』 46, 한국현대문학회, 2015.

다. 음악은 아무 것도 지시하지 않으며, 내용을 중심으로 이해되지도 않는다는 사실이야말로 말라르메의 관심이었고, 그는 언어를 분해 · 해체하여 교향악에 사용되는 음표들처럼 시를 쓰기를 희망했다. "그의(말라르메 ―인용자) 음악적 관심은 '기본적인 음향'에 관계되는 것이 아니라, '전체 속에 내재하는 관계들의 총체'로서의 음악에 있는 것이다."[46] 그것은 "표면적인 음향 관계"보다는 "음악의 건축적 구조"에 가까운 것이었다. 말라르메에게 시는 음악적 상태를 지향하는 언어였던 것이다. 그것은 '노래성'의 관점에서 이해되는 음악과 시의 결합과는 다른 것이다. 그럼에도 불구하고 황석우, 현철, 김억은 모두 시를 '노래'와 '시가'와 동일시했고, 상징주의의 '음악성'을 '노래성'으로 오인했다. 이러한 현상을 무지의 산물이라고 말할 수도 있으나, 특정한 시대의 문학인 대부분이 동일한 현상을 보인다는 것은 그것이 개인적인 문제가 아님을 의미한다. 즉 그들은 '근대시'와 '자유시'를 주장하면서도 '시'와 '시가'를 구분하지 않았고, 심지어 시를 '노래'의 관점에서 이해했다. 또한 그들은 시를 오직 감정('정情의 문학')과의 연관 속에서만 받아들였고, 정情이 부재하는 시는 시가 아니라고 생각했으며, 이런 맥락에서 개인-내면-주관-감정이야말로 '시'의 필수조건이라고 생각했다. 그러나 상징주의의 한 경향, 즉 랭보와 말라르메는 정확히 이 반대의 길로 나아갔으니 이들에게는 이해될 수 없는 대상이었거나 외면해야 할 대상이었던 셈이다. 이처럼 1910~1920년대의 '자유시' 담론은 '시가詩歌'의 전통을 외면하지 않았음으로써 상징주의를 특정한 방향으로 굴절시켜 수용했다. 말라르메가 강조한 '음악'은 김억이 관심을 쏟은

46 채기병, 「말라르메 시의 음악성 연구」, 충북대 석사논문, 1986, 3면.

'음율'이나 '호흡'과는 거리가 있는 것이었다. 김억은 그것을 이해하지 못했을까? 만일 그가 그것을 오해했다면, 그것은 그것을 오해할 수밖에 없도록 만드는 무의식 때문이었을지도 모른다.

5. 나오며

오랫동안 한국의 '근대시=자유시'는 프랑스 상징주의의 영향에서 시작되었다고 설명되었지만, 흥미롭게도 근대시의 상징주의 수용은 매우 조선적인 방식으로 진행되었다. '새로운 시'를 써야 한다는 시대적 압박 속에서 다른 나라의 근대문학을 모방·수용하려는 의지가 강했음에도 불구하고 당시의 시인들은 상징주의를 그대로 모방·수용하지 않았다. 지금까지 이 문제는 개인적인 무지로 간주되었으나 실상 그것은 시에 대한 장르적 무의식, 구체적으로는 시는 '운문=노래=감정'이어야 한다는 선이해 때문에 발생한 문제처럼 보인다. 이러한 장르적 무의식은 앞에서 살펴본 황석우, 김억, 현철에게만 존재했던 것이 아니며, 또한 근대시의 초창기인 1910~1920년대에만 존재했던 것도 아니다. "자유시를 노래로 착각"[47] 한 것은 이들만이 아니었다. 그것은 『금성』 제2호에 발표된 양주동의 「시란 어떠한 것인가」(1924.1)에서도 동일하게 반복되었고, 김억과는 다른 위치에 있었던 주요한의 「노래를 지으시려는 이에게」(『조선문단』 1~3, 1924.10~12)에서 똑같이 목격된다. '신시운동'의 목표를 "민족적 정조와 사상을 바로 해석하고 표현하는 것"과 "조선말의 미와 힘을 새로 찾아내고 지어내는 것"으로 간주한 주요한에게도 시는 '노래'였다. 그는 "문자

47 김윤식, 「한국 근대시 형성에 대한 한 고찰-우리 근대시 계보에 관하여」, 『한국학보』 6-3, 일지사, 1980, 82면.

중에서도 음률을 직히는 운문의 형식을 취하야 할 것이외다. 적어도 이 범위 안에 잇는 것이라야 노래라 하엿지 그 범위를 버셔나면 노래라 할 수가 업겟습니다"처럼 '음률'과 '운문의 형식'을 벗어나는 것은 노래로 간주하지 않았다. 그가 '민요'와 '동요', 특히 민요를 가장 조선적인 노래로 꼽은 이유도 이것이다. 이들만이 아니었다. 심지어 이들과 문학적 이념을 달리했던 팔봉 김기진에게도 시는 '노래'였다. 그는 「시가의 음악적 방면」(『조선문단』 11, 1925.8)에서 "음악적 요소 다시 말하면 노래부르게 될 만한 성질"이 없으면 시가 아니라고 주장했다.[48] 시를 '노래'의 일종으로 간주하며, '감정'과 분리된 시는 시가 될 수 없다는 장르에 대한 이러한 무의식은 1930년대 모더니즘이 '현대'라는 이름으로 '시'와 '시가', '회화적 성격'와 '음악적 성격'의 구분을 주장할 때까지 면면히 지속되었다. 뒤집어 말하면 '시가'와의 단절이 근대시 출발점이라는 문학사적 감각은 이제까지 우리가 1930년대 모더니즘의 관점에서 '근대시'를 사유해왔다는 의미이다. 위에서 살폈듯이 이러한 감각은 당대의 문학적 현실에서 상당히 떨어져있는 당위적인 주장일 뿐이며, 따라서 '근대시'의 기원에 대한 물음은 '노래'를 포함하여 다시 검토되어야 할 것이다.

---

48 대개 요사이의 너나할것없이 많은 사람이 쓰고 있는 소위 자유시가 일개의 시일진대 거기에는 반드시 음악적 요소가 다소간 함축되어 있지 아니하면 아니 된다고 나는 생각하고 있다. 만약 그렇지 않다 하면 시와 산문이 어떠한 점에 있어서 다를 것인가를 의심받게 되지 않겠느냐고 나는 생각한다. 물론 시가 가지고 있을 음악적 요소라는 것과 음악이라는 것과는 그 거리가 멀 것은 사실이다. 그러나 음악적 요소 다시 말하면 노래부르게 될 만한 성질의 것이 있지 아니하면 그것은 시라고 하기에는 어렵다는 것이다(김기진, 「시가의 음악적 방면」, 『조선문단』 11, 1925.8).

제2장

일제 후반기 국민시의 성격과 형식

1. 일제 후반기 문학과 시기 구분의 문제

일제 후반기 문학 연구에는 시기 구분의 문제가 개입되어 있다. 이것은 중일전쟁 이후 일본이 총동원의 신체제를 구축한 1937년부터 일본의 패전에 이르는 시기를 하나의 단일한 시기로 설정할 것인지 아닌지의 문제, 특히 통상적으로 사용되고 있는 '일제 말기'를 어떻게 규정할 것인가의 문제이기도 하다. 일제 후반기 문단의 주요 필진의 한 사람이었던 백철은 해방 직후 식민지 시대의 문학을 회고하면서 "1941년 말부터 1945년까지의 약 5년간은 조선신문학사상에 있어서 수치에 찬 암흑기요 문학사적으로는 백지로 돌려야 할 부랑크의 시대였던 것이다"[1]라고 썼다. 백철의 이 주장은 오랫동안 한국문학사가 일제 말기를 '암흑기'로 평가하게 만든 최초의 발언이라는 점에서 중요성을 지니는데, 특히 그가 암흑기의 시작

1 백철, 『조선신문학사조사』, 백양당, 1949, 399면.

점을 『국민문학』의 창간에 맞추고 있다는 점은 흥미롭다. 후대의 많은 연구자들이 이 주장을 반복하는 과정에서 확인되듯이, 백철이 일제 말기를 '1941년 말부터'로 규정한 근거는 1930년대 후반 문예지의 양대 산맥이었던 『인문평론』과 『문장』이 폐간되었다는 점, 그리고 『국민문학』이 일본어로 발행되었다는 것이다.[2] 하지만 '언어'를 기준으로 삼는 이러한 태도는 '일본어시=친일시'라는 등식을 초래할 수 있다.[3] 또한 1939년 10월 이미 국민문학의 건설과 내선일체의 구현, 총력전 수행에의 적극적인 협력을 내걸고 '조선문인협회'가 건설되었다는 사실을 고려하면 식민지 후반기 문학의 시작점을 '41년 말'로 설정하는 것은 설득력이 떨어진다. 오히려 식민지 후반기의 문학은 소설가 김성민이 『녹기연맹』에서 밝히고 있듯이 중일전쟁을 전후한 시기로 설정하는 것이 타당해 보인다. 1940년 6월 소설가 김성민(미야하라 소이치宮原惣一)은 일본어 장편소설 『녹기연맹』을 출간했는데, 그는 '작가의 말'에서 이 작품의 실질적인 창작배경을 중일전쟁과 관련시켜 이렇게 설명하고 있다. "지나사변을 계기로 근 이삼 년 동안 반도인 사이에 황국신민으로서의 자각이 강화되었습니다. 실로 그것은 노도와 같은 기세로 조선 전체를 석권하고 있습니다 (…중략…) 이렇게 동트기 전의 서광이 어렴풋이 보이기 시작한 1936·1937년 무렵의

---

2 오세영 또한 "전시 국민 총동원 체제가 확립되었고 한국어의 사용이 전면 금지되었으며 한국어로 쓰인 언론 매체의 폐간이 뒤 따"랐다는 점을 기준으로 1941년 이후를 '암흑기'로 명명하고 있다. 오세영, 「암흑기의 '국민시'」, 『관악어문연구』 10, 관악어문연구학회, 1985, 97면.

3 이에 대해서는 김응교, 「일제 말 조선인이 쓴 일본어 시의 전개과정」, 와타나베 나오키·황호덕·김응교, 『전쟁하는 신민, 식민지의 국민문화 — 식민지 말 조선의 담론과 표상』, 소명출판, 2010 참고.

환경을 이 소설에서 다루어 보았습니다."[4] 1937년은 일본이 조선에서 총력전 체제의 정비에 돌입한 해이다. 그해 10월에 황국신민의 서사가 제정되었고, 1938에는 육군특별지원병령이 발표되었고, 1940년에는 창씨개명이 실시되었으며, 1942년에는 징병령 및 국민학교 의무교육 결정이 내려졌는데, 이 일련의 과정을 통해 한편으로는 조선인을 전쟁에 동원하는 시스템이 갖춰졌고, 또 한편으로는 조선인을 '국민=신민'으로 주체화하려는 움직임이 작동했다. 김성민이 '지나사변'을 특별히 지적하여 강조한 이유 역시 이러한 과정을 염두에 두었기에 가능했다.

그렇다면 일제 후반기(1937~1945) 문학을 규정하고 있었던 상징적 가치는 무엇이었을까? 그것은 '조선문인협회'의 결성에서 분명히 확인되듯이 '국민' 문학 건설과 내선일체, 그리고 총력전이었다. 『문장』과 『인문평론』이 폐간되고 일문잡지 『국민문학』이 등장한 것, 이후 '조선문인협회'가 '조선문인보국회'(1943.4)로 확대 재편된 것은 이러한 과정으로 이해되어야 한다.[5] 알다시피 『국민문학』은 국체 관념의 명징, 국민정신의 앙양, 국민 사기의 진흥, 국책에의 협력, 지도적 문화이론의 수립, 내선문화의 종합, 국민문화의 건설을 창간의 취지로 제시했다. 여기에서 가장 중요한 개념은 바로 '국민', 즉 '신민=국민'이라는 등식이었다. 이런 점에서 최재서가 주재한 『국민문학』은 일제 후반기 문학의 특징을 보여주는 일종의 보통명사였다. 일제 후반기의 담론장에서 '국민'은 '주체'의 대명사

4 친일반민족행위진상규명위원회 편, 『친일반민족행위관계사료집』 16, 선인, 2009, 251면.

5 1943년 4월 부민관에서 조선문인협회 조선하이쿠작가협회, 조선센류협회, 국민시가연맹이 통합하여 결성되었다.

였다. 흔히 '제국적 주체'[6]라고 평가되는 이 시기의 '국민-주체'는 르네상스 이후의 서구 근대가 지속적으로 상정해온 보편적 주체로서의 '인간'을 극복한 탈脫근대적 주체로 이해되었고, 따라서 근대 초기의 네이션 빌딩 nation-building에서 국민화의 결과로 생산된 '국민'과도 달랐다. 이것은 '국민은 인간을 이긴다'는 명제에서 단적으로 드러나듯이 근대 서구의 휴머니즘을 비판하면서 성립한 '국민'이다. 때문에 이 시기의 국민적-제국적 주체로서의 '청년'에게는 이전 시기와 달리 어떠한 낭만성도 부여되지 않는다. 대신 그들에게는 징병, 훈련, 교육, 규율, 양성 등의 국민화 과정만이 부여될 뿐이다. 이렇게 본다면 일제 후반기의 문학장을 관통하고 있는 '국민화'는 근대적 국민을 '제국적 주체-국민'으로 변모시키는 주체생산의 기획이며, 식민지의 담론장에서 그것은 비국민을 '신민=국민'이라는 등식을 이용하여 '국민'으로 동원하는 식민지 전략의 일환이었다. 이를 위하여 일본인들에게는 근대적 인간, 국민으로부터 벗어날 것이 요청되었고, 조선인들에게는 '신민=국민'이라는 등식을 내면화할 것이 요구되었다. 일제 후반기의 '국민문학'이란 결국 이 등식을 감성의 차원에서 언어화하는 문제였다. 만일 구체적인 역사적 맥락을 배제할 수 있다면 이 시기의 '제국적 주체=신민=국민'이라는 등식만큼 '상상의 공동체'라는 개념에 적합한 것도 찾아보기 어려울 것이다.

6 정종현, 『동양론과 식민지 조선문학』, 창비, 2011, 33면.

2. 국민문학, 고쿠민분가쿠의 조선적 형식

일제 후반기 문학의 기본성격은 중일전쟁(1937), 신체제 선언(1940), 태평양전쟁(1941)으로 이어지는 시국의 변화에 연동된 문학의 국민화, 또는 국민화의 수단으로서의 국책문학으로 요약할 수 있다. 한 마디로 그것은 "일본정신의 예술화와 문화화"[7]를 통한 신민의 국민화 장치였다. 백철의 회고에서도 확인되듯이 일반적으로 일제 후반기 문학은 흔히 1941년 11월 『국민문학』의 창간을 중심으로 설명된다. 『국민문학』이 창간되기 직전에 『국민시가』(1941.9)가 창간되었다는 사실을 기억하는 사람들은 드물다.[8] 알다시피 일제 후반기에 등장한 '국민문학'이라는 개념은 당시 대정익찬회가 주도한 '고쿠민분가쿠'의 파생적 산물이었다.[9] 1940년 10월 제2차 고노에 내각은 7월에 결정된 기본국책요강에 기초하여 신체제 운동을 추진하기 위해 광범위한 국민조직인 대정익찬회를 조직했다. 대정大政이란 '천하의 정치'라는 의미이고, '익찬'이란 '곁에서 손을 거들어 도와주다', '천자의 정치를 보좌한다'는 의미이다. 대정익찬회는 군부에 의한 독재를 민간의 손으로 되찾으려는 신체제를 목표로 개혁을 기대하는 민간의 마음을 하나로 모으기 위해 발족된 단체였다. "고노에 후미마로가 구상한 대정익찬회는 처음에는 신체제로 불렸으며, 주동력의 방향 여하에 따라서는 군과 관헌의 강력한 정치적 책동을 철주(간섭하여 자유로이 못하게

---

7 박영희, 「전쟁과 조선문학」, 『인문평론』 1, 1939.10, 40면.

8 『국민시가』의 서지사항과 성격에 대해서는 최현식의 논의가 독보적이다. 최현식, 「일제 말 시 잡지 『국민시가』의 위상과 가치 (1)」, 『사이』 14, 국제한국문학문화학회, 2013, 515~566면 참고.

9 최현식, 「이광수와 '국민시'」, 『상허학보』 22, 상허학회, 2008, 309면.

하다)하기에 충분한 민간의 정열을 결집하는 형식”[10]이었다. 대정익찬회 문화부는 개전 직후인 1941년 12월 문학자애국대회를 개최, 이후 1926년에 창립된 작가의 직능단체인 문예가협회를 모체로 대정익찬회 산하에 일본문학보국회(1942.5)를 설립했다. 이 시기 일본에서는 잡지 『국민시』가 창간되는 등 ‘국민시’에 관한 논의가 등장했고, ‘소국민’이라는 이름으로 어린 학생들에게도 ‘국민시’ 창작이 강요되었다.[11] 당시 일본에서 ‘국민시’ 논의를 이끌었던 대표적인 논객은 미요시 다츠지三好達治와 오에 미츠오大江満雄였다. 미요시 다츠지三好達治는 동인지 『시와 시론』 『시 · 현실』 같은 모더니즘에서 출발하여 『문학계』를 거쳐 『사계』로, 즉 상징주의의 영향을 받은 주지파 모더니스트에서 점차 일본 고유의 시 세계로 회귀하는 양상을 보였고, 오에 미츠오大江満雄는 기독교적 휴머니즘에서 출발하여 프롤레타리아 문학운동에 참여했다가 전향한 공산주의자였다. 미요시 타츠지는 1920년 19살의 나이로 함경북도 회령에 위치한 공병 제19대대에 사관생후보로 취임하여 1년간 군 생활을 했다. 중학교를 그만두고 오사카 육군지방유년학교에 입학했는데, 학교에서 도망쳤다가 헌병대에 붙잡혀 교육 차원에서 조선으로 보내진 것이다. 그는 1940년 다시 조선으로

10 요시노 타카오, 노상래 역, 『문학보국회의 시대』, 영남대 출판부, 2012, 85~86면.

11 이 시기에 출간된 책들 중 국립중앙도서관이 소장하고 있는 ‘국민시’ 자료는 다음과 같다. ① 中山省三郎 編, 『國民詩』, 1~2, 東京 : 第一書房, 昭和17~18(1942~1943), ② 大江満雄, 『國民詩について』, 東京 : 育英書院, 昭和19(1944), ③ 北原白秋 外, 日本少國民文化協會 編, 『少國民詩』, 東京 : 帝國教育會出版部, 昭和19(1944), ④ 照井瓔三, 『國民詩と朗讀法』, 東京 : 第一公論社, 昭和17(1942), ⑤ 道久良 編, 『國民詩歌』, 京城 : 國民詩歌發行所, 昭和16(1941) ⑥ 北原隆吉(白秋), 『(大東亞戰爭)少國民詩集』, 大阪 : 朝日新聞社, 昭和18(1943), ⑦ 水谷まさる, 『(小國民詩集)日本の朝』, 東京 : 金蘭社, 昭和17(1942), ⑧ 신原美文, 『國民時朗讀のために』, 大阪 : 日本出版社, 昭和17(1942), ⑨ 北原隆吉(白秋), 『(少國民詩集)港の旗』 20, 東京 : アルス, 昭和17(1942).

건너와 약 2개월 동안 서울, 경주, 부여 등지를 여행하면서 조선인과 조선 풍경을 모티프로 한 다수의 작품을 남겼는데, 서정주는 훗날 "미요시 타츠지는 나도 좋아서 한동안 읽은 일이 있는 당대 일본의 제일 좋은 시인 중에 하나였다"[12]라고 회고하기도 했다.

일본에서 시작된 '국민시' 논의는 곧 조선에 유입되었다. 조선에서도 1941년 9월 『국민시가』(고쿠민시카)가 창간되었다. '고쿠민분카구'의 하위개념이자 조선적·운문적 형식이라고 말할 수 있는 이 잡지는 '국민'이라는 개념을 제호에 도입한 최초의 문예지였다.[13] 이후 최재서가 주재한 『국민문학』과 1943년 조선문인협회가 출간한 『조선국민문학집』, 그리고 1945년 2월에 창간된 『국민시인』이 '국민문학' 개념의 계보를 형성했다. 그리고 1941~1942년에 『매일신보』에는 '국민시가' 코너가 만들어져 김동환, 주요한 등의 필진들이 '국민시' 논의를 개진했다. 물론 이들보다 조금 앞선 시기인 1938년 7월에 조선의 모든 인적·물적 자원을 총동원하는 국가총동원체제 일환으로 국민정신총동원조선연맹이 결성되었고, 1939년에는 국민총력조선연맹으로 개편되어 일문日文 월간지 『국민총력』을 출간했으며, 1843년부터는 『경성일보』에서 월간으로 『소국민』을 발행하는 등 '국민'이라는 제호가 일반화되었다. 바야흐로 '국민시', '국민문학'의 시대가 시작된 것이다. 1940년 이광수는 '국민문학'을 다음과

---

12 서정주, 『서정주문학전집』 3, 일지사, 1972, 241면.

13 서정주는 1942년 다쓰시로 시즈오라는 창씨명으로 '매일신보'에 「시의 이야기 ―주로 국민시가에 대하여」를 발표했는데 이 글은 미요시 타츠지(三好達治)의 '국민시가론'의 영향을 받아 쓰였고, 대략 1944년까지 이 잡지의 편집에 참여한 것으로 알려져 있다. 그리고 이 잡지가 창간되기 이전인 1940년 3월에 이미 이광수가 「내선일체와 국민문학」처럼 '국민문학' 개념을 포함한 평문을 썼다는 사실은 주목을 요한다.

같이 정의했다.

> 국민문학이란 무엇인가. 그것은 우리 국가생활이라는 것을 염두에서 떠내지 말고 지어진 문학이다. 국가 · 국민이란 것을 깊이 인식하고 그것이 어떻게 소중하고 고마운 것임을 깊이 느끼고 이 국가생활을 통하여서 인류의 최고 이상을 실현하자는 감격을 가진 작가의 작품이다. 작품 속에 국가란 말이 한 마디도 아니 나와도 좋다. 나와도 좋다. 종교소설도 좋고 연애소설도 좋고 무슨 소설도 좋다. 다만 국가에 대한 신뢰와 애정과 감격인 작가에 주관의 향기가 흐르면 그것은 국민문학이다. 재료가 문제가 아니라 그 조제원리와 조제방법이 문제가 되는 것이다. 국민생활을 백안시하는 문학은 국가의 쇠퇴기에만 발생하는 문학이다. 국가의 비상시나 흥륭기에 있어서는 그러한 반국가적인 문학은 존재함을 용허 아니하는 것이다.[14]

이 시기에 '국민'이라는 제호를 강조한 문예지는 『국민시가』(1941), 『국민문학』(1941), 『국민시인』(1945)의 세 가지가 있었다. 이 가운데 제일 먼저 창간된 『국민시가』는 대체적으로 조선에 거주하는 일본문인들이 주요 필진으로 참여했다. 그것은 이 잡지의 중심이 '단카短歌'였다는 사실에서도 쉽게 확인된다. 이 잡지의 편집자인 미치히사 요시미道久 良는 조선총독부산림부 직원이기도 했는데, 그는 창간호의 편집후기에서 "고도국방국가체제 완수에 이바지하기 위해 국민총력의 추진을 지향하는 건전한 시가의 수립에 복무"[15]할 것을 목표로 제시하고 있다. 미치히사 요시미는

---

14 이광수, 「국민문학의 의의」, 『매일신보』, 1940.2.16.

15 미치히사 요시미(道久 良), 「편집후기」, 『국민시가』 1, 1941.9, 96면.

1920년대 조선총독부의 민요조사사업에 참여하여 동경에서 발행된 『조선민요의 연구』(東京 : 坂本書店, 1927)에 「화전민의 생활과 가요」를 집필하기도 했다. 반면 최재서가 주재한 『국민문학』의 필진은 조선인이 중심이었고, 인문사社에서 『국민문학』의 자매지 형태로 발행되었던 『국민시인』은 조선문인보국회 시분과의 기관지였다. 이 잡지의 표지 하단에는 '조선문인보국회시부회기관지'라는 글씨가 인쇄되어 있다. 이 잡지의 판권지에는 최재서와 함께 경성제국대학에서 사토 키요시 교수 밑에서 영문학을 공부한 스키모토 나가오杉本長夫가 편집인 겸 발행인으로 표시되어 있다. 최재서의 선배이기도 한 그는 이후 조선문인협회의 중추로 성장하여 『국민문학』에 다수의 글을 남기기도 했다.[16] 이로 미루어볼 때 『국민시인』은 조선인과 일본인이 함께 필진으로 참여한 듯한데, 그 핵심은 사토 키요시-스키모토 나가오-최재서로 연결되는 경성제대의 학맥이었던 듯하다. 『아단문고 미공개 자료 총서 영인본』(소명출판, 2011) 제9권에 포함된 1945년 1 · 2월 합본 호에는 사토 키요시의 평문 「시혼의 동인」이 권두평론으로 실려 있고, 이어 「사토 씨의 인간성과 작품을 말한다」라는 제명의 좌담회가 연이어 실려 있는 것으로 보아 이 잡지의 기본적인 편집방향에는 사토 키요시의 시각이 짙게 투영되어 있었던 듯하다. 이 좌담회의 참석자는 최재서, 스키모토 나가오杉本長夫, 노리타케 카즈오則武三雄,[17] 서정주

16 김재용, 『협력과 저항 – 일제말 사회와 문학』, 소명출판, 2004, 31면.

17 노리타케 카즈오는 1928년(19세)에 조선으로 건너와 약 17년간 조선에서 살았다. 『압록강』, 『조선시집』 등을 출간할 정도로 조선의 풍경을 담은 작품을 다수 창작했다. 노리타케는 1939년 신의주에서 경성으로 옮겨와 조선총독부 촉탁직원으로 근무했다. 이 해에 『중대시집』 31편을 『국민문학』에 게재했다. 그리고 1841년에는 이영준, 김환기, 변동림, 허진, 노천명, 이태준 등과 교류하고, 정인택과 정비석의 소개로 정지용, 백석, 서정주, 김사량, 김종한 등을 알게 된다. 특히 이영준과 백석을 좋아했는데, 이영준의 이름을

達城静雄였다. 서정주는 이 잡지의 편집후기에도 편집 실무자로 이름이 등장한다.[18] 이는 그가 직접 편집 실무에 참여했음을 의미한다. 또한 이 잡지에는 스키모토 나가오의 시집 『신주의 종』과 사토 키요시의 시집 『내선의 율동』,[19] 노리타케 카즈오의 시집 『풍영집』의 광고가 나란히 게재되어 있는데, 이는 이들이 인문사社와 『국민시인』의 주도세력이었음을 추측하게 한다.

3. 문학 이념으로서의 국민시, 주체로서의 국민

> 유럽의 전통에 뿌리박은 이른바 근대문학의 한 연장으로서가 아니라, 일본정신에 의하여 통일된 동서 문화 종합을 터전으로, 새롭게 비약하려는 일본 국민의 이상을 담은 대표적인 문학으로서, 금후의 동양을 이끌고 나갈 사명을 띠고 있는 것이다.[20]

따서 「이영준」이라는 작품을 쓰기도 했고, 1978년에는 백석을 떠올리며 『양파』라는 제목의 시집을 출간하기도 했다. 이 시집에서 그는 "조선에서 젊은 시절을 보낸 나는 걸음걸이까지 조선 사람에게 영향을 받아, 일본에 돌아온 후에도 조선 사람처럼 느긋하게 걸었다. 민족성이다. 현재 그 땅은 남과 북으로 나뉘어 불행한 나라다. 백석이 양파를 든 모습을 본 것은 조선과 만주의 국경선을 가로지르는 다리 위에서였다. 두세 번째로 유명한 그가 만주에서 양파를 사서 다리를 건너 조선으로 돌아오는 것이다. 그리고 십여 알의 양파를 한쪽 손에 들었다. 국경을 넘어온 양파여. 세관원이었던 백석이여"라고 백석을 추억하기도 했다. 한성례, 「조선에 온 일본 시인들, 그리고 이색적인 시인들」, 『유심』, 2010.7.

18 서정주는 자신이 『국민시가』의 편집을 맡았다고 회고했는데, 실제로 서정주가 편집에 참여했던 잡지는 인문사에서 발행했던 『국민시인』이었던 듯하다. "나는 이내 최재서의 초청으로 그가 경영하던 출판사 '인문사'에 들어갔다. 그래서 처음에는 거기서 나오고 있던 일본어 잡지 『국민문학』의 편집을 돕다가 이어 『국민시가』라는 것이 창간되자, 그걸 주로 맡게 되었다." 서정주, 『서정주문학전집』 3, 일지사, 1972, 241면.

19 사토 키요시의 미간행 시집 『내선의 율동』에 대해서는 김윤식, 『최재서의 『국민문학』과 사토 키요시 교수』, 역락, 2009, 84~98면 참고.

20 최재서, 「국민문학의 요건」(일문), 『국민문학』 1, 1941.11; 최재서, 노상래 역, 『전환기의

서구 제국의 문화가 그 근원에 있어서는 조금씩이라도 모두 희랍 로마 문화의 혜택에서 출발하는 것처럼, 동양의 정신문화라는 것은 그 전부가 근저에 있어서 한자를 중심으로 하는 일환의 문화를 운위하는 것임은 두말할 필요도 없다. 동아공영권이란 또 좋은 술어가 생긴 것이라고 나는 내심 감복하고 있다. 동양에 살면서도 근세에 들어 문학자의 대부분은 눈을 동양에 두지 않았다. 몇몇 동양학자들이 따로 있어 자기들이 일상 사용하는 한자의 낡은 문헌들을 자의적으로 해석해 내는 정도에 그쳤었다. 시인은 모름지기 이 기회에 부족한 실력대로도 좋으니 먼저 중국의 고전을 비롯하여 황국의 전적들과 반도 옛 것들을 고루 섭렵하는 총명을 가져야 할 것이다.[21]

일제 후반기 '국민문학'과 '국민시(가)'의 기본 성격은 "일본정신의 예술화"와 전쟁 수행을 위한 총동원에 복무하는 것이었다. 이런 맥락에서 보면 1939년 무렵부터 친일시가 본격적으로 등장하고 그 내용이 주로 내선일체를 미학적으로 정당화하거나 전쟁에 동원되는 '국민(병사)'를 영웅적으로 칭송하는 방향으로 흐른 것은 상식적인 결과라고 말할 수 있다. 일본 정신을 '시(가)'의 형식으로 표현하되, 일본 전통시가의 형식을 빌려 내선일체의 진정성을 찬양해야 한다는 것은 이 시기 '국민문학'과 '국민시(가)'에 부여된 일종의 정언명령이었다. '국민문학'은 서구 근대가 제시한 보편적 주체인 '인간'을 삭제하고 그 자리에 '국민'을, '전쟁하는 신민'을 위치시킴으로써 '국민'이 '인간'을 초극한 존재임을 강조한다. 그러나 이러한 주체화의 과정에 '문학', 특히 식민지 문학에 강요된 '국민문학'이

조선문학』, 영남대 출판부, 2006, 48면에서 재인용.

21 서정주, 「시의 이야기 — 주로 국민시가에 대하여」, 『매일신보』, 1942.7.12~17.

라는 문제가 개입되면 사정이 조금 달라진다. 그것이 '문학', 그리고 당시 유행했던 개념을 빌린다면 '문화'의 영역에서의 일신과 변화와 평행하게 진행되어야 하기 때문이다. 이런 까닭에 위의 두 인용문은 논의의 출발점을 충분히 제공해줄 듯하다. 더욱이 그것이 '소설'이 아니라 형식의 이데올로기에서 자유롭지 않은 '시(가)'일 경우 사정은 한층 복잡하다.

최재서의 주장처럼 '국민문학'은 유럽적 전통에 근거한 근대문학의 연장이 아니라 그것과의 단절과 초극을, "일본정신에 의하여 통일된 동서문화 종합을 터전으로, 새롭게 비약하려는 일본 국민의 이상을 담은 대표적인 문학"이 될 것을 요청받았다. 1941~1942년에 개최된 『문학계』와 『중앙공론』의 좌담회가 서구 근대를 "정치상으로는 데모크라시, 사상적으로는 리버럴리즘, 경제상으로는 자본주의"[22]로 규정하고 일본적 전통에 의해 그것의 극복을 주장한 것도 같은 맥락에 있다. 최재서의 주장에 비해 "동양에 살면서도 근세에 들어 문학자의 대부분은 눈을 동양에 두지 않았다"라는 자기비판으로 출발하는 서정주의 발언은 강렬함은 덜 하지만 문화·문학·예술의 영역에서 '서구'로부터 벗어나 '동양'의 '고전'으로 돌아가야 한다는 주장을 담고 있다. 물론 여기에서 '동양'이란 결국 '일본'이라는 보편에 의해 종합됨으로써 '일본'과 동일시될 그것이다. 최재서가 『국민문학』에서 반복적으로 '문화주의'와 '문화생활'을 구분하면서 "국가적 입장"에서 문화주의를 문제 삼아야 한다고 주장한 것이나 1930년대 후반 향토성·동양사상·전통·토속성 등이 문학의 핵심적인 주제로 부상한 것은 모두 문화와 예술의 차원에서 서구 근대를 초극해야 한다는 요

22 나카무라 미츠오 외, 이경훈 외역, 『태평양전쟁의 사상』, 이매진, 2007, 47면.

청에 대한 응답이었다. 하지만 문제는 "국민문학이라는 것은 국민적인 입장에 서서 국민의식을 가지고 쓰인 문학"(최재서)임을 수긍한 후에 발생한다. 과연 조선인은 어떻게, 어떤 방법을 통해 '국민'이 될 수 있는가? 여기에 대한 자기 확신이 없는 상태에서의 창작은 '협력'이나 '친일'이라고 말할 수는 있으나 온전한 의미에서의 '국민문학'이기는 어렵다. 이광수는 "국가에 대한 신뢰와 애정과 감격인 작가에 주관의 향기가 흐르면 그것은 국민문학이다. 재료가 문제가 아니라 그 조제원리와 조제 방법이 문제"[23] 라고 말했지만 문학인들에게 이 주장만큼 난해한 문제는 없었다. 이 시기에 발표된 평문이나 좌담회는 이 문제를 직시하고 있었다. 가령 『국민문학』 창간호 좌담 「조선문단의 재출발을 말한다」에서 경성제대 교수 가라시마 다케시는 "작가가 대동아공영권 확립의 의의를 지적知的으로 파악하는 것을 신문학 출발의 전제로 삼는 것에는 전적으로 동감"하지만 "문학의 본령"이 선전과 계몽이 아닌 이상 작가는 "지적으로 파악한 것을 자기의 생활 속에서 융화시키고 감정으로까지 축조해내서 그 혼연한 신시대의 의식을 가지고 현실에 맞서"지 않으면 안 된다고 주장한다. "작가는 우선 시대의 사상과 감정을 자기 안에서 형성하기 위해 노력"해야 한다는 것이다. 실제로 이러한 문제의식과 비판은 '국민문학'이 피하기 어려운 것이었고, 그런 만큼 거의 모든 좌담 자리에서 반복되는 양상을 보였다. 서인식이 현영섭의 『조선인의 나아갈 길』을 비판하면서 "내지인과 조선인이 동근동조의 혈연적 연관"을 지녔다는 내선일체의 이념은 "사실史實에서가 아니라 현실에서, 과거에서가 아니라 현재에서 파악"되어야 실천할

23 이광수, 「국민문학의 의의」, 『매일신보』, 1940.2.

수 있다고 지적한 것도 같은 맥락이다. 내선일체나 국민문학은 '지적'인 차원에서는 쉽게 도달할 수 있지만, 그것이 '감정'과 '현실'에서 가시화되기는 쉽지 않다. 이 문제를 돌파하기 위해서 '작가'와 '조선인'은 먼저 '신민=국민'이 되어야 한다고 믿었는데, 그것은 창씨개명이나 일본에 협력하는 것만으로는 달성될 수 없는 것이었다. '지적'인 차원에서의 '국민화'는 '위'에서 시작된 수직적 주체화의 방향이며, 그것이 '감정'과 '생활'의 차원에서 강력한 효과를 발생시키기 위해서는 '아래'에서 시작되는 자발적 복종에의 욕망이 필요하기 때문이다. 현영섭과 최재서가 찾은 이 문제의 해답은 '죽음'이다. 최재서는 조선의 작가들에게 "뱃속으로부터 올라오는 힘이 없고 열정이 없"[24]는 이유는 "피로써 국토를 지킨다는 각오가 없"기 때문이고, "반도인이 일본에 대하여 조국 관념을 가장 유일한 길은 제국 군인이 되어 직접 국토 방위의 임무를 맡는 것 외에는 없다"[25]고 단언한다. 제국 일본에게, 그리고 자신에게 스스로가 '국민'임을 증명하고 확실한 '조국' 관념을 획득하기 위해서는 전장에 나아가 피를 흘려야 한다는 것이다. 현영섭 역시 「내선일체완성에의 길」에서 "조선인인 (…중략…) 일본인으로 죽을 뿐이다"라는 주장을 통해 '죽음'이 '국민'의 삶을 완성하는 길임을 천명했다. "황민으로서의 삶은 일본 제국의 광대한 영토에 편재하지만, 그 삶이 완수되는 것은 일본이라는 자격을 얻을 때뿐이다. 그리고 식민지/제국의 생명-권력은 그 자격과 죽음의 교환을 제안한다."[26] 조선인이 '국민(일본인)'이 되는 유일한 길은 (일본을 위해 싸우다) 죽는

24 최재서, 「징병제 실시와 지식계급」, 『전환기의 조선문학』, 영남대출판부, 2006, 149면.

25 위의 글, 152면.

26 차승기, 「흔들리는 제국, 탈식민의 문화정치학」, 한국-타이완 비교문화연구회 편, 『전쟁이라는 문턱』, 그린비, 2010, 173면.

것이며, 이는 죽음이 곧 삶을 지탱시키는 원리라는 난해한 물음으로 다가온다. 이러한 죽음의 권리는 모리스 블랑쇼가 '공포정치'[27]에서 읽어낸 '죽음'의 의미와 정확히 일치한다.

4. 국민시의 시형詩形과 예술성

일제 후반기의 '국민-주체'에게는 '죽음=삶'이라는 비상식적 논리가 '윤리'라는 이름으로 강제되었다. 이 시기에 발표된 상당수의 언설에서 '국민문학', '국민시(가)'는 '생활', '윤리' 등의 개념들과 이웃 관계에 있다. 예를 들어 좌담 「국민문학의 1년을 말한다」(『국민문학』, 1942.11)에서 참석자 유진오는 지난 1년간의 창작을 되돌아보며 작가들이 "정치와 생활을 분리해 생각"했다고 지적하면서 "정치적인 것이기 때문에 안 된다는 것도 아니고, 정치적인 것을 쓰지 않아서 나쁘다는 것도 아"[28]니라고 주장한다. 이에 다나카 히데미쓰田中英光[29]는 유진오의 발언을 지지하면서 정치성

27 결국 누구에게도 자신의 삶에 대한 권리란, 실제로 나눠지고 물리적으로 구분되는 자신의 실존에 대한 권리란 없다. 이것이 공포정치의 의미이다. 개개의 시민은 말하자면 죽음에의 권리를 갖는다. 죽음은 그에 대한 유죄 판결이 아니라, 그의 권리의 본질이다. 그는 죄인으로서 제거되는 것이 아니라, 스스로가 시민임을 확인하기 위해 오히려 죽음을 필요로 하고, 그리고 죽음의 소멸 가운데 자유는 그를 태어나게 한다(모리스 블랑쇼, 이달승 역, 『카프카에서 카프카로』, 그린비, 2013, 38면).

28 문경연 외역, 『좌담회로 읽는 『국민문학』』, 소명출판, 2010, 278면.

29 다나카 히데미쓰(田中英光, 1913~1949)는 동경 출생의 소설가이다. 1935년부터 약 8년간 조선에 체류했다. 1935년에 쓴 단편이 다자이 오사무의 눈에 띄어 일본문단에 등단했고, 훗날 다자이 오사무의 죽음에 충격을 받아 그의 무덤 앞에서 자살했다. 1942년 9월 5일 이후 잠시 조선문인협회 총무부 간사를 맡기도 했다. 이석훈과 각별한 교우관계였고, 이광수, 유진오, 이효석, 이무영, 정비석, 조용만, 정인택, 최정희 등과도 친밀한 관계였다. 대표작으로 일본문인 사카모토와 조선문인 노천심의 사랑을 배경으로 쓴 『취한 배』가 있다.

을 고려하지 않아도 "생활에 충실한 것을 예술적이고 세련되게 쓰면 그것이 그대로 국민문학이 된다"라고 말하면서 『만엽집』에 등장하는 작가 미상의 노래들 또한 훌륭한 국민문학이라고 주장한다. 이에 대해서 최재서는 "생활에 충실하다면 국민문학"이라는 취지의 발언을, 다나카는 이때의 '생활'이 "실제 생활이 아니라 윤리로서의 생활"임을 주지시키고 있다. 그러니까 "일본정신의 예술화"를 목표로 등장한 '국민문학', '국민시(가)'는 국민의식이나 조국관념 같은 초월적 가치에 의해 매개되어야 하는 것이지 일제의 정책을 계몽 · 선전함으로써 도달할 수 있는 경지가 아니었던 것이다. 스키모토 나가오杉本文夫의 표현을 빌리면 그것은 "부르짖음에 지나지 않"는다.[30] 그럼에도 불구하고 조선인 작가들에게, 또는 그들 스스로가 일제의 정책을 선전하는 것과 '국민문학', '국민시(가)'를 동일시했던 까닭은 '신민'과 '국민' 사이에 조선인이 넘을 수 없는 부등호(≠)가 존재했기 때문이며, 목적의식적인 문학의 선전적 효용으로 그것을 돌파하려 했던 조선의 문학인들은 한층 과격한 방식으로 일제에 복무함으로써 그것이 가능하다고 믿었던 듯하다. 하지만 이 시기에 행해진 좌담들을 살펴보면 그러한 문학적 경향이 문학의 질적 하락을 불러옴으로써 애초의 의도마저 달성하지 못했다는 비판이 일반적인 평가였다. 그러므로 조선인들에게 '신민=국민'이라는 등식에는 운명적인 미끄러짐이 있을 수밖에 없었다. 이는 당시 재조일본문학인들의 작품과 조선문학인들의 작품을 단순하게 비교해보아도 쉽게 확인된다. '신민=국민'이라는 등식을 의심하지 않았던 재조일본문학인들에게서는 과격하고 기계적인 표현을 통

30 위의 책, 298면.

해서라도 도달하고 싶은 조급함이 거의 없었다.

이러한 사실은 질문의 방식을 조금 바꿔보면 한층 분명해진다. 만일 '국민문학'과 '국민시(가)'가 일제의 정책을 계몽·선전하는 도식적인 언어의 반복으로 성취할 수 있는 것이었다면, 당시 '국민문학'과 '국민시(가)'에 관한 논의에서 『만엽집』이나 『고사기』 같은 전통적인 텍스트들은 왜 그토록 집요하게 강조되었던 것일까? 또한 일본의 전통을 동아 전체를 영도할, 나아가 동양·서양의 문화를 종합한다는 주장이나, 그 방편으로 제안된 서구 근대의 초극은 '국민문학'과 '국민시(가)'와 관련하여 어떤 함의를 지니는 것일까? 이 물음에 답하기 위해서는 '국민시(가)'를 이해하는 기존의 태도에서 조금 벗어날 필요가 있다. 물론 이 거리가 '국민시=친일시'라는 기존의 논의를 부정하거나 그것과는 다른 시각을 제안하기 위해서 요구되는 것은 아니다. 다만 기존 연구에서 '국민시'는 항상 '내용'의 차원에 강조점이 두어져 그것이 일본의 국책을 선전하거나 미화했다는 비판만을 받았다. '국민시=친일시'라는 등식이 선험적 조건처럼 작용함으로써 그것의 시적 특징이나 형식 같은 다른 면모를 은폐하는 효과를 재생산했던 것이다. 가령 오세영은 「암흑기의 '국민시'」에서 "일제 어용시란 순수문학이 아니고 일종의 목적문학인 까닭에 그 작품에서 전달하고자 하는 메시지의 내용이 무엇인가 하는 측면"에서부터 살피는 것이 순서라고 주장하면서 국민시를 내선일체와 황도사상의 고취, 태평양전쟁의 합리화와 전의 고취, 승전 축하-기념시, 전쟁영웅에 대한 찬양-찬가, 징병 독려 및 자원입대 강요의 다섯 가지로 구분하고 있다. 물론 이러한 구분에 이어 언어, 형식, 소재, 표현의 특징을 간략하게 지적하고 있지만, 전체적인 논의의 초점은 시가 표현·전달하고 있는 내용에 맞춰져있다. 김응교 역시 「일제 말 조선인이 쓴 일본어 시의 전개과정」에서 "시 내용의 변이과정을 시대의 변화"에 맞추어 ① 남태평양에서의 승리 찬양-승리기(1941.12~1942.6), ② 내선일체와 징병제 강화-패전기(1942.6~1944.6), ③ 죽은 자에 대한 송가-대공습기(1944.6~1945.8)로 정리하고 있다. 시기와 내용의 구분에서 미세한 차이는 가능하지만 전반적으로 일제 후반기의 '국민시(가)'는 이런 방식으로 분류되어 왔다. 그런데 당시의 '국민시' 논의에는 '내용(국책 선전과 계몽)' 이상의 어떤 것이 포함되어 있었다.

1943년 2월 『국민문학』은 '시단의 근본문제를 말한다'라는 제명의 좌담회를 개최했다. 이 좌담회에는 사토 키요시, 가네무라 류사이(김용제), 데라모토 기이치(사토 키요시의 제자이자 시인. 일제 말기 국민문학계를 주도했다), 조우식(비평가이자 화가), 스키모토 나가오(훗날 『국민시인』의 발행인)가 참석했고, 『국민문학』 측에서는 최재서와 김종한이 참여했다. 이 좌담에서 김종한은 시인의 혁신과 관련하여 중요한 문제를 제기한다.

> 일본인이 되어야 한다는 것은, 두부장수든, 채소장수든, 관리든, 선생이든, 누구나 그래야 한다고 생각하는 공통된 대의명분처럼 근본적인 마음이라고 봅니다. 그러나 시인의 혁신은 실제 문제로 생각해 보면 그런 것이 아닙니다. 국어에 숙달해서 그 기계성을 초극하는 것도 혁신이겠고, 만요[萬葉]의 정신을 체득하는 것도 혁신의 훌륭한 방법일 것입니다. 또한 취미로 하이쿠나 단카를 배우는 것도 혁신의 구체적인 길일 것입니다.[31]

31 김종한, 「좌담 — 시단의 근본문제를 말한다」, 『국민문학』, 1943.2.

여기에서 김종한은 "일본인이 되어야 한다는 것", 즉 국민화와 "시인의 혁신"을 구분하고 있는데, 그것은 '국민문학', '국민시(가)'의 맥락에서 시인에게 요구되는 '혁신'은 국민의식을 고취하고 조국관념을 갖는 것과 동일하지 않다는 의미이다. 김종한의 이러한 지적은 1942년 11월에 있었던 좌담회 '국민문학의 1년을 말한다'에서 스키모토 나가오杉本丈夫의 비판과 일맥상통한다. 이어서 김종한은 시인의 혁신에는 국어(일본어)에 능통하는 것, 『만엽집』(만요슈)의 정신을 체득하는 것 등의 방법이 있을 수 있으며, 하이쿠나 단카를 배우는 것 역시 그 가운데 하나라고 주장한다. '단카'는 5·7·5·7·7조에 맞춰 모두 합해 31글자로 완결되는 일본의 정형시 단가短歌를 의미한다. 이 시기 일본의 대표적인 전통이라고 칭송된 『만엽집』에는 4,500수의 단가가 실려 있다. 김종한의 이러한 문제제기가 당시 어느 정도의 반향을 불러일으켰는지는 확인할 수 없다. 하지만 『국민시가』의 일면을 살펴보면 김종한의 지적이 중요했음을 확인할 수 있다. 이 잡지는 특이하게도 창작란을 '단가작품'과 '시작품'으로 구별하고 있고, 분량이나 비중의 측면에서도 단가가 시詩보다 압도적이다.[32] 가령 1941년 9월 호의 경우 4편의 비평 가운데 1편(「단가의 역사주의와 전통」)이, 1941년 10월 호의 경우 6편의 비평 가운데 2편(「단가의 역사주의와 전통」, 「대륙단가 비망록」)이, 1941년 12월 호의 경우 5편의 비평 가운데 3편(「문학적 전통」, 「단가의 역사주의와 전통」, 「단가의 전통 또는 정신과 혁신」)이 직접적으로 단가에 관한 것이다. 이것은 『국민시가』의 필진이 매우 제한적이었음에서 비

32 1935년 경성의 조선공론사에서는 조선을 소재로 한 일본인들의 단가모음집 『조선풍토가집』이 출간되었다. 이 책은 이 시기 '단가'의 위상을 보여주는 중요한 책인데, 이에 대해서는 구인모, 「단가로 그린 조선의 풍속지」, 『사이』 1, 국제한국문학문화학회, 2006, 215~235면 참고.

롯되는 현상이기도 했으나, 실제로 단가를 일본적 전통의 중요 형식으로 인식하고 있었음을 의미한다. 김종한 또한 '단카'에 상당한 관심을 갖고 있었다. 김종한은 『국민문학』 좌담회가 개최되기 1년 전인 1942년 4월에 『녹기』(1942.4)에 발표한 「단가문외관短歌門外觀」에서 '단카'를 "청탁淸濁을 아우른 넉넉함이 넘치고 있다. (…중략…) 대동아건설에 필요한 일본민족의 친화성이나 포용력이 있는 것이다"[33]라고 고평하고 있다. 이 글의 도입부는 '하이쿠'를 좋아하는 이석훈과 '단가'를 좋아하는 자신을 비교하는 것으로 시작되나, 그 끝은 "하나도 남김없이 근대는 종언終焉을 고하지 않으면 안 될 것이다"라는 근대초극에의 의지로 수렴되고 있다.

또 하나, '국민시(가)'와 관련한 필진의 상당수가 1920~1930년대에 조선의 전통음악, 민요, 한시 연구에 참여했던 일본인이었음은 주목을 요한다. 그들은 일제의 대표적인 이데올로그였지만, 시를 단순한 이데올로기의 선전장으로만 여기지는 않았다. 가령 『국민시가』의 대표적인 필진 가운데 한 사람인 다나카 하츠오田中初夫는 『조선급만주』에 조선아악雅樂의 악률에 관한 글을 연재하기도 했다. 상당한 분량의 이 글에서 그는 서양, 중국, 일본, 인도 등의 음악이론과 조선의 음악이론을 비교하면서 조선 음악의 독자성을 해명하려 했으며,[34] 그의 이러한 시각은 당대는 물론 오늘날까지도 중요한 선행연구로 평가된다. 아울러 이 시기에 조선에서 활동했던 일본인 시인들, 가령 노리타케 가츠오則武三雄, 미요시 다츠지三好達治 등도 모더니즘이나 자유시형에서 출발했으나 일제 후반기로 접어들어서는

33 친일반민족행위진상규명위원회 편, 앞의 책, 434면.

34 김수현, 「일제강점기 국악 관련 학술적 연구 경향 고찰」, 『한국음악사학보』 48, 한국음악사학회, 2012, 86~89면 참고.

단형의 빼어난 서정시를 쓰는 쪽으로 경향을 바꾼 문학인들이었다. 자유시, 모더니즘, 계급주의에서 각각 출발했던 많은 시인들이 이 시기에 이르러 일제히 일본의 전통시형에 근접하고 있음은 우연의 일치일까? 어쩌면 그것은 메이지明治 시기에 서구 근대를 모방하기 위해 버려야만 했던 전통 형식을 '근대의 초극'이라는 모토하에 복권시키려 했던 것은 아니었을까? 일본은 메이지 시대에 서구시를 수용하기 위해 전통적인 시 형식들을 모두 부정했다. 가령 서양의 근대문학이 구체적인 작품의 형태로 처음 일본의 독자들에게 소개된 것은 1882년 영미시의 번역과 번역자들의 창작시를 모은 『신체시초新体詩抄』였다. 셰익스피어, 토마스 그레이, 롱펠로우, 테니슨 등의 시를 번역한 이 책에서 번역자들은 근대 장시에 어울리는 매체를 마련하기 위해 한시, 와카, 하이카이 등의 정형을 모두 버리고 전통적인 운율인 7·5조만을 '쓸모 있는 과거'로 간주, 그것에 일정한 변형을 가했다.[35] 일제 후반기의 '국민시(가)'에서는 정반대의 의지가 작용했는데, 그것은 서구의 근대문학을 '초극'의 대상으로 설정하고 일본의 과거 전통 시형을 되살려 그것을 '동아'의 공통적 시형詩形으로 뿌리내리게 하려는 움직임이었다. 이 지점에서 '국민시(가)'는 다시 음악성이 강조되거니와, 그것은 '국민시(가)'에 관한 이론적 논의들이 시의 음악성, 즉 낭독/낭송에 커다란 관심을 기울였다는 것, 미치히사 요시미道久 良가 창간한 잡지의 제명이 '국민시'가 아니라 '국민시가'였다는 사실에서 확인된다. 사정이 이렇다면 이광수가 일본정신의 혈통성을 강조하기 위해 자신의 첫 '국

35 이 과정에 대해서는 가와모토 고지(川本皓嗣), 「일본 시가에서 전통과 근대의 상호관계」, 『동아시아문화연구』 43, 한양대 동아시아문화연구소, 2008 참고.

민시'를 '와카'로 지은 것[36]이나 1940년대에 김억이 『만엽집』을 초역하고 『애국백인일수』(1941)의 와카를 시조 형식으로 번역한 행위 또한 같은 맥락에서 이해할 수 있지 않을까? 한때 최남선은 '시조'를 '조선심'을 표현하는 조선 고유의 음률이라고 정의했는데, 그렇다면 김억은 "최남선이 가다듬은 평시조의 엄격한 형식을 와카의 형식에 적응시키면서, 결국 민족의 공통감각을 팔굉일우의 이상을 표상하는 제국의 공통감각 속으로 흡수시켜버리고 말았"[37]던 것은 아닐까? 또한 이것이 일제 후반기에 많은 일본인 — 특히 스키모토 나가오杉本丈夫[38] — 이 김종한의 시를 높이 평가한 이유도 여기에 있었던 것은 아닐까?

5. 1930년대 후반 담론의 지형과 국민시

일제 후반기 시의 성격은 '국민시' 논의와 분리될 수 없다. 그동안 '국민시'에 관한 논의는 주로 '언어'를 중심으로 진행되어 왔다. 이 경우 '국어(일본어)'가 공식 언어가 되고, '조선어'로 발행되던 매체들이 『국민문학』

36 이광수의 '국민시'와 '와카'에 대해서는 최현식, 「이광수와 '국민시'」, 『상허학보』 22, 상허학회, 2008 참고.

37 구인모, 「한국근대시와 '국민문학'의 논리」, 동국대 박사논문, 2005, 205면.

38 저는 실은 김종한 씨에 대해 잘 알지 못하고 단지 시를 통해서만 김종한 씨의 사고방식을 여러모로 상상하고 있었습니다. 그런데 이번에 김종한 씨가 보여주신 시적 태도가 제게 지금까지 상상하던 것과 정확히 일치하더군요. (…중략…) 저는 생활을 파악해서 생활 그 자체를 태책해 나가는 방식이 진실되다고 봅니다. 우리가 감동받는 것을 단적으로 파악하지 못하면 진정한 시는 나오지 않습니다. 우리는 언어를 연마하고 있기 때문에 관념적으로 언어를 구사할 수는 있지만 생활 속에서 파악한 것이 아니면 안 됩니다. 그것이 김종한 씨의 사례에 잘 나타나 있습니다. 언뜻 드러나 있지 않은 것처럼 보이는 것에도 참된 진실성이 있습니다. 예를 들어 글라이더를 날리는 것을 그린 「유년(幼年)」에는 침착한 정조 속에 진실성이 담겨 있습니다. 굉장히 간단한 표현이었지만, 정말 좋았습니다(문경연 외역, 앞의 책, 298~299면).

으로 통폐합되었다는 사실, 그리고 '국민문학'이 천황제 파시즘과 전시체제의 문학적 이데올로기부터 기능했다는 점이 강조됨으로써 1941년 이전과 이후의 시기가 분절된다. 하지만 이 글은 1941년 이후에 본격화된 '국민문학' 담론이 이미 중일전쟁 이후의 정세 속에서 논의되고 있었다는 점에 주목하였다. 물론 여기에는 1941년 이전에도 이미 '국문문학(국민시)'에 관한 논의들이 다수 있었다는 실증적인 이유도 포함된다. 일반적으로 일제 후반기의 '국민시'는 1941년에 창간된 『국민문학』을 중심으로 논의되어 왔으나, 최재서가 동명의 잡지를 창간하기 이전에도 '국민시' 논의는 있었고, 실제로 『국민문학』보다 앞선 시기에 조선에서 『국민시가』가 발행되었다. 따라서 일제 후반기 시의 성격 고찰에서 중요한 위치를 점하고 있는 '국민시' 논의는 1941년 9월 창간된 『국민시가』와 1945년 『국민문학』의 자매지로 인문사에서 발행한 조선문인보국회 시분과의 기관지 『국민시인』(1945)에까지 확대될 필요가 있다. 즉 『국민시가』(1941), 『국민문학』(1941), 『국민시인』(1945)을 하나의 계열로 인식하고, 그 내부의 차이와 반복을 구명하는 것이 '국민시'에 대해 정확한 이해를 가져다 줄 것이다. 1941년에 창간된 『국민시가』는 당시 조선에 거주하고 있던 일본인들이 주도했고, 1945년에 창간된 『국민시인』은 사토 키요시를 정점으로 한 경성제국대학의 영문학도들이 실질적인 주도세력이었다. 이러한 주도세력의 성격 차이는 두 잡지의 지향점에서 미세한 차이로 드러났다면, 그럼에도 불구하고 이들 잡지는 천황제 파시즘을 옹호하고 전시체제를 선전하는 국책문학의 성격 이외에 일본의 전통적 시가 형식을 통해 서구 근대문학의 가치를 초극하려는 시도를 보였다는 점에서 흥미로운 일치점을 드러낸다. 이 시기의 '국민시'는 국책의 중요성만이 아니라 시 특유의 '형식'에 대한 논의를 통해서 '국민'시이면서 국민'시'여야 한다는 예술적 강박을 노출하고 있었다. 이런 맥락에서 '국민시' 논의에 하이쿠, 단카 등의 형식 논의가 도입되었고, 조선의 시인들이 일본적 시형과 조선적 시형을 절충하려는 노력을 했다는 사실을 '국책'의 도구적 성격만큼이나 중요한 의미를 갖는다. 지면의 제한과 필자의 한계 때문에 일본적 정형이 자유시형과 어떻게 충돌하고 어떤 과정을 거쳐 그것들을 밀어냈는가를 밝히지는 못했지만, 이것은 '내용' 중심의 '국민시' 논의가 시(가)의 '형식'에 관한 연구를 통해 보충될 때 '국민시'의 의미와 성격이 전체적으로 드러날 것임을 말해준다. 일제 후반기에 등장한 '국민시' 담론은 '내용'의 이데올로기인 동시에 '형식'의 이데올로기였다. 이런 맥락에서 1930년대 후반에 급격히 늘어난 '향토성'과 '전통'에 대한 논의도 '국민시'의 성격을 연구함에 있어서 배제할 수 없을 것이다.

제3장

일제 후반기 시에 나타난 향토성 문제

1. 들어가며

1930년대 후반, 조선은 '위기'의 시간을 경과하고 있었다. 1931년 만주사변을 통해서 대륙침략의 의지를 표명한 일본은 1937년 중일전쟁을 계기로 파시즘 체제를 구축하기 시작했고, 1938년에 발표된 두 차례의 코노에 성명을 통해서 "동아시아의 영원한 안정을 확보할 신질서를 건설"한다는 동아신실서론을 주창했다. 일 · 만 · 지 3국의 "선린우호 · 공동방공 · 경제제휴"를 내세운 코노에 3차 성명은 담론의 층위에서는 자본주의의 위기를 극복하고 동아시아 공동체를 건설하겠다는 방향성을 표방했지만, 실제 그것은 일본의 제국주의적 침략을 뒷받침하기 위한 경제 블럭의 결성을 염두에 둔 것이었다. 이 동아신질서론은 일본이 영미와의 이른바 '최종전쟁'에 돌입하는 1940년 무렵에는 '대동아공영권'이라는 슬로건으로 바뀌었다. 일제 후반기 조선을 둘러싸고 전개된 이러한 정세의 급격한 변화는 조선문학의 주조에도 큰 영향을 끼쳤다. 특히 1935년 카프의 해체는 사회주의 이념으로 상징되는 근대화의 역사적 과정이 불가능하게 되었다는 위기감을 낳았다. 이 위기감은 1937년 이후 정세가 급변하면서 더욱 심화되었는데, 근대의 파산이라는 이 위기를 봉합했던 담론의 하나가 바로 '조선적인 것'이었다. 이 글은 일제 후반기 시에서 광범위하게 목격되는 '향토성' 문제를 '조선적인 것'이라는 담론의 층위와의 관련 속에서 해명하는 것을 목적으로 삼고 있다.

'조선적인 것'에의 관심은 식민지 시기 전체에 걸쳐 다양한 형태로 드러났다. 멀게는 1920년대의 시조부흥운동이나 조선어학회를 중심으로 한 고전연구에서부터 가깝게는 1930년대 중반 저널리즘에 의해 주도된 고전부흥운동에 이르기까지, 식민통치의 하나로 행해진 '조선 연구'에서 백남운, 신남철, 박치우, 김태준 등 경성제대 출신에 의해 주도되었던 '조선학 연구'에 이르기까지, 사실상 '조선적인 것'에의 관심은 동양론과 더불어 "1930년대 이후 시대의 에피스테메"[1]에 해당하는 것이었다. 그러나 선행 연구들이 지적했듯이, 1920년대의 '조선적인 것'에 대한 관심과 이 시기 동양론의 영향권 안에서 제기된 '일본적인 것'의 조선적 판본에 해당하는 '조선적인 것' 사이에는 커다란 차이가 있다. 1920년대의 '조선적인 것'에의 관심이 민족주의 의식에 뿌리를 두고 있었던 반면, 1930년대 후반 '조선적인 것'에의 관심은 근대의 파산, 근대의 초극과 같은 사상적 맥락을 배경으로 근대와 근대성의 문제라는 양상을 띠었다. 이 시기에 등장한 '조선적인 것'에의 관심 일체를 동양론의 일종으로 환원하는 것은 지나친 단순화겠지만, 1930년대 초반까지 조선의 담론장을 지배했던 '서

1 정종현, 「식민지 후반기(1937~1945) 한국문학에 나타난 동양론 연구」, 동국대 박사논문, 2005, 6면.

구=보편 / 조선(동양)=특수'라는 등식이 이 시기에 이르러 '동양(일본)=보편 / 조선=특수'라는 도식[2]으로 바뀌지 않았다면 1930년대 후반에 동양문화에 대한 연구와 '조선적인 것'에의 관심이 집중적으로 개진될 수는 없었을 것이다. 뒤에 자세히 설명하겠지만, 이 도식에 변화가 없었다면 '조선적인 것'에의 추구는 민족주의로 흡수되기 쉽고, 이는 1937년 이후 일제의 사상탄압과 검열이 엄혹했던 상황에서 용인되기 어려웠을 것이기 때문이다. 때문에 1930년대 후반 문학장에서 '조선적인 것'의 위상을 올바로 해명하기 위해서는 먼저 그것과 '동양 담론'과의 관계를 살펴볼 필요가 있다.

2. '조선적인 것'과 '로컬'이라는 문제

일제 후반기에 '조선적인 것', '향토색'(로컬 컬러)이 핵심적인 문제가 된 것은 내선일체나 동아신질서, 대동아공영권 같은 제국의 이데올로기 때문이다. 이는 앞에서 언급한 '보편'과 '특수'라는 개념쌍의 문제라고 말할 수도 있다. 1938년 일본은 중일전쟁이 장기화되고 조선인의 반일감정이 고조되자 '내선융화', '국체명징'에서 한 걸음 나아가 '내선일체'를 주장하기 시작했다. 당시 총독 미나미는 내선일체의 최후목표를 "내선 무차별 평등에 도달하는 것"이라고 설명했는데, 이것은 조선과 일본이라는 두 실체의 통합이 아니라 조선의 독자성을 말살하는 조선의 일본화를 의미하는 것이었다. 당시 내선일체론은, 제국 일본의 의도와 달리, 이중적인 논리의 중첩점으로 받아들여졌는데, 그것은 내선일체가 일본의 입장에서는

2 이 도식에 대해서는 고봉준, 「일제 후반기 담론 지형과 『문장』」, 『국어국문학』 152, 국어국문학회, 2009 참고.

동화의 정책이었지만, 피식민지 지식인에게는 차별로부터의 해방으로 오인되기도 했기 때문이다. 이러한 담론의 이중성은 조선적인 것, 향토색 담론에서도 동일하게 반복되었다.

'향토'란 생활 세계가 아니라 조선적인 것, 동양적인 것을 찾으려는 시선에 의해 매개된 근대의 발명품이다. 주지하듯이, 이 시기 '향토색'은 지역이라는 단순한 공간적 의미보다는 지방, 즉 중심(도시)과 대비되는 시골, 농촌 등을 의미했다. 그것은 촌스러움과 다르지 않았고, 때문에 거기에는 다분히 '중심'의 시선이 내재되어 있었다. '중심'의 시선에 의해 매개되지 않는 '향토'란 존재하지 않기 때문이다. 당시에 발표된 비평문, 특히 몇몇 중요한 좌담들을 살펴보면, 내선일체라는 슬로건이 조선의 문학인들에게 '조선적인 것'과 '향토색'이 보편과 특수라는 논리적 개념쌍에 의해 매개되어 있었음을 알 수 있다. 가령 『국민문학』 창간호 좌담 「조선 문단의 재출발을 말한다」가 대표적인 사례이다.

> **테라다 에이** 다만 내지와 조선과의 차이라는 것은, 조선은 종래 조선적이라든가, 향토적이라든가, 조선문학이 성장해 온 것을 지금 갑자기 넓은 의미의 일본적, 국책적 — 나는 국책적이라는 것은 그다지 좋아하지 않습니다. 국책적이 아니라, 국시적이라고 부르는 것이 좋을 것입니다. — 단 시간 안에 그와 같이 전환하는 것은 조선사람에게는 지금은 무리일지도 모릅니다. 결국에는 언제까지나 조선적인 것으로만 있는 것은 허락되지 않을 것입니다. 같은 조선적이라 해도 그것은 일본적인 것 속의 조선적인 것으로 되어야만 한다고 생각합니다. 그것에서 지금 카라시마씨가 말씀하셨던 것처럼, 지성과 감성이 하

나가 되고, 문학을 문학으로서 표현하기 위해서, 작가 자신이 실천의 고통을 당연히 느끼지 않으면 안 된다는 것은 당연한 것입니다.

최재서 금후 조선문학에서는 두 가지 방향을 생각할 수 있습니다. 하나는 조선적인 성격, 자기가 하늘로부터 부여받은 것, 그것을 완전히 말살하지 않는다면 국민화되지 않는다는 논의가 있습니다. 또 한편, 그렇지 않고 이런 것은 살리는 것이야말로 결국 국가에 도움이 되는 것이 아닐까 하는 추상적일지는 모르지만, 그러나 그것이 구체적으로 나타나는 경우도 있습니다.

백　철 꽃무늬의 신발을 그리는 것에 의해서, 반도의 것에 대한 영탄적인 무언가를 표현하는 것으로 조선적인 것을 그려내는 특수한 태도를 부정하려는 것입니까?

박영희 우리의 지금 단계를 하나의 특수성이라고 너무 생각하는 것만으로는 안 된다고 여겨집니다. 능동적이지 않으면 안 됩니다. 따라서 우리들의 사명은 국가가 이런 것을 시키기 때문에 어쩔 수 없이 하는 것이 아니라 국가의 정신, 일본정신 아래서 위로부터의 명령이 아니라도 스스로 자신하여 진행한다는 생각, 이것이 이 시대에 처해 있는 우리 작가에게 부과된 임무인 것을 이해하지 않으면 안 된다고 생각합니다.

네 사람의 발언을 편의적으로 발췌 · 인용해 보았다. 문학에서 내선일체의 중요한 임무 가운데 하나가 "민족사상의 잔재를 일소하는 것"이었던 만큼, 내선일체를 둘러싸고 보편과 특수를 주장하는 논자들의 사상 또한 예리하게 대립하고 있음을 알 수 있다. 이 좌담에서 경성일보 학예부장인 테라다 에이와 문인협회 간사장 박영희는 조선의 문학인들이 조선적인 것 내지 향토적인 것을 강조하는 태도에 대해 비판적인 입장을 취하고 있고, 최재서와 백철은 조선의 문학이 향토성을 띠는 것은 특수성의 측면에서는 불가항력임을 주장하고 있다. 그리고 좌담에 참석한 경성제대법문학부 교수 카라시마 쯔요시 역시 "오늘날의 조선작가는 그런 특수한 성격을 특히 제기하려 하는 노력보다도 먼저 시대를 연구하고 시대의 감정을 획득하는 데 모든 정력을 쏟아야 할 것"이라는 말로써 조선적 특수성을 옹호하는 논자들을 비판한다. 이런 조선적 특수성을 부정하는 주장과 최재서가 영문학적인 감각에 기대어 "반도작가의 예술적 특질이라는 것은 이때 대대적으로 조장해야 하지 않을까요"라고 주장하는 것 사이에는 상당한 거리감이 있음을 알 수 있다.

임화 역시 「현대 조선문학의 환경」과 1938년 『경성일보』 좌담 「조선문화의 현재와 장래」에서 조선문학의 특수성을 강조하는 입장을 견지했다. 「현대 조선문학의 환경」(1940)에서 임화는 내선일체론 안에서 조선문학의 특수성을 이렇게 설명한다. "동경에서는 벚꽃이 3월 초에 피지만 조선에서는 4월 하순에 피며, 내지에서는 밀감이 나지만 조선에서는 나지 않는 것과 마찬가지 사실이다. 경성의 벚꽃을 3월 초에 꽃 피게 하려 해 보았자 불가능한 일이다. 밀감을 일부러 조선에 가져 올 필요는 없는 것이다. 그것은 평범한 생활의 특수성에 지나지 않는다. 현실의 개성에 불과하며 고유한 환경에 불과하다. 고유한 환경 속에서 고유한 문학이 탄생하는 것은 조선에서는 안 되는 밀감이 내지에서는 되는 것과 똑같은 일이다. 조선에서는 밀감 대신 맛있는 밤과 잣이 되지 않는가? 결국 조선문학은 우리 삶의 독특한 방식의 소산이다. 사람들은 객관적으로는 똑같은 세계에 살고 있으면서도 주관적으로는 다른 환경을 체험한다." 『경성일보』 좌담 「조선문화의 현재와 장래」에서는 이 조선문학의 특수성론이 '언어'의 문제로 바뀌어 제기된다. 이 좌담에서 임화는 일본의 문학인들에게 "조선인은 내지어로 쓰는 편이 좋을까, 아니면 조선어로 쓰는 편이 좋을까"라는 질문을 던진다. 보편과 특수로 양분된 앞의 좌담과 마찬가지로, 이 좌담에서도 국어(일본어)를 쓸 것을 요구하는 일본인 문학인들과 조선문학의 언어는 조선어여야만 하며 문학은 '번역'으로는 해결될 수 없다고 주장하는 임화와 유진오가 팽팽하게 맞선다.

일제 후반기 문화 전반에서 확인되는 '향토색' 논의는 제국 일본의 이국취향과 자신의 아이덴티티를 조선의 향토에서 찾으려던 문화인들의 무의식이 교차되는 지점에서 발화되었다. 이러한 두 개의 상이한 욕망이 '조선적인 것'의 표상을 둘러싸고 보편과 특수라는 형식논리학적 범주로 확장되었고, 내선일체론 내에서 조선적 아이덴티티를 어떻게 처리할 것인가라는 문제로 확대된 것이다. 이 문제에 대한 직접적인 사례는 일제 후반기 여러 매체에서 행해진 좌담들에서 직접 확인할 수 있다. 가령 『녹기』의 좌담 「새로운 반도 문단의 구상」에서 내지의 문단이 조선에 요구하는 것이 무엇이라고 생각하느냐는 『녹기』 발행인 테라모토의 질문에 정인택은 "그것은 이국취미입니다. 지방색이 농후한 것을 바라고 있습니다"라는 대답으로 불편한 심기를 드러내었고, 『국민문학』 좌담 「국민문학의 일 년을 말한다」에서 유진오는 "우리의 작품을 동경에 내보낸다고 해도 그 어떤 의미 있는 특수성을 지니지 않으면 안 된다고 생각합니다"라는 말로 일본적인 것이라는 보편성 내에서 조선적인 것의 특수성을 확인받으려 한다. 앞의 좌담에서 테라모토는 일본인 가운데에선 예외적으로 문학에서의 '지방적 특수성'을 인정하는데, 바로 그 때문에 그는 다나카 히데미츠에게서 비판("하지만 특수성만으로는 안 되지요. 특수성을 묘사하면서 본질적인 보편성으로까지 관철되지 않으면요")을 받는다. 일제 후반기 어느 누구도 정면으로 내선일체를 거부하거나 비판하지는 않았지만 그들이 생각하는 내선일체의 문학적 실천에는 쉽게 봉합할 수 없는 균열 또한 존재했다. 그리고 이것은 이국취미로서의 지방색과 특수성으로서의 조선적인 것(향토성)이 교착됨으로써 논의가 명쾌하게 분리되지는 않지만, 일본과 조선의 지식인 각각이 조선적 특수성의 실체를 상이하게 이해하고 있었음을 보여주는 대목이기도 하다. 일본의 입장에서 조선문학의 향토성은 중심과 주변의 차이를 확인할 수 있는 이국취미의 발로로 이해되었기에 때로는 정책적으로 권장될 수도 있었던 반면, 조선의 지식인들에게 '향토성' 문제는 첫째, 제국의 이국취미에 의해 포착된 식민성의 흔적, 둘째, 내선일체의 논리 안에서 확인가능한 조선 문화의 독자성을 동시에 뜻하는 것이었다. 이 경우 전자는 조선의 지식인들이 받아들이기 어려운 것이었고, 후자는 조선 민족의 독자성을 지움으로써 내선일체를 성취하려 했던 일본이 받아들이기 어려운 것이었다. 조선의 문학인들이 전자, 즉 조선의 문학을 지방색으로 규정하려는 일본인들의 시각을 받아들일 수 없었던 이유는 그 시선에 제국적인 위계가 내포되어 있었기 때문이다. 조선적인 향토색이 식민지 문화정책의 일환으로 권장되었던 미술의 경우와 마찬가지로, 이 시선은 곧 제국 일본의 식민지에 대한 표상이기도 했다. 그것은 한때 서구가 비서구를 바라보았던 '문명/야만'이라는 인류학적 시선을 제국 일본이 획득했고, 그 시선으로 조선을 본다는 것을 뜻한다. 여기에는 적어도 둘 이상의 분열이 존재하는데, 하나는 담론의 층위 바깥에서 내선 일체가 현실화될 수 없다는 것이고, 또 하나는 일본이 서구적인 시선으로 식민지를 바라보면서도 담론상으로는 서구적인 것을 넘어서려 했다는 것이다. 일본은 근대의 초극과 세계사적 전환이라는 역사철학을 근거로 서구=보편이라는 등식을 부정했지만, 그것은 보편/특수라는 대립쌍 자체의 해체가 아니라, 제국의 시선을 전유하는 과정에서 확인되듯이, 자신을 보편의 자리에 위치시키려고 했던 것이다. 이것이 바로 일제 '향토색' 논의가 제국 일본의 이국취향과 자신의 아이덴티티를 조선의 향토에서 찾으려던 조선 지식인들의 무의식이 교차될 수밖에 없었던 이유이다. 이런 맥락에서 일본은 조선문학의 향토색이 민족주의적인 담론으로 회수되지 않는다는 것을 확신할 수 있을 때, 조선문학의 향토색을 묵인하거나 심지어 권장할 수 있었다.

이처럼 보편과 특수를 둘러싸고 진행된 정치적 무의식의 이반離反은 "향토=조선"이라는 등식의 성립여부라는 첨예한 문제에까지 확장될 수 있다. 일제 후반기 제국 권력은 식민지 조선에서 민족주의의 발흥을 극도로 경계했다. 당시 일제가 검열제도를 통해서 걸러내려 했던 것은 민족주의와 공산주의였다. 잡지 『문학계』에 실린 좌담 「조선 문화의 장래」에서 임화는 하야시 후사오林房雄에게 '검열'의 기간을 단축시켜줄 것을 요구하고, 유진오는 "어떤 것이 압수됩니까, 우리가 생각하기에 그다지 나쁘다고도 생각되지 않는 것이……"라는 말로 검열의 억압성을 지적하고 있다. 이에 대한 하야시의 대답은 "반사회적, 반일적인 것은 단연코 단속합니다.

그 이외의 순문학적 입장에서 본 것은 대부분 관대하게 처리하고 있습니다"라고 답한다. 유진오의 지적은 공산주의와 관련한 '사상'의 문제를 제기한 것이며, 그에 대한 하야시의 대답은 사상적인 것이 아닌 "순문학적 입장"에서 쓴 것에 대해서는 관대하게 검열한다는 것이다. 실제 이 검열의 관대함이 어디까지 확장되었는가를 명시할 수는 없지만, 민족주의나 공산주의와 관계되지 않는 작품에 대해서는 엄격한 잣대를 제시하지 않았다는 것으로 이해할 수 있다. 그리고 만일 이런 해석이 가능하다면 검열의 핵심적인 대상이 민족주의와 공산주의였다는 주장도 가능할 것이다. 이와 관련하여 식민지 조선에서 국가를 표상하는 것이 금지되면서 '향토'가 국가의 대리보충물로 발견되었다[3]는 주장이 있다. 일제 후반기 문학에서 반복적으로 등장한 '향토'가 실제로는 잃어버린 국가, 즉 조선의 은유였다는 것이다. 그러나 이러한 주장은 일제 후반기에 발표된 대부분의 시집들이 고향, 향토, 향수 등을 주조로 하고 있고, 또 그것들이 상당수의 친일시인들이 즐겨 사용했던 시적 표상이었음을 해명하지 못한다. 이와 관련해서 김종한의 다음과 같은 발언은 그의 포지션을 염두에 둘 때 전부를 인정하기는 어렵다 할지라도 숙고의 여지를 제공한다.

> 혹은 향토에 대한 민족주의적인 향수를 가르킨 것인지도 모르겠습니다. 그러나 그것은 너무도 기우(杞憂)인 것이 사실 명일(明日)의 조선문단을 질머질 35세 미만의 청년들에게는 실감으로서의 민족주의란 것은 있을 리가 없기 때문입니다. 그들에게 만일 향수가 있다면 그것은 차라리 세계주의적

3 한만수, 「1930년대 '향토'의 발견과 검열 우회」, 『한국문학이론과 비평』 30, 한국문학이론과 비평학회, 2006, 394면.

인 자유주의의 부산물로서의 어떤 기분이 아닐가 생각합니다. 이 향수의 정체에 대하여는 다시 자세히 언급하겠습니다. 결코 그것은 민족주의적인 실감의 잔조(殘槽)는 아니라고 생각합니다. 그 향수가 때로 향토적인 소재에 결체(結體)되였달지라도 그것의 정체를 민족주의적인 것이라고 생각하는 것은 매우 위험한 단정일 것입니다. — 그리고 그러한 기분이란 것은 내지의 청년들과 더불어 조선의 청년들도 청산의 과정을 졸업하려고 하고 있지 않습니까.[4]

김종한의 주장을 한 마디로 요약하면 일제 후반기 시에서 '향토'는 민족주의적인 향수의 표상이 아니라 방향을 상실한 세대가 희구하는 낭만주의적인 이상의 상징이라는 것이다. 1940년 이후 최재서와 함께 『국민문학』의 실무를 담당했고, 정지용이 『문장』을 통해서 등단시킨 촉망받던 시인의 한 사람이었던 그가 동세대의 시에서 광범위하게 목격되는, 특히 "35세 미만의 청년들"의 시에 나타난 '향토'는 민족주의적인 감정과는 아무런 관련이 없음을 토로하고 있다. 해석은 항상 특정한 맥락을 수반하기 마련이기 때문에 김종한의 주장을 그대로 받아들이지 않을 수도 있지만, 적어도 그의 이런 주장은 1937년 이후 조선에서 출간된 시집들의 대다수가 고향에 대한 그리움과 도시적 삶의 곤핍함, 고독과 우울의 세계를 자연적인 비유에 근거해서 읊었던 이유가 무엇이었는지를 확인시켜 준다. 물론, 이것은 정지용의 1940년대 이후 시풍을 이어받은 김종한의 주관적인 평가에 불과한 것인지도 모른다. 그러나 만일 이러한 해석이 정당성

---

4 김종한, 「일지(一枝)의 윤리(倫理)」, 『국민문학』, 1942.3.

을 얻는다면, "향토에 대한 상상은 제국-일본과의 관계 속에서 로컬로서의 정체성에 저항하면서 조선문화의 정체성을 사유하고 확립하고자 했던 민족적이며 탈식민적인 실천으로 평가할 수 있을 것이다"[5]처럼 향토색이 탈식민적 저항의 근거였다는 주장은 근거를 잃게 된다. 이러한 주장은 '향토성'이 제국의 욕망과 맺고 있는 이중관계를 지나치게 단선적으로 이해하고 있다.

1930년대 후반 시의 특징은 모더니즘의 부정과 극복, 반反근대주의로 요약된다. 카프의 해체, 『문장』의 창간, 그리고 김기림의 「모더니즘의 역사적 위치」로 이어지는 모더니즘과 서구 근대성으로부터의 거리 두기가 이 시기에 출간된 시집들에서 광범위하게 드러난다. 물론, 이러한 주조의 변화가 근대초극론 같은 일제의 이데올로기에 직접적으로 영향을 받았다고 단정하기는 어렵다. 그렇지만 모더니즘의 극복이라는 시대적인 문제의식이 1930년대 후반 시에서 토속적, 목가적, 낭만적 경향과 더불어 향토성에 대한 탐색으로 표출된 것은 사실이다. 그리고 이것은 영화나 미술, 소설과 달리 집단적인 방식으로 수행된 것처럼 보이지는 않는다. 1937년부터 1945년 8월까지 국내에서 출판된 시집은 77권이다.[6] 이 방대한 시집들이 하나의 조류를 형성하지는 않고, 이 시기에 출간된 시집들에서 엿보이는 낭만주의적 · 자연주의적 경향을 모두 '향토성(로컬 컬러)'으로 환원하는 것 역시 올바르지 않다. 그렇지만 1937년 이후에 출간된 시집들의 절대다수는 도시와 농촌의 선명한 대비 속에서 도시를 디스

5 김진희, 「1930년대 조선문화의 정체성과 로컬 향토의 상상」, 『어문연구』, 61, 어문연구학회, 2009, 383면.

6 권영민, 『한국현대문학작품연표』 1, 서울대 출판부, 1998 참고.

토피아적 공간으로 그리거나, 전통, 고향, 자연의 세계에서 안식처를 찾거나, 도시 공간을 고독과 상실의 세계로 형상화하고 있다는 점에서 공통성을 보이고 있다. 이는 도시의 자본주의화가 광범위하게 진행됨에 따라 발생한 문제이기도 하거니와, 전통이나 고향이 대안적인 세계로 인식되고 있었음을 보여주는 사례라고 할 수 있다. 문제는 이 대안적 세계로서의 '자연'과 '고향(추억)'이 민족주의적인 맥락에 놓여 있는지, 그렇지 않으면 현재의 상실감이 기투하려는 관념적인 이상세계인지를 확정하는 일이다.

이 시기 근대 도시의 비극적 삶에 관심을 집중했던 오장환은 『성벽』(1937)과 『헌사』에서 전통과 고향의 세계로 방향전환을 시도했다. 『사슴』 이후의 백석과 『와사등』 이후의 김광균 역시 고향 시편들을 집중적으로 발표했다. 김기림은 백석의 『사슴』에 대해 "그 외관의 철저한 향토 취미에도 불구하고 주책없는 일련의 향토주의와는 명료하게 구별되는 모더니티를 품고 있"[7]다고 평했지만, '향토성'이라는 관념 자체가 근대적인 산물임을 감안할 때 이러한 평가가 반反근대주의와 배치되는 것은 아니었다. 정지용은 『백록담』(1941)을 통해서 동양적인 산수의 세계로 나아갔고, 장만영의 『양』(1937)과 『축제』(1939) 역시 비근대적인 세계를 보여주고 있다. 이러한 변화는 신세대에게도 동일하게 목격된다. 『문장』지로 등단한 이호우와 김상옥, 박남수, 김종한이 고전적인 자연세계를 시화詩化했고, 오일도, 장서언, 이한직이 향수鄕愁의 세계에 주목했으며, 이용악이 『분수령』(삼문사, 1937)과 『낡은 집』(삼문사, 1938)을, 신석초가 「바라춤」(『문장』,

7 김기림, 「『사슴』을 안고 – 백석시의 독후감」, 『조선일보』, 1936.1.29.

1941.4)을, 조지훈이 「고풍의상」(『문장』, 1939.4)과 「승무」(『문장』, 1939.12)와 「봉황수」(『문장』, 1940.2) 등을 발표했다. 전체적으로 이 시기의 시단은 반근대적인 상상력을 통해서 낭만주의적인 비감과 고독, 상실 등을 노래하는 방향으로 나아갔다. 이러한 경향성은 기성 시인들의 경우에도 대동소이하다. 박영희의 『회월시초』는 「감상의 폐허」나 「월광으로 짠 병실」이라는 제목에서 드러나듯이 낭만주의적 · 허무주의적인 세계에 머물러 있고, 이찬의 『대망』(1937), 『분향』(1938), 『망양』(1940)은 낭만주의와 모더니즘 사이에 위치하고 있으며, 조벽암의 『향수』(1938) 역시 2부에 실린 몇몇 토속성을 띤 시편들을 제외하면 고향을 상실한 존재의 고단함과 보금자리에 대한 갈망이라는 낭만성에서 벗어나지 않는다. 장만영의 『양』(1938)과 김동명의 『파초』(1938), 김상용의 『망향』은 목가적인 상상력을 전면에 내세우고 있으나 그것을 향토적인 색채라고 평가하기는 어렵고, 노천명의 『산호림』(1938)과 김광섭의 『동경』(1938) 역시 향토성보다는 도회적인 고독의 정서가 두드러진다. 이처럼 일제 후반기에 출간된 시집들은 첫째, 농촌과 도시를 대비시킴으로써 도회적 삶의 비극성을 환기하는 시, 둘째, 목가적인 상상력에 근거하여 자연세계로의 침잠을 노래한 시, 셋째, 도시적인 삶에서 느끼는 본질적인 고독과 상실의 감정을 노래한 시들로 구분할 수 있다. 그렇지만 이들 세 경향 가운데 어디에서도 근대적인 가치가 긍정되는 경우를 발견하기는 어렵다. 이것은 1930년대 후반 이후의 정세변화가 증명하듯이 근대성의 파산이 분명해진 상황에서 혼돈의 시대를 살아야 했던 시인들의 상실감이 시인 각자의 상상력으로 드러난 것이라고 평가할 수 있다. 친일의 여부와 별개로, 일제 후반기에 출간된 시집들 전반에서는 에스닉ethnic한 느낌이 강하게 드러나는데, 김종한의 지적처

럼 그렇다고 이것이 1920년대까지의 민족주의적인 관념과 연관성을 지닌다고 말하기도 어려운 측면이 있다.

3. 백석과 임학수 – 향토성의 두 가지 가능성

백석의 『사슴』(1936)과 임학수의 『팔도풍물시집』(1938)은 일제 후반기에 출간된 시집들 가운데 향토성이 가장 두드러지는 시집이다.[8] 백석은 1912년 평안북도 정주에서 태어났고, 임학수는 1911년 전남 순천에서 출생했다. 앞서 지적한 것처럼, 일제 후반기에 출간된 시집들의 상당수는 향토성 내지 향토적인 소재를 포함하고 있지만, 실제로 향토적인 세계를 한 권의 시집 전체에 응축한 사례는 이 두 사람이 대표적이다. 일반적으로 백석의 시는 정주지방의 방언, 토속적인 세계의 민중적인 삶의 형상화, 민족의 공동체적 친근성에 기반을 둔 고향에 대한 인식 등에 근거하여 공동체적 삶의 원형을 발견했다고 평가된다. 특히 백석 시에 대한 많은 연구들은 그의 시에 드러난 고향의식을 일제강점기를 살아가는 민중의 삶과 연결시켜 "민족의 주체적 자아를 살려내고 보존하고 있다"라고 평가한다. 백석은 『사슴』 외에도 '남행시초' 연작, '함주시초' 연작, '산중음' 연작, '서행시초' 연작처럼 다양한 기행시를 통해서 조선의 향토적이고 토속적인, 아울러 민중적인 삶에 근접했다. 도시 공간이 국민국가를 거쳐 제국의 일부로 편입되고 있던 시기에 그는 문학을 통해서 현대가 잃어버린 전근대적인 세계와 토속적 세계로서의 고향을 발견하는 데로 나아갔다. 물론 『사슴』과 일련의 연작 기행시들은 향토적이고 토속적인 세계에 주목했다는

8 김동환의 『해당화』(1939), 조벽암의 『향수』(1938), 이하윤의 『물레방아』(1939), 박남수의 『초롱불』(1940) 등을 추가할 수 있다.

연속성을 지니고 있지만 맥락을 달리한다. 그것은 『사슴』이 회고된 유년의 세계임에 비해, 그의 기행시편들은 조선의 현재적 시간을 배경으로 하고 있기 때문이다. 시집 출간 당시에 쏟아졌던 결코 우호적이지만 않았던 평가들은 이 회고적인 세계를 문제 삼고 있었다. 김기림과 박용철은 시집 『사슴』을 비교적 긍정적으로 평가했지만, 임화는 생생한 생활의 노래가 없고 조선적인 보편성과는 거리가 멀다는 점을 내세워 백석의 시를 비판했으며, 오장환 역시 백석의 시가 사투리와 옛날이야기, 연중행사에 관계된 오래된 기억들을 무질서하게 쌓아놓은 것에 불과하다고 혹평했다.

그런데 여기에서 주목을 요하는 것은 김기림과 박용철의 긍정이나 임화와 오장환의 부정이 아니라 김종한의 평가이다. 김종한은 백석의 시를 "조선색이 농후한 잠미즘"이라고 평가하면서 그것이 비록 향토성과 토속성의 외양을 두르고 있지만 본질적으로 전통적인 농경사회에 근거한 향수의 개념과 달리 낭만주의적인 동경의 시적 변형이라고 주장했다. 한 마디로 백석의 시가 향수의 시선을 갖고 있다는 것이다. 물론, 이 '향수'는 1930년대에 일본에서 크게 유행했던 고향/향토에 대한 관심보다는 고향 상실에서 비롯된 '불안'을 회귀 혹은 기원의 장소에 대한 욕망을 통해서 해소하려는 심리적인 경향에 한층 가깝게 느껴진다. 따라서 백석 시에서의 공통체적인 삶에 대한 향수를 당시에 유행했던 '이국취향'이나 '향토주의'의 연장선에 있다고 보기는 어렵다. 이런 점에서 그의 시에서 향토적인 요소가 "근대의 한복판에서 살고 있는 자신의 삶의 존재에 대한 성찰에서 비롯된다"는 지적은 타당하다.[9] 물론, 이러한 평가에는 백석의

9 김재용, 「근대인의 고향상실과 유토피아의 염원」, 『백석전집』, 실천문학사, 1997, 472면.

『사슴』과 1930년대 당시 근대 투어리즘과 하위문화가 공모관계를 형성해 만들어낸 '고향' 표상 사이의 관계를 해명하는 작업이 뒤따라야 할 것이다. 그렇지만 백석의 『사슴』은 여행의 공간이 아니라 삶의 공간을, 아울러 그것을 유년을 회고하는 방식으로 서술한다는 점에서 이러한 혐의로부터 일정한 거리를 두고 있다. 그런데 만일 백석 시를 낭만주의적인 노스텔지어의 발로나 고바야시 히데오적인 불안의 맥락에서 읽는 것이 가능하다면, 이는 백석 시에서 '향토'와 '공동체'의 범위가 조선이라는 민족적 범위가 아니라 고향과 향토라는 한층 좁은 범위에서 다뤄져야 한다는 것을 의미한다. 그리고 이것은 백석의 '고향(정주)'과 '향토'를 "조선"으로 확장시켜 이해하려는 태도에 근본적인 수정이 불가피하다는 것을 가리킨다. 왜냐하면 '고향'이나 '향토'가 "조선"의 제유나 은유로 기능하기 위해서는 최소한 고향이나 향토를 민족의 시적 상관물로 매개하는 민족주의 담론이 전제되어야 하기 때문이다. 김종한이 향토성을 민족주의에 대한 관심이 아니라 자유주의의 부산물이라고 주장한 것도 이것과 일맥상통할 듯하다. 대립 · 병립 · 공모의 가능성을 염두에 둔다 할지라도, 백석의 시에서 향토적 · 토속적 · 민속적인 요소들은 에스니시티와 민족주의의 경계에 위치하고 있는 듯하다.

임학수의 시집 『팔도풍물시집』 역시 향토성을 짙게 띠고 있다. 경성제국대학 영문과를 졸업한 임학수는 등단 초기에는 향토적인 소재에 기반하여 자연친화적인 시풍을 보였고, 후기에는 중국의 거대한 자연세계에 몰두하여 호연지기를 느끼게 하는 시풍을 추구했다. 그런데 임학수의 시에서 향토적 · 토속적인 세계는 백석 시에서와 전혀 다른 맥락을 형성한다. 첫째, 유년에 대한 회고의 성격을 띤 백석의 시와 달리 임학수의 시는 기행시의 성격을 한층 강하게 띠고 있으며, 둘째, 민중적인 삶을 형상화하려고 노력했던 백석과 달리 임학수는 북한산, 남한산성, 숭례문, 경회루, 석굴암, 쌍영총, 낙화암 등 역사적인 대상, 즉 문화재에 속하는 위대한 역사에 관심을 집중했고, 셋째, 구체적인 리얼리티를 지닌 산문적 맥락을 지닌 백석의 시와 달리 특정 장소에서 화자가 느낀 감정과 영탄이 지배적이며, 넷째, 백석의 '고향'이나 '향토'처럼 삶의 공간이 아니라 "팔도풍물"이라는 시집 제목이 말해주듯 관광자·여행자의 시선으로 대상에 접근하고 있다. 이러한 변별성은 1937년 출간된 그의 첫 시집 『석류』에 실려 있는 「조선의 소녀」에서 단적으로 확인된다.

분홍 저구리와 긴 치마자락
기름도 안바른 머리단과 숫된 마음새,
한마디 뭇는 말에도 가벼히 낯붉히고
때때로 눈처들면 그 맑은 우슴마저
너무나 수집은 조선의 소녀
오직 그대만이 나의 사랑이외다.

원망이란 몰으고 한갓 믿을 뿐
몸과 팔 연약하면서도 절개ㄹ랑 굳나니,
내 만일 조심스레 그 손을 어루만지면
양처럼 고개수기고 다시 들줄을 몰라
너무나 유순한 조선의 소녀
오직 그대만이 나의 사랑이외다.

봄오면 두던에 올라 아즈랑이 나는새로
한가히 허리굽혀 나물캐기 노래하며,
가을들 금이랑에 철느진 잠자리 쫓아
어린 사슴처럼 어여삐 그 다리의 뛰노는 양
너무나 천진스런 조선의 소녀
오직 그대만이 나의 사랑이외다.

— 임학수, 「조선의 소녀」 전문

임학수는 초기부터 영국낭만주의에 빠져 있었다. 그는 "시에 잇어서는 예나이제나 영시英詩가 제일 낫다"[10]라고 공개적으로 말한 적도 있으며, 시집 『석류』에서 엿보이는 '사랑'과 '그리움'의 정서에 대한 집착, 그리고 영탄조의 시적 발화 등은 낭만주의의 영향처럼 생각된다. 시집 『석류』의 전반부는 향토적 · 전통적인 소재로 채워져 있는 반면, 나머지 반은 자연에 의탁한 낭만주의적 시법이라고 말해도 과장은 아닐 듯하다. 인용시 「조선의 소녀」는 이 전반부에 속하는 작품이다. 전체 3연 18행으로 구성된 이 시에서 시인은 각 연에 조선 소녀의 미덕을 하나씩 배치하고 있다. 제1연의 수줍음, 제2연의 유순함이, 제3연의 천진함이 그것들이다. 전체적인 내용에서도 분명하게 드러나듯이 이러한 시선은 구체적인 인물에 대한 묘사가 아니라 "조선 소녀"라는 관념에 대한 묘사이며, 시인은 조선의 소녀를 전근대적인 여성관과 일치시키고 있다. 말하자면 이것은 구체적인 사실에서 출발하는 시작詩作이 아니라 "조선 소녀"라는 집합적 관

10 임학수, 「화려한 영시의 보고」, 『동아일보』, 1939.11.2.

념을 구체화하기 위해서 이미지들을 조합한 것이다. 때문에 시적인 성취의 면에서 백석의 시에 비해 떨어진다. "조선 소녀"에 대한 시인의 관심('사랑')을 조선에 대한 사랑으로 해석(이희중)할 여지가 없는 것은 아니지만, '사랑'에 대한 영탄적인 호소와 그리움의 정서, 그리고 도시적인 정조로 가득 찬 『석류』를 고려하면 조선 소녀에 대한 사랑을 조선에 대한 사랑, 즉 민족애로 해석하는 데에는 일정정도 무리가 따른다. 오히려 임학수의 초기 시들은 낭만적인 영탄의 목소리가 너무 강렬해서 매우 관념적으로 느껴지는데, 이 시에서의 "조선 소녀" 역시 그러한 추상적 범주를 벗어나지 못하고 있다.

그런데 이러한 추상적 범주, 즉 조선적인 것, 향토적인 것, 전통적인 것이 '표상'으로 등장했던 것이 바로 1930년대 조선미술에서의 동양주의였다. 당시 향토색을 강조한 동양주의 미술의 실체는 제국의 인류학적 시선으로 조선의 전근대적 모습을 표상하는 것이었다. 몇몇 대표적인 장면으로 표상된 조선이라는 관념이 제국의 이국취미와 공모관계에 있었음은 물론이다. 김용준은 이처럼 표상의 차원으로 떨어져버린 조선적인 것에의 관심을 비판하면서 조선적인 것의 핵심은 선이나 색처럼 표상불가능한 정신의 차원을 있다라고 주장했다. 김용준이 강조한 정신적인 것으로서의 조선적인 것, 동양적인 것은 1930년대 후반 『문장』의 세계관과 일맥상통했다.[11] 표상으로서의 조선적인 것이란 조선을 물 긷는 아낙이나 그네 타는 여자 등처럼 전근대적이고 토속적인 풍경화적 전형에 국한시키는 것을 가리키는데, 이것은 조선을 문명화된 자신들과 구분되는 야만

11 이에 대해서는 김현숙, 「김용준과 『문장』의 신인문화 운동」, 『미술사연구』 16, 미술사연구회, 2002, 369면 참고.

적 · 원시적 세계로만 보려 했던 제국 일본의 이국취미를 만족시키는 것이었다.

천년 암벽에 유폐되여
불 꺼지고 미소는 얼어
동해 새벽안개에 슷기고 깎일제,
너 이마는 파리해
꽃다발 모다 시들었도다 —

이제 실비 그윽히 속삭이고
외ㄴ산 골작에
두견성 낭자한 밤,
(…중략…)
아득히 들 밖에
저 발굽소리는 들려오나니!
저 방울소리는 들려오나니!

키여라 횃불을.
열어라 석문을.
이제야 올려는 사랑의 달가움에
오, 저 얇은 사(紗) 헷치고 반 나타나
사르르 (…중략…) 떠는 어깨와 함께,
와드득 깨미러

너 입살을 빩앟게 물디려라.

— 임학수, 「석굴암 · 1」 부분

시집 『팔도풍물시집』은 조선적인 것, 향토적인 것을 고전주의적인 방식으로 형상화한다. 때문에 시적 대상 역시 토속적인 풍경이나 민족적인 삶의 모습들이 아니라 역사적이고 문화적인 소재가 선택되고 있다. 시집 제목처럼 『팔도풍물시집』은 조선의 곳곳을 돌아다니며 재발견한 역사적 흔적들로 채워져 있으며, 궁극적으로 이것은 근대 투어리즘의 산물이었다. 시 「남한산성」에서 화자는 남한산성에 올라 병자호란의 치욕을 떠올리고 있고, 「북한산」에서는 북한에 올라 천지창조의 순간을 반추한다. 「숭례문」에서는 "다만 한 문"으로 전락해버린 조선의 역사를 안타까워하며, 「석굴암」에서는 장엄한 일출을 상상하기도 한다. 임학수는 시집 전체를 통해서 조선반도의 과거에 깊은 관심을 표명하고 있다. 조선의 역사에 대한 시인의 관심을 민족주의와 연관시킬 수도 있다. 그러나 '풍물'로 변한 유적들과 현실 사이에 넘을 수 없는 간극이 존재하고, 임학수의 시 어디에서도 현재적 삶에 대한 관심을 발견할 수 없다는 것은 그의 조선에 대한 관심이 유물을, '풍물'로 호명하는 것처럼, 유적의 일종으로만 대면하려는 정치적 무의식의 발로라고 이해할 수도 있을 것이다. 이것은 그가 관심을 가졌던 유적지의 대부분이 식민지 권력에 의해 여행지로 개발된 곳이었다는 사실에서 더욱 분명해진다. "임학수가 관심을 가지고 있던 경주나 평양은 식민 모국인 일본에 의해 식민지 문화사의 제국 내로의 편입 작업의 일환으로 개발된 것이다. 특히 식민 제국인 일본의 고고학자들과 박물학자들의 조선 문화 유적과 유물에 대한 체계적인 조사와 분류가 임학수가 여행을 기획할 수 있는 전제조건이었다.”[12] 실제로 이 제국권력과의 공모를 그가 의식하고 있었느냐는 확인할 수 없으며, 또한 중요하지도 않다. 중요한 것은 그가 조선의 각지를 여행자의 시선으로 바라보고 있고, 그곳들이 제국의 내부가 되어버린 관광지였다는 사실이다. 이는 정확히 그의 시선이 제국의 시선과 일치하고 있었음을 말해준다. 1939년 임화(학예사), 최재서(인문사), 이태준(문장사)이 주동한 ‘황군위문작가단’에 참여한 후 출간한 임학수의 『전선시집』(1939)은 이러한 시선의 일치가 도달한 한 극점처럼 보인다.

4. 나오며

이상에서 일제 후반기 한국시에 나타난 ‘향토성’ 문제를 ‘조선적인 것’과의 연관성하에서 살펴보았다. 일반적으로 이 시기 시에서 광범위하게 확인되는 ‘조선적인 것’의 추구는 일제 후반기의 민족주의적인 저항이라는 맥락에서 해석되기도 하지만, 실제로 그것은 1930년대 초반까지 조선의 담론장을 지배한 ‘서구=보편 / 조선(동양)=특수’라는 등식이 ‘동양(일본)=보편 / 조선=특수’라는 도식으로 바뀜에 따라서 등장할 수 있었던 것이었고, 따라서 친일의 여부와는 상관없이 민족주의보다는 동양 담론의 영향권 내에 있었다고 평가할 수 있다. 이것은 이 시기의 한국시가 추구했던 ‘향토성’이 이국취미를 선호하는 제국의 시선에 의해 매개된 표상에 불과했다는 것을 의미한다. 이러한 맥락에서 우리는 ‘향토’가 조선인의 삶의 터전이 아니라 풍물과 유물로 채워진 비역사적 세계였음에 주목할 필요

12 김승구, 「식민지 지식인의 제국 여행 – 임학수」, 『국제어문』 43, 국제어문학회, 2008, 190면.

가 있다.

일제 후반기 제국 일본은 '동양'이라는 새로운 보편에 대해서 말하기 시작했다. 이 경우 '동양(일본)'이란 국민국가로서의 일본을 가리키는 것이 아니라 동양 각국을 포함한 광의의 개념이었으나, 실제적인 정치적 상황에서 '동양(일본)'은 항상 국민국가 일본과 겹쳐지는 형식으로 논의되었다. '서구=보편 / 동양=특수'라는 등식이 '동양(일본)=보편 / 조선=특수'라는 도식으로 바뀌게 된 이유가 여기에 있다. 민족주의는 대개 이 '특수'를 보편으로 흡수되지 않으려는 차이화의 운동으로 평가하고, 거기에서 저항의 가능성을 발견하려 한다. 그러나 실제로 '특수'는 이미-항상 보편을 전제할 수밖에 없다는 점에서 '차이'에 의해 매개된 동일화(보편화) 과정이기도 하다. 이것은 '특수'가 피식민지인들의 저항에 의해 성취된 것이 아니라 제국의 이국취향에 의해 배분된 자리였음을 의미한다. 시인의 정치적 성향과 상관없이 '향토성'이 일제 후반기 시문학의 주류로 부상하고, 민족주의적인 해석의 여지가 농후함에도 불구하고 일제의 검열을 통과한 점 등은 '향토성'이라는 특수가 제국의 동양담론과 그다지 멀리 떨어져 있지 않았다는 사실을 말해준다.

제4장

고향의 발견

1930년대 후반시와 '고향'

1. 1930년대와 '고향' 상실

1920년대가 '님'의 시대였다면, 1930년대는 '고향'의 시대이다. 1920년대 시에서 김소월, 이상화, 한용운 등에 의해 다양하게 변주된 '님'의 부재는 상실과 결핍의 기호였는데, 1930년대 시에서 상실된 대상의 기호인 '님'을 이어받은 것이 바로 '고향'이다. 이 시기 '님'과 '고향'은 성공적인 회복의 구조적 불가능성을 전제한다는 점에서 오직 상실의 대상일 수밖에 없었다. 한국 근대시에서 '고향'의 발견은 '도시'의 발견과 동시에 발생했다. 근대시에서 '고향'의 발견은 항상 도시적인 시선에 의해 매개되며, 실제로 '고향'이 근대시의 중요한 테마가 된 시기는 바로 근대 도시가 형성되던 시기와 일치한다. 이것은 근대의 고향시편들이 삶의 공간에 대한 일상적 묘사가 아니라 무의식과 기억에 의해 주조되는 것이며, 이러한 집합적 기억이 고향이라는 공동체를 만들어내는 원동력으로 작용했음을 의미한다.

근대시사에서 '고향상실'이 부각된 시기는 1930년대였다. 만주사변에서 중일전쟁, 태평양전쟁으로 이어진 1930년대의 식민지 현실 속에서 다수의 시인들이 이향離鄕의 슬픔과 상처를 노래하기 시작했고, 더불어 고향에 대한 향수와 그리움의 정서가 중요한 시적경향으로 자리 잡았다. 선행연구들[1]이 지적한 것처럼, 1930년대 시에서 '고향'이 집중적으로 등장한 것은 우연의 일치만은 아니었다. 일제의 대륙진출이 분명한 현실로 드러나면서 조선에 대한 수탈과 억압의 강도가 한층 높아졌고, 이에 따라 정치적 현실의 암울함과 유이민의 발생이라는 현실은 고향상실이라는 극단적인 정서를 양산하기 시작했다. 바로 이러한 이유 때문에 1930년대 시에서 '고향(상실)'의 문제의식은 오장환, 백석, 이용악에 집중될 수밖에 없었으며, 그들의 시 또한 민족적 수난이라는 맥락에서 해석되는 것이 학계의 일반적 분위기였다. 그런데 1930년대 중반 이후 조선에서 출간된 시집들을 살펴보면 1930년대 시에서 '고향(상실)'의 문제가 식민지라는 민족적 수난으로 환원될 수 없는 지점들을 다수 발견할 수 있다. 그것은 당시 출간된 70여 권의 시집들 가운데 상당수가 토속적인 세계를 배경으로 향수의 정서를 시화詩化하고 있었으며, 그들 가운데 절대 다수는 민족적 수난이라는 역사적 현실과 다른 층위에서 '고향'을 바라보았다는 사실

1 1930년대 시와 '고향'의 관계에 관한 선행연구들을 그 수를 헤아리기 어려울 만큼 많다. 그 가운데에 대표적인 연구는 다음과 같다. 김란희, 「백석 시 연구」, 서강대 석사논문, 2003; 이명찬, 「1930년대 후반 한국시의 고향의식 연구」, 서울대 박사논문, 1999; 박상준, 「1930년대 시에 나타난 고향의식의 시간과 공간 연구」, 건국대 석사논문, 1996; 조용훈, 「한국근대시의 고향상실 모티프 연구」, 서강대 박사논문, 1994; 이명희, 「1930년대 시네 나타난 고향의식 연구」, 건국대 석사논문, 1992; 최종금, 「1930년대 한국시의 고향의식 연구」, 한국교원대 박사논문, 1998; 이원규, 「한국시의 고향의식 연구」, 성균관대 박사논문, 2004; 제해만, 「한국현대시의 고향의식 연구」, 단국대 박사논문, 1991.

이다. 이러한 정서적 균질성은 일제의 검열과 사상탄압이 한층 극심했던 1930년대 후반에서 1940년대 초반에도 확인되며, 심지어 오늘날 '친일 시인'이라는 평가를 받고 있는 시인들의 시에서도 광범위하게 나타난다. 이것은 1930년대 시에서 '고향'의 의미가 일의적이지 않았고, 민족적 현실로 설명될 수 없는 또 다른 의미를 내포한 상징으로 통용되었다는 사실을 의미한다. 이에 이 글은 식민지 현실과 고향상실이라는 기존의 시각과 다른 층위에서 1930년대 후반에 발표된 고향시에 접근하고자 한다. 이를 위해서 이 글은 먼저 연구의 대상에서 오장환, 이용악, 백석의 시를 제외했다. 그것은 이들의 시에서 '고향상실'의 의미를 읽어낸 기존의 연구가 많기 때문이기도 하지만, 본질적으로는 1930년대 후반 시에서 '고향상실'의 다층적 의미를 해명하기 위해서는 이들의 시에 관한 반복적 해석보다는 한층 다양한 시인들의 작품에 대한 접근이 유용하다고 판단했기 때문이다. 아래에서는 노천명, 김광균, 조벽암의 시를 중심으로 1930년대 후반 시에서 '고향'의 의미를 살펴보려 한다.

2. 근대시와 '고향'

1930년대 후반 시에서 '고향'의 의미를 살펴보기 위해서는 먼저 해결되어야 할 문제들이 있다.

첫째, 1930년대 고향시 연구에서 반복적으로 원용되고 있는 하이데거의 철학에 대한 올바른 이해가 필요하다. 많은 연구들이 1930년대 시에서 '고향'의 의미를 해석하기 위해 하이데거의 철학을 인용하고 있다. 이는 현대를 고향상실의 시대라고 명명한 하이데거의 철학이 삶의 터전을 빼앗기고 떠도는 식민지 조선인들의 유랑의식과 겹쳐질 수 있다는 판단에 따른 듯하다. 그러나 하이데거가 『형이상학이란 무엇인가』에서 인용하고 있는 "철학은 본래 향수이다. 그것은 모든 곳에서 (고향에서처럼) 안주하려는 충동이다"라는 노발리스의 말은 식민지라는 정치적 · 역사적 현실 때문에 발생한 고향상실과는 층위가 다르다. 하이데거에게 고향에 안주하려는 충동이란 곧 전체와의 합일을 지향하는 것이며, 이때 '전체'란 곧 '세계'를 의미한다. 다시 말해 하이데거의 철학은 잃어버린 고향에 대한 애도도, 상실한 그것을 되찾으려는 노력도 아니다. 하이데거에게 그것은 우연과 무상에 노출되어 있는 세계의 밑바닥에서 생성 변화의 법칙을 발견하려는 형이상학적인 충동의 동의어이고, 그것을 통해서, 고향으로 돌아가는 것이 아니라, 모든 곳에서 '고향'처럼 안주하는 것이었다. 하이데거가 독일 낭만주의에 관심을 집중했던 것도 이 때문인데, 횔덜린을 비롯한 낭만주의자들이 문제로 삼은 것은 주관성의 자유와 객관적 자연의 이율배반을 해소/화해시키는 것이었다. 이를 위해서 그들은 미적 주관성 안에서 객관적인 무한의 성취가 가능하다고 믿었고, 미적 직관이 철학적 이성에 내재된 유한성의 한계를 극복하고 '무한'이라는 알 수 없는 세계를 드러낼 수 있다고 파악했다. 따라서 횔덜린이나 하이데거의 고향 철학이 도달할 수 있는 극한이란 '근대'로 압축되는 보편적인 존재론적인 물음에 대한 해답이다. 낭만주의 예술은 무한한 전체를 구체적이고 명시적으로 보여줄 수 없으며, 단지 그에 대한 동경이나 열망만을 노래할 뿐이다. 그 결과 낭만주의 예술에서 무한한 전체는 종종 '밤'의 이미지로 나타나는데, '밤'은 그 어둠 속에 모든 차별과 대립이 묻혀버리기에 모든 존재를 품고 있기에 무한한 전체를 상징할 수가 있는 것이다. 낭만주의에서 무한한 전체로서의 '고향'은 그 구체적인 형상이 아니라 회복의 구조적 불가능성을 전제하는, 따라서 오직 '향수'의 대상일 뿐이다.

둘째, 1930년대 고향시 연구들이 견지하고 있는 민족주의라는 정치적 무의식에 대한 반성과 성찰이 필요하다. 알다시피 1930년대는 그 어느 때보다 '고향', '향토', '조선', '토속' 등의 언표들이 집중되었던 시대였다. 이것은 1930년대에 고향을 제재로 선택하고 있는 많은 시편들에서 '고향'이 환기하는 담론적 맥락이 다양할 수 있음을 뜻한다. 한국의 근대와 식민지 경험이 겹쳐있기에 한국의 근대문학 연구에서 민족주의적 시각이 지니는 우위는 어느 정도 용인될 수밖에 없다. 그렇지만 그 시각의 우위를 인정하는 것과 식민지 시기에 생산된 작품들을 민족주의 담론으로 전유하는 것은 다른 문제이다. 좌우를 막론하고 민족주의는 근대문학을 식민지라는 특수성에 입각해서 설명하는 과정에서 '고향'이나 '향수'라는 기호를 모두 민족주의 담론으로 전유하는 딜레마를 낳았다. 이는 현재의 국정교과서는 물론 근대시에서 '고향'의 의미에 주목한 선행연구들에서도 적지 않게 발견된다. 특히 식민지라는 조건만을 강조함으로써 모든 '고향'이라는 기호를 식민지 현실의 비유로 설명하는 것, 그리고 시인 개인의 이향離鄕 경험을 앞세워 시에서의 그리움이나 향수를 생물학적인 고향으로 해석하는 것이 대표적인 사례들이다. 그러나 "추억이 없는 곳에 고향은 없다"[2]라는 고바야시 히데오의 말처럼 생물학적인 출생지에 대한 향수는 대개 가족이나 유년의 시간 등에 대한 그리움이라는 점에서 '고향=조선'이라는 민족주의 담론을 충족시키지 않는다. 아울러 식민지 후반기 신석정의 '먼 나라'처럼 동경의 형식을 취하고 있지만 실제로는 무

2 고바야시 히데오, 「고향을 잃은 문학」, 『고바야시 히데오 평론집』, 소화, 2003, 157면.

한이나 이상세계에 대한 막연한 그리움을 표현한 작품들도 얼마든지 있다. "모든 철학은 고향에 대한 향수다"라는 노발리스의 말처럼, 낭만주의는 본질적으로 '고향에 대한 향수'와 '먼 곳에 대한 향수'가 특징이기에 항상 무한에 대한 동경, 즉 '동경의 문학'[3]으로 표현된다. 이 경우 그리움이나 동경은 존재하지 않는 것(무한)에 대한 그리움이라는 점에서 민족주의적인 '고향'과 구분된다.

셋째, 1930년대 시에서 '고향'은 대개 먼 곳에 있는 그리움의 대상, 도시와 대비되는 이상적 공간, 가족이나 유년의 따뜻한 기억이 있는 장소, 그리고 유랑/이민 이전의 세계 등으로 형상화된다. 대개의 경우 이것은 '상실'이나 '결핍'이라는 맥락에서 논의되고 있지만, 또 다른 측면에서 보면 이러한 상실과 결핍의 경험이 '고향'을 발견/구성하는 주된 동력이기도 했다는 사실에 대한 자각이 필요하다. 물론 이 경우 '고향의 발견/구성'은 철저하게 상실과 그리움을 통한 발견이며, 때문에 고향에 대한 향수와 이상적 감정은 '상실'이라는 사건 이후에 생겨난 것이라고 추측해볼 수도 있을 듯하다. 정신분석의 내러티브를 원용해서 말하면, 이러한 상실감은 소중한 것을 잃어버렸다는 데서 오는 것이 아니라 잃어버렸기 때문에 소중한 것처럼 느껴지는 데서 온다고 말할 수도 있다. 이것은 질병의 원인이 병이라는 결과에 선행하는 것이 아니라 사후적으로 구성된 것이라는 논리와 같다. 바로 이러한 이유 때문에 우리는 1930년대에 고향의 발견과 구성에 있어서 매우 중요한 역할을 했던 신민요와 유행가의 역할을 간과하지 말아야 한다.[4] 1930년대 조선에서는 음반회사가 기업적인 토대를

3 김은철, 『한국 근대시 연구』, 국학자료원, 2006, 87면 참고.

4 신민요의 유행에 대해서는 고봉준, 「동양의 발견과 국민문학론 – 김종한론」, 『한국문학

닦기 시작했고, 직업적인 가수들이 등장했다. "토속적인 정서의 지향"[5]과 고향을 떠나온 것에 대한 슬픔을 환기하여 대중의 정서를 자극한 이들의 노래는 1930년대 내내 폭발적인 인기를 얻었다.[6] 신민요의 토속적인 정조와 고향에 대한 그리움을 노래한 유행가들, 1930년대에 발표된 다수의 고향시들은 고향에 관한 공통의 기억, 즉 집합적 기억이 '고향'이라는 공감의 공동체를 만들어내며 공동성을 지탱시키는 데 일조했다.[7] 식민지 시대 탈향의 경험이 일제라는 식민지 권력과 무관하다고 말할 수는 없지만, 탈향의 경험에서 비롯되는 향수가 식민지 지배의 억압성으로만 설명될 수 있다고 말하는 것 또한 의도의 오류일 것이다.

이상의 문제의식에 근거해서 본 연구는 근대시에서 '고향'의 의미와 맥락을 다음과 같이 구분하려 한다.

① 출생지나 가족에 대한 그리움.(생물학적 향수)

② '고향'이라는 기호를 조선의 비유적인 표현으로 사용한 경우.(민족주의적 향수)

③ 고향에 대한 향수라는 표현을 통해서 환기되는 무한에 대한 동경.(낭만주의적 향수)

④ '고향상실'을 방향성을 상실한 세대의 상징적 기호로 사용하는 경

비평과 이론』 11-2, 한국문학이론과비평학회, 2007 참고.

5 장유정, 「일제강점기 한국 대중가요 연구」, 서울대 박사논문, 2004, 73면.

6 대표적인 노래로는 「목포의 눈물」(이난영, 1935), 「타향살이」(고복수, 1934), 「애수의 소야곡」(남인수, 1937)과 「천리타향」(남인수, 1937), 「황성옛터」(이애리수, 1931), 「구십리 고개」(김용환, 1937), 「눈물젖은 두만강」(김용호, 1938), 「불효자는 웁니다」(진방남, 1940), 「나그네 설움」(백년설, 1940)과 「번지 없는 주막」(백년설, 1940) 등이 있다.

7 나리타 류이치, 한일비교문화세미나 역, 『고향이라는 이야기』, 동국대 출판부, 2007, 18면.

우.(세대론적 향수)

문학적인 표상은 기호를 통한 표상이다. 그러한 표상에서 표상의 내용은 직관에 직접적으로 주어지는 것이 아니라 그것을 명확히 묘사하는 기호를 통해 단지 간접적으로 주어진다.[8] 대상과 언어 사이에 간극이 존재하지 않는다면 하나의 낱말은 그것을 사용하는 모든 사람들에게 동일한 의미로 통용되겠지만, 현실은 전혀 그렇지가 않다. 기호와 대상은 직접 연결되지 않고, 중간 단계인 표상을 통해 간접적으로 연결되기 때문에 같은 낱말을 쓰는 사람들에게서도 의미가 다른 것이다. 이것은 '고향'이라는 언표의 경우에도 마찬가지이다. 그런데 식민지 시대의 문학에서 '고향'은 ③의 경우를 제외하면 대부분 이상화된 형태로 제시된다. 이것은 이상화된 고향이 "현재의 불안과 미래의 불확실함에 항상 시달리는 존재를 위무함과 동시에 미래의 이상으로 투사되는 삶의 견본"[9]임을 뜻한다. 문제는 이런 다양한 맥락들이 한 편의 작품에서 명확하게 구분되기 어렵고, 대개 착종된 형태로 제시된다는 데에 있다. 가령 임화가 "고향을 노래하면 반드시 서러워지는 심정, 그것은 향수에서 일어나는 페이소스에 그치지 않는다는 것은 적어도 조선 시에서만은 진리이다"[10]라고 썼을 때, 이것은 ①의 확장이 ②와 무관하지 않다는 의미로 이해될 수 있지만, 이러한 확장이 ③과 ④에도 적용될 수 있음을 말하는 것은 아니다. 그리고 볼프강 보르헤르트가 패전 후 독일인의 절망적 상태에 빗대어 "우리는 행복도 모르

8 뉴턴 가버, 이승종 외역, 『데리다와 비트겐슈타인』, 민음사, 2007, 107면.

9 문학과사상연구회, 『임화문학의 재인식』, 소명출판, 2006, 220면.

10 임화, 「시와 현실의 교섭」, 『인문평론』, 1940.5; 임화, 임화문학예술전집 편찬위원회 편, 『임화문학예술전집』 5 – 평론 2, 2009, 198면에서 재인용.

고, 고향도 잃은, 이별마저도 없는 세대다"라고 썼을 때, 고바야시 히데오가 「고향을 잃은 문학故郷を失つた文學」(『문예춘추』, 1933.5)에서 "나한테는 고향이라는 게 없다는 것 같은 일종의 불안함 감정이 있다"라고 썼을 때, 이것은 ④의 맥락에서 이해될 수 있을지언정 ①과 ②의 층위에서 논의될 수는 없는 것이었다.

3. 낭만적 동경과 무한한 전체로서의 고향 – 노천명의 경우

노천명은 1930~1940년대에 두 권의 시집(『산호림』(1938)과 『창변』(1945))을 출간했다. 1940년 이후 조선에서 시집의 출간은 매우 드문 일이었고, 그녀의 두 번째 시집이 해방 이전 조선에서 마지막으로 출판된 시집이었으며, 특히 그것이 매일신보사에서 출간되었다는 사실은 당시 문단에서 그녀의 위상을 짐작하게 해준다.[11] 물론 이것은 『인문평론』과 『국민문학』의 주재자였던 평론가 최재서의 전폭적인 지원에 힘입은 것이었는데, 최재서는 만년에도 노천명에 대한 문학적 신뢰를 거두지 않았다.[12]

주지하듯이 1930~1940년대에 창작된 노천명의 시세계는 주로 개인적인 고독과 슬픔의 정서에 뿌리내리고 있으면서도 농촌을 배경으로 하는 전통적인 정서와 소박한 서정성을 띠고 있었다. 일제 말기에 그녀는 친일시를 창작하기도 했지만 문학적 감수성의 차원에서만 보면 그의 시는 당시에 유행했던 낭만주의적 서정과 도시 공간에서 느끼는 고독과 상실감을 표현하는 데 집중하고 있었고, 그 낭만적 서정의 밑바닥에는 소재

11 노천명은 1945년 2월 25일 매일신보사에서 두 번째 시집 『창변』을 출간했으나, 시집을 출간하고 얼마 지나지 않아 해방이 되자 시집에서 친일시 부분만을 찢어내고 판매를 했다. 그후 1954년에 친일시를 삭제하고 시집을 다시 찍었다.

12 김윤식, 『한국근대문학사상비판』, 일지사, 1978, 135면.

적인 차원에서 향토성이 짙게 투영되어 있었다. 고독, 애수, 향수 등이 그녀의 문학적 키워드였거니와, 거기에는 "뉘 집인가 창이 불빛을 한입 물엇다 // 눈 비탈이 / 하늘 가는길처럼 밝고나 // 그속에 수탄 얘기들을 줍고잇스면 / 어려서 이저버린 '집'이 사라낫다 (…중략…) 저 안엔 엄마가 잇고 / 아버지도 살고 / 그리하야 형제들은 다행多幸하고 // 마음이 가난한 이는 눈을 모하 / 고흔 정경을 한참 마시다"(「창변」)처럼 잃어버린 고향에 대한 그리움의 정서가 짙게 투영되어 있다. 시집의 표제작이기도 한 「창변」은 시인이 기차를 타고 가다, 창을 통해 불빛이 새어나오는 집을 바라보는 장면에서 시작된다. 시인은 창밖으로 보이는 현실의 집에 자신이 잃어버린 '집'을 겹쳐놓는다. 상실된 대상인 '집'은 '눈비탈'이라는 현실적 조건을 초월하여 "하늘가는 길처럼 밝"은데, 그것은 이 '집'이 화자의 기억 속에서만 존재하는 세계이기 때문이다. '집'은 승화sublimation된 대상이다. 때문에 그 '집'에 존재하는 가족들은 모두 다행多幸하다. 그러나 다음 순간 화자는 현재에는 그런 '집'이 존재하지 않는다는 사실을 시인할 수밖에 없다. 이 때문에 그녀는 자신을 "마음이 가난한 이"라고 명명한다. 문제는 이러한 그녀의 향수鄕愁를 고향의 네 가지 맥락 가운데 어디에 위치시키느냐이다. 기차의 창을 통해서 드러난 '집'에 가족의 모습과 유년의 시간이 응결되어 있다고 해서 ①이라고 단정할 수 있을까? 이 질문에 대한 보다 구체적인 해답을 제시하는 것은 다음의 시이다.

언제든 가리라
마지막엔 돌아가리라
목하꽃이 곻은 내 고향으로—

아이들이 하눌타리 따는 길머리론
鶴林寺 가는 달구지가 조을며 지나가고

등잔 심지를 도두며 도두며
딸에게 편지쓰는 어머니도 있었다

둥굴레산에 올라 무룻을 캐고
활나물 장구채 범부채를 뜯든 소녀들은
말끝마다 '꽈' 소리를 찾고
개암쌀을 까며 소년들은
금방망이 놓고간 독개비 얘길 질겼다

목사가 없는 교회당
회당직이 전도사가 강도(講道)상을치며 설교하든촌
그 마을이 문득 그리워
아라비아서온 반마(斑馬)처럼 향수에잠기는날이있다

언제든 가리 나종엔 고향가 살다죽으리
모밀꽃이 하이얗게 피는촌
조밥과 수수엿이 맛있는 고을
나무ㅅ짐에 함박꽃을 꺾어오던 총각들
서울 구경이 소원이더니
차를 타보지못한채 마을을 직히것네

꿈이면 보는 낯익은 동리
욱어진 덤불에서
찔레순을 꺾다나면 꿈이였다.

— 노천명, 「망향」 전문[13]

인용시는 노천명의 시들 가운데 「향수」와 더불어 '고향'에 대한 그리움을 주제로 설정하고 있는 대표적인 작품이다. 앞서 밝혔듯이, 노천명의 시 세계를 이끌고 있는 것은 향수, 고독, 슬픔 같은 감정들이다. "꿈에서도 못 본 낯선거리엔 / 이고장 말을 몰라 열없고"(「낯선 거리」), "향수가 물이랑처럼 꿈틀거린다"(「교정」) 같은 구절에서 드러나듯이 이런 감정들의 저변에는 익숙하지 않은 세계에서 이방인이 느끼기 마련인 향수와 현기증이 깔려 있다. 도시에서 느끼는 삶의 고독, 향수, 우울은 노천명의 시를 관통하고 있는 문제의식인데, 흥미롭게도 그녀가 그런 감정을 표현하는 방식은 매우 도시적이고 근대적이다. 이런 까닭에 노천명의 시는 정주를 배경으로 한 백석의 시어와는 전혀 다른 느낌을 준다. 생물학적인 차원에서 말하면, 이것은 황해도에서 태어나 서울에서 근대적인 교육을 받은 지식인의 고독한 내면이 드러난 것이라고 단정할 수 있다. 실제로 노천명의 초기 시들은 이런 측면이 매우 강하다. 그런데 흥미롭게도 노천명의 시는 점점 도시적인 감성에서 멀어져 향토적인 소재로 나아가는 경향을 보이고 있다. 문제는 이 변화의 과정이 매우 의식적이었다는 사실이다. 그것은 『국민문학』에 발표했던 이 시의 제4연을 『창변』에 수록하기 위해 개작

13 노천명의 「망향」은 최초의 발표지면인 『국민문학』(1940.6)에 실린 것과 두 번째 시집에 실린 것이 다르다. 여기에서는 『국민문학』에 발표된 작품을 대상으로 삼았다.

하는 과정에서도 단적으로 확인된다. 노천명은 『창변』에 실으면서 제4연의 앞부분 세 행을 다음과 같이 수정했다. "둥글레산에 올라 무릇을 캐고 / 접중화 싱아 뻑국채 장구채 범부채 마주재 기룩이 / 도라지 체니곰방대 곰취 참두릅 개두릅을 뜯든 소녀들은 / 말끗마다 '꽈'소리를 찾고." 개작 과정에서 그녀는 향토적인 소재를 더 많이 나열함으로써 '고향'이 한층 토속적인 세계인 것처럼 바꿔놓았다. 이러한 고향 풍경의 낭만화를 통해서 그녀가 말하지 않는 것은 1940년 6월이라는 냉혹한 현실이다. 이처럼 노천명의 시에서 '고향'은 오직 낭만주의적 승화sublimation의 대상이다. 승화란 주체가 승화의 대상을 생명 자체보다 더 가치 있는 것으로 여겨지는 무조건적인 대상으로 고양시키는 것을 가리킨다. 아울러 이러한 낭만적 풍경에서는 풍경의 서정화라는 정지용의 흔적만이 아니라, 식민지 후반기 일제가 노골적으로 부추겼던 향토성의 느낌마저 두드러진다. 실제로 노천명의 시집 『망향』은 이 시기에 출간된 시집들 가운데 향토적인 소재를 가장 많이 담고 있는 시집이다. 이는 「망향」에서의 '고향'이 제국의 시선에서 본 식민지의 토속적이고 순박한 세계에 대한 재현과 무관하지 않다는 것을 의미한다. 이러한 시선이야말로 식민지 후반기 '조선적인 것'과 '향토적인 것'을 둘러싸고 조선의 작가·비평가들이 논쟁을 하게 만든 원인이었다.

그렇다면 최재서가 노천명을 높게 평가한 것이 이러한 토속적인 정취 때문이었을까? 당시 최재서의 비평적 입장을 고려한다면 그렇게 보이지는 않는다. 오히려 그것은 "언제든 가리라 / 마지막엔 돌아가리라 / 목하꽃이 곻은 내 고향으로 —"라는 구절에서 찾아야 할 듯하다. 추측컨대, 최재서는 노천명의 첫 시집에서 질서/전통을 상실한 현대인들의 고독과 상실감을 읽은 듯하고, 두 번째 시집에서는 이상적인 세계에의 정신적인 지향성을 발견하려고 한 듯하다. '마지막'에 돌아가겠다는 것은 결국 죽어서야 간다는 것을 의미한다. 이는 노천명의 '고향'이, 비록 현실적인 모습으로 형상화되고 있지만, 실제로 존재하는 지리적 의미의 고향이 아님을 뜻한다. 그렇다면 '죽음' 이후에야 도달할 수 있는 '고향'이란 어떤 곳일까? 그것은 도회적인 상실과 소외가 극복되는 세계, 다시 말해 현실적인 심리적 결핍감이 모두 제거된 상태를 가리키는 세계에 가깝다는 점에서 ③에 해당한다고 볼 수 있다. 이것은 노천명의 시에서 '향수'가 일차적으로는 생물학적인 고향을 의미하면서도, 결국엔 하이데거가 휠덜린을 통해서 읽고 싶어 했던 '고향'의 의미에까지 확장되어 읽혔다는 것을 뜻한다.[14] 그녀에게 '고향'은 궁핍한 식민지 농촌이 아니라 영원한 아름다움과 다행&의 세계였고, 이 때문에 '고향'은 현실적인 균열이 틈입하지 못하는 토속적인 세계로 그려져야 했던 것이다. 노천명 시에서 '고향'은 ①에서 출발하지만 결국 그것은 ③을 드러내기 위한 시적 방편일 뿐이었다.

---

14 하이데거는 인간 현존재가 자신의 고유한 실존에 이르지 못해 "퇴락존재"로 전락할 경우 일종의 고향상실의 현상에 처함을 밝히고, 또 인류가 형이상학과 과학기술문명의 숭배로 말미암아 니힐리즘에 봉착할 경우에도 고향상실의 현상이 일어남을 해명하며, "신의 결여"에서 오는 고향상실과 원초적 퓌지스를 잃어버린 데에서 주어진 고향상실의 현상을 밝히고 있다. 그런데 하이데거의 후기사유에는 고향회복 내지는 귀향을 종용하는 메시지들이 담겨져 있다. 하이데거는 고향을 "존재 자체의 근저(Nahe)"로, 또한 "근원에 가까운 곳"이라고 하였기에, 귀향은 그렇다면 "근원의 가까이로 돌아감"인 것이다.

4. 고향상실의 세대적 의미와 모더니티 – 김광균의 경우

김광균은 경기도 개성에서 출생하여 군산을 거쳐 서울에서 직장생활을 했다. 김광균의 1930년대 시는 그 자신이 "도심지대의 모더니티"[15]라고 명명했듯이 도시 공간에서 느끼는 우울과 고독의 정서와, 시집 『와사등』에 실려 있는 「향수의 의장」으로 대표되는 향수의 감정을 축으로 삼고 있다. 김광균 시에서 '고향' 표상의 의미를 해명하기 위해서는 먼저 이 향수의 정체를 살펴볼 필요가 있다. 그의 시편들 곳곳에서 기억이나 회고에 의지하고 있는 '옛 기억'의 편린들을 목격할 수 있지만, 이것은 도시 공간에서 심리적 공허감을 느낀 시인 자신이 동일성을 확인하기 위해서 의식적으로 유년의 세계를 끌어들이고 있음을 가리킨다. 이런 점에서 '고향'에 대한 시인의 태도는 노천명의 그것과 유사하다고 말할 수 있다. 다시 말해, 김광균에게 고향(옛 기억)의 세계는 "내 서러운 도시 우에 낮과 밤이 바뀔 때마다 / 내 향수의 지붕 우를 바람이 지날 때마다"(「비」)가 말하고 있듯이 도시라는 낯선 환경 속에서 재발견된 대타적인 세계의 하나이다. 이것은 그가 도시의 풍경들을 우수의 시선으로 읽어내고 있고, 도시가 아닌 세계의 풍경을 형상화할 때에도 모더니즘적인 언어에 의지하는 장면에서도 확인된다. 주지하듯이, 그는 시가 자연발생적인 감정의 결과가 아니라 "현대의 지성과 정신을 통하여 의식적으로 소위所爲되는 정신의 소산물"[16]이라고 보았고, 이런 맥락에서 "시에 있어서의 시대성을 거부하는 정신은 아무래도 시대의 적"이라고 주장했다. 그런데 1940년 2월 『인문평론』에 발표된 산문 「서정시의 문제」에서 김광균이 시종일관 언표의 주체

---

15 김학동 · 이민호 편, 『김광균 전집』, 국학자료원, 2002, 515면.

16 위의 책, 312면.

를 '나'가 아니라 '우리'라고 설정하고 있다는 사실에 주목할 필요가 있다. 여기에서 '우리'는 "19세기는 19세기가 끝나는 마지막 날의 한 장의 '캘린더'로 없어져 역사상의 존재가 되었고, 20세기에 존재하는 우리는 20세기의 정신과 감정과 감각을 노래할 뿐이다"라는 진술에 등장하듯이 시단의 새로운 세대를 가리킨다. 그가 "이 어두운 생활의 대도隊道 위에 고독한 밤은 얼마나 계속될는지"[17]라고 썼을 때, '길'은 한 시인의 삶인 동시에 '현대성'을 추구해나가야 할 세대로서의 '우리'가 걸어야 하는 길이었다.[18] 그가 자신의 문학적 경향과는 사뭇 달랐던 오장환의 시에서 "상실한 이데아의 향수"와 "젊은 세대의 슬픔"[19]을 부각시켜 읽은 이유도 여기에 있다.

「와사등」에서 시인이 신호등을 "내 어디로 어떻게 가라는 슬픈 신호기 / 차단-한 등불이 하나 비인 하늘에 걸리어 있다"라고 진술했을 때, 이것은 정확히 1930년대 모더니즘의 질문법에 속하는 것이었다. 그는 도시에서 고독과 향수에 사로잡혀서 살았지만, 그렇다고 전통적인 세계를 긍정할 수도 없는 입장이었다. 두 세계 사이에서 방향성을 잃어버린 존재의 내면이야말로 그의 1930년대 시편들이 도달하고자 한 세계이며, 그는 이 세계에 충실해야 하는 것이 자신이 속한 세대의 몫이라고 생각했다. "산업혁명이 목가牧歌 기름지던 전원의 그림 위에 기이한 기계의 면모를 등장시켜서, 종달새의 노래조차 모우터의 폭음에 참살되어서인지 우리들의 청각을 위로해 주지 못한다." 1930년대 후반, 다수의 시인들이 토속적이고 전통적인 세계를 향해 이 방향상실의 감각을 기투[20]하려 했던 까닭

17 김광균, 「인생의 애도」, 『풍림』 2, 1937.1.

18 실제로 김광균의 「서정시의 문제」는 세대론의 형식으로 제출된 산문이었다.

19 김광균, 「헌사 — 오장환의 시집평」, 『문장』, 1939.9.

20 김종한은 1930년대 후반 젊은 시인들의 향토적인 감각을 노스텔지어의 변형이라고 말

은 상실한 이데아에의 향수를 전통과 토속의 세계에서 찾으려는 낭만적 열정 때문이었고, 그것은 "슬픈 기억의 장막 저편에 / 고향의 계절은 하이얀 흰 눈을 뒤집어 쓰고"(「향수의 의장」)같은 진술에서 확인되듯이 도시적인 감수성을 매개로 드러나는 '고향'에의 그리움이었다. 이는 이 세대에게 '도시적인 것'이 부각되지 않는 한 '고향' 역시 전면화되지 않는다는 것을 의미한다.

저므러오는 고가선우에
한줄기 황망한 기적을 뿌리고
반듸불만한 람프를다른 화물차가 지나간다

깰줄모르는 고흔꿈같이 하날이푸르고
정거장도 주막집도 허러진나무다리도
온-겨울 눈속에파무처 잠드는고향

산도 마을도 포프라나무도고개숙인채
호젓한 낮과밤을 마지하고
그곳에
언제 꺼질지모르는
조그만 생활의 초ㅅ불을 에워싸고
해마다 가난해가는고향사람들

했다. 그가 말하는 시단의 신세대란 이한직, 김광균, 황민, 안용만, 오장환 등을 의미하는데, 그는 주로 '35세 미만의 청년들'이라고 표현한다.

낡은 비오롱 처럼
바람이부는날은 서러운고향

고향사람들의 한줌 히망도
진달래빛 노을과함께
한번가고는 다시못오기

저므는 도시의옥상에 기대여서서
내 생각하고 눈물지움도
한떨기 들국화처럼 차고서글프다.

— 김광균, 「향수」 전문[21]

'향수'가 회고의 형식을 취하는 것은 문학의 일반적 현상이다. 도시의 황혼녘에 반딧불만한 램프를 단 화물차가 지나간다. 이 도시의 일상적인 풍경에 대비시켜 시인은 제2연에서 눈 속에 파묻혀 잠드는 고향을 형상화하고 있다. 이처럼 김광균에게 고향은 도시와의 대비 속에서만 의미를 지닌다. 이것은 앞서 지적한 것처럼, 도시가 '고향'이 발견되는 공간이라는 것을 뜻한다. 이어 시인은 고향 세계에 몇 가지 이미지를 부여하는데, "조그만 생활의 촛불"과 "해마다 가난해가는 고향사람들", "바람이부는날은 서러운고향", 그리고 희망의 몰락이 그것이다. 고향에 대한 이러한 묘사는 '고향'을 승화된 이상적 대상으로 형상화한 노천명의 그것과

21 『인문평론』, 1940.4.

확연하게 구분된다. 그렇다고 이 시에서 묘사되는 '고향'을 식민지 현실에 대한 우회적인 진술이라고 말하기도 어려운데, 그것은 "저므는 도시의옥상에 기대여서서 / 내 생각하고 눈물지움도 / 한떨기 들국화처럼 차고서글프다"에서 확인되듯이 그것이 역사적인 맥락에서의 현실인식이 아니라 화자의 현재 심정이 투영되어 생겨난 감정의 영역에 속하기 때문이다. 1930년대 후반 토속적인 정취와 향토적인 소재를 내세워 대다수의 시인들이 목가적인 전원의 세계로 귀의하려는 심리적 귀향의지를 강조하고 있었을 때, 김광균은 도시적인 감수성과 모더니즘적인 시어를 포기하지 않고, '고향'을 이상적인 세계로 포장하지도 않은 가운데 고독과 상실감을 노래했다.

세대적인 표상으로서의 '고향'의 의미에 대해서는 시인 김종한의 이야기를 인용할 수도 있다. 1930년대 후반 김종한은 신세대("35세 미만의 청년들")의 시에서 목격되는 향토성이 민족주의적인 것이 아니라 해체된 낭만주의의 흔적이라고 주장했다. "현대인에게는 향토는 없다. 그들은 영원한 보헤미안이다. 그들의 향수는 향토에 대한 향수가 아니라, 시대감의 반동으로 일어난 영원에 대한 향수다."[22] 이 경우, '향토'가 없다는 것은 곧 '고향'이 없다는 것과 동일한 의미이다. 그는 귀의할 전통이 없고 나아갈 방향조차 잃어버린 세대의 문학에서 당시 유행했던 '향수'는 향토/고향에 대한 그리움이 아니라 "세계주의적인 자유주의의 부산물"[23]이라고 주장했다. 여기에는 현대가 고향상실의 시대이고, 때문에 독일낭만주의가 보여준 세계에 대한 총체적 갈망 같은 것이 불가능하다는 인식이 전제되어

22 김종한, 「신민요의 정신과 형태」, 『조선일보』, 1937.2.13.

23 貴代藤石 外, 『金鍾漢全集』, 綠蔭書房, 2005, 424면.

있다. 영원에 대한 독일낭만주의의 갈망과 동경을 나눠가진 것이 신세대의 문학이라는 주장이다. 그는 이 해체된 낭만정신의 근거를 노스텔지어에서 찾는다. "이런 시대에 작가가 가질 수 있는 가장 건강한 마조적[24] 감정을 세실 코노리이는 노스탈자라고 갈파했읍니다. 이 노스탈자야말로 낭만정신의 원천이 아닐 수 없읍니다."[25] 그의 주장은 한 마디로 1930년대 후반 시단의 신세대들에게서 공통적으로 드러나는 노스텔지어가 비록 '고향'에 대한 그리움의 형식을 취하고 있지만, 실제로는 낭만주의의 고향지향처럼 영원과 무한에 대한 갈망이라는 것이다. 이러한 주장의 타당성을 문제 삼을 수도 있겠지만, 표면적으로 김광섭의 『동경』(1938), 노천명의 『산호림』(1938)과 『창변』(1945), 김광균의 『와사등』(1939)을 비롯한 동세대의 시인들에게서 영원성에 대한 지향이 광범위하게 드러난다는 점, "있지도 않은 고향이 그립소"(「향수」)라는 김상용의 진술이나 '먼 나라'에 대한 신석정의 동경에도 낭만주의의 흔적은 역력하다는 사실을 고려한다면 김종한의 주장을 한낱 개인적인 시각에 불과하다고 말하기도 어려울 듯하다. 이러한 맥락을 고려한다면 김광균의 시에서 '고향'은, 물론 ①에서 출발하지만, '현대성'에 대한 그의 관심이 그러했듯이 그의 고독과 상실 또한 다분히 세대적인 의식과 겹쳐지면서 ④로 확장된다고 평가할 수 있다. 김광균이라는 한 개인의 작품을 놓고 볼 때에는 ①에 가까운 것처럼 보이지만, 동세대의 시적 경향을 포괄해서 본다면 얼마든지 ④의 맥락에서도 해석될 수 있다. 다만, 김종한이 '조선적 잠미즘'[26]이라고

24 '창조적'의 오식으로 보임.

25 김종한, 「시단개조론」, 『조광』, 1940.3, 160면.

26 김종한이 백석에 대해 사용하고 있는 '잠미즘'은 프랑스의 시인 프란시스 잠의 자연주의적인 시적 경향을 일컫는 용어이다.

평가한 백석의 경우와 달리, 김광균은 고향과 도시의 화해불가능성을 방향상실과 고독의 정서를 통해서 확인하려 했기에 영원성에 대한 낭만주의적 갈망이 없었고, 이런 이유에서 그의 고향은 ③보다는 ④에 해당한다.

5. 사상의 거처로서의 고향 – 조벽암의 경우

조벽암은 충북 진천에서 출생하여 경성제대 법문학부를 졸업했다. 1931년 『조선일보』에 시와 소설을 발표하면서 문단에 나온 후, 그는 1934년 2월부터 1935년 2월까지 약 1년 동안 '구인회'에서 활동하기도 했으며, 1938년에는 첫 시집 『향수』를 출간하기도 했다. 이 시기 조벽암의 시는 불만족스러운 현실을 벗어나려는 낭만적 동경과, 도시적 풍경을 배경으로 격절감에 휩싸인 내면을 토로하는 서정이 주조를 이룬다. 비애, 폐허, 방랑자 같은 불행의식이 이 시기 그의 시적 관심이었다. 그의 시에서는 "보얗게 화장한 메트로폴리스의 얼기설기한 백사"(「저기압아 오너라」) 같은 문명의 언어와 "옛마을은 겨우살이도 갖추지 못하고 / 초라히 나를 애궂게 불러만 주었구료"(「옛마을」) 같은 서정적인 감성이 공존하고 있는데, 이것은 비슷한 시기에 활동했던 오장환, 백석, 이용악에 비해 문학적인 지향이 미결정 상태에 있었음을 의미한다. 사실, 이 경우의 '미결정'은 문학적인 것이기보다는 다분히 사회적인 것이었다. 조벽암은 당시의 현실을 '고향'으로 상징되는 전통적 세계로의 귀향이 불가능한 상태이면서 동시에 '도시'로 상징되는 현대적 세계에의 안착 역시 불가능한 상태라고 인식했다. 그의 시에서 '도시'는 항상 '어둠'의 공간이나 '대답'이 없는 세계이다. 조벽암의 시에서 느껴지는 고독과 슬픔, 그리고 불안과 좌절의 느낌에는 "이상과 현실의 분수령엔 희생과 오직 사기 뿐……"(「팔월의 황혼가」)처럼 출구가 없는 세계에서 경험하는 절망감이 짙게 스며들어 있다.

조벽암의 시집 『향수』(1938)의 주조는 노스탤지어이다. 그는 시집의 첫 페이지에 「침수沈愁」를 배치했는데, 이것은 시인이 '향수'를 중요한 시적 문제의식으로 설정하고 있었음을 의미한다. 이 시집에는 향수, 죽음, 우수 등의 시어들이 상당수 등장하고, "남몰래 은근히 꿈이라도 꾸어 보오리다"(「추료」), "차라리 봄에 나 봄에 사라지는 나비 되고파라"(「봄비」), "내 외로워 구슬픈지 / 이 발길 떨리고만 있구만"(「물에 걸친 가을」) 등처럼 센티멘털한 감정에 근거한 향수와 동경의식이 도처에서 엿보인다. 그러나 조벽암에게 향수는 생물학적인 삶의 근거지, 즉 '고향'이나 가족에 대한 그리움이 아니다. 시집 『향수』에는 고향의 풍경이 등장하지 않는다. 이것은 조벽암에게 있어서 '향수'와 '동경'이 구체적인 생활 세계에 대한 그리움이 아니라 경성이라는 도시 공간에서 느끼는 고독과 우울의 정서에서 비롯된, 식민지 현실이나 구체적인 공간에 대한 그리움이 아니라 "동경 속의 가상적 공간"[27]에 대한 탐닉이었음을 말해준다. 이는 그의 시편들에서 '향수'의 감정이 묘사보다는 심정 토로를 통해서 진술되고 있다는 사실에서도 확인된다. 임화는 조벽암의 『향수』가 "아름다운 고향을 남겨노코 여로에 나온 길손이 잇따금씩 불러본 행복된 노래"가 아니라 "심어야 할 봄의 종자를 들고 심을 곳을 못차저 방황하는 청춘의 슬픈 노래"라고 평가했다. 그리고 '노스텔지어'가 조벽암 한 사람의 시적 경향이 아니라 식민지 현실을 살아가는 시인들 모두의 심리적 상태라고 주장했다. "이런 지향도 없고 잇는곳도 알 수 없는 마음의 고향에 대하야 부단히 잇끌리는

27 이동순 · 김석영 편, 『조벽암 시전집』, 소명출판, 2004, 543면.

부정한 심정 가운데 차라리 노래하는 보람을 정해 버리랴는게 오늘날 우리 시인들이 정열을 기우리는 '노스탈쟈'일 것이다."[28] 임화의 주장에 따르면, 조벽암의 시에서 '고향(향수)'은 ④와 ③의 형식이 혼재되어 있는 상태라고 말할 수 있다.

> 해만 저물면 바닷물처럼 짭조름이 저린 여수(旅愁)
> 오늘도 나그네의 외로움을 차창에 맡기고
>
> 언제든 갓 떨어진 풋송아지 모양으로
> 안타가이 못잊는 향수를 반추하며
>
> 아늑히 살 어둠 깃들인 안개 마을이면
> 따스한 보금자리 그리워 포드득 날러들고 싶어라
>
> — 조벽암, 「향수」 전문[29]

그렇지만 "현실에 안식할 수 없는 자가 꿈꾸는 상징적 공간"[30]으로서의 '고향'이란 무한에 대한 낭만주의의 동경이 그렇듯이 다분히 관념적이고 추상적인 세계이다. 백석이 구체적인 삶의 편린들과 이야기체 형식을 도입함으로써 '고향'을 구체화한 반면, 조벽암은 낭만적 동경을 구체화할 수 있는 시적 장치를 만들지 못했다. 조벽암의 대다수 시들이 추상적이고

---

28 임화, 「조벽암의 시집 『향수』를 읽고」, 『동아일보』, 1938.3.24.
29 위의 책, 102면.
30 위의 책, 543면.

관념적인 상태에서 화자의 주정적인 정서를 직설적으로 토로하는 방식으로 쓰인 이유도 여기에 있다. 인용시에서 시인은 '향수'라는 낭만주의적 동경의 심리를 '여수旅愁'의 동의어로 사용하고 있다. 시인은 고향을 상실한 자신을 거처 없이 떠돌아다니는 '나그네'에 비유하는데, 이러한 인식이 '향수'의 출발점이다. 개인적인 추억의 공간이 아닌 경우, '고향'의 상실이란 다분히 심리적인 것이어서 나그네라는 인식이 증폭될수록 고향에 대한 상실감 또한 커지기 마련이고, 그에 비례하여 '고향'에 대한 승화 또한 한층 강력해진다. 앞서 살폈듯이, 노천명의 '고향', 즉 인간과 자연이 유기체적인 관계를 맺고 있어 어떠한 현실법칙의 균열도 틈입하지 못하는 유토피아로서의 고향이 그런 세계이다.

그런데 이 시에서 시인은 고향을 반추하기는 하지만, 그렇다고 상실한 고향의 회복을 염원하지는 않는다. 화자가 바라는 것은 '고향'이 아니라 피곤과 절망으로 허물어진 심신을 누일 수 있는 "따스한 보금자리"이다. 이 '보금자리'가 현실적인 공간이 아니라 사상의 거처임은 물론이다. 조벽암의 시에서 현실의 고향은 "옛마을은 겨우살이도 갖추지 못하고 / 초라히 나를 애굿게 불러만 주었구료"(「옛마을」)처럼 부정적으로 그려진다. 이는 조벽암의 고향이 ①과 ②와 무관했다는 것을, 아울러 ④보다는 ③에 가까웠다는 것을 말해준다. "어둠아 가거라 / 모든 죄악을 낳은 어둠아 가거라 / 침체와 주저를 기르는 어둠아 가거라"(「어둠아 가거라」)라고 소리 높여 외쳤지만, 그는 정작 '권태'와 '절망'과 '허무'로부터의 탈출구를 찾지 못했다.

6. 나오며

1930년대 시에서 '고향'이라는 테마의 지위는 특권적이다. 그것은 식민지라는 역사적 · 현실적 조건에서 발생하는 상실감과 자신의 세대가 방향을 잃어버린 채 표류하고 있다는 심리적 결핍감이 뒤섞이면서 생겨난 현상이다. 이러한 현상은 1930년대 시에서 '고향'에 대한 그리움의 정서가 민족적 현실이라는 일의적 의미로 회수될 수 없다는 것을 의미한다. 그럼에도 불구하고 비교적 최근까지 1930년대 시에서 '고향'은 백석, 이용악, 오장환 등의 시에 집중되어 논의되어 왔다. 그것은 한국의 근대가 식민지 경험과 중첩되어 있기에 필연적으로 발생할 수밖에 없는 문제라고 말할 수 있다. 그러나 1937년 중일전쟁 이후에 출간된 대다수의 시집들이 토속적이고 향토적인 소재에 기대어 '고향'과 '향수'를 노래했고, 이러한 양상은 모더니즘적인 경향의 시인들은 물론, 친일시인으로 평가되는 시인들의 시에서도 광범위하게 목격된다. 이러한 문제의식에서 이 글은 근대시에서 '고향'의 다양한 의미들을 제시하고, 1930년대 후반에 출간된 노천명, 김광균, 조벽암의 시집을 중심으로 민족 담론으로 설명되기 어려운 '고향'의 상이한 맥락들에 대해 살펴보았다.

상식적인 이해와 달리, 1930년대 시에서 '고향'이 특권적인 위치를 점하는 이유는 비단 민족적 현실만의 문제는 아니었다. 일제는 1937년 이후 사회주의와 민족주의를 노골적으로 탄압했지만, 실제로 이 시기에 출간된 시집들의 주조는 향토적인 세계에 뿌리내린 자연 서정이었고, 그 속에서 '고향'은 항상 상실의 대상이었거나 회복되어야 할 원초적 세계로 자리 잡고 있었다. 이것은 근대시의 '고향 상실'이 민족적 현실로 환원될 수 없음을 보여주는 사례이다. 그리하여 1930년대 시에서 '고향'의 의미를 백석, 이용악, 오장환의 시를 중심으로 민족적 현실로 설명하면, 1937년 이후 다층적인 의미로 확장되었던 '고향'의 의미를 정확히 설명하는 것이 불가능하게 된다. 바로 이 '고향'의 다층적인 의미 때문에 일제 말기에 다양한 문학적 경향이 가능했고, 심지어 모더니즘이나 친일시가 '고향'이나 '향토'와 만날 수 있었다. 이러한 '고향'의 다층적 의미가 민족주의적인 시각을 견지했던 시인들의 '고향'과 어떻게 구별될 수 있는가에 대한 해명은 차후의 과제로 남겨둔다.

제5장

일제 후반기의 담론 지형과 『문장』

1. 들어가며

이 글은 일제 후반기(1937~1945)의 비평 담론에서 『문장』의 전통주의가 갖는 비평적 의미를 살피는 것을 목적으로 한다. 1939년 2월 창간된 『문장』은 복고적 태도와 상고주의, 고전에의 지향 등을 특징으로 '조선적인 것'을 추구했는데, 한편으로 『문장』의 전통주의는 1930년대 전체에 걸쳐 반복적으로 등장했던 '조선' 및 '전통' 담론의 연장선에 놓여 있었고, 다른 한편으로는 서구적 근대(성)의 가치가 의심되는 근대의 '위기' 상황에 대한 비평적 대응의 성격을 띠고 있었다. 일제 말기의 담론지형에서 『문장』이 갖는 의미는 이 매체를 주도한 인물들이 '조선적인 것'이라는 표상을 통해서 강조했던 '전통주의'를 어떻게 평가할 것인가라는 문제와 분리되지 않는다. 『문장』의 전통주의는 서구 근대의 가치와는 다른 길을 선택했다는 점에서 주체성의 발로나 "생리적 반反근대주의"[1]라고 평가할 부

1 김윤식, 『한국근대문학사상비판』, 일지사, 1978, 134면.

분도 있지만, 퇴영적인 상고주의의 흔적은 물론 식민지 권력의 동양주의와 동형적인 측면을 지니고 있기도 하기 때문이다.

『문장』의 전통주의를 이해하기 위해 먼저 1930년대 담론의 지형을 잠시 살펴보자. 알다시피 1930년대 중반 이후, 즉 1935년 5월 카프의 해체라는 문학사적 사건 이후부터 일제 말기까지는 전형기轉形期라고 지칭된다. 지도이념의 부재와 모색으로 요약되는 이 시기 비평의 기본적인 성격은 '불안'과 '위기'의 담론에서 발견할 수 있다. 당시 조선의 비평계에서는 카프를 대체할 새로운 이념의 모색이 시급한 과제였고, 이것은 비단 문학의 영역에 국한된 문제만은 아니었다. 중일전쟁 이전까지 조선의 비평계에서 '보편'의 위치를 점하고 있었던 서구적 근대성은 의심과 비판의 대상이 아니라 추구되고 모방되어야 할 동일시의 대상이었다. 임화·김남천으로 대표되는 사회주의와 김기림으로 대표되는 모더니즘은 실상 이 추구의 방향과 성격에서 달랐을 뿐, 서구 근대를 극복의 대상으로 설정하지는 않았다. 중일전쟁 이전까지 조선의 담론지형에서 '서구=보편 vs 조선(동양)=특수'라는 등식은 의심되지 않았다. 더 정확하게 말하면, 근대에 관한 모든 기획은 이 등식 속에서만 가능했다. 조선의 식민지 근대성을 지탱해주고 있었던 이 등식의 정당성은 '근대의 위기'라는 상황에서 불안정한 상태에 놓이게 되었다. 세스토프, 벤자민 크레뮤, 슈펭글러, 하이데거 등의 철학이 공통적으로 겨냥하고 있는 물음 역시 이 '근대의 의기'였는데, 조선의 역사철학자들에게 그것은 곧 총체성 이념의 상실과 주체의 위기로 경험되었다. 1930년대 후반 조선의 비평은 최재서, 김남천, 이원조 중심의 『인문평론』과 이병기, 이태준, 정지용 중심의 『문장』이 진영론의 형식을 띠면서 대립하고 있었는데, 이 대립이 의미하는 것은 정확하게 이 위기에 대한 모색과 대응의 차이를 지시하는 것이었다.

2. 『문장』 이전의 '전통' 담론

『문장』의 '전통주의'는 크게 두 가지 맥락에서 이해되어야 한다. 첫째, 『문장』의 전통주의가 1930년대 초반부터 시작된 '조선학' 연구, 1930년대 중반부터 저널리즘을 통해서 본격화된 '전통' 담론들의 결과가 집적된 형태였다는 것이고, 둘째, 그럼에도 『문장』의 조선주의는 서구적인 보편적 주체의 공백상태에 직면한 1930년대의 위기에 대한 비평적 응전의 하나였다는 것이다. 어떤 면에서 '휴머니즘론'과 더불어 '전통론'은 1930년대 학술 및 비평담론의 중요한 배음背音이었다. 이 시기의 '전통론'은 때로는 '조선적인 것'이라는 담론의 층위로 개진되기도 하고, 또 때로는 "1930년대 이후 시대의 에피스테메가 된 동양론"[2]과 겹쳐지면서 확장 · 반복되었다. 조선의 비평계가 조선이라는 '전통'에 관심을 쏟기 시작한 것은 1935년 전후였지만, 학술적인 차원에서 '전통'에 대한 논의는 그보다 훨씬 일찍 시작되었다. 가령 백남운, 신남철, 박치우, 김태준의 조선학 연구가 여기에 해당한다. 논자의 입장에 따른 차이가 존재함에도 불구하고, 이들의 '조선학' 연구는 식민통치의 일환으로 행해진 일제의 조선연구는 물론 1920년대에 등장했던 시조부흥 운동, 국학 운동, 민요시 운동 등과는 확연하게 달랐다. 1920년대에 전개되었던 이들 운동이 문제 삼은 것은 '서구 근대'가 아니라 카프의 국제주의였고, 국제주의에 대한 민족주의적

---

2 정종현, 「식민지 후반기(1937~1945) 한국문학에 나타난 동양론 연구」, 동국대 박사논문, 2005, 6면.

반발이라는 점에서 이 운동은 근대성 담론의 연장에 불과했다.

1930년대 초의 '조선학' 연구는 이념의 해체를 문화적인 방향에서 극복하려는 시도와, 그것을 담당할 주체의 등장이라는 맥락에서 이해될 수 있다. 1931년 신간회가 해제된 후 민족주의자들은 조선의 전통과 고전 탐구를 중심으로 문화운동을 전개했고, 이 운동은 이후 학술적인 담론과 결합하면서 파급력을 강화했다. 이러한 문화운동을 학문적으로 뒷받침한 것은 1926년 설립된 경성제국대학이었는데, 이는 당시의 조선학 연구자들 대부분이 경성제국대학 출신이었다는 사실에서도 확인된다. 그렇지만 1930년대 초반의 조선학 운동은, 그것이 비록 파시즘 체제의 압박이라는 역사적 맥락에서 출발한 것임에도 불구하고, 서구 근대의 영향에서 자유롭지 못했는데, 그것은 '조선학' 연구가 조선 문화의 고유성을 찾는 방식이 '과학적'이라는 근대의 인식론을 답습할 수밖에 없었기 때문이었다. 학문적인 운동의 일환으로 시작된 '조선학 연구'는 조선적 고유성의 발견이라는 독자적인 이념을 강조했지만, 그 '조선적 고유성'이란 오직 서구적인 학적 체계에 의해서만 발견될 수 있는 것이었다. 한편 이 시기에는 '조선학' 연구와는 별개로 조선어학회의 한글 맞춤법 통일안(1933)이 발표되었고, 진단학회(1934)가 설립되어 한국어로 이루어지는 한국역사 · 한국문화 연구의 필요성이 주창되기도 했다.[3] 특히 『동아일보』와 『조선일보』를 중심으로 진행되었던 민족주의 진영의 문화운동은 총독부 주도의 '조선학'에 맞서 조선적인 것을 발굴 · 보존하려는 학술적인 움직임이었다는 점에서 주목할 만하다.

3 『문장』의 이념적 리더였던 이병기는 진단학회의 설립 발기인 가운데 한 사람이었다.

한편 비평계의 '전통' 논의는 1935~1938년 사이에 본격화되었다. 조선적 '전통' 논의에 대한 비평계의 개입은 자연스럽게 『동아일보』『조선일보』를 통해서 개진되었던 민족주의 진영의 문화운동과 마주치게 되었고, "그 이전에 '조선적'이라고 하면 함부로 거절하고 조선학 연구는 현실 도피의 반동적 현상이라고 손쉽게 타기하는데 비하면 금차의 감이 잇다"[4]는 김태준의 지적처럼, '조선=전통=과거'라는 관념의 도식을 성찰할 수 있는 계기를 제공했다.[5] 그렇지만 1937년 이전까지 '전통론'의 논리적 구도는 '서구=보편 / 조선(동양)=특수'라는 도식에 머물고 있었고, 특히 이러한 도식은 '전통' 논의에 개입했던 비평가들의 글에서도 분명하게 확인된다. 가령 최재서는 '고전부흥'과 '복고주의'를 엄격하게 구분하면서, 원칙적으로 고전이 현대의 문제해결에 도움을 줄 때 고전의 부흥을 이야기할 수 있지만 우리의 경우는 그렇지 못하다고 말하면서 고전부흥에 대해서 회의적인 태도를 보였다.[6] 김기림 역시 조선주의는 조선적 특성을 가지고 세계문학에 참여하려할 때에만 의미가 있다고 주장[7]했는데, 이는 세계주의라는 자신의 입장을 확인한 것에 불과했다. 이 논의 안에서 민족주의 문학은 그 자체로는 시대착오에 불과했다. 이 시기의 '전통' 논의는 '서구=근대'라는 등식에 대한 대타의식에서 출발하여 민족적 자아의 발견과 문화적인 정체성의 확립이라는 문제의식으로 나아갔지만, 이들 논의

4 김태준, 「조선연구의 의의」, 『조선일보』, 1935.1.26.

5 『동아일보』는 1934년 10월부터 12월까지 '내 자랑과 내 보배', '조선심과 조선색'이라는 고정란을 만들어 고유섭, 현상윤, 손진태, 백남운, 김윤경 등을 필자로 동원하여 민족문화의 독자성을 부각시키는 기획을 시도했는데, 이들 필진의 대부분 또한 진단학회의 회원들이었다.

6 최재서, 「고전부흥의 문제」, 『동아일보』, 1935.1.30.

7 김기림, 「장래할 조선문학」, 『조선일보』, 1934.11.14~15.

가 견지했던 '조선적인 것=과거적인 것'이라는 인식론은 비평계의 반향을 얻지 못했을 뿐만 아니라 여전히 대타적인 의식으로만 평가될 뿐이었다. 때문에 '조선적인 것'에 대한 마르크스주의 진영의 비판은 이미 예견된 결과의 확인에 불과했다. 이런 맥락에서 신남철, 김남천, 백남운, 임화의 비판이 이어졌다.

> 의심할 것도 업시 이것은 현재조선문학의 위기현상의 표현이다. 우리는 지금 단순한 감상적 회고가 아니라 과학적인 문학사 예술학을 가지고 일절의 복고주의적 유령과 그 환상을 파괴하고 이십년에 갓가운 신문학의 예술적발전과 그 도달의 수준을 밝히고 진실로 명일의 위대한 예술문학 건설에 공헌해야 할 것이다. 이것이 내가 지금 요망하는 문학사적 반성의 가장 큰 이유이다 (…중략…) 감상적 회고로부터 완전히 자유로운 과학적 정신을 가지고 이제 차듸찬 역사적 반성의 문학사적 비평적 사업을 조직하고 위선 현대문학의 문학사적 지위와 현대문학 자기자신의 제성격을 천명하야 명일에의 방향을 발견해야 할 것이다.[8]

임화는 1930년대 중반 비평의 위기를 극복하기 위해서는 역사적이고 논리적인 방법이 필요함을 주장했는데, 인용문에 등장하는 "과학적인 문학사 예술학" 역시 그 연장선에 해당한다. 그는 1930년대 중반 조선 문단에 불어 닥친 위기를 직접 대면하기보다는 "이십년에 갓가운 신문학의 예술적발전과 그 도달의 수준을 밝"히고, "명일의 위대한 예술문학 건설

8 임화, 「역사적 반성에의 요망」, 『조선중앙일보』, 1935.7.4~16.

에 공헌"하기 위해서는 과학적 정신에 근거한 문학사적인 반성이 필요함을 역설하고 있다. 이를 위해서는 오늘의 문학이 "감상적 회고"를 벗어야 하고, "복고주의적 유령"이라는 환상을 파괴가 필요하다고 주장한다. 동시대의 마르크스주의자들 역시 비슷한 시각을 견지했는데, 흥미롭게도 이 글에서 임화는 조선적인 특수성이 보편적인 원리 속에서 규명될 때에만 유의미하다는 입장을 보여준다. 물론, 임화의 글에서 이 보편적 원리란 '과학'과 '역사'이지만, 이 보편적 원리를 지지하고 있는 관념의 도식은 '서구=보편 / 조선(동양)=특수'이다.

'서구=보편 / 조선=특수'라는 도식은 1938년 무렵의 전통론 속에서도 여전히 작동하고 있었다.서인식은 전통을 "부정을 매개로 하고 형식과 내용을 변혁하면서 끊임없이 그 생명을 생탄하여 나가는 동시에 그 입장을 전환하여 나가는 것"이라고 정의한 다음, '전통'의 가치는 현재성과 주체성에 있다고 주장한다.[9] 그렇지만 "전통의 위력을 위하여 전통을 긍정하는 것은 인간을 동물로 약락하고 전통을 관습으로 낙하시키는 것 이외의 아무 것도 아니다"라는 표현이 암시하듯이, 그는 특수로서의 조선적 전통은 보편 안에서 지양되어야 한다는 보편주의의 입장을 견지하고 있다. 그는 "인간성의 발양을 빈곤케하고 인식의 발전을 저해하는 동양의 특수한 문화정신은 기실은 동양문화의 정화를 발양하기는커녕 동양문화의 문화로서의 정화를 고갈시키는 것이 되지 않을 수 없다. 다시 말하자면 그것은 문화의 암이다"[10]처럼 보편성으로 회수되지 않는 특수를 문화의 '암'이라고 규정했다. 비슷한 시기에 박치우 역시 "과거에 대한 자랑보

---

9 서인식, 「전통론」, 『조선일보』, 1938.10.22~30.

10 서인식, 「동양문화의 이념과 그 형태」, 『동아일보』, 1940.1.12.

다 미래를 향한 창조적인 결의를, 감정보다도 이지를, 센티멘트보다도 라치오를 먼저 갖추는 것이 고문화의 재음미, 문화유산의 검역에 있어 언제나 먼저 냉정하게 반성"되어야 한다고 주장하고, '골동취미'와 '선양주의적인 상고운동의 복고운동'을 회고주의의 소극적 귀결이라고 비판한다.[11] 이처럼 1930년대 민족주의 진영에서 시작된 '전통' 논의는 과거의 역사와 전통에서 조선적인 것을 발견하고, 그것의 보존 · 계승을 통해서 민족적 자아의 확립과 문화적 정체성의 확인을 모색하려 했다는 점에서 근대적 민족주의의 원형적인 모습에 가까웠던 1920년대의 시조부흥운동 등과는 분명하게 달랐지만, 그 노력은 서구적인(일본적인) 학문적 틀 내부에서 진행된 것에 불과했고, 회고주의라는 마르크스주의 진영의 비판에서도 자유롭지도 못했다.

3. 『문장』의 위치

조선의 담론 지형은 중일전쟁(1937)을 기점으로 새로운 국면에 접어들었다. 그것은 일제의 사상통제가 한층 강화되었고, 여러 매체들이 폐간되었으며, 파시즘적 체제가 작동하기 시작했다는 등의 현실적인 조건으로 환원되지 않는 담론의 지형변화를 동반하고 있었다. 1939년 『인문평론』과 『문장』의 창간은 이 변화의 문학적 표현이었다. 앞에서 지적했듯이, 1937년 이전에 조선에서의 담론 지형은 '서구=보편 / 조선(동양)=특수'라는 도식 위에서 작동했고, 보편주의적인 시각(마르크스주의와 모더니즘은 그 양극이다)하에서 '조선(동양)'은 특수, 즉 보편적인 원리 안에서 규명

11 박치우, 「고문화 재음미의 현대적 의의」, 『조선일보』, 1937.1.1~4.

되거나 지양되어야 할 대상에 불과했었다. 비록 민족적 자아의 구성을 통한 문화적 정체성의 확인처럼 민족적인 가치를 근대의 담론 지형에 안착시키려는 노력이 없었던 것은 아니지만, 그 시도들이 '서구=보편 / 조선(동양)=특수'라는 도식의 바깥에서 진행된 것은 아니었다. 이것은 『문장』이라는 매체의 등장을 1920년대 민족주의 문화운동의 연속으로 이해하거나, 1930년대 초반의 '조선학' 연구와 동일시하는 시각이 자칫 담론 지형의 차이를 무시한 형식적 동일화로 귀결될 수 있음을 의미한다. 담론이란 그것이 발화될 수 있는 인식의 구도와 틀을 전제하기 마련이다. 이 역사적 · 현실적 조건과 무관하게 모든 담론이 가능하다고 믿는 것이야말로 자유주의자들의 환상에 불과한데, 특히 식민지라는 조건에서 이 담론의 지형이 발휘하는 효과는 분명하게 드러난다. 1930년대 전통론을 견인해온 논리적 구도인 '서구=보편 / 조선(동양)=특수'는 1937년을 기점으로 변화하기 시작했는데, 이것은 일제 말기에 집중적으로 쏟아진 근대 초극과 극복이라는 문제의식과 맞닿아 있다.

30년대 중반 이후 모방과 추구의 대상이었던 '서구 근대'는 '위기'와 '불안'의 대상이 되었다가 마침내 극복되어야 할 대상으로 자리 잡기 시작했다. 서구 근대가 전제하고 있었던 합리적 주체와 총체적인 이념을 대체할 새로운 전통(이념)을 찾으려는 시도에서 출발한 전형기 비평은 중일전쟁 이후 일본과 조선의 담론 지형에서 '서구 근대'를 극복의 대상으로 사유하기 시작했다. '서구=보편 / 조선(동양)=특수'라는 도식에서 '특수'에 해당하는 전통은 보편을 위해 극복되어야 할 부정적인 것이었지만, 담론 지형이 '동양(일본)=보편 / 조선=특수'라는 도식으로 바뀜에 따라 '전통'은 전혀 다른 의미를 부여받기 시작했다. 일제 말기 담론장의 성격은 바로 이 새로운 도식 안에서 동양(일본)과 조선의 관계를 어떻게 사유하느냐에 따라 나뉘게 된다. 『인문평론』과 『국민문학』이 '서구 근대'라는 대타자의 자리에 '동양(일본)'이라는 새로운 보편을 위치시켰다면, 『문장』은 "동양론 안에서 조선적인 것의 주체적 심미성을 구성"[12]하려는 시도였다. 이러한 지형의 변화는 중일전쟁 이후의 정세변화와 좌익의 전향, 서구 근대의 파탄이라는 담론적 인식이 복합적으로 작용했던 것처럼 보인다. 물론, 그렇다고 해서 『문장』의 '조선적인 것'이 제국 일본의 동양론을 단순한 차원에서 모방한 친일의 논리라고 말하는 것은 아니다. 그렇지만 이 논리적 구도의 변화와 전도 없이 『문장』의 전통주의와 상고주의가 가능했다고 믿는 것 역시 몰역사적인 태도이다. 이 시기 『문장』은 '서구 근대'라는 환상으로부터 일정한 거리를 유지하는 한편, '동양(일본)'이라는 또 하나의 '보편' 안에서 민족의 문화적 정체성을 사유해야 했다. 『문장』은 조선주의와 조선적 전통을 '서구 근대'라는 환상을 대체할 수 있는 '보편'으로 간주하기보다는 '동양(일본)'이라는 보편 안에서 스스로를 '특수'에 위치시키려 했다. 이는 아래에서 보다 자세하게 검토될 것이다. '서구 근대'라는 대타자-환상에 대한 입장의 차이가 『인문평론』과 『문장』의 차이였으나, 많은 논자들이 지적했듯이, 『문장』은 담론의 차원에서가 아니라 심미적 범주 안에서 조선적인 미를 구성하려 했고, 이것은 일제가 '향토성(지방색)'이라는 이름으로 표상하려 했던 '조선적인 것'과 일치하지도 않았다. 이런 맥락에서 『문장』이 표방했던 '조선적인 것'은 식민 지배자의 시선과 민족적 주체의 시선이 교차 · 전복되는 지점이었다고 말할 수 있다.

12 정종현, 「식민지 후반기(1937~1945) 한국문학에 나타난 동양론 연구」, 동국대 박사논문, 2005, 80면.

『문장』(1939.2~1941.4) 통권 26호는 이병기, 이태준, 정지용이 편집을 맡아 창간되었고, 이들 각각의 세계인식이나 미학적 세계관은 달랐지만, 근대적 삶에 대한 부정적 태도라는 점에서 이들은 일치점을 드러내고 있었다. 문예지로서의 복합성에 주목하여 문장을 세 사람의 세계관으로 환원하는 입장에 대한 비판적 시각[13]이 없는 것은 아니다. 실제로 『문장』의 필진은 특정한 문학적 경향과 상관없이 조선의 문인 전체를 아우르고 있었고, 『문장』의 첫 단행본이 박태원의 『소설가 구보씨의 일일』이었음을 감안한다면, 이러한 비판이 설득력이 없는 것은 아니지만, 그렇다고 이 필진의 다양함이 "그 잡지가, 명시적으로든 묵시적으로든, 당대 문학의 지배적인 조류 중의 하나를 대변하고 있었다"[14]라는 사실 자체의 중요성을 부정할 수 있는 근거가 되지는 못한다. 이러한 잡지의 편집방향은 이태준이 '편집여묵'에서 밝혔듯이, 특정한 경향이 아니라 좋은 작품을 가려 싣겠다는 '엄선주의'의 결과라고 이해해야 한다. 창간호의 편집여묵에 실린 이태준의 발언("편집이란 문장의 취합만이 아님은 이미 여러분의 의식이실 것을 믿는다. 출판물의 최후의 가치를 결정하는 것은 실로, 활자호수에서부터 제본에까지를 통제하는 장정裝幀으로서, 그 일을 양화가 길진섭 우友가 담당해주게 된 것은 「문장」의 자랑이 아닐 수 없다. 나는 좋은 작품에, 길우는 좋은 장정에 각기 전력해 나갈 것이다")은 실제로 이들이 잡지의 표지와 장정에서 활자, 제자에 이르기까지 얼마나 각별하게 신경을 썼고, 그것들을 통해서 미학적인 지향점을 드러내려 했는가를 짐작할 수 있다. 실제로 『문장』은 추사의 필적에서 고른 필체를 제

---

13 차혜영, 「'조선학'과 식민지 근대의 '지(知)의 제도 - 『문장』을 중심으로」, 『국어국문학』 140, 국어국문학회, 2005가 대표적인 사례이다.

14 황종연, 「『문장』파 문학의 정신사적 성격」, 『동악어문논집』 21, 동악어문학회, 1986, 93면.

자로 사용했고, 길진섭, 김용준이 그린 표지화를 고집했는데, 이것은 그들의 '조선적인 것', '고전', '전통'이 선비라는 교양계급의 그것에 맞닿아 있음을 뚜렷하게 보여준다.

4. 비非표상으로서의 '조선적인 것'

일제의 조선학이나 조선 문화 연구가 특정한 '표상'과 '향토색'으로 환원되는 것이었음에 반해, 『문장』의 미학적인 지향 안에서 '조선적인 것', 조선적 '전통'의 발견은 표상으로 환원되지 않는 영역에 위치하고 있는 것이었다. 물론, 이것은 『문장』파가 이론가가 아니라 창작자였다는 사실에서 비롯되는 것이기도 하지만, 다른 한편으로 일본의 조선학 연구와 거리를 두고 있었다는 것을 의미한다. 그들에게 조선적인 전통은 경험되고 표현되는 것이었을 뿐 재현 가능한 것이 아니었다.

먼저 이병기의 경우를 살펴보자. 이병기에게 있어서 '시조'는 연구와 보존의 대상이 아니라 현재에도 반복되어야 할 것이었다는 점에서 '조선학' 연구와는 발상 자체가 달랐다. 그는 "종래의 노래들을 아무리 훌륭한 걸작이라 하드라도 그건 그 하나에 그칠 뿐이다. 그걸 천인만인이 그대로 모방하여 짓는 데도 아무 소용이 없다"[15]처럼 시조의 창작을 일회적이고 반복불가능한 행위로 평가했고, 현대 시조가 "실감실정實感實情"[16]을 표현하는 방향으로 나아가야 함을 강조했다. 또한 그는 가창을 전제하는 고시조와 달리, 현대시조는 문자로 표기된다는 사실을 지적하면서 시조의 '격조'를 강조했다. "그런데 시조의 격조는 그 작가 자신의 감정으로 흘러

15 이병기, 「조선 고전문학의 정수」, 『신동아』, 1935.9, 4면.
16 이병기, 「시조는 혁신하자」, 『동아일보』, 1932.1.23~2.4.

나오는 리듬에서 생기며, 동시에 그 작품의 내용의미와 조화되는 그것이 라야 한다. 그렇지 않으면 딴 것이 되어버린다." 여기에서 중요한 것은 격조가 감정으로 흘러나오는 리듬에서 생긴다는 대목이다. 이 격조의 세계는 이성적인 언어로 포착될 수 없는, 동시에 자연과 인위의 구별이 존재하지 않는 미적 세계이다. '난蘭'과 '예도藝道'[17]로 특징지어지는 이병기의 예술론은 곧 삶의 태도이기도 했는데, 이는 그가 조선적인 것의 전통주의를 통해서 구성하고 있던 세계가 선비적인 것이었음을 알려준다. 이병기에게 있어서 조선적 전통이란 어떤 구체적 실체나 사상보다는 '예술'에서 경험될 수 있는 것에 가까웠다.

다음으로 이태준의 경우를 살펴보자. 이태준은 1930년대 초에 발표한 한 산문에서 다음과 같이 말했다. "나는 모던을 조아한다. 그러나 모던만을 조아하는 것이 안이라 고전도 그만치 조아한다. 그럼으로 나는 나의 성격에 잇어서나 생활에 잇어서나 각금 부조화를 늣긴다."[18] '모던'과 '고전'의 부조화와 충돌은 동시대 지식인들 대부분이 겪어야 했던 혼란이었겠지만, 일찍이 동서양의 예술을 넓게 알고 있었던 그에게 있어서 그 혼란은 한층 혹독했던 것처럼 보인다. 흔히 구인회의 일원으로 알려진 이태준은 비교적 이른 시기부터 동양적인 예술에 관심을 두고 있었다. 특히 '동양적인 것'에 대한 이태준의 관심을 해명하기 위해서는 『문장』을 통해서 신新문인화 운동을 벌였던 김용준과의 관계를 살펴보아야 한다. 실제 미술 분야에서 김용준이 걸었던 길은 문학에서 이태준이 걸었던 길과 매우 흡사했고, 그들은 동경유학 당시부터 매우 친밀한 관계를 유지했다. 김용준은

17 김윤식, 『한국근대문학사상비판』, 일지사, 1978, 161면.
18 이태준, 「내가 본 나」, 『별건곤』, 1930.5, 61면.

동경미술학교에서 서양화를 전공했고, 1920년대 초에는 정지용과 함께 『요람』 동인으로 활동을 하기도 했다. 1927년부터 프로미술과의 논쟁을 통해서 세간에 이름을 알리기 시작한 김용준은 당시 새로운 시대가 아방가르드적인 예술을 요구하고, 관학적 아카데미즘에 반하는 구성주의, 표현주의, 다다이즘 등을 무산자계급의 미술이라고 주장했다. 1920년대 후반 조선에서의 동양주의 미술은 두 가지 흐름으로 나뉘어 있었는데, 그 하나는 전통적인 소재와 전통적인 화법을 추종한 복고주의적 흐름이었고, 다른 하나는 현대적인 양식과 소재를 취하되 정신적인 차원에서 동양주의를 지향했던 김용준, 구본웅 등 모더니스트에 의해 주도된 동양주의 미술이었다. 당시 김용준은 "현대는 유물주의의 절정에서 장차 정신주의의 피안으로, 서양주의의 유폐에서 장차 동양주의의 갱생으로"[19] 나아간다는 진술에서 나타나듯이 동양주의를 복고적인 취향이 아닌 현재적 관점에서 이해했다. 또한 그는 동양미술의 특징을 주관성의 표현으로 인식하고, 인상주의 이후의 현대미술을 포괄해서 표현주의라고 인식했다.

> 최근에 이르러 조선뿐 아니라 거의 동양에서라 할 만큼 넓은 국면의 사람들이 동양주의의 복고를 성히 물의하는 경향이 보이는데 이러한 경향은 진실로 있음직한 일이오 있어 당연한 일로 생각하기는 하나 그 중에는 간혹 인식착오의 동양주의 사상을 가지는 분이 있어서 덮어놓고 옛 사람의 필법, 옛 사람의 태도를 그대로 모방함으로써 동양에의 복귀로 생각하는 분이 있다. 서양의 세례를 받고 서양적 교양에서 자라다시피 한 현대의 우리들이 무비

19 김용준, 「동미전을 개최하면서」, 『동아일보』, 1930.4.12~13.

판하게 동양에의 복귀를 하는 것도 불가능한 일이어니와 또한 무비판하게 서양적 교양을 방기함도 불가능한 일일 것이다. '개자원'을 배우고 단원을 본뜨고 오원을 본받는 것이 수학으로는 좋을지 모르나 벌써 시대가 다르고 문물이 다른 현대에 앉어 과거의 필법을 그대로 고집한다는 것은 더한층 실수일 것이다. (…중략…) 조선의 공기를, 조선의 성격을 갖춘, 누가 보든지 저건 조선인의 그림이로군 할만큼 조선 사람의 향토미 나는 회화란 결코 알록달록한 유치한 색채의 나열로서 되는 것도 아니요 조선의 어떠한 사건을 취급하여 표현함으로써 되는 것도 아니요 그렇다고 단지 수묵을 풀어 고인을 모(模)하는 등은 더욱 더 아닐 것이다.[20]

1936년에 발표된 김용준의 비평문의 일절이다. 1930년 동경미술학교를 졸업할 때, 김용준은 백색 한복에 녹색 조끼를 입은 정면상에 〈자화상〉이라는 제목을 붙여 제출했다. 그리고 1930년 동미전을 개최하면서 발표한 위의 글에서 그는 조선의 향토적 정서를 찾기 위해 동양으로 회귀해야 할 것을 주장한다. 동양주의 미술로의 회귀를 주장하던 김용준은 1930년대에 접어들어서 본격적으로 조선 정조를 표현한 그림들을 그렸다. 한때 표현주의라는 명칭으로 동서양 미술을 아우르려고 했던 그는 1930년대에는 '선'을 근거로 동서양의 미술을 구분하기 시작한다.[21] 김용준의 동양

20 김용준, 「회화로 나타나는 향토색의 음미」, 『동아일보』, 1936.5.6.

21 '선'의 중요성을 강조한 김용준의 시각이 중국미술을 형태의 미술로, 일본미술을 색채의 미술로, 조선미술을 선의 미술로 평가한 야나기 무네요시의 주장("나는 조선의 예술, 특히 선(line)의 미는 실로 그들이 사랑에 굶주린 마음의 상징이라고 생각한다. 아름답게 길게 늘어진 조선의 선은 면면히 호소하는 마음 그 자체다. 그들의 한, 그들의 소망, 그들의 서원, 그들의 눈물이 이 선을 타고 흐르는 것처럼 느껴진다. 불상 하나에도 도기 하나에도 이 조선의 선을 빼놓을 수 없다. 눈물로 흘러넘치는 온갖 부르짖음도 이 선에 녹아

주의 미술의 특징은 '소재'에 집착하지 않는다는 점이다. 그는 동양의 보편적 미감을 추구하면서 그 안에서 조선미술의 특징을 읽어내려 했지만, 그것을 향토적인 소재나 토속적인 미감과 같은 가시적인 것이 아니라 표현법과 정신의 측면에서 해명하려고 노력했다. 이것은 진정한 조선미술의 전통은 정신이 중요한 것이지 소재가 중요한 것이 아니라는 판단을 담고 있다. 문제는 이 '조선의 정신'이 구체적으로 설명되지 않거나 표상 불가능한 진술의 차원에 머문다는 사실이다. 분명한 것은 1930년대 중반 미술계에 불어 닥친 동양주의 열풍이 일본에 의해 주도되고 전파된 '동양성'에 의해 근원적으로 조절되었다[22]는 사실이다. 그렇지만 이 시기 일본에 의해 주도된 동양주의, 특히 '조선적인 것'에의 미학적 관심은 몇몇 표상으로 대표된 반면, 김용준의 동양주의 미술은 표상불가능한 정신의 차원에 근거하고 있었다는 사실은 지적되어야 할 듯하다. 김용준은 1940년 무렵 조선미술의 계승을 위하여 수묵화로 전필했고, 그림에 서書를 부활시켰다. 1930년대 후반부터 전통적인 남종문인화에 매료되기 시작한 그는 화제를 서체로 적고 낙관의 조형성에 관심을 가지기 시작했는데, 이것은 사화일치를 통해서 문인정신을 계승하려는 태도를 엿보게 하는 장면이다. 『문장』의 창간과 동시에 김용준은 글을 기고했고, 길진섭과 더불어 남종문인화풍의 표지화, 동양적인 소재를 되살린 권두화와 컷 등을 그렸는데, 당시 『문장』이 지향했던 동양 고전의 정서와 품격에는 김용준의 그림이 한층 더 어울리는 것이었다. 그렇지만 이것은 1930년대 중반까지만

있다")을 이어받고 있다는 비판도 있으나, 이 글의 주된 관심이 아니어서 생략한다.

22 이에 대해서는 김현숙, 「김용준과 『문장』의 신인문화 운동」, 『미술사연구』 16, 미술사연구회, 2002, 369면 참고.

해도 향토적 소재로 조선적인 것을 표현하기를 부정했던 변화했음을 의미하는 것이었다.

①

나는 동양 사람들이 동양화보다 서양화에 더 쏠리는 데 다소 불평을 가진다. 우선 내가 내 생활하는 처소에 한 폭의 그림을 걸고 싶더라도 서양화보다는 동양화가 먼저 요구된다. (…중략…) 미술이 무용이나 음악과 함께 국경이 없다 하지만 결국은 다 있는 것이다 (…중략…) 나는 무례할지 모르나 이렇게 독단한다. 서양화보다 동양화를 더 즐길 줄 아는 이가 문화가 좀 더 높은 사람이라고. (…중략…) 그러니까 하는 서양화에서 동양화에로 전필로부터 조선화의 부흥을 위하여 맹렬한 운동이 일어나기를 어리석도록 바라는 자다. (…중략…) 미염(米鹽)은 사지 못하면서도 매화 한 그루는 이백 냥씩 주고 사던 단원이나, 궁정에서 불려가도 저 싫으면 도망을 가서 국왕으로도 병풍 열두 폭을 여덟 폭밖에 못 받았다는 오원의 일화도 못 들었는가? 동양화의 높은 점은 수공이 아니라 기백에서 되는 점일 것이다.[23]

②

'古' 자는 추사 같은 이도 얼마나 즐기여 쓴 여운 그윽한 글자임에 반해, '骨' 자란 얼마나 화장장에서나 추릴 수 있는 것 같은, 앙상한 죽엄의 글자인가! (…중략…) 젊은 사람이 너머 너머 고완에 묻히는 것도 반성해야 할 것이다. 그렇지 않아도 각방면으로 조로하는 동양인에게 있어서는 청년과 고완

---

23 이태준, 「동양화」, 『무서록』, 박문서관, 1941; 민족문학사연구소 기초학문연구단, 『'조선적인 것'의 형성과 근대문화담론』, 소명출판, 2007, 236~238에서 재인용.

이란 오히려 경계할 필요부터 있을런지 모른다. (…중략…) 비인 접시요, 비인 병이다. 담긴 것은 떡이나 물이 아니라 정숙과 허무다. 그것은 이미 그릇이라기보다는 천지요 우주다. 남보기에는 한낱 파기편혈에 불과하나 그 주인에게 있어서는 무궁한 산하요 장엄한 가람일 수 있다. 고완의 구극경지도 여기겠지만, 주인 그 자신을 비실용적 인간으로 포로하는 것도 이 경지인줄 알지 않으면 안 된다. 젊은 사람이 '현대'를 상실하는 것은 늙은 사람이 고완경을 영유치 못함만 차라리 같지 못하다. (…중략…) 고전이라거나, 전통이란 것이 오직 보관되는 것만으로 끄친다면 그것은 '주검'이요 '무덤'의 대명사일 것이다. 박물관이란 한낱 '아름다운 묘지'에 불과할 것이다. 우리가 돈과 시간을 드려 자기의 서재를 묘지화시킬 필요는 없는 것이다.[24]

인용문은 '동양적인 것'에 관한 이태준의 관심이 돋보이는 두 편의 글이다. 실제로 '동방정취'를 무척 애호했던 이태준은 1920~1930년대에 미술계 인사들과 깊게 교우했을 뿐만 아니라 미술비평을 통해서 동양주의 미술을 주장하기도 했는데, 많은 부분 그의 주장은 김용준의 그것과 일치했다. ①에서 보듯이 이태준은 '동양화'와 '조선화'를 구분한다. 상식적인 이야기처럼 들리지만, '동양화'와 '서양화'를 대립관계에 놓음으로써, 그는 '동양화' 내에서 '조선화'의 부흥을 기대한다. 이러한 인식론적 구분법은 한편으로는 '서구=보편 / 동양=특수'라는 도식의 되풀이처럼 보이지만, 거기에는 이미 '동양적인 것'을 가상으로 설정하고 그 범주의 내부에서 '조선'이라는 주체를 사유하고 있는 흔적이 새겨져 있다. "서양화

24 이태준, 「고완품과 생활」, 『문장』, 1940.10, 208~209면.

에서 동양화에로 전필"이란 김용준의 경우를 두고 하는 말이겠지만, "서양화보다 동양화를 더 즐길 줄 아는 이가 문화가 좀 더 높은 사람"이라는 저 자신감 넘치는 목소리는 도대체 어떻게 가능했던 것일까? '서구=보편 / 동양=특수'라는 도식이 여전히 힘을 발휘하고 있었다면, 저 발언이 과연 발화될 수 있었을까? 그런데 두 편의 인용문에서 공통적으로 확인되는 것은 '동양적인 것', 또는 '조선적인 것'이 표상될 수 없는 것으로 설명되고 있다는 사실이다. 이태준은 ①에서 동양화의 우수성을 '수공'이 아니라 '기백'에서 찾는다. 바꿔 말하면 이것은 동양화가 기술이 아니라 정신의 세계라고 보았던 김용준의 시각과 동일할 뿐더러, 난초를 기르는 행위를 정신을 수양하는 것으로 이해했던 이병기의 태도와도 일치한다. ②에 등장하는 "정숙과 허무", "천지요 우주", "무궁한 산하요 장엄한 가람" 역시 이 비표상적 정신의 세계를 가리킨다. 이태준은 오래된 물건을 '골동품'이라고 부르지 않고 '고완품'이라고 불렀다. 골동품이 죽음을 연상시킨다면, 때문에 오래되고 낡아서 전혀 무용한 것을 의미한다면, '고완품'의 고古는 "여운 그윽한 글자"라는 느낌을 전해주기 때문이다. 이때의 '여운' 역시 표상불가능한 정취의 경험이다.

1937년 이전의 담론지형이 '서구=근대=보편=미래 / 동양=전근대=특수=과거'라는 인식틀을 유지했던 반면, 1937년 이후에 등장한 『문장』파는 '서구(근대)'를 '기술적인 것'으로, '동양(비근대)'를 '자연적인 것'으로 인식하기 시작했다. 한때는 시간의 축에서 과거의 것이라는 이유로 극복의 대상이었던 것들이, 『문장』파의 담론에서는 자연적이라는 이유로 긍정되기 시작한다. 이태준이 1939년 『문장』에 발표한 수필의 한 대목을 살펴보자.

> 지금 이 글을 쓰는 것도 만년필이요 앞으로도 만년필의 신세를 죽을 때까지 질지 모르나 '만년필'이란, 그 이름은 아모리 불러도 정들지 않는다. (…중략…) 이 만년필이 현대 선비들에게서 빼았은 것이 있다. 그것은 무엇보다 먹이었다. 가장 운치있고, 가장 정성스러운 문방우였다. 종이 우에 먹 같이 향기로운 것이 무엇인가 먹처럼 참되고, 윤택한 빛이 무었인가 종이가 항구히 살 수 있는, 그의 피가 되는 먹이 종이와 우리에게 이 만년필 때문에 사라져가는 것이다.[25]

이 글에서 '만년필'은 '모던(근대)'을, '먹'과 '문방우'는 '조선(전통)'을 각각 상징한다. 이 글에서 이태준은 만년필의 등장이 선비들에게서 '먹'이라는 문방우를 빼앗았다는 것, 고인(古人)들의 서화書畵를 감상할 때마다 먹에의 향수를 느낀다는 심정을 토로하고 있지만, 더 중요한 것은 '먹'으로 상징되는 과거의 세계가 만년필에 비해 한층 '자연'에 가깝게 묘사되고 있다는 사실이다. 물론, "나는 낙필이전에서 천진찬란을 몽유할 뿐이다", "앞으로도 만년필의 신세를 죽을 때까지 질지 모르나"처럼 취향이나 의지가 곧 생활은 아니고, 이것들의 괴리는 앞서 지적한 대로이다. 그렇지만 이 글에서 '고완품'에 해당하는 '문방우'의 세계에 접근하는 이태준의 태도는 '정情', '운치', '정성', '향기', '참', '윤택한 빛', '항구', '피' 등처럼 가장 정적이면서도 자연적인 상태이다. 이태준은 근대적인 것들의 실용성과 '고완품'의 비실용성을 대비하면서, 생활의 측면에서는 전자를 사용할 수밖에 없지만, 정취나 취향의 측면에서는 후자를 훨씬 더 높게 평가

25 이태준, 「문방잡기」, 『문장』, 1939.12, 154~156면.

한다. 그런데 이 비실용적인 가치들은 또한 관념으로 떠올릴 수는 있지만 사전적인 의미로 규정할 수도 없고, 특정한 사물로 지칭할 수도 없는 비표상적인 영역이다. 한때 그는 "아모리 양관에 드나들고 빠터를 먹을지언정 그래서 생리학상 혈청은 다소의 이변이 생길지언정 우리의 오랜 전통의 심경, 우리의 정신적 생활의식, 생활이상은 영원히 바뀌지 않을 것이라 믿어진다"[26]라고 밝힌 적이 있는데, 전통과 생리에 의한 동서東西의 구별이, 여기에서는 '자연'과 '인위'라는 새로운 대립쌍으로 등장하고 있는 것이다. 특히, 이병기와 이태준에게 있어서 이 '자연'의 주체가 '선비'와 '처사' 같이 세속적인 현실과 일정한 거리를 두고 있는 인물로 형상화된다는 것은 흥미롭다.

> 시인은 구극에서 언어문자가 그다지 대수롭지 않다. 시는 언어의 구성이기보다 더 정신적인 것의 열렬한 정황 혹은 왕일(旺溢)한 상태 혹은 황홀한 사기(士氣)이므로 시인은 항상 정신적인 것에서 정신적인 것을 조준한다. (…중략…) 시의 기법은 시학 시론 혹은 시법에 의탁하기에는 그들은 의외에 무능한 것을 알리라. 기법은 차라리 연습 열통에서 얻는다. 기법을 파악하되 예구에 올리라. 기억력이란 박약한 것이요, 손끝이란 수공업자에게 필요한 것이다. 구극에서는 기법을 망각하라. 탄회에서 우유하라. 도장(道場)에 옳은 검사(劍士)는 움직이기만 하는 것이 혹은 거저 섰는 것이 절로 기법이 되고 만다. 일일이 기법대로 움직이는 것은 초보다. 생각하기 전에 벌써 한 대 얻어 맞는다. 혼신의 역량 앞에서 기법만으로는 초조하다. (…중략…) 무

26 이태준, 「예술의 동서」, 『조선일보』, 1933.8.31~9.1.

엇보다도 돌연한 변이를 꾀하지 말라. 자연을 속이는 변이는 참신할 수 없다. 기벽스런 변이에 다소 교골한 매력을 갖훌수는 있으나, 교야인은 이것을 피한다. 귀면경인이라는 것은 유약한 자의 슬픈 패사에 지나지 않는다. 시인은 완전히 자연스러운 자세에서 다시 비약할 뿐이다. 우수한 전통이야말로 비약의 발디딘 곳이 아닐 수 없다.[27]

이병기에게 조선적인 전통이 '시조'와 '난초'였다면, 정지용에게 그것은 '한시漢詩'였다. 영문학을 전공한 모더니스트였고, 1930년대 초반 '시문학'과 '구인회' 동인으로 참여하기도 했던 정지용은 1930년대 후반에 접어들어 한시와 이미지즘의 결합을 통해서 산수시의 경지를 열어나갔다. 그는 1939~1941년 사이에 『문장』에 「장수산」, 「백록담」, 「인동초」 등의 작품을 발표했는데, 이것은 그의 시세계가 1930년대 중반의 신앙시를 벗어나 동양적인 정취와 정신의 세계로 접어들었음을 보여주는 것이라고 말할 수 있다. 실제로 그의 두 번째 시집 『백록담』은 이 시기 『문장』에 발표된 작품들이 중심이 되고 있는데, 그의 산수시들이 이미지즘의 흔적을 띠고 있다고 할지라도 전통과 고전에 대한 태도가 크게 바뀌었음을 보여주는 사례라고 하겠다. 훗날 그는 "시학과 시론에 자주 관심할 것이다. 시의 매개 일반 예술론에서 더욱이 동양화론, 서론에서 시의 방향을 찾는 이는 비뚤은 길에 들지 않는다. 경서, 성전류를 심독心讀하야 시의 원천에 침윤하는 자는 불멸한다"[28]라고 썼는데, 전통, 조선적인 것, 특히 오래된 시간을 창작 정신의 배경으로 긍정하려는 태도가 본격적으로 형성된 것은 『문

27 정지용, 「시의 옹호」, 『문장』, 1939.6, 121~126면.
28 정지용, 『문학독본』, 박문출판사, 1948, 209면.

장』 창간의 전후라고 보인다.

1939년 『문장』에 발표된 인용문은 이 시기 정지용의 미학적인 관점을 분명하게 드러내고 있다. 우선 눈에 띄는 것은 "우수한 전통이야말로 비약의 발 디딘 곳이 아닐 수 없다"처럼 '전통'을 시적인 비약의 유일한 가능성으로 평가하는 대목이다. 그는 근대와 진보의 이름하에 봉건적 과거에 대한 복고나 향수 정도로만 여겨지던 과거라는 시간을 '전통'이라는 이름으로 되살리고 있다. 그리고 이때의 전통이란, 이병기와 이태준의 심미적 주체들이 그러했듯이, 특정한 표상체계로 설명될 수 없는 '정신'의 영역으로 설명된다. 시에 있어서 '정신적인 것'이 '언어의 구성'에 앞선다는 주장이야말로 동양적인 세계를 배경으로 하고 있는 그의 후기시관을 가장 극명하게 보여주는 것이다. 그런데 정지용은 이 '정신적인 것'을 "시인은 완전히 자연스러운 자세에서 다시 비약할 뿐이다"처럼 '자연' 상태라고 설정하고, '언어의 구성'과 '기법'을 자연을 속이는 "돌연한 변이"라고 설정한다. 시에 있어서 '정신'과 '언어'의 대립이 어느 순간 '자연'과 '인위'라는 대립과 겹쳐지게 되는 것이다. '언어-기법-인위'의 가치계열이 대상에 대한 주체의 완전한 장악을 의미한다면, '정신-자연-전통'의 가치계열은 대상과 주체의 일체감을 의미하는 바, 이것은 자연과 인간 사이의 근대적 관계를 벗어난 지점에 도달하게 되는 바, 객관적인 · 역사적인 시간이 정지한 무시간성을 배경으로 하고 있는 산수시의 경지가 여기에 해당할 것이다.

5. 환상의 붕괴, 그 이후의 전통주의

『문장』은 심미주의와 전통주의의 결합을 통해서 근대의 선분화된 시간과는 다른 세계를 펼쳐 보이려 했고, 그 세계 안에서 역사적 현실과는 별개로 충일한 삶을 경험하려 했다. 1920년대의 전통주의자들이 전통을 실체화하는 데 집중했던 반면, 이들은 전통의 현재화를 통해 그것을 삶의 현장으로 끌어내려고 노력했다. 담론의 차원에서 이것은 '조선적인 것', '조선적 전통' 등으로 표현되었는데, 그렇다고 이들 담론이 일제의 식민지 지배담론에 정면으로 배치되는 것은 아니었다. 이를 설명하기 위해 이 글은 앞에서 1937년을 기점으로 변화된 두 개의 담론지형을 비교·분석한 바 있다. 1930년대 초반까지의 담론적 배치가 '서구=보편 / 동양=특수'이라는 도식이었다면, 카프의 해체를 즈음하여 이 도식은 본격적으로 의심되기 시작했는데, 그것은 '위기'와 '불안'이라는 방식으로 표출되었다. 중일전쟁 이후, 식민지 근대성을 떠받치고 있던 이 도식은 '일본(동양)=보편 / 조선=특수'로 바뀌기 시작했고, 1930년대 중반 이후, 특히 문장의 전통주의는 이 담론적 배치 안에서 심미주의를 통해 조선의 전통에 도달하려 했다. 물론, 이상의 두 도식 모두에는 일종의 환상 등식[29]이 개입되어 있다. 전자의 도식에서 '동양'에 '조선'이 포함되기 위해서는 먼저 '조선=일본'이라는 등식이 성립되어야 했는데, 이 등식은 일본은 물론 조선의 지식인들도 원하지 않는 바였다. 이 등식이 성립되는 순간 식민지는 더 이상 식민지가 되지 않기 때문이다. 한편 1930년대 후반부터 조선의 지식인들은 후자의 도식, 그러니까 '일본(동양)=보편 / 조선=특수'라는

29 이 환상 등식에 대해서는 고봉준, 「전형기 비평의 논리와 국민문학론」, 『한국현대문학연구』 24, 한국현대문학회, 2008 참고.

도식이 실제로 통용될 수 있다는 믿음에 기초해서 비평 활동을 했다. 『문장』의 '조선주의' 역시 이 맥락에 위치한다. 그렇지만 이 도식 역시 실제로는 통용될 수 없는 것이었는데, 그것은 내선일체라는 이데올로기가 '조선적인 것'을 용납할 수 없었기 때문이다. 1938년 『경성일보』 주최로 개최된 좌담 「조선문화의 장래와 현재」(1938.11.29~12.7)[30]는 식민지 지식인들의 이 환상에 붕괴되는 지점을 보여준다.

이 좌담회에는 장혁주, 정지용, 유진오, 임화, 이태준, 김문집이 조선의 문인으로 참여했다. 이 좌담에 참석한 이태준, 임화, 유진오 등이 주장하고 있듯이, '일본(동양)=보편 / 조선=특수'라는 도식이 실현되기 위해서는 먼저 문화적인 차이와 언어의 독자성에 대한 인정이 필수적이다. 이태준은 "우리의 독자적인 문화를 표현할 때의 맛은 조선어가 아니면 표현하기 힘든 부분이 있습니다"처럼 '맛'의 문제로 조선적인 것의 특수성을 강조하고, 임화는 "시를 쓸 경우, 그 언어로 가득 찬 감정은 결국 문자입니

---

30 「좌담－조선문화의 장래와 현재」, 『경성일보』, 1938.11.29~12.7. 이 좌담회에는 무라야마 도모요시((村山知義, 1901~1977) : 소설가, 신협 극단의 '춘향전'(장혁주가 각본을 쓴)의 연출자), 하야시 후사오((林房雄, 1903~1964) : 소설가, 전향한 프롤레타리아 작가, 『문학계』 동인), 아키타 우자쿠(秋田雨雀, 문학자), 장혁주(張赫宙, 소설가), 가라시마 다케시(辛島驍, 城大 조교수), 후루카와 가네히데(古川兼秀, 本府 도서과장 : 1936년 10월 16일 과장에 취임하여 1939년 12월까지 3년 넘게 재임. 1901년 9월생으로 25년 3월 동경제국대학 정치과 졸업, 재학 중에 고등문관 시험에 합격하여 1925년 4월 총독부 전매국에 소속, 1928년 3월부터 강원도와 평안남도의 지방과장, 함경북도와 경상북도의 재무부장 역임, 1934년 이후에는 황해도와 평안북도의 경찰부장을 지낸 뒤 도서과장에 임명되었다. 후루카와가 취임한 후에는 전쟁 때문에 검열 업무가 더욱 강화되었으며, 그가 재임 중 직면했던 가장 큰 현안은 용지의 부족이었다. 정진석, 『언론조선총독부』, 커뮤니케이션북스, 2005 참조), 정지용(鄭芝溶, 시인), 유진오(兪鎭午, 보성전문 교수), 임화(林和, 평론가), 이태준(李泰俊, 소설가), 김문집(金文輯, 평론가), 데라다 에이(寺內瑛, 본사 학예부장)가 참여했고, 이 좌담은 11월 29일, 30일, 12월 2일, 6일, 7일(총 5회)에 걸쳐 연재되었다.

다. 그것이 번역되면 뜻을 잃습니다"처럼 '감정'이 번역될 수 없음을 주장한다. 약간 논의를 확장하면, 이것은 감정, 정서, '조선적인 것' 등처럼 '번역' 과정을 통해서는 포착되기 어려운 문화적 차이를 '동양'이라는 범주 안에서 허락할 것인가의 문제라고도 볼 수 있는데, 이 좌담에 참석한 일본 측의 어느 누구도 이 질문에 긍정적으로 대답하지 않는다. 이 좌담에서 '조선적인 것'이 '번역' 과정을 거쳐 국어(일본어)로 표기되면 '조선적인 것'이 한낱 '박물관'의 수준으로 전락하고 말 것임을 알아차린 것은 임화 한 사람이었다. 조선적인 특수성은 그것이 일본어로 번역될 수 있거나, 또는 지방색이나 향토색처럼 표상 가능한 것에 머물 때에만 인정될 뿐, 그 고유성은 인정되지 않았다.

신체제 운동은 이 고유성이 결코 인정될 수 없는 것이었음을 분명하게 보여줬는데, 1940년대 이후 '동양'은 곧 '일본'과 동일시되었기 때문이다. 『국민문학』, 『매일신보』 등에 실린 비평들이 그것을 증명한다. 그 글들에서 조선이라는 특수성이 지워진 자리에 들어선 것은 '박물관'적인 존재로서의 향토색일 뿐이었고, 조선의 지식인들이 '동양'에 대해서 말하기 위해서는 '일본'이라는 매개를 거치지 않을 수 없었다. 때문에 1937년 이후 조선의 담론 지형을 이끌었던 '동양(일본)=보편 / 조선=특수'라는 도식은 신체제의 등장으로 인해 급속하게 위축되거나, 친일의 논리로 귀결될 수밖에 없었다. 이태준이 동양주의의 외양을 빌어 "동양이 필요해서 초택抄擇한 서양이 아니라 해수만 떠 놓으면 소금이 되는 인도의 사람들이 전매하는 고가의 영국제 소곰을 사먹어야 하는 것 가튼 침략의 「서양」이엇다. 이 무례한 「서양」에게 오래 억압되었던 동양의 ××××× 숨은 이제 문화 우에서도 지도를 새로 그리는 현실의 아침이 우리 창마다에 비최이는 것이다. 아침이다! 얼마든지 위대한 이상에 정좌할 수 있다"[31]처럼 말했을 때, 이미 이것은 일본이 세계사의 보편으로 등극했음을 추인하는 친일의 논리에 불과한 것이었다. 물론, 이것은 『문장』이 친일의 논리를 주장했다는 것을 말하는 것이 아니다. 중요한 것은 『문장』의 전통주의와 '조선적인 것'에의 추구가 광의의 동양론의 인식틀 안에서 발화되었고, 조선이 특수로 인정되지 못할 때, 그 논리는 붕괴되거나 친일로 귀결될 수밖에 없는 위험을 내포하고 있었다는 사실이다. 1940년대 이후 『문장』파의 세 사람이 각자의 사상을 어떤 방향으로 이끌어갔는가를 살피는 것 역시 중요한 연구대상이지만, 그것은 이후의 연구과제로 남겨둔다.

31 이태준, 「정창여명」, 『매일신보』 1942.1.22; 정종현, 「식민지 후반기(1937~1945) 한국문학에 나타난 동양론 연구」, 동국대 박사논문, 2005, 77면에서 재인용.

제3부

근대시의 문턱들

'사건'으로서의 3·1운동과 1920년대 시문학

만해의 사상과 근대기획

윤동주 시의 세계이해

동양적인 것의 슬픔, 또는 시적 초월의 이율배반

'동양'의 발견과 국민문학

1930년대 후반 시의 도시표상 연구

제1장

'사건'으로서의 3 · 1운동과 1920년대 시문학

한용운의 『님의 침묵』과 최남선의 『백팔번뇌』의 의미

1. 3 · 1운동, '오해'와 '소문' 사이에서

한국문학사에서 1920년대는 '동인지' 중심의 미적 근대성의 시대나 '카프'로 대표되는 계급문학의 시대 등으로 기억된다. 1920년대 문학에 대한 이런 접근방식은 "이후 우리 문학을 지배하게 될 다양한 문학 개념들이 형성되는 과정"[1]을 해명하는 데는 유리하지만, 3 · 1운동이 열어젖힌 문화통치와 저널리즘의 성장이라는 시대적 배경하에서 다양한 경향이 경합한 당대 문학의 실상을 조명하는 데는 일정한 한계가 있다. 동인지 문학을 중심으로 1920년대 문학을 이해하는 것의 한계를 지적한 목소리[2]가 있음에도 불구하고 1920년대 문학이 동인지, 카프, 낭만주의 등의

1 박근예, 「1920년대 문학 담론 연구」, 이화여대 박사논문, 2006, 1면.

2 대표적으로 이봉범과 함태영의 지적을 언급할 수 있다. 3 · 1운동 전후 이광수(문학)의 극복을 통해 신문학운동을 전개했던 동인지문학은 자족적, 폐쇄적 성격으로 말미암아 일반사회(대중)로부터 철저한 냉대와 무시를 당했고, 그들이 각기 추구한 개성 또한 이

주제를 중심으로 연구된 까닭은 근대문학을 문학적 이념을 공유한 집단이나 매체, 나아가 문예사조의 변천을 중심으로 기술하려는 태도 때문일 것이다. 분명한 것은 1920년대 초반 일군의 동인지가 등장하여 문학이 자율적인 영역으로 자리 잡아 나아가기 시작하는 것과, '문학'을 대중 교육(계몽)의 한 수단으로 삼거나 특정한 문학 장르를 민족문화의 표상으로 간주하려는 태도가 동시에 출현했다는 사실이다. 한용운과 최남선의 문학은 후자의 대표적 사례이다. 한용운은 "나의 시를 독자의 자손에게까지 읽히고 싶은 마음은 없습니다"(『님의 침묵』)라는 진술했고, 최남선은 자신은 "천품이 시인이 아니러라. 그러나 시세時勢와 및 나 자신의 경우"(「구작삼편」)가 자신을 시인으로 만들려고 한다고 주장했다. 이들에게 '문학'은 예술의 한 형식에 그치지 않았다. 이들의 문학은 특정한 유파나 집단과 관련이 없지만, 1920년대 한국문학의 중요한 문학적 성취임에 분명하다. 이들의 1920년대 문학은 3·1운동이 촉발시킨 '민족' 담론과의 관계 속에서 읽을 때 한층 분명해지는 지점이 있다. 아래에서는 '사건' 개념을 중심으로 이들의 문학과 3·1운동의 연관성에 대해 살펴보려 한다.

알다시피 3·1운동은 1919년 3월 1일 민족대표 33인이 "조선의 독립국임과 조선인의 자주민임"을 밝힌 선언서를 작성·낭독함으로써 시작되었다. 독립선언서를 작성하고, 선언서에 서명할 33인의 민족대표를 모으

식문학의 수준을 넘지 못하면서 그 문학적 유효성을 더 이상 유지하기 어려운 위기 상황에 직면한다(이봉범, 「1920년대 부르주아문학의 제도적 정착과 『조선문단』」, 『민족문학사연구』 29, 민족문학사학회, 2005, 171~172면). 문학사는 『창보』와 『백조』, 『폐허』 등 몇몇 잡지와 이들 잡지와 관련된 일부 작가들을 중심으로 이 시기를 서술한다. 실제 일어난 문학사적 사실과 문학사 서술 사이에 괴리가 존재하는 것이다(함태영, 「3·1운동 직후 한국 근대문학의 한 양상」, 『작가들』 60, 인천작가회의 출판부, 2017, 295면).

고, 선언서를 인쇄·배포하는 등 운동의 '시작'을 준비한 것은 '민족대표'를 자임한 종교계 인사들이었지만, 선언서 낭독 이후 운동을 지속시킨 실제적 힘은 그들과는 동떨어진 곳에서 나왔다. 이는 3·1운동이 특정한 세력이나 인물이 치밀하게 계획한 조직적 운동이 아니라 대중의 잠재적 힘이 선언서 낭독을 계기로 분출한 사건이라는 것을 의미한다. 이러한 우발성으로 인해 그 사건의 '끝'은 물론 주체나 성격에 대해서도 분명하게 말하기 어려운 점이 존재한다. 3·1운동의 기간은 좁게는 1919년 3월 1일부터 5월말까지의 약 3개월, 넓게는 이듬해 3월말까지의 약 1년으로 간주된다. 박은식의 『한국독립운동지혈사』에는 5월 말까지 1,500회 이상의 시위가 있었고, 참여한 연인원도 200만 명을 넘었다고 기록되어 있다. 3·1운동은 공간적인 면에서도 매우 흥미로운 양상을 보였다. 그것은 서울과 평양 외에 6개 군 단위에서 동시다발적으로 시작되었고, 실제로 지역과 장소에 따라 운동의 양상도 무척 달랐다. 흔히 3·1운동을 가리켜 비폭력 저항운동이라고 평가하지만, 그것은 기독교나 천도교 등의 종교인이 주도하거나 소규모 마을의 시위에 주로 해당할 뿐 일반적이지는 않았다. 3·1운동 당시 시위는 만주·중국·일본·미주·하와이·러시아 연해주 등의 해외에서도 일어났다.

3·1운동의 성격과 의미는 어떻게 규정해야 할까? 3·1운동은 대한민국임시정부 수립으로 이어졌고, 임시정부를 이어받아 근대적 민족국가인 대한민국이 탄생했으니 이 운동의 민족사적 의미에 대해서는 이론異論이 있을 수 없다. 하지만 3·1운동은 제1차 세계대전 후 '평화'가 국제사회의 주관심사였던 시기에 발생한 운동이었고, 이는 손병희, 최린, 권동진, 오세창 등이 선언서의 집필방향을 "동양 평화를 위해 조선의 독립이 옳다는

뜻으로 독립선언서를 써서 발표하도록"[3] 하자고 결정한 장면에서도 확인되듯이, 한 민족의 독립이라는 민족사적 사건 이상의 의미를 지닌다는 것을 의미한다. 한국문학사의 맥락에서 보면 3·1운동은 한국 '근대(문학)'의 출발점으로 간주되기도 하고, 다양한 문예사조와 잡지, 신문 등이 등장하여 근대문학의 토대를 구축하게 된 '문화정치'를 불러온 사건으로 평가되기도 한다. 일본은 조선을 강점한 이후 강력한 식민지 권력을 앞세워 제국주의적 통치를 실행했고, 그것은 언론, 출판, 언어 등에서 상당히 강압적인 형태를 띠었다. 이 때문에 1910년대 후반 조선의 출판 및 문화상황은 상당히 위축된 상태였다. 하지만 3·1운동과 그 영향으로 시작된 '문화정치' 시기에는 제한적이나마 한국어를 사용할 수 있는 문화적 공간이 만들어졌다. 한편 3·1운동은 '정치'의 관점에서도 상당히 중요한 논점이 된다. 선언에 참여한 대표의 상당수가 독립 이후의 정체政體를 '민주 정체'나 '민주 공화 정체'[4] 등으로 구상했고, 1919년 4월 10일 초대 임시의정원들이 상해에 모여 국호를 대한민국으로 정하고 헌법을 제정하면서 결정한 내용에 "대한민국은 민주공화제로 함(제1조)", "대한민국의 인민은 남녀, 귀천 및 빈부의 계급이 없고 일체 평등함(제3조)" 등이 포함된다는 사실을 고려하면 3·1운동을 반反봉건 민주혁명으로 보아도 무방하다. '정치'의 문제와 관련하여 민족대표 33인이 모두 서민 또는 평민 출신이었다는 점 또한 흥미로운 사실이다. 기록에 따르면 3·1운동을 처음 계획한 사람들은 운동의 영향력을 높이기 위해 당대의 명망가나 유명한 관료들에게 손

3 박찬승, 『대한민국의 첫 번째 봄 1919』, 다산초당, 2019, 153면.

4 민주 정체로 할 생각이었다. 그것은 나뿐만 아니라 일반적으로 그런 생각인 것으로 생각한다(손병희), 현금의 세계를 보건대 모두 민주 공화 정체이므로 이에 따라 물론 민주 공화 정체를 하려고 했을 것이다(인종익).

을 내밀었다가 모두 거절당했다. 이는 이 운동이 수직적 구조에서 시작되지 않았다는 의미이기도 한데, 심지어 민족 대표 33인조차 이 운동을 주도하려 하지 않았다는 것은 중요한 사실이다.[5]

이상의 내용을 감안하면 3·1운동은 '민족대표 33인'의 계획과 전혀 다른 방향, 다른 양상으로 전개되었다고 말할 수 있다. 특히 이러한 우연성이 '오해'와 '소문'이 증폭되어 발생했다는 사실은 흥미롭다. 3·1운동 당시 일본 검경에 체포·연행된 사람들의 신문조서와 공판기록을 살펴보면 '만세'의 의미를 잘못 이해한 사람들이 상당히 많았음을 알 수 있다. 심지어 민족대표들조차 당시의 국제정세를 오해하기도 했다. 경성지방법원 예심에서 한용운이 판사에게 진술한 내용("민족자결의 원칙이 따로 구역을 정한 것이라 생각하지 않는다. 전 세계 모든 병합된 나라에 관한 문제라고 본다. 조선 역시 독립운동을 하면 독립을 허용 받을 수 있을 것이라고 생각했다")에서 드러나듯이 당시 민족대표들은 윌슨의 민족자결 원칙이 일본의 식민지인 조선에는 적용되지 않는다는 사실을 알지 못할 뿐만 아니라, 식민지에 대한 윌슨의 입장이 '독립'이 아니라 '위임통치'였다는 것도 정확히 이해하지 못한 상태였다. "세계 전쟁도 끝나고 열국은 모두 평화를 제창하고 있네. 일본도 그 주의에 찬성하고 있으니, 조선에서도 민족자결의 의사를 발표하는 것이 어떤가?"라는 손병희의 진술이 보여주듯이 3·1운동을 계획한 주체들은 선언서를 낭독을 통해 조선이 독립을 희망한다는 의사를 표시하는 것

5 '민족대표 33인'은 한편으로는 '대표'로서의 선언 이후 상황 전개를 예측하는 데도 무관심했다. 대표로서 일껏 결의하고도 그들은 스스로의 역할을 선언까지로 국한시켜, 잘 알려진 대로 독립선언식을 거행한 후에는 경무총감부에서 보낸 승용차 몇 대 편으로 고스란히 유치장을 향하고 말았다. 애초부터 중심도 본부도 없었던 3·1운동은 이로써 전적으로 대중의 결의에 따라 전개된다(권보드래, 『3월 1일의 밤』, 돌베개, 2019, 75면).

이 자신들의 책무라고 생각했다. 그들에게 3·1운동은 사실상 선언서를 낭독하는 것이 전부였다. 하지만 대중의 생각은 달랐고, 운동의 양상도 예상대로 흘러가지 않았다. 3월 1일 오후 파고다 공원에 모였다가 종로 거리로 쏟아져 나와 학생들 중에는 행인들에게 "지금 파리강화회의에서 우리나라의 독립이 승인됐으니 독립 만세를 부르자"[6]라고 제안한 사람도 있었다. 또한 당시의 검찰조서를 살펴보면 "만세를 불러야 조선이 독립된다고 해 만세를 불렀다"라고 대답한 이도 상당수 있었으며, 심지어 "조선이 독립됐다 하여 독립만세를 외쳤다"거나 "만국 강화회의에서 조선독립이 승인됐다는 소식이 전해져 (…중략…) 조선의 독립은 이미 확정된 것으로 알고" 만세를 불렀다는 사람도 있었다.[7] '독립'의 의지를 표현하는 '만세'가 '독립'을 기정사실화하는 '만세'로 바뀐 것이다.

2. '사건'으로서의 3·1운동

3·1운동은 평화적으로 '만세'를 외치는 시위에 그치지 않았다. 1919년 4월 2일에는 평안도 의주군 옥상면에서 주민들이 면사무소를 공격하는 사건이 발생했다. 이들은 면사무소 직원을 공격하면서 "우리는 이미 독립을 선언했다. 오늘 이후로 면사무소는 폐지할 것이니, 우리가 새로 조직할 자치민단에 면사무소 청사와 비품, 재산을 모두 넘겨라"라고 요구했고, 실제로 비품, 장부, 현금 등을 압수하고 면사무소를 점거한 채 십여 일 동안 자치민단 사무를 집행했다고 한다.[8] 이후 이들은 재판과정에서 "이

6 박찬승, 앞의 책, 200면.

7 권보드래, 앞의 책, 29면에서 재인용.

8 박찬승, 앞의 책, 266면에서 재인용.

미 손병희 외 32인이 독립을 선언함에 따라 조선은 장래 일본제국의 굴레를 이탈해 독립국이 될 것이다. 그렇다면 일본 관헌인 옥상면사무소는 존재할 필요가 없다고 생각했다. 차라리 이를 폐쇄하고 면사무원이 사무를 집행하는 것을 막는 편이 낫다고 생각해, 군중의 힘으로 목적을 달성했다"라고 진술했다. 안동군 임동면 시위에서는 시위참가자가 일본 경찰에게 "우리가 독립 만세를 부르는 것은 자유다. 조선인은 너희 일본인 때문에 박해받고 있다"라고 소리치는가 하면, 권총으로 위협하는 경찰을 향해 "쏠 테면 쏘아보라"라고 맞서기도 했다. 경기도 안성군에서는 시위대가 "조선은 독립국이 될 것이니, 일본의 정책을 시행하는 관청은 필요가 없습니다. 우리 모두 원곡면과 양성면의 순사주재소, 면사무소, 우편소 등을 파괴해버립시다. 또 일본인을 양성면에서 쫓아냅시다!"라고 주장하면서 일본 경찰과 관공서를 공격했고, 함경남도 단천군에서는 한 인물이 헌병 분대장에게 "이놈들아, 내 나라를 내놓아라!", "이놈아, 찌를 테면 찔러보아라"라고 맞서다가 군도에 찔려 숨지는 사건이 발생하기도 했다. 이런 일련의 일들은 3 · 1운동 이전에는 발생하지도 않았을 뿐만 아니라 상상하기도 쉽지 않은 것이었다. '오해'와 '소문'이라는 비합리적 방식에 의한 결과이지만, 3 · 1운동은 이처럼 이전에는 불가능했던 언어와 행동을 가능하게 만들었다. 이것은 알랭 바디우의 '사건' 개념과 유사하다.

> 나에게 사건이란 비가시적이었던 것 또는 사유 불가능하기까지 했던 것의 가능성을 나타나게 하는 어떤 것입니다. 사건은 그 자체로 현실의 창조가 아닙니다. 그것은 어떤 가능성의 창조이고, 어떤 가능성을 열어젖힙니다. 사건을 알려지지 않았던 가능성이 실존한다는 것을 우리에게 가리킵니다. 어

떤 점에서 사건은 하나의 제안에 불과합니다. 사건은 우리에게 무언가를 제안합니다. 모든 것은 사건을 통해 제안된 이 가능성이 세계 안에서 포착되고 검토되며, 통합되고 펼쳐지는 방식에 달려 있을 것입니다. 그것이 내가 '진리의 절차'라고 부르는 것입니다. 사건은 어떤 가능성을 창조하지만, 정치의 틀 안에서는 집단적인 작업이 그리고 예술적 창조의 경우에는 개별적인 작업이 그 뒤로 이어져야 합니다. 그래야 비로소 그 가능성은 현실이 됩니다. 말하자면 그 가능성이 세계 속에 단계적으로 기입되는 것이지요. 그때 중요한 것은 사건이라는 단절이 가져오는 현실 세계 속에서의 결과들입니다.[9]

바디우의 '사건' 개념은 '사건-충실성-주체'의 연쇄를 통해 설명된다. 바디우는 '사건'을 "비가시적이었던 것 또는 사유 불가능하기까지 했던 것의 가능성을 나타나게 하는 어떤 것"으로 규정한다. 이를 이해하기 위해서는 먼저 '상황'이라는 개념을 이해해야 한다. 바디우가 이야기하는 '상황'이란 특정하게 맥락화 · 구조화된 세계를 가리킨다. 바디우는 그것을 '하나로 셈하기의 체제'라고도 표현하는데, 이 체제 또는 '상황' 속의 존재는 그대로의 존재가 아니라 이미-항상 규정된 존재이며, 하나의 작용으로 셈해진 존재이다. 바디우는 이렇게 맥락화 · 구조화된 존재와 있는 그대로의 존재를, 상황에 속한 일관화된 존재와 비일관적인 순수 다수로서의 존재를 구분한다. 그는 이러한 문제설정에서 출발해 모든 '상황'은 항상 '공백'의 위협/위험을 내포한다고 보았다. 이때의 공백은 수학에서의 '공집합'과 같은데, 이 주장의 핵심은 구조화된 상황에는 '공백'이 내

9 알랭 바디우 · 파비앵 타르비, 서용순 역, 『철학과 사건』, 오월의 봄, 2015, 25면.

재되어 있다는 것이고, 따라서 이 '공백'의 존재로 인해 '상황'은 언제나 불안정성에 처해 있다는 것이다. 바디우에게 이 '공백'은 '사건'의 자리이니, 사건이란 결국 '상황'의 안정성을 깨뜨리는 것, '상황'이라는 맥락과 구조를 벗어난 어떤 것이 분기하는 것을 의미하고, 이는 '사건'이 존재로서의 존재가 아닌 것을 드러낸다는 이야기와 동일한 의미이다. 하지만 그것은 셈해질 수 없고, 셈해질 수 없기에 인지되지 않는다. 이처럼 '사건'은 '상황'에 속하지 않는 것이므로 그것이 발생하더라도 인지되지 못할 가능성이 있으며, 뒤집어 말하면 '사건'을 사유하기 위해서는 '상황'의 질서와 다른 척도가 필요하다고 말할 수 있다. 바디우가 이러한 '사건'을 가리켜 "고유명이 없는 무명용사"라고 말할 때, 그것은 '사건'이 '상황'의 질서로는 포착 · 이해되지 않는다는 점을 강조하려는 것이다. '사건'에 대한 술어들, 가령 그것이 "순수하게 우연하며 상황으로부터 추론될 수 없"다거나, 오로지 예측 불가능한 우연의 결과일 뿐이라거나, 전례 없고 예상되지 않는 것이라고 말하는 것은 이러한 사건의 '이름 없음'을 다르게 표현한 것이다. "아무리 이상적인 방식을 통해서라도, 사건이 그 소진될 수 없는 저장고를, 그 침묵하는 (또는 식별 불가능한) 과잉을 유지하는 것은 세계로부터 오는 결과가 아니라 오히려 세계에 부속되지 않음으로부터, 그것의 분리됨, 비어 있음으로부터 오는 것이다."[10] 이런 관점에서 바디우에게 있어서 정치적 사건은 "지배적인 권력이 행하는 가능한 것의 통제에서 벗어나는 가능성을 돌발하게 하는 어떤 것"[11]이다. '사건'은 "불가능하다고 선언되어왔던 것을 가능한 것으로 전환시"키는 "가능성의 창조"나 "하나의 제

10 피터 홀워드, 박성훈 역, 『알랭 바디우 - 진리를 향한 주체』, 길, 2016, 215면에서 재인용.
11 알랭 바디우 · 파비앵 타르비, 서용순 역, 앞의 책, 27면.

안"이라는 점에서 단절이 가져오는 현실 세계 속에서의 결과들이라고 말할 수도 있다. 파리코뮌이 하나의 정치적 '사건'인 까닭은 그것이 이전에 알려지지 않았던 가능성 — 공화국, 노동자 권력 등 — 을 출현시켰기 때문이다. 이처럼 바디우는 '사건'을 "어떤 가능성의 창조"라고 말하면서 동시에 '이념'을 "그 새로운 가능성의 일반적인 이름"이라고 규정한다. 가령 프랑스 혁명의 이념들은 '자유', '평등', '박애'이고, 볼셰비키 혁명의 이념은 '공산주의'라고 말할 수 있다. 이러한 '사건'의 철학을 정치에 대입시키면 선거, 의회민주주의 등으로 대표되는 '재현의 정치'와 그것(재현의 정치)에 구멍을 내는 사건의 정치'라는 대립쌍을 얻을 수 있다.

바디우의 '사건' 개념과 관련하여 오해하지 말아야 할 것은 '사건의 장소'가 이미-항상 '상황'에 속한다는 내재성의 의미이다. 예컨대 외세의 침입 같은 행위는 바디우의 '사건'이라고 말할 수 없는데, 왜냐하면 그것은 '상황'에 속하지 않기 때문이다. 반면 마르크스가 언급한 프롤레타리아 혁명은 '사건'이라고 말할 수 있는데, 왜냐하면 계급으로서의 '노동자'는 '자본주의'라는 '상황'에 속하기 때문이다. 프롤레타리아는 자본주의라는 '상황'에 속한 '장소 없음'이지만, 프롤레타리아적 주체는 그곳에서 들고 일어나 그 지형을 전환하는 존재라고 말할 수 있다. 이처럼 바디우는 '사건'은 계산 불가능한 것이라고 주장하는 한편, 그것을 이끌어나가는 것은 주체의 노력이라고 생각했다. 이때의 '주체'란 '상황'에 통상적인 의미의 개인과는 구별되는 존재, 즉 "상황에 예외적인 자로서 언제나 그가 속한 상황에 대한 글자 그대로의 초과 가운데 있지만, 오로지 그 상황 안에서 그리고 그 상황에 관해서 예외적일 뿐"인 존재를 가리킨다. 쉽게 설명하면 바디우가 말하는 '주체'란 '사건'의 외부에서 일정한 거리를 유지하고 있는 존재 등이 아니라 사건의 과정 자체를 통해 자신을 주체로 구성한 존재를 일컫는다. 그러므로 '주체'란 단순한 개인이 아니라 자신을 '사건'의 주체로 재구성한, '사건'에 대한 헌신을 통해 변모된 개인을 가리킨다. 바디우는 이러한 '주체'를 새로운 집합적 '우리'라고, 이러한 '우리'는 개인-자기가 사라지는 지점에서 존재하게 된다고 주장했다. 그리고 이러한 '사건'과 '주체'의 관계를 충실성fidelity이라고 개념화했다. "충실성은 결과의 주체적 요소 안에 있는 것입니다. 기본적으로 그것은 사건을 통해 가능해지는 새로운 주체에 가담하기를 받아들인다는 것을 의미합니다."[12]

3·1운동은 하나의 '사건'이었다. 강화 진위대 소속의 군인이었다가 대한 제국의 군대가 해산되어 금은세공업과 이발업에 종사하던 중 3·1운동을 맞이하여 스스로를 "독립주창자 겸 결사대표 유봉진"이라고 자임한 유봉진의 사례나, 4월 3일 충청북도 영동군 학산면에서 발생한 시위에서 농민들에게 상묘桑苗(뽕나무 묘목)를 강매하는 식민권력에 저항하면서 "국민 대표자인 군산 거주의 양봉식"임을 자임하고, 나아가 묘목을 불태우며 "대표로서 이 소요를 감행하는 것인즉 제군은 내 얼굴을 익혀 두라. 사진을 찍으라"라고 외친 양봉식의 경우[13] 등은 식민지라는 정치적·현실적 조건에서는 상상하기조차 어려웠던 행위였다. 뿐만 아니라 3·1운동의 결과로 탄생한 임시정부 헌법에 등장하는 '공화'에의 지향이나 독립운동가들 사이에 널리 퍼져 있던 국민주권론 등은 3·1운동이 식민권력의 폭정에 대한 저항이라는 소극적 차원에 머물지 않음을, 심지어 국권상실 이전의 봉건적 왕정으로 되돌아가려는 복고에의 의지도 아니었음을 보여

12 위의 책, 82면.

13 유봉진과 양봉식의 사례는 권보드래, 앞의 책, 56~60면 참고.

준다. 한 마디로 3 · 1운동은 '식민지-조선'이라는 '상황'에 속해 있었으나 그 지형 자체를 전환시키려는 '사건'이었고, 따라서 이 운동의 '주체'는 선언문을 작성하고 낭독을 계획한 민족대표 33인이 아니라 '상황'에 '예외적인 자'로서 속해 있다가 3 · 1운동이 시작되자 기꺼이 이 '사건'에 가담할 것을 받아들인 수많은 대중들이었다고 말할 수 있다. 우리는 3 · 1운동 이후, 즉 1920년대 한용운과 최남선의 문학적 행위 역시 이런 맥락에서 이해할 수 있다. 3 · 1운동을 '사건'이라는 개념으로 고찰하면 3 · 1운동과 한용운, 최남선의 관계는 그들이 33인의 대표에 포함되었다거나 선언문을 작성했다는 사실이 아니라, 그들이 3 · 1운동이라는 사건에 충실성을 표현함으로써 '주체'로 바뀌었다는 것을 중심으로 설명되는 것이 더 타당하다. 옥고를 치른 이후 이들이 보여준 1920년대의 대표적인 문학 활동, 예를 들면 한용운의 『님의 침묵』(1926)과 최남선의 『백팔 번뇌』(1926)를 포함한 '조선학'은 3 · 1운동이라는 '사건'에 대한 충실성의 한 증거인 셈이다.

3. 『님의 침묵』 – 역설의 논리와 '마음'의 철학

시집 『님의 침묵』(1926)은 1920년대 한국문학사에 등장한 예외적 사건의 하나이다. 문단활동의 경력도 거의 없는 승려가, 그것도 한학漢學의 교양을 쌓고 한문漢文과 한시漢詩에 익숙한 한학 세대[14]에 속한 사람이 한글로, 그것도 두 달 남짓한 짧은 기간[15]에 단일한 주제의식과 유기적인 구성

14 서준섭, 「한국 근대시 형성의 이면」, 『중한인문과학연구회 국제학술대회 자료집』, 2002, 30면.

15 한용운은 1921년 12월 22일에 출옥하여 1925년 봄에 설악산 오세암으로 돌아왔다. 그리고 그해 6월에 김시습의 『십현담요해』를 새롭게 주석한 『십현담주해』를 출간했다.

력을 지닌 88편의 작품을 써서 한 권의 시집으로 묶었다는 것은 상식적으로는 설명하기 어려운 '예외적 사건'이다. 한용운은 지금까지 3·1운동을 상징하는 존재로 평가되고 있다. 최근의 연구들은 공약삼장公約三章의 집필자가 한용운이 아니라 최남선[16]이고, 기존 연구가 한용운을 "민족의 이상적인 요구에 부합하는 인물로 가공"[17]했다는 비판적인 의견을 제시하고 있다. '전집'을 편찬하면서 한용운이 총독부 기관지인 『매일신보』에 쓴 글을 수록하지 않은 것, 한용운의 심문조서에서 일본의 근왕파 승려 겟쇼와 연관된 부분을 의도적으로 의역한 것, 심문조서 가운데 일부가 축소·삭제된 상태로 전집에 수록된 것 등이 대표적인 증거이다.[18] 한용운이 불교계의 대표 자격으로 '민족대표 33인'에 참여한 것은 사실이나, 서정주가 인용한 현상윤의 회고나 3·1운동 직후 작성된 심문조서 등을 살펴보면 1919년 이전 한용운의 활동범위는 불교를 벗어나지 않은 것으로 추측된다.[19] 그렇지만 한용운이 취조과정에서 최남선을 "5~6년 전부터 안다"라고 진술한 점, 그가 최남선이 설립한 조선광문회에 출입[20]하고 1917

『님의 침묵』의 후기(「독자에게」)에 시집의 탈고일이 1925년 8월 29일로 적혀있으니 『님의 침묵』은 1925년 6월부터 8월 사이에 썼다고 추측할 수 있다.

16 이에 대해서는 박찬승, 앞의 책, 155~157면; 「다시 보는 불교학 논쟁 – '공약삼장'은 누가 썼나」, 『법보신문』, 2005.3.14 참고.

17 이선이, 「만해의 불교근대화운동과 시집 『님의 침묵』의 창작 동기」, 『한국시학연구』 11, 한국시학회, 2004, 137면.

18 고재석, 『한용운과 그의 시대』, 역락, 2010, 24면 참고.

19 3.1의거 계획 당시, 한용운 씨가 처음 오신 걸 보고, 우리는 꼭 무슨 첩자나 아닌가 생각했어요.(…중략…) 우리들 최린이라든지 송진우라든지 최육당이라든지는 서로 아는 사이거나 알 만한 사이였지만, 부지초면의 이름도 성도 알 수 없는 청년이 뜻밖에 나타나서 이래 대니, 이이가 애국자 한용운인지를 대뜸 누가 믿어 줄 수가 있나(서정주, 『서정주문학전집』 2, 일지사, 1973, 194면).

20 오영섭, 「조선광문회 연구」, 『한국사학사학보』 3, 한국사학사학회, 2001, 51면 참고.

년에는 『정선강의 채근담』을 신문관新文館에서 출간한 점, 일본 유학 당시 최린을 만나 강렬한 자극을 받은 점, 『유심』 창간호에 최남선, 이능화, 최린 등이 필자로 참여한 점 등을 종합적으로 고려하면 1919년 이전의 그는 조선불교의 근대화를 고민한 계몽주의자였던 듯하다.

> 그렇다면 금후의 세계는 다름 아닌 불교의 세계라고 할 수 있다. 무슨 까닭으로 불교의 세계라고 하는 것인가. 평등한 때문이며 자유로운 때문이며 세계가 동일하게 되는 때문에 불교의 세계라고 이르는 것이다. 그러나 부처님의 평등 정신이야 어찌 이에 그칠 뿐이겠는가. 무수한 화장세계(華藏世界)와, 이런 세계 속에 있는 하나하나의 물건, 하나하나의 일을 하나도 빠뜨림이 없이 모두 평등하게 만드시는 터이다. 이상에서 불교의 평등주의에 대해 서술했거니와, 불교의 또 하나의 특징인 구세주의(救世主義)란 무엇인가. 그것은 이기주의(利己主義)의 반대 개념이다. 불교를 논하는 사람들이 흔히 불교는 자기 한 몸만을 위하는 종교라고 하거니와, 이는 불교를 충분히 이해한 것이라고 할 수 없다. 왜냐하면 자기 한 몸만을 위하는 것은 불교와는 정반대의 태도인 까닭이다.[21]

3·1운동 이전 한용운의 대표적 활동은 『조선불교유신론』을 통한 불교의 근대화이다. 이는 '근대'라는 시대적 변화에 직면하여 불교가 나아갈 방향을 모색하려는 일종의 대중화론이었다. 여기에서 한용운은 "금후의 세계는 진보를 그치지 않아서 진정한 문명의 이상에 도달하지 않고는 그

---

21 한용운, 「조선불교유신론」, 『한용운 전집』 2, 불교문화연구원, 2006, 45면.

걸음을 멈추지 않을 추세"임을 전제하고 "불교가 장래의 문명에 적합"한지 여부를 중심으로 '불교의 성질'을 개진한다. 이를 위해 그는 불교의 성질을 '종교적인 성질'과 '철학적 성질'로 구분하고, 각 성질이 근대 문명과 어떻게 연속적 관계일 수 있는가를 해명하는 데 집중한다. 특히 불교의 철학적 성질을 양계초, 칸트, 베이컨, 데카르트뿐만 아니라 "플라톤의 대동론, 루소의 평등론, 육상산과 왕양명의 선학"과의 친연성에 근거해 설명하는 장면은 — 이것이 양계초의 영향을 받은 것이 아니라 독창적인 사고였다고 생각하고 읽으면 — 흥미롭다. 뿐만 아니라 그는 불교의 주의主義를 '평등주의'와 '구제주의'로 규정하고, '평등주의'를 "근세의 자유주의와 세계주의"를 포괄하는 것으로, '구제주의'를 이기주의의 반대항으로 설정하고 있다. 불교의 성질과 주의에 대한 이러한 재해석은 결국 조선불교의 개혁을 위해 승려 양성을 위한 사범학교 설립, 선실재산의 통합과 선학관 건립, 염불당 폐지, 포교방식의 다양화, 사찰의 도심 이전, 미신적 형상 정리, 불필요한 각종 불교의식 폐지, 생산 활동 참여로 인한 승려의 인권회복, 승려의 금혼령 폐지, 주지 선발제도 개혁, 승려 사회의 정신적 단결, 사원의 통할권 확립 등으로 구체화된다.

한용운의 조선불교 개혁론은 '식민지'라는 정치적 조건이나 민족주의 이념 등을 고려하고 있지 않다. 몇몇 연구가 지적하듯이 『조선불교유신론』을 집필할 당시 한용운은 계몽주의자의 태도를 분명하게 표방하고 있었고, 이는 일본 유학의 경험에서 비롯된 것으로 이해된다. 실제로 '유신'에 대한 문제의식과 그 실천적 방안으로 제시되는 일련의 사항들은 문명론자의 시선으로 불교의 비非문명적 · 야만적 요소를 비판하는 방식을 취하고 있으며, '불교'를 평등주의, 구제주의, 철학적 성질 등으로 설명하는 접근법 역시 전형적인 문명론자의 어법이다. 이 저술에서 한용운은 중국의 계몽지식인 양계초를 중요하게 참조점으로 인용하고 있는데, 양계초의 문명론이 후쿠자와 유키치의 문명론의 영향을 강하게 받은 것이라는 점을 생각하면 한용운의 불교 근대화에 대한 시각은 "메이지 일본의 근대지가 량치차오라는 필터"[22]를 통과해 도달한 것이라고 평가할 수 있다. 이러한 계몽적 시선은 당대의 현실을 분석 · 설명하는 대목에서도 선명하게 부각된다. '문명'의 진화와 발전에 발맞추어 변해야 한다는 주장이 그렇다.

> 자유는 만물의 생명이요 평화는 인생의 행복이다. 그러므로 자유가 없는 사람은 죽은 시체와 같고 평화를 잃은 자는 가장 큰 고통을 겪는 사람이다. 압박을 당하는 사람의 주위는 무덤으로 바뀌는 것이며 쟁탈을 일삼는 자의 주위는 지옥이 되는 것이니, 세상의 가장 이상적인 행복의 바탕은 자유와 평화에 있는 것이다. 그러므로 자유를 얻기 위해서는 생명을 터럭처럼 여기고 평화를 지키기 위해서는 희생을 달게 받는 것이다. 이것은 인생의 권리인 동시에 또한 의무이기도 하다. 그러나 참된 자유는 남의 자유를 침해하지 않음을 한계로 삼는 것으로서 약탈적 자유는 평화를 깨뜨리는 야만적 자유가 되는 것이다. 또한 평화의 정신은 평등에 있으므로 평등은 자유의 상대가 된다. 따라서 위압적인 평화는 굴욕이 될 뿐이니 참된 자유는 반드시 평화를 동반하고, 참된 평화는 반드시 자유를 함께 해야 한다. 실로 자유와 평화는 전 인류의 요구라 할 것이다.[23]

22 조명제, 「한용운의 『조선불교유신론』과 일본의 근대지(近代知)」, 『한국사상사학』 46, 2014, 313면.

23 한용운, 「조선독립의 서」, 『한용운 전집』 1, 불교문화연구원, 2006, 436면.

3·1운동 이후 한용운의 활동에 대해 이야기할 때 고려할 점은 조선 불교의 근대화를 고민하던 계몽주의자에서 조선 독립의 적극적인 주창자로 변신했다는 것. 이는 당시 심문과정에서 모호한 답변을 내놓은 민족대표들과 달리 조선 독립에 대한 염원과 의지를 숨기지 않은 태도,[24] 한용운의 이런 재판 과정을 강조한 언론 기사 등으로 확인할 수 있다. "수백 년 동안 부패한 정치와 조선 민중이 현대 문명에 뒤떨어진 것"이 합쳐진 것에서 조선 패망의 원인을 찾는 한용운의 태도에 계몽주의자의 면모가 없는 것은 아니지만 3·1운동을 체험한 이후 그는 '민족'의 잠재성과 자존감에 대해 생각하기 시작했다. 이와 관련하여 중요한 텍스트가 바로 1919년 7월 10일 서대문형무소에서 작성한 것으로 알려진 「조선독립의 서」이다. 이 글에서 한용운은 18세기 이후에 등장한 국가주의가 이 시기 제국주의와 군국주의로 구체화되어 "우승열패·약육강식의 이론이 만고불변의 진리로 인식"되기에 이르렀다고 판단하고, '독일'과 '일본'이 각각 서양과 동양의 대표적 사례라고 보았다. 이런 맥락에서 그는 침략을 정당화하는 일본을 "일본이 폭력으로 조선을 합병하고 2천만 민중을 노예로 취급하면서도 겉으로는 조선을 병합함이 동양 평화를 위함이요, 조선 민족의 안녕과 행복을 위한다고 하는 것이 그것이다"라고 비판한다. 흥미로운 점은 『조선불교유신론』에서는 "우열愚劣·승패勝敗와 약육강식弱肉强食이 또한 자연의 법칙임을 부정할 길이 없다", "공법公法 천 마디가 대포 일문一門만 못하

24 「조선독립의 서」에 등장하는 "피를 가진 민족으로서 어찌 영구히 남의 노예가 됨을 달게 받겠으며 나아가 독립자존을 도모하지 않겠는가", "반만년의 역사를 가진 나라가 오직 군함과 총포의 수가 적은 이유 하나 때문에 남의 유린을 받아 역사가 단절됨에 이르렀으니 누가 이를 참으며 누가 이를 잊겠는가" 등의 진술에서는 '민족'을 중심으로 한 사유가 분명하게 드러난다.

다", "무릇 갑甲의 세력이 을乙의 세력을 능가한다고 할 때 (…중략…) 공례公例에서 볼 때에는 도리어 죄가 을에 있고 갑에는 없는 것이 된다" 등처럼 문명, 물질, 세력의 중요성을 강조하던 그가 「조선독립의 서」에 이르러서는 "칼이 어찌 만능이며 힘을 어떻게 승리라 하겠는가. 정의가 있고 도의가 있지 않은가", "침략국은 군함과 총포만 많으면 스스로의 야심과 욕망을 충족시키기 위하여 도의를 무시하고 정의를 짓밟는 쟁탈을 행한다", "칼이 어찌 만능이며 힘을 어떻게 승리라 하겠는가. 정의가 있고 도의가 있지 않은가" 등처럼 정신적 가치를 더 중요시하는 방향으로 바뀌었다는 사실이다. 이처럼 정신적 가치를 물질문명의 상위에 놓을 때, 전 인류가 공통으로 요구하는 "자유와 평화"의 문제는 "독립할 만한 자존自存의 기운과 정신적 준비만 있으면 충분한 것으로서 문명의 형식을 물질에서만 찾음은 칼을 들어 대나무를 쪼개는 것과 같으니 그 무엇이 어려운 일이라 하겠는가"처럼 자존의 기운과 정신적 준비를 입증하는 것으로 귀결된다. 요컨대 3·1운동 이후 한용운은 '사건'의 주체로서 문명론자·계몽주의자의 태도에서 한 걸음 물러나 자생적 민족주의자·정신적 가치를 중심으로 인류사의 방향을 가늠하는 시선을 획득한다. 물론 이것이 반反문명·반&계몽을 의미하는 것은 아니었다. 그는 일본의 문명이 조선의 그것을 압도한다는 사실을 부정하기보다는 "독립한 후에 문명을 수입"하면 된다고 생각했다.

3·1운동 이후 한용운의 가장 중요한 문학적 성취는 『님의 침묵』(1926)이다. '시적 형식의 돈오적 완성',[25] 궁핍한 시대를 담은 형이상학적 시집[26]

25 박현수, 「만해 문학의 문학사적 가치」, 『선문화연구』 16, 한국불교선리연구원, 2014, 123면.

26 김우창, 『궁핍한 시대의 시인』, 민음사, 1977, 144면.

등으로 평가되는 이 시집은 당대의 문학적 관념이나 수준으로는 가늠하기 어려운 예외적 성취를 보여준다. 여기에서 한용운은 시적 형식은 물론 언어, 형상화의 수준, 역설과 상징을 통해 사변적 주제와 구체적 형상의 세계를 넘나든다. 그럼에도 불구하고 이 시집에 대한 당대의 반응은 무無에 가까웠는데, 이는 당시 문단에서 한용운의 위상을 보여주는 단적인 사례이다.[27] 오늘날 한용운 문학에 대한 인상의 대부분은 1950년대 후반에 조지훈이 행한 평가("선생은 애국지사요 불학의 송덕頌德이며 문단의 거벽巨擘이었으니, 선생의 진면목은 이 세 가지 면을 아울러 보지 않고는 얻을 수 없는 것이다")[28]에 기대고 있다. 그런데 『님의 침묵』과 3 · 1운동은 어떤 관계일까? 많은 선행 연구들은 이 시집이 3 · 1운동이 실패로 끝난 시대에 출간되었다는 이유로, 그리고 한용운이 3 · 1운동을 주도한 민족대표의 한 사람이었고 식민지 시대 불교의 근대화 · 대중화를 위해 힘을 쏟은 승려였다는 사실에 비추어 '님'이라는 기호의 상징적 의미와 3 · 1운동의 연관성을 당연한 사실로 전제한다. 비교적 최근에는 한용운이 오세암이 칩거하면서 『님의 침묵』과 거의 같은 시기에 쓴 『십현담주해』와의 연속성을 통해 『님의 침묵』의 의미를 해명하려는 시도,[29] '님'의 정체보다는 시적 구성의 원리 등을

27 해방 이전에 한용운의 『님의 침묵』에 대한 평가를 담고 있는 글은 주요한, 유광렬, 유동근의 짧은 글이 전부이다.

28 조지훈, 「민족주의자 한용운」, 『한용운사상연구』 1, 만해사상연구회, 1980, 22면.

29 서준섭, 김장호, 박현수, 손종호 등의 연구가 대표적인 사례이다. 서준섭, 「한용운 『님의 침묵』과 『십현담』 · 『십현담주해』의 상호텍스트성」, 『한국현대문학연구』 42, 한국현대문학회, 2014; 김장호, 『한국시의 전통과 그 변혁』, 정음문화사, 1984; 박현수, 「『십현담주해』의 언어관과 한용운의 시론」, 『한국현대문학연구』 38, 한국현대문학회, 2012; 손종호, 「「십현담주해」를 통해 본 「님의 침묵」의 시세계」, 『국어국문학』 95, 국어국문학회, 1986.

해명하는 데 집중[30]하려는 경향 등이 지속적으로 등장하고 있다. 이러한 시적 구성의 원리가 이 시집이 지닌 내적 가치를 밝히는 데는 중요한 근거이지만 그것이 『님의 침묵』과 3 · 1운동의 연관성에 대한 해명이라고 말하기는 어렵다.

한용운이라는 인물에 대한 선先 이해를 배제한 상태에서 『님의 침묵』을 읽으면 이 시집에서 '님'이 조국, 민족, 진리, 연인 가운데 어느 하나로 환원되지 않는다는 것을 알 수 있다. 시적 형상화와 관념의 구체화라는 맥락에서 '님'과 '당신'은 하나의 인격으로 제시되고 있지만, 그렇다고 그것을 인간적 형상으로 간주할 수도 없다. 그간의 선행연구들은 이 시집의 집필 동기를 「군말」에 등장하는 "나는 해저문벌판에서 도러가는길을일코 헤매는 어린양羊이 긔루어서 이시詩를 쓴다"라는 진술에서 찾았다.

> '님'만 님이 아니라 기룬 것은 다 님이다. 중생(衆生)이 석가(釋迦)의 님이라면 철학은 칸트의 님이다. 장미화(薔薇花)의 님이 봄비라면 맛치니의 님은 이태리다. 님은 내가 사랑할 뿐 아니라 나를 사랑하느니라.
>
> 연애가 자유라면 님도 자유일 것이다. 그러나 너희는 이름 좋은 자유의 알뜰한 구속(拘束)을 받지 않느냐. 너에게도 님이 있느냐. 있다면 님이 아니라 너의 그림자니라.[31]

"나는 나의 시를 독자의 자손子孫에게까지 읽히고 싶은 마음은 없습니

30 장철환, 하재연의 연구가 대표적이다. 장철환, 「한용운 『님의 침묵』 연구」, 『어문논총』 55, 한국문학언어학회, 2011; 하재연, 「'조선'의 언어로 한용운에게 찾아온 '생각'」, 『한국근대문학연구』 20, 한국근대문학회, 2009.

31 한용운, 「군말」, 『한용운 전집』 1, 불교문화연구원, 2006, 42면.

다"라는 진술에서 밝히고 있듯이, 그는 자신의 시詩가 당대성의 맥락에서 읽히기를 바랐다. 한용운은 자신의 시가 동시대인들에게 읽히기를 원했고, 이는 항구적 가치를 지니는 문학작품으로서 '시'를 쓴 것이 아니라 현재적 상황에서 특정한 목적과 기능을 구현하기 위한 방편으로서 씌어졌다는 것을 의미한다. 그럼에도 불구하고 한용운은 이 시집에 시대성, 즉 '식민지'나 '근대' 같은 시대인식이 드러나는 시어들을 사용하지 않았다. 이와 관련해 한용운이 3·1운동 직전 잡지 『유심』(1918)을 발간했다는 것, 그 잡지가 당시 유행한 '수양주의'를 중심적인 담론으로 기획·편집되었다는 것에 주목할 필요가 있다. 한용운은 이 잡지의 창간호에 「심(心)」이라는 제목의 글을 발표했는데, 그 내용의 일부는 다음과 같다.

> 심(心)은 심(心)이니라.
>
> 심만 심이 아니라 비심(非心)도 심이니 심외(心外)에는 하물(何物)도 무(無)하니라.
>
> 생(生)도 심이요, 사(死)도 심이니라.
>
> 무궁화도 심이요, 장미화도 심이니라.
>
> 호한(好漢)도 심이요, 천장부(賤丈夫)도 심이니라.
>
> 신루(蜃樓)도 심이요, 공화(空華)도 심이니라.
>
> 물질계(物質界)도 심이요 무형계(無形界)도 심이니라.
>
> 공간도 심이요 시간도 심이니라.
>
> 심이 생(生)하면 만유(萬有)가 기(起)하고, 심이 식(息)하면 일공(一空)도 무(無)하니라.
>
> 심은 무(無)의 실재(實在)오, 유(有)의 진공(眞空)이니라.

"심만 심이 아니라 비심非心도 심이니"라는 문장 형식은 '군말'에 등장하는 "님만 님이 아니라 기룬 것은 다 님이다"라는 진술과 동형적이다. 이 문장은 이 세상에 심心 이외의 것은 존재하지 않는다는 것, 세상에 존재하는 모든 것들은 마음이 지어낸 것이라는 『화엄경』의 일체유심조一切唯心造를 가리킨다. 한편 "님만 님이 아니라 기룬 것은 다 님이다"라는 진술은 '님=연인'만이 '님'이 아니라 '기룬 것', 즉 그리워하는 일체의 것은 모두 '님'이라는 새로운 인식론을 제시하고 있다. '그리워하다'는 것은 마음을 쓴다는 것이니, 결국 '마음'이 닿는 모든 것은 '님'이라는 해석이 가능하다. 『님의 침묵』은 연애시의 형태를 차용하되 '역설적 인식'을 통해 '님'의 존재를 사유하고 있다. 시집 전체가 대상의 부재에서 시작하여 부재하는 대상을 찾아 떠나는 것으로 구성된 이 시집의 핵심적 문제의식은 '님'보다는 특정한 알고리즘에 의해 지배되는 우리의 마음/사유방식을 불교적 사유방식('역설'이 대표적이다)을 통해 탈코드화하는 데 있는 것으로 보인다. 특히 이 알고리즘이 전적으로 '마음'에 작용하는 것이라면 탈코드화 역시 '마음'의 문법을 겨냥할 수밖에 없다. 가령 "남들은 님을 생각한다지만 / 나는 님을 잊고자 하여요 / 잊고자 할수록 생각히기로 / 행여 잊힐까 하고 생각하여 보았습니다"(「나는 잊고자」)라는 진술을 보자. 여기에서 화자는 잊으려는 노력, 즉 '망각'에 대한 강박이 오히려 망각을 가로막는다는 역설적 진실에 기초하여 잊기 위하여 생각한다는 새로운 논리를 제시한다. 이 논리에 따르면 기억은 망각이고, 망각은 곧 기억이다. 어떤 것에 대한 집착이 결국 정반대의 결과를 초래한다는 심리적 진실을 드러내는 이러한 역설의 논리는 시집 『님의 침묵』 전체를 통해 반복된다. 「사랑의 측량」에서 화자는 '나'에 대한 '당신'의 사랑의 '양'이 적을수록 좋다고("당신의 사랑은 양이 적을수록 좋은가 봐요") 진술하는데, 그것은 양量이 "당신과 나와 두 사람의 사이"를 재는 척도라는 조건이기 때문이다. 화자는 '양量'을 '거리'로 전유함으로써 '적은 양=가까운 거리'라는 낯선 논리를 발명해낸다. 또한 「선사禪師의 설법說法」에서 "사랑의 속박은 단단히 얽어매는 것이 풀어주는 것입니다. / 그러므로 대해탈大解脫은 속박에서 얻는 것입니다"라는 진술을 통해 '속박'과 '해탈'의 관계를 역전시킨다. 인간의 '마음'의 문법은 만들다가 던져 놓은 '주머니'를 가리켜 "짓기 싫어서 짓지 못하는 것이 아니라 짓고 싶어서 다 짓지 않는 것"(「수繡의 비밀」)이라고 주장하거나, "당신이 계실 때에는 겨울밤이 짧더니 당신이 가신 뒤에는 여름밤이 길어요"(「여름밤이 길어요」)처럼 시간의 흐름에 대한 심리적 경험을 기술하는 장면에서 한층 뚜렷하게 드러난다. 표제작 「님의 침묵」에 등장하는 "우리는 만날 때에 떠날 것을 염려하는 것과 같이 떠날 때에 다시 만날 것을 믿습니다"라는 진술이나, 그와 유사한 "이별하고 만나지 않는 것은 님이 아니라 길 가는 사람입니다. / 우리들은 님에 대하여 만날 때에 이별을 염려하고, 이별할 때에 만남을 기약합니다"(「최초의 님」) 같은 진술 역시 이러한 '마음'의 법칙에 근거하여 만남과 이별의 역설적 관계를 표현한 것으로 이해할 수 있다.

당신의 소리는 '침묵'인가요.

당신이 노래를 부르지 아니하는 때에 당신의 노랫가락은 역력히 들립니다그려.

당신의 소리는 침묵이어요.

당신의 얼굴은 '흑암(黑闇)'인가요.

내가 눈을 감은 때에 당신의 얼굴은 분명히 보입니다그려.

당신의 얼굴은 흑암이어요.

당신의 그림자는 '광명(光明)'인가요.

당신의 그림자는 달이 넘어간 뒤에 어두운 창에 비칩니다그려.

당신의 그림자는 광명이어요.

—「반비례(反比例)」 전문

이 시는 '역설'을 통한 사유의 쇄신이 가장 분명하게 드러나는 작품이다. 이 시에는 '당신'의 존재와 관계되는 감각적 실체가 세 가지 등장한다. '소리', '얼굴', '그림자'가 그것들이다. 그런데 당신의 '소리'는 당신이 노래 부르지 않을 때 가장 분명하게 들리고, 당신의 '얼굴'은 '나'가 눈을 감았을 때 가장 분명하게 보이며, 당신의 '그림자'는 달이 넘어간 어두운 밤에 가장 선명하게 보인다. 이것이 뜻하는 바는 '님' 또는 '당신'과의 관계가 '감각'을 통한 관계가 아니라는 것이다. 그렇다면 '당신'과의 관계는 무엇을 통해 만들어지는가? '감각'이 아니라 '마음'이다. 그래서 한용운의 시에서 '님/당신'과의 관계는 '감각', 즉 물질적인 관계로 완성되지 않는다. 이상을 요약하면 ① '당신'과의 관계는 '언어'로 표현되지 않는다. "사랑을 「사랑」이라고 하면 벌써 사랑은 아닙니다"(「사랑의 존재」), ② '당신'과의 관계는 객관적인 척도로 설명할 수 없다. "그 나라는 국경이 없읍니다. 수명壽命은 시간이 아닙니다"(「사랑의 존재」), ③ 그것을 설명할 수 있는 유일한 방법은 '마음' 뿐이다. "님의 손길의 온도를 측량할 만한 한난계寒暖計

는 나의 가슴밖에는 아무 데도 없습니다"(「님의 손길」), ④ 따라서 '님'과의 관계는 현실법칙으로 설명되지 않는다. "그래서 세속의 노래 곡조와는 조금도 맞지 않습니다"(「나의 노래」), ⑤ 이런 이유로 '당신'을 '대상화'하려는 화자의 시도는 매번 실패한다. "어디라도 눈에 보이는 데마다 당신이 계시기에 눈을 감고 구름 위와 바다 밑을 찾아보았습니다. / 당신은 미소가 되어서 나의 마음에 숨었다가 나의 감은 눈에 입맞추고 「네가 나를 보느냐」고 조롱합니다"(「어디라도」) "있다면 님이 아니라 너의 그림자니라"('군말')나 "만나고 이별이 없는 것은 님이 아니라 나입니다"(최초의 님)라는 진술 역시 '마음'의 관점에서 이해되어야 한다. 출옥 직후의 인터뷰에서 한용운은 "조선불교를 위하여 일할 터이나 자세한 생각은 말할 수 없다"라고 밝혔다. 여기에서 조선불교를 위한 행동이란 저술활동을 통한 불교의 대중화, 그리고 불교적 교리사유를 다양한 형태의 저술을 통해 전달하는 것이었다고 말할 수 있다.

시집 『님의 침묵』을 민족주의적 시각에서 해석할 여지가 없지는 않지만 그것을 오직 "나라를 잃은 민족 구성원들이 느끼는 민족적 슬픔"[32]으로 환원하는 것은 지나친 면이 있다. 조선이 패망한 이유를 "수백 년 동안 부패한 정치와 조선 민중이 현대 문명에 뒤떨어진 것"에서 찾은 한용운이 조선 민중의 무지를 깨우치기 위해 불교적 세계관을 대중화하는 일에 매진했고, 한문 세대임에도 불구하고 『님의 침묵』을 한글로 쓴 까닭도 대중 계몽이라는 맥락에서 이해해야 한다. 이렇게 보면 한용운은 3 · 1운동을 경험하고 '계몽'과 '민족'을 종합하는 방향으로 자신의 사유를 확장해

32 류양선, 「만해의 시집 『님의 침묵』의 창작동기」, 『한국현대문학연구』 21, 한국현대문학회, 2007, 78면.

갔고, 불교적 세계관을 '문학'이라는 형식을 빌려 표현함으로써 '마음'의 중요성을 일깨우고자 했다고 정리할 수 있다. 그런 점에서 "심오하고 독특한 형이상학을 구축해 온 불교사상이 만해를 통하여 주체적으로 해석되고, 이것이 그의 유려한 언어의 몸을 얻어 새롭게 탄생하는 경이가 담긴 시집"[33]이라는 평가는 정당하다고 말할 수 있지만, 이때의 불교사상은 조선 민족의 독립과 대중 계몽이라는 현실적 문제에서 출발한 것이지 종교로서의 불교라는 제한된 맥락에 얽매여 있는 것이 아니다. 한용운은 스스로 3·1운동이라는 '사건'의 주체임을 인정했고, 그 이후로 그에게 '불교'는 '민족'이라는 당대적 현실과 동떨어진 것으로 간주되지 않았으며, 사건의 주체로서 자신의 소임을 다하는 방법 가운데 하나가 『님의 침묵』을 쓰는 것이었다.

4. **『백팔번뇌』** – 문화와 민족, 그리고 '조선적인 것'

"최남선 씨도 여기에 소개하기에는 너무도 유명하다. 신문관 창설 이래 십여 년을 조선 신문화 개척에 힘쓴 공로자이다. 다만 최근에 이르러 그 명성이 점차 실광무색失光無色한 것은 섭섭한 일이다. 조선 사학계에 일一두지頭地를 드러낸 씨는 학력으로도 이렇다 할 것이 없으나 대부분이 자습독학의 대성이다. 최두선 씨는 현 중앙학교의 교원으로 조도전 대학을 제일 번으로 졸업하고 조선에 돌아온 후 중앙교장을 역임하고 독일에 가서 철학을 닦고 귀국한 후 일시 명예에 다소 금이 갔었으나 지금은 근신하여

33 박현수, 「만해 문학의 문학사적 가치」, 『선문화연구』 16, 한국불교선리연구원, 2014, 118면.

전명前名을 회복하는 중이다."[34] 언론인 유광렬이 『삼천리』 1932년 3월 호에 쓴 이 글은 최남선에 대한 당시의 사회적 평가를 잘 보여준다. '동경삼재' 가운데 한 명인 최남선은 식민지 시대에 가장 극적인 삶을 살았던 사람이다. 그는 근대 초기의 대표적인 계몽주의자였고, 1910년대 이광수와 더불어 소위 '이인二人문단시대'를 주도한 근대문학의 주창자였으며, 「기미독립선언서」를 작성한 '민족대표 33인'의 한 사람이었다. 그러나 1928년 조선총독부가 식민통치를 원활하게 하기 위해 만든 '조선사편수회'에 가담하면서 그는 친일의 길을 걸었다.[35]

구한 말 서울에서 태어난 최남선은 이른 시기부터 번역을 통해 다양한 근대적 학문을 경험했다. 두 차례의 일본유학(1904, 1906)에서 일본의 출판·인쇄 문화에 자극받은 그는 귀국 후 출판 사업을 통해 조선의 문명개화를 주도했다. 1910년을 전후한 시기 최남선의 활동, 즉 신문관 건립(1908), 『소년』(1908)과 『청춘』(1914) 창간, 조선광문회 설립(1910)으로 이어지는 출판을 통한 계몽 활동은 크게 두 방향으로 계열화된다. 일본을 통한 근대 '문명'의 수용이 그 하나이고, 조선 전통의 복원이 다른 하나이다. 최남선은 조선광문회[36] 활동을 "천하 만세에 조선토朝鮮土의 진면목과 조선인의 진재지眞才智가 영원히 은장隱藏하고 매몰하려 하니, 이는 (…중

34 유광렬, 「유명 인사 삼 형제 행진곡」, 『삼천리』, 1932.3, 1932, 53면.

35 최남선은 해방 후 반민족행위처벌법에 따라 1949년 2월 체포되어 마포형무소에 수감되었다. 이때 그는 자신의 과거를 반성하는 내용의 「자열서」를 썼는데, 거기에서 조선사편수회에 참여한 일을 자기 삶에서 가장 큰 실수 가운데 하나로 언급하고 있다.

36 조선광문회는 1910년대에 고적 복원 및 간행을 통해 조선 문화를 재발견하는 작업을 진행했을 뿐 아니라 동시에 정치적 결사의 기능을 담당함으로써 3·1운동 참가자들의 인적 네트워크 형성에 기여했고, 최남선도 이에 적극 참여했다(류시현, 『최남선 평전』, 한겨레출판, 2011, 79면).

략…) 큰 죄악이며 큰 비통일뿐더러 (…중략…) 조선 고문명과 세계 학계를 위한" 사업이라고 평가했다.[37] 이는 일본에서 습득한 근대적인 학문 방법론을 이용하여 일본(총독부)의 조선연구에 맞서 '조선학'을 구축하려는 문화연구의 일환이었는데, 이러한 문제의식에는 자생적 민족주의가 내재되어 있다. 그것은 단순한 지적 관심이 아니라 조선의 문화와 전통을 체계적 · 학문적 방식으로 정리 · 해명하려는 적극적인 노력이었으니, 실제로 '조선적인 것'의 정체를 놓고 조선총독부 등의 식민권력과 경쟁관계를 형성할 수밖에 없었다. 문제는 근대적인 문명론자의 길과 자생적이나마 민족주의자의 길이 완전히 겹쳐지지 않다는 데 있다. 문명론자의 길이 '보편' 담론에 가깝다면, 민족주의자의 길은 '특수'를 중심으로 뻗어나갈 수밖에 없다. '조선적인 것'의 발견을 통해 민족의 영웅적 · 시원적 과거를 발굴하는 것, 그리하여 '네이션'의 결핍에서 비롯된 심리적 상처를 '문화'로 대체하려는 문화민족주의적 태도를 지닌 최남선에게 있어서 '보편'과 '특수'는 둘 가운데 하나를 선택하는 문제가 아니었다. 그런 까닭에 1920년대 '조선적인 것'에 대한 최남선의 심취는 '신문관-소년-청춘'으로 연결되는 계몽적 패러다임과의 단절보다는 연속적인 것으로 이해하는 것이 타당할 것이다. 이는 동양적인 것, 전통적인 것 등을 강조하면서 전前근대 · 반反근대 지향을 노정한 1930년대 후반의 문화주의와 최남선의 주장이 구분되는 지점이기도 하다. 하지만 '네이션'이라는 담론의 차원에서 그것이 연속적 관계로 이해한다고 해도 실제 현실에서 '조선적인 것'을 '보편'으로 간주하거나 그것과 동등한 차원으로 인식하기는 쉽지 않은 일이

37 위의 책, 64면에서 재인용.

다. 이런 점에서 최남선은 끊임없이 '조선'을 호명하면서도 정작 부정적인 현실이나 남루한 대중의 삶, 식민지라는 정치 상황 등에 대해서는 결코 언급할 수 없었다. 이 '현실'에 대한 침묵만이 그의 문화민족주의를 떠받쳐줄 수 있는 힘이었다. "최남선은 국가 부재의 식민지 상황에서 민족의 자기보존은 역사를 공유하고 그것을 성스러운 기억으로 간직함으로써 가능할 수 있다는 사실을 영민하게 간파하고 이를 최고이자 최후의 문학적 과제로 밀고 나갔던 것이다."[38]

최남선은 3 · 1운동 직후 체포되어 2년 8개월 동안 감옥에 있었다. 최남선의 감옥 생활에 대해서는 구체적으로 알려진 것이 없다. 1920년 6월 12일 자 『동아일보』에는 최남선이 감옥에서 불교 관련 서적을 많이 읽고 『자조론』의 후편을 번역 탈고했다는 내용의 기사가 실려 있고, 1921년 11월에 출간된 『개벽』 제17호에는 "(최남선이 ─ 인용자) 감옥에 있는 중에 정규의 복역에 해당하는 이외에 항상 독서와 저술을 게을리하지 않는 바 씨의 조선사에 대한 연구는 이번 기회로써 그 걸음이 크게 나아가겠다"[39]라는 글이 실려 있다. 최남선이 수감된 상태에서도 독서와 저술을 게을리하지 않았고, 그것이 '조선사' 연구에 상당한 발전을 가져올 것이라는 진단은 매우 흥미롭다. 실제로 1927년 7월 『별건곤』 제6권 제8호에 발표한 글에서 최남선은 자신이 "조선의 맨 근본되는 것"을 알려고 노력했으나 성과를 얻지 못하다가 "경신년 8월 24일 새벽에 경성감옥 옥창에서 다른 때와 같이 정좌법을 행하고 있"다가 "조선 고대에 '밝'이라 하는 일대원리가 있어서 그것을 기초로 하여 신화도 생기고 신화의 쌍생자로 하나는 역사

38 최현식, 『최남선 · 근대시가 · 네이션』, 소명출판, 2016, 374면.

39 류시현, 『동경삼재』, 산처럼, 2016, 137면.

가 되고 하나는 종교가 된 것을 알게"되었다고 밝히고 있다.[40] 이상의 내용을 바탕으로 짐작해보면 최남선은 감옥에 갇힌 상태에서도 '조선'에 대한 관심을 놓치 않았고, 그것은 '밝'이라는 태양 숭배 문화에 대한 발견으로 이어졌으며, 고대에 "조선을 중심으로 하는 일대문화계통이 존재"했었다는 불함문화론 구상으로 이어졌음을 알 수 있다. 한용운이 감옥에서 「조선독립의 서」를 쓰고 민족주의자로 변신했다면, 최남선은 감옥에서 단군 연구의 단서가 될 '붉사상'을 발견하고 민족주의자의 길을 선택했다. 훗날 그것은 일본 유학에서 배운 근대적 학문 방법론과 결합되어 '조선학'이라는 재탄생하게 된다.[41] 요컨대 최남선은 3·1운동과 감옥 체험을 기점으로 "서구 근대를 전파하고자 했던 계몽주의자에서 조선의 전통을 고민하는 역사학자, 민속학자로 변모"[42]한 셈이다. 최남선의 출옥 이후의 행적은 이런 맥락에서 이해되어야 한다. 출옥 이후 최남선의 활동에서 가장 주목할 것은 잡지 『동명東明』을 창간(1922.9)한 일이다. 이 잡지는 타블로이드판 신문 형태로 제작되었는데, 처음 계획은 매주 발행하는 것이었으나 실제로 지켜지지는 못했다. 이 잡지의 제호인 '동명東明'은 동방東과 밝음明을 합친 것으로, 창간호 표지의 좌우 여백에는 '조선민족朝鮮民族아 일치一致합시다', '민족적民族的 자조自助에 일치一致합시다'라는 두 개의 표어가 인쇄되어 있다. 다음은 『동명』의 창간사 일부이다.

현재의 조선인은 오직 한 가지 직무가 허락되어 있습니다. 무엇인고 하

40 최남선, 「내가 경험한 제일통쾌」, 『육당 최남선 전집』 14, 역락, 2005, 262면.

41 1920년대 최남선의 '단군' 연구는 일본의 동양학자 시라토리 구라키치에게서 배운 학문적 방법론을 이용하여 시라토리 구라키치의 단군부정론을 비판한 것이다.

42 류시현, 『동경삼재』, 산처럼, 2016, 139면.

니 최근에 이르러 새삼스럽게 발견된 '민족'을 마음을 하나로 해서 '완성'하는 일이외다. 일체의 보무(步武)가 오직 이로부터 출발되어야 할 것과 일체의 희망이 도무지 이로써 실현된 것을 확신하는 우리는 풍조가 어떠하든지, 취향이 어떠하든지, '민족 완성'을 위하여 아직 동안 일체의 기회를 운용하며 일체의 정력을 집중하지 아니치 못합니다. 이로써 스스로 힘쓰고 이로써 다른 사람에게 권하여 무한한 생명 전개의 제일보, 이상 실현의 제일선 삼아 발견된 민족을 완성하려 하는 것이외다.[43]

'불한문화론'과 '시조부흥운동', '국민문학론' 등으로 요약되는 1920년대 최남선의 활동을 살필 때 가장 중요한 문제는 1910년대 계몽주의적 태도와의 관계설정이다. 앞에서 지적한 것처럼 최남선이 1920년대에 '발견'한 다양한 민족적 표상은 이미 1910년대의 활동에서 주목한 것이므로 최남선에게 있어서 1910년대와 1920년대, 즉 계몽주의와 민족주의는 배타적인 선택지였다고 단정하기 어렵다. 이는 최남선의 '조선학' 연구가 근대적 학문체계를 기반으로 하고 있으며, 계몽주의적 담론에 이미 '민족' 개념이 포함되어 있었다는 사실 등으로도 설명할 수 있다. 하지만 '문명', '개화', '계몽' 등의 척도를 포기하지 않고 식민지 상태에 처한 '민족'을 긍정하기는 쉽지 않다. 훗날의 탈식민주의 담론이 보여주듯이 여기에는 '척도'의 문제가 개입되어 있기 때문이다. 이런 맥락에서 최남선이 『동명』을 창간하고 '민족의 완성'을 모든 조선인의 임무로 내세운 것은 의미심장한 장면이라고 말할 수 있다. 이것을 계기로 최남선의 내면에서 무게중심이

43 최남선, 「동명 창간사」, 『동아일보』, 1922.8.24.

계몽주의에서 민족주의 방향으로 점차 기울기 시작했다고 평가할 수도 있기 때문이다. 최남선에게 '민족의 완성'은 상투적인 구호가 아니었다. 그는 창간호부터 「조선민시론朝鮮民是論」을 연재하여 조선인의 사회 계몽과 일치단결을 강조했고, 제3호부터 총 19회에 걸쳐 「조선역사통속강화」를 연재하기도 했다. 태극의 연원을 설명하는 것으로 시작되는 이 글은 조선의 역사, 문화, 언어 등을 거쳐 '조선학'의 필요성을 주장하는 데까지 이어진다. 여기에서 최남선은 "정신부터 독립할 것이다. 사상으로 독립할 것이다. 학술에 독립할 것이다. 특별히 자기를 호지護持하는 정신, 자기를 발휘하는 사상, 자기를 구명하는 학술상으로 절대한 자주, 완전한 독립을 실현할 것이다. 조선인의 손으로 '조선학'을 세울 것이다"[44] 등처럼 조선인에 의한 '조선학'의 필요성을 주장하면서 일본으로부터의 정신적 · 학술적 독립의 중요성을 강조한다.

자민족중심의 역사 · 문화사 서술은 근대적 국가들에서 공통적으로 목격되는 현상이지만, 최남선의 경우 그것은 식민지라는 정치적 · 역사적 현실 때문에 '과잉'의 측면이 없지 않다. 최남선은 자민족의 독립적 가치를 탐구하는 데서 멈추지 않고 일본이 "조선을 말미암아 문명의 서광을 보았으며, 조선을 말미암아 문명의 길을 얻었고, 조선을 말미암아 문명의 시작을 이루었으니 한토漢土의 문화도 실로 조선의 지시로 얻은 것이요, 서양의 문화도 실로 조선의 토대에서 얻은 것이다"[45]에서 출발해 "아이누, 일본, 유구와 뒤로 만주, 몽골, 퉁구스 (…중략…) 이 여러 족속을 대단총동하는 일대 문화 계통 (…중략…) 이 문화권 내에서 역사적 또 지리적 중심

44 최남선, 「조선역사통속강화」, 『동명』 6, 1922.10.8.

45 최남선, 「동도역서기」, 『매일신보』, 1916.12.15.

이 되는 조선"[46]라는 것처럼 '조선'을 중심으로 동북아문화권을 설명하는 '불함문화론'으로 나아갔다. 현실에서는 '조선'이 '일본'의 식민지이지만, 고대사에서는 조선이 동북아시아의 중심이었다는 주장은 물질적인 영역에서는 조선이 일본에 뒤떨어졌지만 정신 또는 문화 영역에서는 일본보다 우월하거나 그와 대등하다는 주장과 일맥상통한다. 조선의 문화, 특히 '시조'에 대한 최남선의 생각은 이런 맥락에서 이해해야 한다.

> 시조는 조선인의 손으로 인류의 운율계에 제출된 일(一)시형이다. 조선의 풍토와 조선인의 성정이 음조를 빌어 그 와동의 일(一)형상을 구현한 것이다. 음파의 위에 던진 조선아의 그림자이다. 어떻게 자기 그대로를 가락 있는 말로 그려낼까 하여 조선인이 오랜오랜동안 여러 가지로 애를 쓰고서 이때까지 도달한 막다한 골이다. 조선심의 방사성과 조선어의 직유(織維)조직이 가장 압착된 상태로 표현된 '공든 탑'이다. 남으로 우리를 알려할 때에 그 가장 요긴한 일(日)재료인 것도 물론이지만 우리로 우리를 관조하고 미험(味驗)하는 상(上)으로도 시조는 아직까지 유일최고의 준적(準的)일 것이다. 다른 것으로도 그렇지만 더욱 예술상으로 더욱 시로 그렇지 않을 수 없는 것이다. 왜 그러냐하면 조선은 문학의 소재에 있어서는 아무만도 못하지 아니하고, 또 그것이 포태로 어느 정도만큼의 발육을 달한 것도 사실이지만 대체로는 문학적 성인 성인문학 내지 완성문학의 국문국민이라기는 어렵다. 조선도 상당한 문학국 — 민족독자의 문학의 전당을 만들어가진 자라고 하자면 먼저 문학 — 민족문학이란 것에 특수한 일(一)정의를 만들어가지고 덤빌 필

46 최남선, 「조선역사통속강화」, 『동명』 15, 1922.12.10, 6면.

> 요가 있는 터이다. 소설로, 희곡으로 도무지가 아직 발생기 (내지 발육기)에 있다 할 것이지, 이것이오 하고 내놓을 완성품은 거의 없다 할밖에 없음이 섭섭한 사실이다. 그 중에 오직 한 시에 있어서는 형식으로, 내용으로, 용법으로, 용도로 상당한 발달과 성립을 가진 일물(一物)이 있으니 이것이 시조다. 시조가 조선에 있는 유일한 성립문학임을 생각할 때에 시조에 대한 우리의 친애는 일단의 심후(深厚)를 더함이 있지 아니치 못한다.[47]

1926년 최남선은 시조집 『백팔번뇌』를 출간하고, 「조선국민문학으로의 시조」와 「시조태반으로의 조선민성」을 잇달아 발표했다. 후자가 국민문학으로서의 '시조'의 위상에 대한 이론적 연구라면, 전자는 그것의 실천적인 산물이다. 이들 외에도 최남선은 1920년대에 백두산, 금강산 등 조선의 '산하'에 대한 다수의 기행문을 출간하면서 '조선학'을 위한 본격적 행보를 이어나갔다. 주지하듯이 이 시기에 여행문과 기행기 등의 글쓰기는 근대 민족주의를 형성하는 중요한 토대였다. 최남선에게 '시조'는 "조선의 풍토와 조선인의 성정이 음조를 빌어 그 와동의 일형상을 구현한 것"으로서 '조선심', '조선아'의 '그림자'라고 말할 수 있다. 최남선은 "우주의 생명이 어느 국토에 현현顯現하매, 반드시 민족이란 기관을 통하여 문화라는 형식을 취한다"[48]라고 주장했고, "단군, 즉 조선"처럼 '단군'과 '조선'을 동일시했으며, "시조가 조선에 있는 유일한 성립문학임"을 의심하지 않았다. 따라서 '우주-민족-조선-단군-시조'로 연결되는 이 문화적

47 최남선, 「조선국민문학으로의 시조」, 『조선문단』 16, 1926.5; 『최남선 전집』 1, 역락, 2017, 87면에서 재인용.

48 최남선, 「조선역사통속강화」, 『동명』 3, 1922.9.17, 11면.

민족주의가 '시조'라는 장르에 '조선심', '조선아'라는 심성의 문제와 '국토', '산하' 등의 영토적 표상을 연결시키는 것은 당연한 수순이었다. 하지만 조선어 글쓰기라는 표현형식을 의식적으로 도입한 한용운과 달리 최남선에게 '시조'는 고안된 것이 아니었다. 최남선이 발행한 신문관 출판물에는 "서구의 보편적 근대지식과 특수적인 조선적인 것이 공존"[49]하고 있었는데, 이것으로써 "『소년』이 구성하고 있는 지식이 서양의 지식뿐 아니라 조선의 전통적인 것에 대한 지식을 포함하고 있었"[50]음을 짐작할 수 있다. 실제로 최남선은 1918년 『청춘』에 '고금시조선'이라는 항목을 만들어 59수의 고시조를 소개하고 "시조는 우리문학 중 가장 보통의 형식이요 또 가장 유래의 구원한 것이니 최근에 와서는 다른 모든 문물과 한가지로 잠시 희미한 상태에 있으나 수세기전까지 문인학사는 진실로 물론이요 명공석보로 산림처사까지 이 고유한 국풍에다 상당한 조예가 있었"다는 내용의 설명을 덧붙이기도 했다. 또한 투옥된 상태에서 시조를 창작하기도 했으니 최남선이 "당신의 일상을 시조의 틀에 넣어 보존했다. 그것이 당신의 일기였다"[51]라는 평가는 결코 과장이 아니다.

한편 '시조'의 재발견과 동시에 현실에 대한 최남선의 논리적 연산은 '문명'이 아니라 '민족'을 중심으로 재편된다. 이제 시조는 계몽의 도구나 수단이 아니라 '민족'의 상징으로 간주된다. 이와 더불어 '시조'는 조선의 문학, 즉 특수성으로서의 '민족문학'과 보편성으로서의 '세계문학'의 관계

49 류시현, 「1910년대 최남선의 문명문화론과 조선불교 인식」, 『한국사연구』 155, 한국사연구회, 2011, 116면.

50 윤설희, 「최남선의 고시조 수용 작업과 근대전환기의 문학인식」, 성균관대 박사논문, 2014, 23면.

51 최학주, 『나의 할아버지 육당 최남선』, 나남, 2011, 52면.

라는 새로운 질문에 직면하게 된다. 이 글에서 최남선은 문학/시를 "세계성을 가진 것"(보편성)으로 간주하면서 동시에 그것만큼 "향토성을 가진 것"(특수성)이 없다고 지적한다. 이에 따라 그는 "조선의 시는 (…중략…) 조선인의 사상감정, 고뇌희원, 미추애락을 정직하게 명백하게 영탄상미한 것"이어야 하고, 그 제1조건은 '조선스러움'에 있다고 강조한다. 그런데 이러한 '조선스러움'에 대한 강조는 최남선에게 있어서 보편, 즉 세계를 전제하고 있다는 점에서 인상적이다. 이어서 그는 "세계란 집 — 그 예술전당의 역사役事가 조선에 대하여 찾는 것이 돌이라면 조선은 돌 그것을 공급함으로써 거기 요용要用을 이루는 동시에 가치 있는 지위를 차지하게 될 것이다. 조선이 세계적 됨은 오직 하나 조선으로의 성능性能을 완전히 발휘함에 있음은 우리가 다른 모든 것에서 하는 말이거니와 여기서 문학에도 시에도 그 그러함을 굳세게 다시 한 번 말하고 싶다"라고 진술한다. 요컨대 '세계'라는 '집'을 짓는 일에 있어서 '조선'이라는 특수한 '민족'에게 주어진 역할이 있고, 그것은 오직 '조선적인 것'에 충실함으로써 올바로 성취된다는 것, 그리하여 그 문화적 특수성을 잃지 말아야 한다는 주장이다. 이 주장에 따를 때 '세계'는 등급이 존재하지 않는 특수성들의 종합(또는 조합)으로 표상되므로, 그 세계에서는 조선이 '문명=자유시'를 지향해야 할 필연적 이유가 없다. 바꿔 말하면 '자유시'의 미발달 또는 부재가 결코 문명의 결핍이 아닌 것이다. 이처럼 문명에 대해 일정한 심리적 거리를 유지하게 됨으로써 최남선은 세계(보편)가 복수의 민족문화의 결합이라는 인식에 기초하여 '조선문학=민족문학'을 세계문학의 공간에 위치시키는 담론을 제시하기에 이른다. 이 새롭게 구성된 세계문학이라는 공간, 혹은 그 속에서 민족문학으로서의 조선문학의 위치가 어떠했는가에 대해서는 또 다른 논의가 필요할 것이다. 그렇지만 이 논리적 전개가 '문명'과 '계몽'이라는 이름으로 '서구적인 것'을 맹렬하게 추종하던 시기의 논리로부터 일정한 거리를 유지하고 있는 것은 사실이며, 어쩌면 이 '특수성/향토성'에 대한 과장된 기대가 훗날 그를 '친일'의 길로 이끌게 된 계기는 아니었는지 생각해볼 만한 문제이다. 보편과 특수, 세계문학과 조선문학의 관계에 대해 최남선이 갖고 있던 인식은 조선의 독립을 "인류 평등의 큰 도의"와 연결시키고, 나아가 동양평화를 "세계 평화와 인류 행복에 필요한 단계"로 상정한 「기미독립선언서」의 내적 논리와 일치한다는 점에서 즉흥적인 것은 아니었다.

5. 나오며

이 글은 한용운의 『님의 침묵』과 최남선의 『백팔번뇌』가 갖는 문학사적 위상을 '사건'으로서의 3 · 1운동과의 관계 속에서 이해하자는 제안이다. 물론 한 문학인의 사상이나 작품을 특정한 '사건'의 직접적 · 결정적 결과로 이해하는 것은 위험이다. 문학작품에 대한 사건의 영향은 결코 일의적일 수 없다. 그럼에도 불구하고 어떤 '사건'이 개인적 체험이나 시대적 분위기보다 조금 더 강한 영향력을 행사하는 경우는 드물지 않다. 3 · 1운동이 역사적 '사건'이라는 평가에는 누구나 동의한다. 하지만 이때의 '사건'이란 역사적 흐름 속에서 발생한 크고 작은 일들, 즉 연대기의 일부라는 제한적 의미가 아니라 지배적인 질서와 그 단일성에 균열을 내는 갑작스러운 것의 출현이라는 바디우의 '사건' 개념으로 재규정되는 것이 타당할 듯하다. 즉 3 · 1운동은 식민지라는 조건하에서 발생한 수많은 사건들 가운데 하나가 아니라 그 시대의 지배적 질서로는 설명(재현)할 수 없는 낯선 질서가 일시적으로 등장한 것이었다. 이는 3·1운동에 참여한 수많은 민중들의 증언과 그것을 기획한 소위 '민족대표 33인'의 정치적 지향을 통해서 쉽게 확인된다. 그 중에서도 특히 한용운과 최남선은 알랭 바디우가 설명한 사건의 '주체'에 해당하는 대표적 사례이며, 1920년대 중반에 출간된 『님의 침묵』과 『백팔 번뇌』는 이러한 사건에 대한 '충실성'의 흔적이라고 평가할 수 있다. 휘말림의 주체가 그러하듯이, 문학과 사회에 대한 이들이 태도는 3·1운동 이전과 이후가 확연하게 구분된다. 한용운은 불교의 근대화와 대중화에 관심을 쏟던 승려에서 민족 전체의 운명과 진로를 고민하는 실천적 지식인으로 변모했고, 최남선은 '계몽'과 '민족'을 동시에 추구하다가 온전히 '민족' 방향으로 돌아섰다. 한용운의 경우에는 『조선불교유신론』과 『조선독립의 서』의 차이가, 최남선의 경우에는 『소년』, 『청춘』과 『동명』, '불함문화론', '시조'에로의 관심의 이동이 이 변화를 보여준다. 지금까지의 많은 선행연구들은 이 변화를 내용의 층위에 대한 다양한 해석을 통해 실증實證하려 했지만, 이 글에서는 1920년대 중반에 출간된 『님의 침묵』과 『백팔 번뇌』를 발생학적 차원에서 살펴보려 했다.

제2장

만해의 사상과 근대기획

1. 들어가며

만해 한용운(1879~1944)은 불교를 사상의 차원으로 끌어올리고, 서구의 근대사상을 불교와 접목시킨 근대적 사상가의 한 사람이다. 그는 불교와 서구사상, 즉 서구에서 수입된 사상을 불교라는 전통사상에 융합시켜 근대적 민족국가의 완성을 지향했으며, 민족의 해방을 위한 자주독립사상을 고취시키기도 했다. 만해의 사상적 궤적은 대략 세 시기[1]로 구분할 수 있는데, 첫째는 동학농민혁명 참가에서 입산하여 불교의 영향을 받기 시작한 시기이고, 둘째는 3·1운동에 참여하면서 민족의 자주독립을 강조한 시기이며, 셋째는 1930년 이후 사회적 불평등을 해소할 사상적·실천적 방안을 모색하던 시기이다. 이상의 세 시기를 관통하고 있는 만해의 사상은 불교, 서구 근대사상, 민족주의로 요약할 수 있다. 그렇지만 이들

1 이양순, 「한용운의 사회사상에 관한 일연구」, 이화여대 석사논문, 1978, 13면.

사상의 세 축이 근대적인 맥락 안에 놓여 있는지, 또는 탈脫근대적인 성격을 내포하고 있는지는 논란의 여지가 있다.

만해의 사상을 근대성과 탈근대성 가운데 어느 한쪽으로 환원하는 것은 결코 쉬운 작업이 아니다. 그것은 근대성과 탈근대성이라는 개념이 상이한 방향을 지향하고 있음에도 불구하고 대개의 경우 혼재되어 드러나기 때문이다. 가령 만해의 사상에서 '민족주의'가 차지하는 위상이 그렇다. 최근의 인문학 연구에서 '민족(주의)'은 근대적인 담론의 특이성 가운데 하나로 평가되고 있다. 그렇지만 민족의 독립이 성취되지 않은 식민지적 상황에서 모든 사상이 '민족(주의)'의 문제를 출발점으로 삼는 것은 현실적인 측면에서 피할 수 없는 필연에 속한다. 때문에 문제는 식민지적 상황에서 '민족'의 문제를 환기하는 모든 사상이 서구의 근대적 '민족주의'와 동일한 것이었는가를 확인하는 데서 시작되어야 한다. 이것은 동일한 담론이 상이한 맥락에서는 전혀 다른 의미를 띠게 마련이라는 상대적·역사적 인식이면서, 동시에 동일하게 보이는 담론 안에서 차이를 읽어내는 해석의 정치학에 속하는 것이기도 하다. 지금까지 만해의 불교개혁운동과 민족주의에 근거한 자주독립사상은 대개 근대성의 추구라는 맥락에서 이해되어 왔다. 그렇지만 "만해는 서구가 만든 근대적 민족주의를 동시에 뛰어넘는 근대성의 비판자이자 탈근대 사상가"라는 박노자의 지적처럼 만해의 자유와 평등사상은 분명 서구의 근대적 민족주의를 뛰어넘는 측면을 동시에 지니고 있기도 하다. 이러한 논의의 핵심은 불교와 서구의 근대사상을 융합시켰던 만해의 사상이 '남성-백인중심-서구' 근대성에 벗어나는 것인지의 여부를 확인하는 일이라고 말할 수 있다. 이러한 차이의 발견은 만해가 지속해서 강조했던 자유와 평등이라는 관념에도 동일하게 적용될 수 있다. 만해가 주장한 '자유'와 '평등'이 근대적 '개인'을 긍정하는 프랑스 혁명의 가치와 동일한 것인지 아닌지를 묻는 과정 없이, 그것들을 근대성의 지표로 낙인찍는 것은 학문적으로 경계되어야 할 태도이다. 아래에서 이 글은 만해의 사상사적 궤적을 시기별로 재구성하고, 만해의 사상형성에서 서구의 근대사상이 끼친 영향과, 그 영향과의 거리두기를 시도한 만해 사상의 독자성을 함께 살펴보려 한다.

2. 『조선불교유신론』과 불교의 근대성

만해 한용운은 1905년 1월 설악산 백담사에서 정식 승려가 되었고, 수도의 과정에서 연곡 스님으로부터 가르침을 받았다. 연곡 스님은 셋째 상좌였던 만해의 뛰어난 한학에 큰 기대를 가졌었고, 유학승들의 왕래가 빈번했던 백담사의 본사本寺 건봉사에서 책을 가져와 만해에게 전달하곤 했다는 것은 널리 알려진 사실이다. 이때 연곡 스님에게서 받은 책 가운데에는 『영환지략瀛環之略』과 『음빙실문집飮氷室文集』이 포함되어 있었다. 청나라의 서계여(1795~1873)가 지은 『영환지략』은 세계의 지리를 설명한 지리서의 일종이고, 청말 양계초가 지은 『음빙실문집』은 계몽서의 성격을 강하게 띤 혁명서의 하나였다. 이 책은 개화기에 서양 근대 문물을 소개한 책에 불과했지만, 일제가 1910년의 대대적인 금서령을 통해서 금서로 지정할 정도로 『음빙실문집』은 영향력은 혁명적이었다. 특히 이 책에서 강조되고 있는 '적자생존, 우승열패'라는 사회진화론적인 시각은 훗날 만해가 자신의 민족주의 사상을 정립하는 데 큰 영향을 끼쳤다. 뿐만 아니라 『음빙실문집』을 통해서 수용된 사회진화론은 유길준, 박영효, 서재필 등의 근대 지식인들에게도 많은 영향을 주었다.

민족자결주의에 기초한 민족독립과 불교에 기초한 자유와 평화의 사상은 분명 제국주의라는 근대적인 틀을 극복하려는 시도를 내포하고 있기에 근대성으로 환원되지 않는 부분을 지니고 있다. 일본의 제국주의적 성격을 근대성의 한 축으로 설정할 때, 만해의 탈脫식민적 사상은 탈근대적인 맥락에서 이해될 수 있다. 그렇지만 만해의 사상이 서구의 근대 사상으로부터 큰 영향을 받았다는 사실은 부정할 수 없다.[2] 특히 만해는 젊은 시절에 양계초의 『음빙실문집』이나 S. 밀의 『자유론』을 읽으면서 서구의 천부인권 사상과 사회계약설 등 서구 근대사상에 눈을 떴다. 그가 1908년부터 블라디보스토크를 여행하고 일본에 건너가 불교와 서양철학 강의를 듣고, 만주 등지를 여행한 것 역시 서구 사상의 영향과 무관하지 않았다. 「조선불교유신론」에서 확인되듯이 그는 불교만이 아니라 칸트, 루소, 베이컨 등의 서양철학으로부터 많은 것을 배웠고, 그가 주장한 조선불교의 개혁 역시 교육을 통해 승려들의 의식을 근대적으로 바꾸는 데 초점이 맞춰져 있다는 점에서 지극히 근대적인 사고였다고 평가할 수 있다. 동학혁명에 참가한 이후 산사와 속세를 왕복한 그는 이들 사상서를 접하면서 커다란 충격을 받았고, 그 충격에 힘입어 세계 각지를 돌아다니며 근대 문명의 세계를 경험했다.

만해가 1910년 백담사에서 탈고한 것으로 알려진 『조선불교유신론』은

2 만해의 사상과 서구 근대사상의 영향관계를 고찰한 연구들은 다음과 같다. 이도흠, 「민족주의 계열 지식인의 근대적 세계관 수용 양상과 의미」, 『한국언어문화』 27, 한국언어문화학회, 2005; 김광식, 「불교의 근대성과 한용운의 대중불교」, 『한국불교학』 50, 한국불교학회, 2008; 김형석, 「한용운과 백용성의 근대 불교개혁론 비교연구」, 『한국근현대사연구』 35, 한국근현대사학회, 2005; 류승주, 「사회진화론의 수용과 『조선불교유신론』」, 『원불교사상과 종교문화』 41, 원광대 원불교사상연구원, 2009.

조선불교의 봉건성을 타파하고 현실 종교로서의 불교가 지녀야 할 근대적인 특징들을 설파한 저작이지만, 동시에 이 책에는 한용운의 사상 형성에 영향을 끼친 서양의 근대철학은 물론, 불교에 대한 만해의 독특한 해석 또한 포함되어 있다. 만해는 "금후의 세계는 진보를 그치지 않아서 진정한 문명의 이상에 도달하지 않고는 그 걸음을 멈추지 않을 추세에 있으며, 만약 불교가 장래의 문명에 적합하지 않을 경우에는 죽음에서 살려 내는 기술을 터득하여 마르틴 루터나 크롬웰 같은 이를 지하에서 불러 일으켜서 불교를 유신코자 한다 해도 반드시 실패할 것"이라는 구절에서 확인되듯이, 인류의 운명이 문명과 진보를 향해 나아갈 것이며, 때문에 불교 역시 그 방향에 맞춰서 새로워져야 한다고 생각했다. 이런 맥락에서 그는 불교를 미신과 철저하게 분리하려 시도한다. "불교는 지혜로 믿는 종교요, 미신의 종교가 아님을 알아야 한다." 불교를 지혜의 종교로 위치시키기 위해 그가 사용한 것은 다음과 같은 양계초의 말을 인용하는 것이었다.

> 불교·기독교의 두 가지가 다 외국에서 발생한 종교로서 중국에 들어왔는데 불교가 널리 퍼진 데 대해 기독교가 퍼지지 못한 것은 무슨 때문인가. 기독교는 오직 미신을 주로 하여 그 철리(哲理)가 천박해서, 중국 지식층의 욕구를 만족시키지 못한 데 대해 불교의 교리는 본래 종교면서 철학인 양면을 갖추고 있었으니 그 증도(證道)의 이상을 깨닫는 데 있고, 도(道)에 들어가는 법문(法門)은 지혜에 있고, 수도하여 힘을 얻음은 자력에 있으니, 불교를 예사 종교와 동일시해서는 안 된다. 불교의 학문이 중국에 들어옴으로부터 그 가르침이 모두 갖추어지기에 이른 그 다음에야 중국 철학이 이채를 띠게 되었다.

만해는 먼저, 불교를 지혜의 종교라고 주장했고, '지혜'라는 것을 증명하기 위해 불교를 '철학'에 견주었다. 같은 맥락에서 그는 칸트의 도덕론을 '진정한 자아'의 개념으로 해석하는 한편, '진여眞如'와 '무명無明'을 각각 "칸트의 진정한 자아여서 자유성을 지닌 것"과 "칸트의 현상적인 자아에 해당하는 개념이어서 필연의 법칙에 구속되어 자유성이 없는 것"으로 해석한 양계초의 논의를 인용한다. 그렇지만 만해는 칸트의 경우 '진정한 자아'가 개별적인 차원에 그치는 반면 부처님의 경우에는 보편적인 차원까지 확장되어 있어서 '철리'의 측면에서 불교가 칸트의 근대철학을 능가한다고 주장한다. 한 걸음 더 나아가, 그는 사건의 인과를 자신에게서 찾는 불교적 사유[3]를 지식획득에 있어서 경험적 요소를 중시한 베이컨의 사상과 유사한 것으로 해석한다. 실제 베이컨의 경험론은 감각적인 경험에 충실한 자연과학의 방법론을 철학에 원용한 것이었음에도 불구하고 한용운은 "비유컨대, 만약 한 사람이 있어서 깨끗한 눈으로 갠 하늘을 바라보면, 오직 맑은 하늘만 보일 뿐, 다른 아무것도 눈에 띄지 않는다. 그러나 그 사람이 까닭 없이 눈동자를 움직이지 않고 응시한 끝에 피로해지면, 하늘에 헛것의 꽃이 보이게 된다"라는 구절을 근거로 『능엄경』의 교리와의 유사성을 지적한다.

물론, 여기에서 베이컨의 경험론과 『능엄경』 사이의 연관성을 따져 묻는 것은 중요한 문제가 아니다. 중요한 것은 만해가 불교의 철학적인 위

3 일을 꾀함이 나에게 있다고만 이를 것이 아니라, 일을 이루는 것도 나에게 있다고 해야 할리니, 이런 취지를 이해하는 사람은 자기를 책망하되 남을 책망하지 않고, 스스로 자기를 믿되 자기 아닌 다른 것(하늘 따위)을 믿지 않을 것이다(한용운, 「조선불교유신론」, 『한용운 전집』 2, 불교문화연구원, 2006, 34면). 이하 한용운의 글은 전집의 권수와 면수만을 표기함.

상을 강조하기 위해 근대적인 학문으로서의 불학佛學을 끌어오고, 베이컨과 데카르트의 저서를 인용하며, "플라톤의 대동설, 루소의 평등론, 육상산과 양왕명의 선학 따위는 다 부처님의 사상에 부합하는 바가 있다"처럼 불교를 철학의 맥락 속으로 산입시키고 있다는 사실이다. 이러한 불교의 재맥락화는 이 책의 후반부에 집중적으로 거론되는 불교계의 제도 개혁과 결합되면서 불교를 종교의 차원만이 아니라 근대적인 사상의 차원에까지 확장시키는 역할을 하고 있다.

만해는 『조선불교유신론』은 불교계의 구습 타파라는 제도적 측면 외에도 사상사의 관점에서 논의되어야 할 필요가 있다. 특히 이 책에서 만해가 불교의 '주의主義'를 '평등주의平等主義'와 '구세주의救世主義'라고 대별하고 있는 대목은 그의 사상과 근대기획을 이해함에 있어 놓치지 말아야 할 부분이다. 특히 '평등'과 '자유' 개념에 대한 이해는 만해의 사상을 두고 벌어지고 있는 탈근대성 논쟁에서 핵심적인 논점이 되고 있다. 만해는 근대적인 사상이자 철학으로서의 불교를 강조하기 위해 먼저 불교의 핵심을 '평등'에서 찾는다. 그는 불평등을 "사물 · 현상이 이르는 바 필연의 법칙에 의해 제한받음"이라고 정의하고, 평등을 "공간과 시간을 초월하여 얽매임이 없는 자유로운 진리"라고 정의한다. 이때 '자유로운 진리'란 '궁극의 진리'이면서, 양계초가 주장했던 진여眞如와 일맥상통한다. "요컨대 소위 평등이란 진지를 지적한 것이며, 현상을 말한 것이 아님을 알아야 한다." 이러한 '평등' 개념은 권리, 의무, 자격 등에서 차별이 없는 상태, 즉 17~18세기 부르주아 혁명이 내세운 근대적 이상으로서의 평등과 다른 것으로, 현상적인 불평등의 시각에서 세상을 보지 말고 현상에 구애됨이 없는 자유로운 진리의 시선에서 인식되는 세계의 본질적인 모습을 가리킨다.

근세의 자유주의(自由主義)와 세계주의(世界主義)가 사실은 평등한 이 진리에서 나온 것이라 할 수 있다. 자유의 법칙을 논하는 말에, '자유란 남의 자유를 침범하지 않는 것으로써 한계를 삼는다'고 한 것이 있다. 사람들이 각자 자유를 보유하여 침범치 않는다면, 나의 자유가 다른 사람의 자유와 동일하고, 저 사람의 자유가 이 사람의 자유와 동일해서, 각자의 자유가 모두 수평선처럼 가지런하게 될 것이며, 이리하여 각자의 자유에 사소한 차이도 없고 보면 평등의 이상이 이보다 더한 것이 무엇이 있겠는가. 또 세계주의는 자국과 타국, 이 주(洲)와 저 주, 이 인종과 저 인종을 논하지 않고 똑같이 한 집안으로 보고 형제로 여겨, 서로 경쟁함이 없고 침탈(侵奪)함이 없어서 세계 다스리기를 한 집을 다스리는 것같이 함을 이름이니, 이 같다면 평등이라 해야 할 것인가, 아니라 해야 할 것인가.

그렇지만 근대의 자유주의와 코스모폴리타니즘을 이 평등한 진리의 결과라고 주장할 때, 만해의 '평등' 개념은 서구의 부르주아 혁명이 주장한 근대적 이상에 근접하게 된다. 요컨대 『조선불교유신론』을 집필한 1910년대에 만해의 사상에서 '자유주의'는 서구의 근대사상과 불교적 사유의 혼합으로 존재하고 있었던 것이다. 주지하듯이, 리버럴리즘liberalism의 번역어인 자유주의는 17~18세기 유럽의 시민계급에 의해 주장되었다. 자유주의는 개인의 자발성을 우선시하며, 국가와 사회제도가 개인의 자유를 보장하고 개성을 꽃피우기 위해 존재한다고 보는 철학사조이다. 존 스튜어트 밀John Stuart Mill의 『자유론』(1859)이 엄복嚴復에 의해 번역된 것은 1899년이었다. 밀의 『자유론』의 핵심은 표현의 자유, 즉 생각과 토론의 자유가 진보의 동력이라는 것이다. 밀은 이 책에서 국가가 개인의 자유를 침해해서도 안 되며, 다수가 소수의 표현의 자유를 억압해서도 안 된다고 주장했다.

한용운은 표현의 자유에 대한 밀의 주장을 "자유란 남의 자유를 침범하지 않는 것으로써 한계를 삼는다"처럼 자유의 상대적 가치라는 맥락에서 이해한다. 서로가 자신의 '자유'를 간직하되 타인의 '자유'를 침해하지 않는 상태야말로 만해의 근대기획에 있어 한 축을 담당하고 있는 사상이라고 말할 수 있다. 실제 이러한 사상은 「조선독립의 서」 서두에 등장하는 "자유는 만물의 생명이요 평화는 인생의 행복이다. 그러므로 자유가 없는 사람은 죽은 시체와 같고 평화를 잃은 자는 가장 큰 고통을 겪는 사람이다"라는 구절과 일맥상통한다. 그렇지만 서구의 경우에 있어서도 역사적 현실은 이 '자유'의 범위가 모든 개인에게 동등하지 않았음을 보여주었고, 서구 근대의 민주주의는 이 '자유'의 개인적 편차를 제도를 통해서 줄이려는 노력의 일환이었다. 다시 말하면, 서구의 경우, 자유와 평등은 '인권'이라는 가치처럼 보편적이고 초월적인 관념에 의해 지탱되어 왔지만, 그럼에도 항상 현상적인 차원에서 논의될 수밖에 없었다. 만일 만해가 주장하는 '자유'가 '현상'이 아니라 '자유로운 진리'의 차원에서 접근되어야 하는 것이라면, 이것은 자유주의라는 사상과는 양립되기 어려운 측면이 있다.

만해는 개인의 차원에서 적용되는 '자유'가 인종이나 국가의 차원에까지 확장된 것이 '세계주의'라고 인식하고 있다. 명시적으로 밝히고 있지는 않지만, 세계주의를 "자국과 타국, 이 주洲와 저 주, 이 인종과 저 인종을 논하지 않고 똑같이 한 집안으로 보고 형제로 여겨, 서로 경쟁함이 없고 침탈侵奪함이 없어서 세계 다스리기를 한 집을 다스리는 것같이 함을 이름"이라고 정의할 때, 이러한 발상에는 '개인 → 집단 → 사회 → 국가 → 세계'이라는 인식의 문법이 전제되어 있다. 세계 또는 사회의 최소단위가 개인이고, 개인들의 집합이 사회를 구성하는 원리이며, 사회보다 국가가 한 단계 상위에 위치한다는 이러한 인식틀에 비추어볼 때, 한용운이 사회운동보다 민족운동을 더 중요하게 생각했던 사실을 이해할 수 있다. 물론, 한용운은 자유주의와 세계주의를 현실태라고 인식하지는 않았다. 비단 식민지라는 조건 때문만은 아니지만, 그는 「조선독립의 서」의 서두에서 밝히고 있듯이 현실을 개인의 자유에 대한 침해가 극심한 상태라고 이해했고, 마찬가지로 제국주의적 침략 상태 또한 세계주의의 평등 상태가 위기에 직면한 상태라고 보았다. 그렇지만 그는 "이런 논의가 오늘에 있어서는 비록 실현성 없는 공론空論에 지나지 않는다고 해도 이후 문명의 정도가 점차 향상하여 그 극에 이르는 날이 오면 장차 천하에 시행될 것임은 새삼 논할 여지가 없는 줄 안다"처럼 문명의 향상, 즉 진보가 온전한 의미의 자유주의와 세계주의의 실현을 가능하게 할 것임을 의심하지 않았다. 자유주의와 세계주의, 그것은 문명의 진보가 자유와 평등의 실현을 가져온다고 믿은 한용운의 근대기획이었던 셈이다.

그렇다면 만해가 주장한 자유주의와 세계주의가 서구의 근대사상처럼 '개인'에 초점을 둔 근대주의의 발현이기만 할까? 이 질문에 명쾌하게 대답하는 것은 결코 쉬운 일이 아닌데, 왜냐하면 만해에게 불교는 자유와 평등의 이념인 동시에 구세주의救世主義라는 대중성 · 실천성을 지닌 사상으로 인식되었기 때문이다. 여기에서의 구세주의는 기독교적인 종교 관념보다는, 그 스스로가 구세주의를 이기주의의 반대 개념으로 설정하고 있는 것처럼, 진리의 부재로 인해 고통 받는 "중생의 구제"를 의미한다. 불교를 자기 해탈이라는 관점에서 이해한 논자들이 없지 않으나, 만해는 불교의 경전들을 인용함에 있어 그것이 갖는 "구세의 일념"을 결코 축소하지 않는다. 이 지점에서 우리는 근대적 종교로서의 불교와, 불교에 입각한 한용운의 사상이 갖는 계몽성, 나아가 당시 불교가 민족운동에서 차지하고 있었던 위상을 실감할 수 있다. 한용운의 불교관련 저술들 대부분은 이 위상에 값하는 것이었는바, 그것은 "교육이 보급되면 문명이 발달하고, 교육이 보급되지 못하면 문명은 쇠미해지는 것이니, 교육이 없다는 것은 야만·금수가 되는 길이다", "대저 문명은 교육에서 생기는 것이니, 교육은 문명의 꽃이요, 문명은 교육의 실과라 할 만하다"처럼 교육을 통한 대중 계몽을 겨냥한 것들이었다. 만해가 팔만대장경을 요약, 정리하여 대중들이 쉽게 읽을 수 있도록 『불교대전』을 발간하고, 대중 계몽을 위해 잡지 『유심』을 창간한 것, 1920년대 초에 민립대학설립 운동에 주도적으로 참여한 것 등은 계몽을 통한 독립과 자유의 회복이라는 그의 사상과 결코 무관하지 않았다.

3. 『조선독립의 서』, 자유와 평등의 실천

만해의 사상이 갖는 현대적 의미 가운데 하나는 사상의 차원에만 머물지 않고 현실의 개혁을 위한 실천성을 담보하고 있다는 사실에서 찾을 수 있다. 1919년까지 입산과 하산을 반복했던 그는 1919년 독립선언서에 공약삼장을 첨가하여 3·1운동의 민족운동적인 성격을 분명히 하려 했고, 옥중에서는 「조선독립의 서」를 집필하여 자유와 평등의 실천적 중요성을 강조하기도 했다. 일반적으로 만해 사상의 실천적·민족적 성격은 「조선독립의 서」를 대상으로 논의되고 있지만, 자유와 평등, 민족자결주의에 근거한 만해 사상의 근대성은 1920년대에 발표된 산문들에서도 폭

넓게 확인된다. 만해의 민족주의가 서구적인 의미의 내셔널리즘에 속하는 것인가는 또 다른 문제이지만, 1910~1920년대에 발표된 글들에서 사회운동보다 민족운동이 강조되고 있음은 분명한 사실이다. 주지하듯이, 3·1운동을 전후한 시기의 세계정세는 급격하게 변하고 있었다. 1914년에는 제1차 세계대전이 발발했고, 1917년에는 러시아 혁명이 일어났으며, 1918년에는 윌슨의 민족자결주의가 발표되어 식민지 국가에 커다란 영향을 끼쳤는데, 이러한 세계사의 변모는 만해의 사상에도 깊숙하게 침투되어 있다.

> 자유는 만물의 생명이요 평화는 인생의 행복이다. 그러므로 자유가 없는 사람은 죽은 시체와 같고 평화를 잃은 자는 가장 큰 고통을 겪는 사람이다. 압박을 당하는 사람의 주위는 무덤으로 바뀌는 것이며 쟁탈을 일삼는 자의 주위는 지옥이 되는 것이니, 세상의 가장 이상적인 행복의 바탕은 자유와 평화에 있는 것이다. 그러므로 자유를 얻기 위해서는 생명을 터럭처럼 여기고 평화를 지키기 위해서는 희생을 달게 받는 것이다. 이것은 인생의 권리인 동시에 또한 의무이기도 하다. 그러나 참된 자유는 남의 자유를 침해하지 않음을 한계로 삼는 것으로서 약탈적 자유는 평화를 깨뜨리는 야만적 자유가 되는 것이다. 또한 평화의 정신은 평등에 있으므로 평등은 자유의 상대가 된다. 따라서 위압적인 평화는 굴욕이 될 뿐이니 참된 자유는 반드시 평화를 동반하고, 참된 평화는 반드시 자유를 함께 해야 한다. 실로 자유와 평화는 전인류의 요구라 할 것이다.

「조선독립의 서」의 개론槪論 부분이다. 만해는 대한제국이 국권을 상실한 지 10년이 되는 1919년 3월 1일, 33인의 일원으로 독립선언서 낭독에 참여했다. 종로의 태화관에서 최린의 사회로 시작된 이 선언으로 인해서 검거된 만해는 옥중투쟁의 3원칙을 정하고 항거하는 한편 일본 검찰에 의해 진행되는 재판 자체를 무시했다. 일본 검찰의 심문에 대한 논리적 반박의 성격을 띠고 있는 이 글의 핵심 사상은 '자유'와 '평화'이다. 일찍이 만해는 「조선불교유신론」에서 "근세의 자유주의와 세계주의가 사실은 평등한 이 진리에서 나온 것"이라고 말한 바 있는데, 「조선독립의 서」에서 그 진리는 '자유'와 '평화'로 압축되어 등장한다. "평화의 정신은 평등에 있으므로 평등은 자유의 상대가 된다." 한 개인에게나 집단 혹은 민족에게 있어서 '자유'가 생명이라고 볼 때, 그것은 필연적으로 자유와 자유의 충돌이라는 위기적 현상을 야기하기 마련이다. 이에 만해는 '참된 자유'는 "남의 자유를 침해하지 않음을 한계로 삼는 것"이라고 정의, 타인의 자유를 침해하는 자유를 '약탈적 자유'라고 명명한다. 제국주의의 식민지 침탈이 그러하듯이, 약탈적 자유는 타인의 생명을 위협하는 동시에 '평등'과 '평화'라는 상호적 관계를 깨뜨린다는 점에서 지양의 대상이 된다.

흥미로운 사실은, 「조선독립의 서」에서 만해가 인류의 발전과정을 개인에서 가족, 가족에서 부락, 부락에서 국가, 국가에서 세계, 세계에서 우주라는 단계로 이해하고 있고, 18세기 이후에 침략적인 성격을 띠기 시작한 국가주의, 즉 제국주의를 "우승열패 · 약육강식"의 논리로 파악하고 있다는 점이다. 사회진화론의 핵심적인 담론인 우승열패 약육강식은 제국주의 시대를 지배한 사상의 하나로써, 문명을 척도로 강자가 약자를 지배한다는 사상이다. 만해는 우승열패의 사회진화론적 신화가 국가주의 형태를 띠고 등장한 것이 서양에서는 독일의 나치즘이고 동양에서는 일본의 군국주의라고 지적한다. "일본이 폭력으로 조선을 병합하고 이천만 민중을 노예로 취급하면서도 겉으로는 조선을 병합함이 동양 평화를 위함이요, 조선 민족의 안녕과 행복을 위한다고 하는 것이 그것이다." 조선독립의 정당성을 주장하기 위해 집필된 이 글에서 한용운은 이미 '동양 평화'를 내세운 일본의 병합논리가 제국주의의 변종에 불과하다는 사실을 지적하고 있는데, 이는 당시로는 혁명적인 주장에 가까웠다. 비록 "현재로부터 미래의 대세는 침략주의의 멸망, 자존적 평화주의의 승리"처럼 역사에 대해 낙관적인 태도를 지니고 있었고, "국제 연맹과 민족 자결은 윌슨 한 사람의 사사로운 말이 아니라 세계의 공언이며, 희망의 조건이 아니라 기성의 조건이 되었다"처럼 세계의 정세변화를 긍정적으로만 해석했다는 한계를 지니고 있었지만, 조선이라는 국가의 독립을 세계 정치와 사상의 흐름 안에서 이해하려고 노력했던 인식의 깊이는 간과할 수 없는 깊이를 지닌 것이었다.

자유, 평등, 평화의 이념을 근대기획의 원칙으로 내세웠던 한용운은 조선의 자주독립을 자유의 회복이라고 주장했다. "조선 독립은 국가를 창설함이 아니라 한때 치욕을 겪었던 고유의 독립국이 다시 복구되는 독립이다." 자유가 만물의 생명처럼 한 개체의 자존감을 증명하는 근거가 될 때, 세계는 자유로운 생명들의 집합체로 표상되기 마련이다. 문제는 이러한 표상 안에서 개인과 개인, 부락과 부락, 국가와 국가처럼 한 단위를 넘어서는 타자와의 관계가 사유될 여지가 없어진다는 사실이다. 이것이 그가 구세주의의 반대 개념으로 놓았던 이기주의의 실체일 것이다. 만해는 자유, 평등, 평화 같은 근대적 이념을 근대기획의 서두에 위치시켰지만, 동시에 인류는 국가적 경계를 넘어서는 인류적 공동체, 즉 '사해

동포주의'로 나아가야 한다는 것을 분명히 했다. 박애주의의 번역에 해당하는 사해동포주의는 그 실천적 불가능성으로 인해서 정치적인 목표로 제시되기는 어려웠지만, 그 가능성을 부정하지는 않았다. "'조선 민족은 조선 민족끼리 서로 결혼하고 살아야 한다'하는 말은 우리는 승인할 수 없다. 만일 그렇다면 경기도 사람은 경기도 사람과, 함경도 사람은 함경도 사람과 반드시 결혼하고 지내어야 한다는 결론에 떨어질 것이니, 이래서는 첫째 사람이 안타까워서 살 수 없을 것이다. 인류의 문명은 서로 흐르는 데서 진보가 있고 발달이 있는 모양으로, 인류의 피도 항상 다른 피의 접촉이 있는 데서 향상하고 발달되는 것이다. 더구나 지금은 사해가 한 집안이요, 이 세상의 모든 인간이 다 같은 동포라 하는 국제주의가 전성하는 시대에, 어찌 우리만이 결혼도 우리끼리만 하여 살아야 한다 할 것인가?"[4] 그렇지만 만해가 "이것은 배타성이 주체가 되어 그런 것이 아니라 같은 무리는 저희끼리 사랑하여 자존을 누리는 까닭에 자존의 배후에는 자연히 배타가 있는 것이다. 여기서 배타라 함은 자존의 범위 안에 드는 남의 간섭을 방어하는 것을 의미하며 자존의 범위를 넘어서까지 배척함을 뜻하는 것이 아니다. 따라서 자존의 범위를 넘어 남을 배척하는 것은 배척이 아니라 침략이다"라고 말할 때, 여기에는 '자존'에 근거한 배척의 자연적 · 필연적 등장을 긍정하는 태도가 개입되어 있다. 이러한 시각은 한 민족의 자존감의 회복, 즉 자주독립을 통한 자유의 회복이라는 역사적 현실을 설명하는 틀은 될지언정, 현실적으로 전개되고 있는 국가들 간의 힘 관계를 제어할 수 있는 논리는 되지 못하는데, 그것

4 「재만 · 재일 동포의 결혼문제」, 『전집』 1, 384~385면.

은 자존으로서의 배척과 침략으로서의 배척이 명쾌하게 구별되기 어렵기 때문이다. 다시 말해 "다른 민족의 간섭을 받지 않으려 하는 것"이 민족의 본성에 해당한다면, 그 경우 국가 간의 관계는 절대적인 수평관계를 유지해야 하는데, 유사 이래 어떤 경우에도 그 원칙은 지켜진 바가 없다. 이것은 사상이나 논리와 달리 이질적인 것들의 관계맺음에서 차이가 그 자체로 긍정되는 사례가 드물다는 것을 의미한다. 어쨌거나, 한용운의 근대기획에서 강조점은 민족의 자주독립과 민족의 본성으로서의 자유를 회복하는 것이었기에, 그의 사상에서는 사회운동보다 민족운동이 우위에 놓이게 된다.

4. 신간회, 사회운동과 민족운동의 매개

만해는 1920년대 중반에 사회운동과 민족운동이라는 두 개의 주류적인 흐름 속에 위치하고 있었다. 이 시기 만해의 산문에서 자주 언급되는 사회운동이란 근대 초기 계몽주의의 영향에서 비롯된 각종 운동을 가리키는 것이기도 했지만, 본질적으로는 사회주의 이념을 지향하고 있었던 대중적 계급운동 일체를 의미하는 것이었다고 말할 수 있다. 때문에 만해가 "민족 운동과 사회 운동, 이것이 우리 조선 사상계를 관류하는 이대 주조입니다"[5]라고 썼을 때, 그것은 민족운동 진영과 사회주의 진영의 사상적 대립을 겨냥한 것이었다.

또 그 사회 혁명도 지금까지 러시아라는 국가 안에 있는 것이외다. 나라도

5 「혼돈한 사상계의 선후책(先後策)」, 『전집』 1, 379면.

없고 민족의 독재권조차 없는 우리 조선에서 어떻게 완전한 사회 혁명이 이루어지겠습니까. 그러므로 우리로는 민족 운동이 앞장서지 않을 수 없습니다. 그러면 이것을 연석하여 실제 문제상으로 볼 때에 사회파가 해방의 수단으로 하는 지금 농촌 문제 즉 소작 쟁의는 그것이 같은 조선 사람으로서 서로 이해를 다투는 것이니 손해를 본다 하여도 같은 조선 사람이 볼 것이니, 이것이 벌써 민족파가 본 신조하고 다르지 않느냐 하지마는 그것은 그렇지 않으니, 대다수의 조선 사람이 이익이 된다면 소수는 희생시키는 것이 마땅하고, 또 인도상 견지로 보아 잘못이면 어디까지든지 응징할 터이니 이 점에 있어서 정신이 같지 않습니까.[6]

사회운동이 한 사회 내에서 발생하는 계급, 계층적인 일체의 운동이라면, 민족운동은 민족 간에서 발생하는 억압과 착취를 해소하기 위한 운동이라고 말할 수 있다. 굳이 사회주의의 대두를 언급하지 않아도, 1920년대 조선의 현실은 사회운동과 민족운동이 중층적인 방식으로 공존할 수밖에 없었다. 당시 조선은 전근대적인 것과 근대적인 것의 심각한 마찰 상태를 형성하고 있었고, 대외적으로는 일제의 병합과 통치라는 식민지 상태에 놓여 있었다. 이런 상황 속에서 한용운은 민족운동의 선차성을 적극적으로 주장한 지식인의 한 사람이었는데, 표면적으로 그것은 '민족'이 '사회'보다 상위이고, 사회운동의 온전한 성공은 민족의 독립 이전에는 실현될 수 없다는 판단에서 출발한 것이었다. 한용운의 사상에 사회주의적인 요소가 전무하다고 말할 수는 없지만, 그렇다고 흔히 불교 사회주

6 「사회운동과 민족운동 — 그 차이점과 일치점」, 『전집』 1, 379면.

의로 평가되는 그의 사회주의적 경향이 '계급'의 문제를 중심으로 사고된 것은 아니었다.

한용운의 사상에서 개인에서 우주에 이르는 생명의 스펙트럼이 존재론적 가치의 측면에서 차별될 수 있는 것은 아니었지만, 하위 개념을 상위 개념의 성분으로 인식하는 흔적은 쉽게 발견할 수 있다. "사회도 한 인격이요, 국가도 한 인격이다. 사회를 구성한 개인은 사회 인격의 지체이며, 국가를 구성한 인민은 국가 인격의 수족이다. (…중략…) 사회도 한 배요 국가도 한 배다. 사회인과 국민은 같은 선원이다. 그러므로 사회 · 국가의 운명은 곧 개인의 운명이다."[7] 한용운은 "사회 · 국가의 운명은 곧 개인의 운명이다"라고 주장에서 확인되듯이, 개인과 집단의 운명을 동일한 것으로 인식했다. 이것은 개인보다 집단이 중요하다는 전체주의적 · 집단주의적 발상과도, 아울러 집단보다는 개인이 중요하다는 근대의 자유주의적 발상과도 구분되는 것이었다. 이러한 인식은 그가 자본주의와 사회주의의 경계에 위치하고 있었음을 보여주는 대목이다. 그러나 소작쟁의를 "같은 조선 사람" 끼리의 문제로 치부하고, 러시아 혁명을 "러시아로 볼지라도 우선 민족적 해방이 전제인 듯합니다"[8]처럼 민족문제로 이해하는 태도는 사회주의 사상은 물론 국제정세에 대한 그의 인식이 그다지 깊지 않았음을 보여주는 사례이다. 1920년대 만해의 사상은 계급 · 계층의 문제보다는 민족의 문제를, 식민지 내부의 불평등보다는 민족의 자주독립 문제를 우선시하고 있었지만, 조선의 독립을 위해서 '민족파'와 '사회파'가 연합해야 한다는 사실을 부정하지는 않았다. "조선에서는 민족 운

---

7 「공익」, 『전집』 1, 213면.

8 「혼돈한 사상계의 선후책」, 『전집』 1, 380면.

동의 장애나 사회 운동의 장애나 다 같습니다. 그러니까 똑같은 장애를 물리치기 위하여 하는 운동이 비록 본질상으로 다르다 할지라도 그 과정에서는 같이 마쳐질 것이 아닙니까." 이 연대에의 필요성이 바로 신간회를 탄생시켰다.

①

신간회 해소에 반대합니다. 해소론자로부터 그 이유에 대하여 명확한 제시가 없으므로 구체적 비판을 할 수가 없습니다만, 대체로 시간적 협동이란 것을 분명히 인식하였다면 그의 입으로부터는 해소론이 아니 나와야 옳을 것이겠습니다. 우리가 가설을 지어서 가령 계급선상의 여러 사람들이 신간회를 떠나서 따로 계급적 운동을 한다고 합시다. 그렇더라도 그네들도 똑같이 신간회가 목표로 하는 어느 것을 넘지 않고는 아무 일도 못할 것이외다.[9]

②

나는 그것에 대하여 도무지 말하고 싶지 않습니다. 더구나 신간회의 관계자니까 신간회 이외에 무슨 단체를 새로 두자고 할 수도 없고 (…중략…) 해소론이 일어나기는 하지만 분화는 될지언정 아주 해소는 안 될 것입니다. 해소론자들이 처음에 신간회에 들어올 때에도 정책상 들어온 것이요, 해소를 주창하는 것도 또한 정책적이겠지요. 하여간 앞으로 문제인즉 퍽 복잡할 것 같습니다.[10]

---

9 「신간회 해소운동」, 『전집』 1, 380면.

10 「대협동기관조직의 필요와 가능성」, 『전집』 1, 380~381면.

항일 민족주의 조직이었던 신간회는 1927년 1월 사회주의 세력과 민족주의 세력의 연합으로 결성되었다. 한용운 역시 27인의 발기인 가운데 한 사람으로 이 조직에 참여했고, 신간회 중앙집행위원 겸 경성지회장으로 활동하기도 했다. "우리는 정치적 · 경제적 각성을 촉진한다. 우리는 단결을 견고히 한다. 우리는 기회주의를 일체 부인한다"라는 강령의 일절처럼, 신간회는 각기 다른 성향의 운동조직들이 '항일'이라는 관점에서 연대를 모색한 조직이었다. 특히 이 조직은 3 · 1운동 이후 급성장한 사회주의 세력을 항일운동에서 배제할 수 없었고, 1926년 이후 조선공산당이 비타협적인 민족주의 진영과의 동맹을 모색하는 과정에서 생겨나게 되었다. 신간회는 1927년 12월 지회 100개소 돌파 기념식을 개최할 정도로 빠르게 성장했고, 1931년 5월 해소 당시에는 회원 수가 4만 명에 육박했다. 위의 인용에서 만해는 사회주의 진영의 신간회 해소론이 '해소'가 아니라 '분화'에 그칠 것이라고 예상했지만, 그의 예상과 달리 신간회는 1931년 5월 15일 공식적으로 해소되었다.

당시 신간회 해소론은 사회주의 진영에 의해 주도되었다. 신간회는 1929년 12월 전국적인 규모의 민중대회를 개최하여 광주학생운동의 뒤를 잇는 항일운동을 전개하려 했지만, 일제에 의해 좌절되고 집행위원장 허헌을 비롯한 지도부 대부분이 구속되기에 이른다. 민중대회 사건 이후 허헌을 대신하여 김병로가 위원장을 맡게 되었는데, 일제와의 충돌을 피하려는 그의 온건노선은 당시 사회주의 세력의 저항을 받았다. 특히 민족주의 진영과의 관계에서 주도권을 쥘 것을 강조하고, 조선공산당 재건에 힘쓸 것을 지시한 코민테른의 '12월 체제'는 사회주의자들에게 신간회라는 연대의 틀 바깥으로 나올 것을 요청하고 있었다. 이에 사회주의 진영은 신간회의 지도부를 소부르주아적 정치운동집단이라고 비판하기에 이르렀고, 급기야 1930년 12월 6일 부산지회 정기대회에서는 민족주의자들과의 협력을 부정하면서 사회주의자들의 새로운 정치조직을 결성한다는 명분 아래 신간회 해소주장이 제기되었다. ②에서 한용운이 말하고 있는 '그것'이 바로 이 새로운 정치조직을 가리킨다. 사회주의자들의 신간회 해소론에 대해서 한용운은 분명하게 반대했다. 해소 반대의 이유는 "그네들도 똑같이 신간회가 목표로 하는 어느 것을 넘지 않고는 아무 일도 못할 것이외다"처럼 연대의 이유와 같았다.

5. 나오며

한국의 근대는 제국의 식민지 침탈이라는 민족의 수난과정과 더불어 시작되었고, 근대의 사상가들 대부분은 민족적 억압으로부터의 해방이라는 시대적 과제로부터 결코 자유롭지 못했다. 한용운은 불교적 전통과 서구 사상의 절충을 통해서 민족의 독립을 주장했고, 그의 사상은 다분히 근대적인 가치로 식민지 근대성을 돌파하려는 아이러니를 노정하고 있었다. 그렇지만 그가 평생 동안 추구했던 자유와 평화, 평등의 사상은, 비록 서구적인 사상의 영향에서 출발했지만, 시민계급의 부르주아적 가치와는 구분되는 일면을 지니고 있었다. 그것은 그 가치들의 구현물이 한 개인이 아니라 민족이라는 포괄적인 단위였다는 사실이다. 그는 자유를 모든 생명의 참다운 목적으로 인식하였고, 개인에서 인류 전체에 이르기까지가 지향해야 할 본질적인 요소로 파악했다. 그의 사상에서 개인과 전체는 결코 별개가 아니었다. 이러한 만해의 자유사상에서 서구적 영향의 흔적을 발견하는 일은 어렵지 않지만, 더 중요한 것은 서구의 사상과 구분되는 불교적 일면을 이해하는 일일 것이다. 그는 "자본주의니 공산주의니 군축 회의니 무어니 하는 것들이 역사적 재료로서나 필요가 있을지는 모르되 아무 가치가 없을 것이요, 소위 인류의 영원한 평화라는 것은 여기에서 비롯될 것이다"[11]처럼 인류가 보편적으로 추구해야 할 가치로서 평화를 주장한 평화의 사상가였다.

한용운에게 있어서 사상과 실천은 별개가 아니었다. 민족운동의 일환으로 그가 선택했던 광범위한 '계몽운동'은 사상과 실천의 결합을 통해서 민족적 위기를 극복하려는 노력의 일환이었다. 대중 계몽을 위한 그의 노력은 흥미롭게도 시기별로 다르게 나타났는데, 가령 그는 1910년대에는 「조선불교유신론」과 「조선독립의 서」 같은 논설을 이용하였고, 1920년대에는 비평문과 시를, 1930년대 이후에는 소설을 대중 계몽의 수단으로 삼았다. 이러한 형식과 매체의 변화는 결코 우연의 수단이 아니어서, 그는 사상의 대중화가 매체에 대한 고민과 무관하지 않고, 나아가 대중의 계몽이 표현수단이나 형식과 떨어질 수 없다는 사실을 일찍부터 알고 있었다. 한학에 능했던 그가 많은 저작을 국한문 혼용으로 썼던 까닭이 여기에 있고, 지속적으로 교육과 잡지 출간에 열정을 쏟았던 이유도 이 때문이었다. 일반적으로 한용운은 '님'의 시인으로 널리 알려져 있지만, 1935년 이후 그가 관심을 가졌던 것은 소설 창작과 번역이었다. 그는 1935년 『조선일보』에 『흑풍』을, 1936년에는 『조선중앙일보』에 『후회』를, 1937년에는 『불교』지에 『철혈미인』을 연재했고, 1939년에는 『조선일보』에 『삼국지』를 번역 · 연재하기도 했다. 특히 『흑풍』은 '지주와 소작인'에서 시작하여

11 「인조인」, 『전집』 1, 208면.

'구직', '강도', '유학', '초연', '정탐'으로 구성되어 있는데, 청말의 혼란기를 살아가는 중국인 '왕한'의 일대기를 다루고 있는 이 장편소설은 청말의 혼란상과 1930년대 이후 식민지 조선의 현실을 겹쳐놓음으로써 간접적으로 독립사상을 고취시키고 있다.

한용운은 1936년 2월 『삼천리』의 좌담 「장편작가회의」에서 소설에 대해 "신문소설에 있어서는 합리적으로는 예술성과 통속성, 순수성과 대중성을 겸해야 하겠지마는, 그렇지 못할 경우에는 예술성보다는 통속성에, 순수적인 것보다는 대중적인 편이 도리어 좋지 않을까 생각한다. 본래 예술이란 대중적이어야 하는 것은 근본 원리인데, 아무리 예술성을 지키고 순수 문학적이라 하더라도 독자 대중이 없다면 좀더 통속성과 대중적인 편이 낫다고 보지 않을 수 없다"라고 주장했다. 극단적으로 말하면 이것은 소설이 예술성보다는 통속성을 강조해야 한다는 주장으로 들리는데, 이것은 그가 소설을 대중성의 장르로 이해하고 있었음을 보여주는 장면이다. 그러면서 그는 동시에 소설은 "이 시대의 사람이요 이 현실에서 살아가는 사람이라면 누가 시킨다든지 어떠한 필요에서보다도 자연히 이 시대와 세상을 먼저 그려 내는 것이 순서"라고 주장하는데, 이는 1930년대에 집중적으로 발표된 그의 소설 창작이 사상의 대중화와 무관하지 않았다는 것을 의미한다. 소설을 통한 대중성의 추구는 사상과 실천의 결합태인 계몽이라는 문제의식과도 무관하지 않을 것으로, 그는 민족의 자주독립이 몇몇 지식인들만의 문제가 아니라 대중의 각성을 통한 대중적인 운동의 방식으로 전개될 때에만 성취될 수 있다고 믿었다. 비록 서구의 근대사상에서 완전하게 자유롭지는 못했지만, 민족주의와 불교를 바탕으로 한 한용운의 사상은 대중의 잠재적 가능성을 간과하지 않왔고, 조선 민중의 각성과 계몽에 근거하여 민족적 해방과 인류의 평화를 모색했다는 점에서 오늘날에도 여전히 시의성을 지니고 있다고 평가될 수 있다.

제3장

윤동주 시의 세계이해

'밤'과 '성찰'의 연관성을 중심으로

1. 들어가며

비평가 백철이 일제 말기를 한국문학사가 "정상적인 발전을 꾀할 수 없"[1]던 '암흑기'였다고 규정한 이래로 윤동주의 삶과 문학은 언제나 시대의 "어둠에 맞선 등불", "죽음으로써 고뇌를 완성한 별"[2] 등처럼 '암흑기'라는 시대를 배경으로 이해되어 왔다. '암흑기 하늘의 별'[3]이라는 백철의 주장은 한 개인의 평가이기 이전에 한국문학사가 윤동주를 기억하는 방식이었다. 윤동주의 시가 보여준 식민지 치하의 가난과 슬픔, 부끄러움과 신념에 대한 신앙적인 염결성은 오랫동안 식민 치하에서 우리 민족이 겪은 고통과 설움은 물론 일제 말기에 전全문단적으로 행해진 친일·부일 행위로 훼손된 문학인들의 자존감을 회복시켜주는 치료약이었다. 이런 이유로 윤

1 백철, 『신문학사조사』, 신구문화사, 1980, 372면.
2 김흥규, 「윤동주론」, 『창작과비평』 33, 1974.가을, 660면.
3 백철, 「암흑기 하늘의 별」, 『하늘과 바람과 별과 시』, 정음사, 1980, 249면.

동주는 지금까지 '국민시인'의 지위를 누려왔고,[4] 특히 학교 교육을 통해 김소월, 한용운의 시와 함께 근대적 서정시의 전범으로 교육되었다. 이처럼 윤동주의 시는 민족적 '저항시'라는 맥락과 자아의 내면이 투영된 '서정시'라는 맥락에서 각각 해석 · 평가되어 왔으니, 그는 한편으로는 저항시인("레지스탕스 작가요 저항문학작가")이었고, 다른 한편으로는 서정시인("생명의 옹호와 사랑은 시인이 할 수 있는 가장 큰 저항이며 참여이다")[5]이었던 것이다.

하지만 윤동주에 대한 최근의 연구는 그의 시를 민족적 '저항시'로 해석하는 제한적인 시각에서 벗어나려는 경향을 보이고 있다. 그의 삶과 문학을 탈민족적 맥락, 특히 다문화적 · 디아스포라 · 트랜스내셔널리즘의 맥락 속에 위치시키려는 시도들[6]이 대표적인 경우이다. 이들 연구는 기존 연구를 견인해온 민족주의적 해석에 대한 반성이라는 문제의식을 공유하고 있고, 나아가 한국문학 연구의 범위를 '민족' 바깥으로 확장하려는 의도를 지니고 있다. 특히 그것은 윤동주가 만주에서 출생하여 성장했고, 조선에서 대학을 다녔으며, 유학 중 일본에서 사망했다는 삶의 이력에 의해 뒷받침되고 있다. 이로 인해서 몇몇 대표작에 한정되던 연구 범위가 만주와 일본에서의 생애, 인간적 · 문헌적 영향 관계에 대한 실증 단계까지 확장되고 있다. 최근의 연구에서 또 하나 주목할 경향은 윤동주의 시를 '저항시'와는 다른 맥락에서 해석하거나, '저항시'로 읽을 때조차 '저

4 이 과정에 대해서는 허정, 「윤동주 시의 정전화와 민족주의 지평 넘기」, 『어문논총』 51, 한국문학언어학회, 2009 참고.

5 정한모, 『현대시론』, 민중서관, 1974, 128면.

6 김신정, 「만주 이야기와 윤동주의 기억」, 『돈암어문학』 30, 돈암어문학회, 2016; 김신정, 「윤동주 기억의 담론화 과정 – 연변의 집단 기억과 조선족 정체성」, 『국제한인문학연구』 13, 국제한인문학회, 2014; 곽명숙, 「윤동주 문학 연구의 트랜스네셔널리즘적 가능성」, 『한중인문학연구』 37, 한중인문학회, 2012 등이 대표적인 연구이다.

항'의 근거를 일본 경찰에 체포되어 감옥에서 사망했다는 비극적 생애가 아니라 '작품' 자체에서 찾으려는 시도이다.[7] 이들 외에도 다양한 영향 관계에 근거한 비교 연구,[8] 고향의 의미,[9] 죄의식,[10] '시인-됨'[11] 등의 주제가 윤동주 문학의 주요 논점으로 제시하고 있다

주지하듯이 이러한 연구 경향들은 윤동주의 문학을 민족적 '저항시'로 해석하는 민족주의적 관점과의 차별화 내지 거리두기라는 공통점을 보이고 있다. 윤동주 문학에 대한 이들 새로운 연구의 대부분은 민족주의적 관점에서 벗어나는 방향을 통해 새로운 논의 지점을 제시하고 있으나, 윤동주 문학이 자아의 내면이 투영된 순도 높은 '서정시'라는 기존의 일반적 평가를 어떻게 갱신할 것인가에 대해서는 상대적으로 무관심한 것처럼 보인다. 특히 이것은 윤동주가 남긴 100여 편의 작품 가운데 지극히 일부만을 대상으로 그의 문학 전체가 평가되어온 현실, '동시'와 '시'의 구분 문제, 그리고 '저항시'라는 역사적 의미를 배제했을 때 그의 작품성을 어떻게 평가할 것인가 등의 문제와 연결되는 중요한 논점이기도 하다. 이러한 문제의식하에서 이 글은 아래에서 세계이해, 고백적 주체, '밤'이라는 시간/이미지를 중심으로 윤동주 시의 '서정성'을 살펴보려 한다.

---

7 허정과 장철환의 연구가 대표적인 사례이다. 허정, 「윤동주의 저항시 담론과 해석」, 『한국시문학』 16, 한국시문학회, 2005; 장철환, 「대문자 윤동주와 저항성의 심도」, 『비교한국학』 22-3, 국제비교한국학회, 2014.

8 김재혁, 「문학 속의 유토피아 – 릴케와 백석과 윤동주」, 『헤세연구』 26, 한국헤세학회, 2011; 신철규, 「윤동주와 백석」, 『한국시학연구』 50, 한국시학회, 2017; 김신정, 「정지용과 윤동주의 시적 영향 관계」, 『배달말』 59, 배달말학회, 2016 등이 대표적인 연구이다.

9 김응교, 「만주, 디아스포라 윤동주의 고향」, 『한민족문화연구』 39, 한민족문화학회, 2012.

10 이상욱, 「윤동주 시에 나타난 죄의식」, 『한국문예비평연구』 44, 한국현대문예비평학회, 2014.

11 정우택, 「윤동주에게 있어서 '시'와 '시인-됨'의 의미」, 『근대서지』 9, 근대서지학회, 2014.

2. 윤동주 시에서 밤과 서정의 관련성 – '밤' 표제작을 중심으로

윤동주 시에서 '밤'의 의미는 특별하다. 그가 '밤'에 대해 얼마나 예민하게 반응했는가는 1939년 이후에 창작한 작품들을 일별하는 것만으로도 쉽게 확인된다. 흔히 윤동주의 시에서 '밤'은 '어둠'과 더불어 부정적 현실 인식이나 비극적 세계관을 가리키는 이미지로 해석되지만, 이러한 통념은 역사적인 맥락을 특별히 강조한 것일 뿐 작품에 대한 엄밀한 해석에서 도출된 결과는 아니다. 식민지 시대의 시 연구에서 흔히 발견되는 문제 가운데 하나가 이처럼 특정 시어를 집단적 · 역사적 '상징', 정확하게 말하면 알레고리로 환원하는 해석 방식임은 알려진 사실이다. 주지하듯이 상징과 알레고리는 원관념과 보조관념의 관계 양상에 따라, 즉 그것들의 관계가 1 : 1인가 1 : 다多인가에 따라 구분된다. 즉 알레고리는 일종의 저장 반응, 즉 과치적寡値的 사고의 산물인 반면, 상징은 여러 가지 의미를 내포하는 다치적多値的 사고의 산물이다.[12] 그럼에도 불구하고 많은 연구가 식민지 시대의 시에서 상징성이 강한 시어들을 사실상 알레고리로 해석함으로써 그것들을 역사적 · 시대적 삶의 의미로 제한하는 결과를 초래했다. 이러한 알레고리적 해석 관행은 윤동주, 이육사, 한용운의 작품에서 특히 빈번하게 발견된다. 예를 들면 "윤동주의 시작품의 배경이 밤과 어둠으로 되어 있으면서도, 그와 반대로 항상 현재의 어둠을 넘어서 '내일', '새벽'의 광장으로 연결되어 있다",[13] 윤동주 시에 보이는 밤과 "어둠-하나는 청년기의 불안과 고독과 방황에 기인한 '개인적 어둠'이고, 다른 하나는 조국

12 알레고리는 작품 밖의 비문학적 의미의 구성을 '명백히' 요구한다. 그래서 알레고리는 한 개의 보조관념이 한 개의 원관념을 환기한다는 그 본질이 시사하듯이 단순성의 문학이다(김준오, 『시론』, 삼지원, 1991, 153면).

13 백철, 앞의 글, 249면.

을 잃음으로 역사적 사회적 삶의 터전을 박탈당한 '민족적 어둠'이다",[14] "윤동주의 시작품의 배경이 밤과 어둠으로 되어 있으면서도, 그와 반대로 항상 현재의 어둠을 넘어서 '내일', '새벽'의 광장으로 연결되어 있다",[15] "윤동주는 어둠에 맞선 등불로서 죽었고 죽음으로써 고뇌를 완성한 별이 되었다"[16] 등의 해석과 평가들은 윤동주 시에 나타나는 '밤'과 '어둠'을 민족의 위기라는 역사적 전망과 결부시켜 해석한 대표적 사례들이다.

그러나 윤동주의 시에서 '밤'은 식민지 상황에 대한 알레고리로 단순화할 수 없다. 이 문제를 고찰하기 위해서는 먼저 그의 작품을 시기별로 분류하고 동시 등을 연구 대상에서 제외하는 선별 과정이 필요하다. 왜 1939년 이후 작품에 주목해야 하는가? 그것은 이 정확한 연구 대상을 확정해야 하기 때문이다. 습작을 포함하여 윤동주가 남긴 모든 작품은 현재 『사진판 윤동주 자필 시고전집』(이하 『시고전집』)에 수록되어 있으며, 그것들은 『정본 윤동주 전집』(이하 『전집』)에 시기별 · 장르별로 정리되어 있다. 윤동주의 문학은 창작 시기에 따라 ① 연희전문 입학 이전(1934~1937) ② 이후(1938~1942)의 시기로 구분되고, 후자의 경우 다시 ②-① 입교대학 입학 이전과 ②-② 이후로 구분할 수 있다. 윤동주 문학을 이렇게 시기별로 구분하는 근거는 첫째, 1938~1939년에 작성한 것으로 추측되는 세 권의 스크랩북에 "신문소설을 비롯하여 학예란, 문예란 등에 발표된 문학과 관련된 논쟁, 좌담회, 시론 등"[17]이 수록되어 있다는 사실에서 이 무렵에 이르러 문학에 대한 관심이 높아졌음을 짐작할 수 있고, 둘째, 선행

14 김흥규, 앞의 글, 674면.

15 백철, 앞의 글, 249면.

16 김흥규, 앞의 글, 660면.

17 왕신영, 「윤동주의 일본의 지적 풍토」, 고려대 박사논문, 2007, 57면.

연구들이 지적하고 있듯이 "윤동주가 자신의 문학적 또는 지적 방법론에 대한 탐색이 이루어진 것은 주로 1939년 이후 본격적으로는 1940년 전후"[18]인 것을 감안하면 그 이전 시기와의 차별화된 분석이 필요하기 때문이다. 『시고전집』과 『전집』에 근거하여 시기별 시 작품수를 계산해보면 ① 1934~1938년 : 64편(이 가운데 동시가 37편), ②-① 1939~1942년 3월 : 39편, ②-② 1942년 4월 이후 : 5편이다. 그 외에 미완성 · 삭제시편으로 분류되는 작품이 11편 있다. 홍장학이 편집한 『전집』의 작품 연보에 따르면 현재 확인된 윤동주의 시 119편(미완성 · 삭제시편 포함) 가운데 37편이 동시이다. 하지만 동시로 분류되지 않은 작품 가운데에도 '동시'로 분류하는 것이 타당한 것처럼 보이는 작품이 여럿[19] 있음을 감안하면 108편 가운데 최소 40편 이상[20]이 동시이고, 이 동시들이 모두 ①에 해당하는 시기에 창작되었다는 사실을 고려하면 윤동주의 문학적 글쓰기가 '동시 → 시' 순서로 이동했다고 판단하는 것이 타당하다. 그런데 이 연구의 주제 또는 경향은 '동시'의 성격에서는 추구되기도, 또한 발견되기도 어려우므로 윤동주의 동시는 이 연구의 대상에서 제외한다. 아울러 미완성 · 삭제시편 또한 논의의 전개를 위한 참고자료로 활용할 수는 있으나, 본격적인 연구대상으로 삼지는 않았다. 이상의 논의를 요약하면 ① 27편, ②-① 39편, ②-② 5편으로 정리할 수 있다. 특히 윤동주가 연희전문을 졸업하면서 만든 자선시집 『하늘과 바람과 별과 시』(1941.12.27)에 수록된 19편 가운데 1938년 이전의 작품이 단 한 편도 수록되지 않았고, 1938~1939년

18 위의 글, 79면.

19 초기 작품들 가운데 「비둘기」 「식권」 「나무」 「가을밤」 등이 여기에 해당한다.

20 동시의 작품수를 확정하는 일이 이 글의 관심이 아니므로 동시의 정확한 수에 대한 논의는 여기에서는 생략하고 선행 연구를 따르기로 한다.

에 창작한 작품도 4편밖에 포함시키지 않았다는 사실은 윤동주 문학을 이해할 때 간과해서는 안 되는 문제이다.

윤동주의 시에서 '밤'은 다양한 맥락으로 사용되고 있다. 그것은 작품의 시간적 배경은 물론, 화자가 처해 있는 상황과 내면을 드러내는 이미지, 모티프의 의미로 사용된다. 빈도수가 특정 시어의 가치를 말해주는 것은 아니지만, 시기별로 분류된 윤동주의 시 작품 목록에서 '밤'을 표제로 사용한 경우만을 살펴보아도 흥미로운 사실이 발견된다. 제목을 기준으로 삼으면 다음과 같다.

①「가을밤」, 「밤」, 「달밤」(3회)

②-①「비 오는 밤」(1938), 「못 자는 밤」(1941), 「돌아와 보는 밤」(1941), 「별 헤는 밤」(1941)(4회)

②-② (0회)

①의 경우, 「가을밤」은 동시로 전집에서 분류되지는 않았지만 사실상 동시로 보는 것이 타당하고, 작품에서 '밤' 또한 아이가 자다 깨서 소변을 보는 시간적 배경 이상의 의미가 없다. 동시로 분류되는 「밤」에서 '밤'은 외양간의 당나귀가 울고, 그 소리에 아이가 잠에서 깨는, 예상치 못한 울음 때문에 잠시 정적이 깨어졌다가 다시 고요해지는 시간이고, 「달밤」에서 '밤'은 "북망산을 향한 발걸음은 무거웁고 / 고독을 반려伴侶한 마음은 슬프기도 하다"라는 구절처럼 달밤의 풍경에서 고독과 슬픔을 이끌어내는, 즉 고독과 슬픔을 환기하는 이미지로 쓰였다. 그러므로 ①에서 '밤'이 고유한 이미지 내지 모티프로 등장하는 경우는 「달밤」이 유일하다.

초 한 대—
내 방에 풍긴 향내를 맡는다.

광명의 제단이 무너지기 전
나는 깨끗한 제물을 보았다.

염소의 갈비뼈 같은 그의 몸,
그리고도 그의 생명인 심지(心志)까지
백옥 같은 눈물과 피를 흘려,
불살라버린다.

그리고도 책머리에 아롱거리며
선녀처럼 촛불은 춤을 춘다.

매를 본 꿩이 도망가듯이
암흑이 창구멍으로 도망간
나의 방에 풍긴
제물의 위대한 향내를 맛보노라.

—「초 한 대」 전문

하지만 표제가 아니라 이미지나 모티프의 층위에서 접근하면 윤동주의 초기 시에서 '밤'이 등장하는 맥락을 조금 구체적으로 발견할 수 있다. 이 작품은 윤동주가 쓴 최초의 시로 알려져 있다. 화자는 여기에서 자기희생을 통해 방안의 어둠을 밝히는 '초'의 존재에 관심을 집중하고 있다. 즉 한 쪽에는 "매를 본 꿩이 도망가듯이" 한 순간에 "창구멍으로 도망"가는 '암흑'이 있고, 다른 한 쪽에는 "백옥 같은 눈물과 피를 흘려" 어둠을 불살라 '광명'을 도래시키는 '초'가 있다. 화자는 그 '초'의 존재를 '향내'를 통해 감지하는 한편, 자신을 희생하여 '광명'을 불러오는 '초'의 희생에 "광명의 제단이 무너지기 전 / 나는 깨끗한 제물을 보았다"처럼 종교적 의미도 부여하고 있다. 여기에서 '밤'은 '광명'의 대칭, 즉 부정적인 의미로서 '암흑'의 배후 이상이 아니다. 이러한 '밤'의 부정적 이미지는 "달밤의 거리 / 광풍이 휘날리는 / 북국의 거리 / 도시의 진주 / 전등 밑을 헤엄치는, / 쪼그만 인어 나"(「거리에서」)에서도 반복된다. 이 시에서 화자는 광풍이 몰아치는 "회색빛 밤거리"를 걸으면서 외로움을 토로하는데, '달밤이 거리', '회색빛 거리' 등의 표현에서 '밤'은 여전히 부정적인 이미지로 그려진다.

한편 ②의 경우에는 사정이 전혀 다르다. 작품의 표제만 살펴보아도 '밤'이 중요한 모티프로 등장하고 있음을 쉽게 알 수 있다.「비 오는 밤」의 화자는 파도 소리가 "문살에 부서"지는 소리를 듣고 잠을 깬다. 그는 다시 잠을 청해보지만 한 번 달아난 잠은 다시 오지 않는다. "잠은 한낱 검은 고래 떼처럼 살래여. / 달랠 아무런 재주도 없다." 다시 잠들기를 포기한 그는 마침내 불을 밝히고 잠옷을 정성스레 여민 다음 지금 내리는 비로 인해서 "동경憧憬의 강남에 또 홍수"가 발생하지 않을지 염려한다. 이 작품이 1938년 6월, 그러니까 연희전문 입학 직후에 쓰인 것이니 이 시에 등장하는 '동경憧憬의 강남'이란 자신이 떠나온 고향을 가리키며, 이 시에 나타난 화자의 심정은 일종의 향수鄕愁라고 해석하는 타당할 것이다. 1941년에 창작된, '밤'이 표제에 포함된 세 편의 작품에서 '밤'은 한층 더 중요한 기

능을 담당하고 있다.[21]

세상으로부터 돌아오듯이 이제 내 좁은 방에 돌아와 불을 끄옵니다. 불을 켜 두는 것은 너무나 괴로웁은 일이옵니다. 그것은 낮의 연장이옵기에—

이제 창을 열어 공기를 바꾸어 들여야 할 텐데 밖을 가만히 내다보아야 방 안과 같이 어두워 꼭 세상 같은데 비를 맞고 오던 길이 그대로 빗속에 젖어 있사옵니다.

하루의 울분을 씻을 바 없어 가만히 눈을 감으면 마음속으로 흐르는 소리, 이제, 사상이 능금처럼 저절로 익어 가옵니다.

—「돌아와 보는 밤」 전문

1941년 6월에 쓴 시이다. 1941년은 윤동주가 『하늘과 바람과 별과 시』를 묶은 해이고, 이 자선시집에 수록된 19편 가운데 14편을 쓴 해이다. 이 시집은 졸업을 앞둔 1941년 윤동주의 심경을 담은 책이라고 말할 수 있으며, 인용시 역시 이 시집에 수록되어 있다. 이 시에서 화자는 '내 좁은 방'에 머물고 있는데, 흥미롭게도 그는 자신의 귀가를 "세상으로부터 돌아오듯이"라고 표현하고 있다. 윤동주에게 있어서 '세상으로부터 돌아'온

21 이 글을 쓰는 도중에 윤동주의 시에서 '밤'의 의미에 주목한 류양선의 논문(「윤동주 시에 나타난 종교적 실존—「돌아와 보는 밤」 분석」)을 접했다. 류양선의 연구의 출발점은 이 글의 문제의식과 상당히 유사했는데, 류양선의 연구는 윤동주의 시에 등장하는'밤'을 기독교적 · 실존주의적 관점에서 해석함으로써 윤동주의 시를 키에르케고르의 사상에 근접시키고 있다.

다는 것은 어떤 의미일까? 그것은 이어서 등장하는 "이제 내 좁은 방에 돌아와 불을 끄옵니다"라는 진술에서 짐작할 수 있다. 시의 제목에 '밤'이 등장하니 화자가 '내 좁은 방'에 돌아온 시각이 '밤'이라는 것은 어렵지 않게 알 수 있다. 하지만 방에 돌아온 화자는 불을 켜지 않고 끈다. 시간적 배경이 '밤'임을 감안하면 '불'을 끄는 행위는 상식적이지 않다. 화자는 왜 방에 돌아와 불을 끄는가? 그는 "불을 켜 두는 것"이 "낮의 연장"이기 때문이라고 답答하고 있다. 시인에게 '낮'은 "하루의 울분을 씻을 바 없어"라는 표현에서 암시되듯이 '울분'의 시간이다. 윤동주에게 '밤'은 그러한 낮의 '울분'을 씻어 주는 치유의 시간이므로 그는 '방'에 돌아와 불을 끄고 어둠 속에 자신을 위치시킨다. 시인은 '밤'의 어둠 속에서 하루의 치욕과 울분을 치유 받는 순간을 "가만히 눈을 감으면 마음속으로 흐르는 소리, 이제, 사상이 능금처럼 저절로 익어 가옵니다"라고 고백하고 있다.[22] 이처럼 이 시에서 '밤'은 낮-울분에 휩싸인 화자의 내면을 치유하는 재생의 시간, '사상思想'을 익어가도록 만드는 생산의 시간이다. 모리스 블랑쇼는 이러한 밤을 '최초의 밤'이라고 명명했다. 그것은 "밤 속에, 모든 것은 사라진다. 그것은 최초의 밤이다. 여기 부재가, 침묵이, 휴식이, 밤이 다가온다"[23]라고 말할 때의 '밤'이고, 이때 가장 중요한 것은 '잠', 즉 휴식을 취하는 일이다. "잠자는 것은 세계에 속하는 일이고, 그것은 하나의 임무이다. 우리는 낮의 활동을 밤의 휴식에 의존하게 하는 일반적 법칙에 따라 잠을 잔

---

22 류양선은 이 '소리'의 정체를 기독교적인 것, 즉 "하느님의 음성"으로 해석함으로써 이 작품을 키에르케고르-기독교적 관점에서 이해한다. 류양선, 「윤동주 시에 나타난 종교적 실존」, 『어문연구』 35-2, 한국어문교육연구회, 2007, 206면.

23 모리스 블랑쇼, 이달승 역, 『문학의 공간』, 그린비, 2010, 236면.

다. 우리는 잠을 부르고, 그리고 잠은 온다"[24] 하지만 '낮의 연장'을 거부하는 시인의 의도와 달리 "최초의 밤, 그것은 아직 낮의 건축물"이고, 이때의 '밤'은 낮에 관련되어 있다. 우리가 '잠'을 청하는 까닭은 다음날의 노동, 즉 '낮'을 위해서이기 때문이다.

> 계절이 지나가는 하늘에는
> 가을로 가득 차 있습니다.
>
> 나는 아무 걱정도 없이
> 가을 속의 별들을 다 헤일 듯합니다.
>
> 가슴속에 하나 둘 새겨지는 별을
> 이제 다 못 헤는 것은
> 쉬이 아침이 오는 까닭이요,
> 내일 밤이 남은 까닭이요,
> 아직 나의 청춘이 다하지 않은 까닭입니다.
>
> 별 하나에 추억과
> 별 하나에 사랑과
> 별 하나에 쓸쓸함과
> 별 하나에 동경과

---

24 위의 책, 386면.

별 하나에 시와
별 하나에 어머니, 어머니,

어머님, 나는 별 하나에 아름다운 말 한마디씩 불러 봅니다. 소학교 때 책상을 같이 했던 아이들의 이름과, 패(佩), 경(鏡), 옥(玉) 이런 이국 소녀들의 이름과 벌써 애기 어머니 된 계집애들의 이름과, 가난한 이웃사람들의 이름과, 비둘기, 강아지, 토끼, 노새, 노루, '프랑시스 잠' '라이너 마리아 릴케', 이런 시인의 이름을 불러봅니다.
이네들은 너무나 멀리 있습니다.
별이 아슬히 멀듯이,

어머님,
그리고 당신은 멀리 북간도에 계십니다.

나는 무엇인지 그리워
이 많은 별빛이 내린 언덕 위에
내 이름자를 써보고,
흙으로 덮어버리었습니다.

딴은 밤을 새워 우는 벌레는
부끄러운 이름을 슬퍼하는 까닭입니다.

—「별 헤는 밤」 전문

이 시의 창작일자는 1941년 11월 5일이다. 이때는 윤동주가 연희 전문의 졸업을 목전에 둔 시기이고, 또한 도쿄 유학을 준비하던 시기이다. 송우혜는 이 시를 "윤동주의 맑고 청결한 기품과 함께 그의 빼어나고 결 고운 서정성이 유감없이 드러나 있"[25]는 작품이라고 평가하고, 김응교는 이 시의 제5연의 발화 방식이 백석의 「흰 바람벽이 있어」에 등장하는 "그리고 또 '프랑시쓰 쨈'과 도연명陶淵明과 '라이넬 마리아 릴케'가 그러하듯이"와 유사하다는 점에 착목하고 있다. 비단 백석만이 아니다. 이 시는 프랑시스 잠과 라이너 마리아 릴케라는 시인의 이름을 직접 언급했다는 이유로 오랫동안 비교 연구의 대상으로 손꼽히고 있다.[26] 김재혁의 연구가 보여주듯이 이러한 비교 연구는 대부분 번역 · 출판의 유입 과정과 시기에 주목하는 실증적 연구이거나 특정 소재나 이미지의 유사성에 기초한 이미지 연구가 대부분이다. 그러나 선행연구들은 윤동주와 릴케 두 사람이 '밤'의 시인이라는 것, 즉 그들의 시에서 '밤'이 단순한 시간적 배경 이상의 의미[27]를 지닌다는 사실에 주목하지 않는다. 요컨대 위의 인용시에 '릴케'의 이름이 등장하는 내력이나 윤동주가 실제로 릴케를 얼마나, 어떻게 읽었는가를 밝히는 것도 중요하지만, 두 시인 모두의 시에서 '밤'이 시세계로 들어가는 유력한 입구의 기능을 맡고 있다는 사실을 해명하는 일이 더 중요할 듯하다. 한 연구에 따르면 '밤'은 릴케의 문학 전반에 걸쳐 가장 자주 등장하는 어휘의 하나이다.[28] 릴케는 1914년까지 '밤'을 주제로

---

25 송우혜, 『윤동주 평전』, 열음사, 1988, 248면.

26 이에 대해서는 김재혁, 『릴케와 한국의 시인들』, 고려대 출판부, 2006, 64~94면 참고.

27 릴케의 시에서 '밤'의 의미에 대해서는 이정순, 「릴케 작품에 나타난 밤 모티프 고찰」, 서울대 박사논문, 1986 참고.

28 조두환, 「시집을 우리말로 옮기면서」, 릴케, 조두환 역, 『밤에 드리는 시』, 자연사랑,

한 작품들을 상당히 많이 썼고, 1916년에는 『밤에 드리는 시』라는 제목의 연작시집을 출간하기도 했다. 뒤에 다시 살피겠지만 니체에게 '고양된 순간'이 중요하듯이, 윤동주에게는 '밤'이라는 시간이 중요하다. 이런 까닭에 윤동주의 시는 밤에 '대한' 시가 아니라 '밤 속'에서 발화된 시라고 말하는 것이 타당할 것이다.

화자는 지금 밤하늘을 올려다보면서 "가을 속의 별들"을 헤아리고 있다. 가을이 무르익은, 쾌적한 가을바람이 불고 있는 언덕 위에서 그는 별이 빼곡한 하늘을 쳐다보며 고향(북간도)과, 그곳에 있는 어머니와, 그곳에서 살았던 유년의 시간을 추억하고 있다. 이 풍경이 얼마나 행복했던지 화자는 자신의 현재를 "나는 아무 걱정도 없이 / 가을 속의 별들을 다 헤일 듯합니다"라고 고백하고 있다. 하지만 이 진술은 현재 상황이 평온하고 행복하다는 것이지 자신이 맞닥뜨리고 있는 현실이 "아무 걱정"이 없을 정도로 평화롭다는 것은 아니다. 그런 점에서 이 시는 순간의 감정을 노래한 것이라고 보는 것이 타당하다. 그런데 하늘을 바라보면서 별을 헤아리던 화자는 불현듯 별이 너무 많아서 하나하나에 모두 의미를 부여하기엔 물리적인 시간이 부족하다는 사실을 깨닫는다. 제3연에 등장하는 "쉬이 아침이 오는 까닭", "내일 밤이 남은 까닭", "나의 청춘이 다하지 않은 까닭"이 그것이니, 결국 화자는 내일 밤, 아니 청춘을 다 바쳐 별을 헤아리고 싶다는 속마음을 드러내고 있는 것이다. 이 지점에서 '별'은 이미 객관적인 대상이나 풍경이 아니라 주관화·내면화되어 '추억', '사랑', '쓸쓸함', '동경', '시', '어머니' 등의 대상과 연결되고, 그러한 주관화된 풍경

2003, 77면.

이 펼쳐 보이는 세계 속에서 화자는 수많은 이름들을 떠올린다.

그런데 '별'을 매개로 한 유년 세계와의 교감은 '부끄러운 이름'으로 인해 급작스럽게 중단된다. 추억 속의 이름들을 하나둘씩 떠올리던 화자는 불현듯 자신의 '이름'이 부끄럽다는 것을 느끼고 별빛이 내린 언덕 위에 썼던 자신의 이름을 흙으로 덮어버린다. 그는 이 부끄러움을 "밤을 새워 우는 벌레"의 울음소리에 감정이입, 즉 벌레가 울고 있는 것이 자신의 부끄러운 이름을 슬퍼해서 우는 것이라고 표현한다. 왜 그는 자신의 이름을 '부끄러운 이름'이라고 생각했을까? 이 부끄러움이 일본 유학을 앞두고 창씨개명을 해야 하는 처지에서 비롯된 것이라고 해석할 수 있다. 송우혜의 『윤동주 평전』에 따르면 윤동주는 연희 전문 졸업 직후 북간도에 갔다가 서울로 돌아와 연희 전문에 창씨개명계를 제출했다. 정확한 제출일자는 1942년 1월 29일. 그러니까 이 시는 창씨개명계를 제출하기 3개월 전에 창작된 것이고, 그 즈음이라면 윤동주가 이미 일본 유학을 결심한 상태였다고 추론할 수도 있을 것이다.

그런데 이런 해석 때문에 이 작품에서 크게 주목되지 못하는 것이 '밤'이다. 시의 내용 전개를 살펴보면 이 시는 5개월 전에 창작된 것으로 추정되는 「못 자는 밤」의 후속편이라고 볼 수 있다. 총 4행으로 구성된 단형서정시("하나, 둘, 셋, 네 / (…중략…) / 밤은 / 많기도 하다")인 「못 자는 밤」은 하늘을 바라보면서 별을 헤아리는 상태, 그것을 별이 너무 많아서 잠을 잘 수가 없다고 진술하고 있다. 또한 이 작품들이 "오늘 밤에도 별이 바람에 스치운다"(「서시」)라는 진술이 탄생한 지점이다. 두 작품이 동일한 시공간에서 창작되었다는 근거는 없으니, 이 무렵 윤동주가 자주 하늘을 바라보면서 밤하늘의 별을 헤아렸다고 추측하는 것이 타당할 것이다. 요컨대 이 무렵 윤동주의 많은 시편들은 '밤'을 시간적 배경으로 하고 있는데, 앞에서 살펴본 「돌아와 보는 밤」에 근거해서 말하자면 그것은 윤동주가 의식적으로 '밤'을 선택한 것, 혹은 '밤'이라는 시간적 배경이 윤동주로 하여금 시를 쓰게 만들었다고 설명하는 것이 정당할 듯하다. 그가 후기시의 제목에 '밤'을 빈번하게 포함시킨 까닭도 이와 무관하지 않을 것이다. 윤동주에게 있어서 '밤'은 '시詩'의 세계로 진입하는 입구이다.

3. 서정적 세계의 입구로서의 '밤'과 '성찰'

윤동주 시에서 '밤'이 '시詩'라는 서정적 세계로 진입하는 입구하는 말은 '밤'이 우연의 산물이 아니라 의식적으로 선택된 시간태態라는 의미이다. 앞에서 우리는 1939년 이후의 시편들에서 '밤'이 제목으로 사용되는 몇몇 경우를 살펴보았는데, 작품의 모티프나 내용상에서 '밤'이 중요한 기능을 담당하는 사례는 그보다 훨씬 많다. 예를 들면 1939년 1월 23일 『조선일보』에 발표한 그의 첫 산문인 「달을 쏘다」와, 같은 해에 쓴 것으로 추정되는 「별똥 떨어진 데」는 '밤'에 대한 윤동주의 관심을 압축적으로 보여준다.

①

번거롭던 사위가 잠잠해지고 시계 소리가 또렷하나 보니 밤은 적이 깊을 대로 깊은 모양이다. 보던 책자를 책상머리에 밀어놓고 잠자리를 수습한 다음 잠옷을 걸치는 것이다. '딱' 스위치 소리와 함께 전등을 끄고 창 옆의 침대에 드러누우니 이때까지 밖은 휘양찬 달밤이었던 것을 감각치 못하였댔다. 이것도 밝은 전등의 혜택이었을까. 나의 누추한 방이 달빛에 잠겨 아름다운 그림이 된다는 것보다도 오히려 슬픈 선창이 되는 것이다. 창살이 이마로부터 콧마루, 입술 이렇게 하여 가슴에 여민 손등에까지 어른거려 나의 마음을 간질이는 것이다.

— 산문 「달을 쏘다」

②

밤이다. 하늘은 푸르다 못해 농회색으로 캄캄하나 별들만은 또렷또렷 빛난다. 침침한 어둠뿐만 아니라 오삭오삭 춥다. 이 육중한 기류 가운데 자조하는 한 젊은이가 있다. 그를 나라고 불러 두자. 나는 이 어둠에서 배태되고 이 어둠에서 생장하여서 아직도 이 어둠 속에 그대로 생존하나 보다. 이제 내가 갈 곳이 어딘지 몰라 허우적거리는 것이다. 하기는 나는 세기의 초점인 듯 초췌하다. (…중략…) 이 밤이 나에게 있어 어린 적처럼 한낱 공포의 장막인 것은 벌써 흘러간 전설이요, 따라서 이 밤이 향락의 도가니라는 이야기도 나의 염두에선 아직 소화시키지 못할 돌덩이다. 오로지 밤은 나의 도전의 호적(好適)이면 그만이다.

— 산문 「별똥 떨어진 데」

두 편의 산문은 동일하게 '밤'이 도래하는 장면으로 시작된다. 이는 윤동주의 시적 감응, 또는 문학적인 감성이 '밤'에 의해 쉽게 촉발된다는 의미이기도 하다. 하지만 두 편의 글에서 '밤'은 "아름다운 그림" 같은 대상으로 경험되지 않으며, 또한 '공포'나 '향락' 같은 통상적인 의미와도 무관한 것으로 그려진다. 오히려 ①에서 창밖에 찾아온 '밤'은 "나의 마음을 간질"여서 자신이 머물고 있는 '방'을 "슬픈 선창"으로 만든다. 마찬가지로 ②에서 '밤'은 "나의 도전의 호적好適"이라는 실존적 의미로 전유된다. 요컨대 윤동주의 글쓰기는 '밤'의 도래와 함께 시작된다고 말할 수 있는데, 이는 R. 릴케가 「젊은 시인에게 보내는 편지」에서 개성적인 시를 쓰기 위해서는 "자기 자신 속으로 침잠"하라고 충고하면서 이야기한 유명한 제안 — "자기 자신 속으로 침잠하십시오. 그리하여 당신께 쓰라고 명령하는 그 근거를 캐보십시오. 그리고 그 쓰고 싶다는 욕구가 당신의 가슴 깊숙한 곳에서부터 뿌리를 뻗어 나오고 있는지를 알아보시고, 만일 쓰는 일을 그만둘 경우에는 차라리 죽기라도 하겠는지 스스로에게 물어보십시오. 이런 의문을 우선 조용한 밤에 자문해 보란 말입니다"[29] — 을 연상시킨다. 릴케의 이 글은 1935년 7월 『조선일보』에 해외문학파의 일원인 김진섭에 의해 '어떤 젊은 문학 지원자에게'라는 제목으로 번역 · 소개되었다.[30]

우리의 경험이 증명하듯이 '밤'은 인간의 내밀하고 깊은 부분과 관계한다. '밤'은 빛의 지배를 벗어난 시간이라는 점에서 이성이 아닌 감성, 노동이 아닌 휴식의 시간이다. 작가 생텍쥐베리의 다음과 같은 말은 이러한 '밤'의 의미를 잘 보여준다. "말이 시들고 사물이 살아나는 밤이여. 낮의 파괴적인 분해가 끝나고, 진실로 중요한 것들이 모두 완전한 전체로 돌아가는 밤이여. 인간이 자아의 파편들을 다시 조립하고 고요한 나무와 함께 성장하는 밤이여."[31] '밤'에 주목한 것이 비단 릴케와 생텍쥐베리만은 아니었다. 낭만주의자들은 '밤'을 꿈, 잠, 몽상의 시간으로 이해했고, 그들은

29 R. 릴케, 홍경호 역, 『젊은 시인에게 보내는 편지』, 범우사, 1999, 23면.

30 릴케의 한국수용에 대해서는 김재혁, 『릴케와 한국의 시인들』, 고려대 출판부, 2006, 64~67면 참고.

31 크리스토퍼 듀드니, 연진희 · 채세진 역, 『밤으로의 여행』, 예원미디어, 2008, 19면.

"잠 속에 있고 꿈을 통해 나타나는 앎은 원초적인 의식의 특성들을 가지고 있다"[32]라고 믿었다. 이와 달리 윤동주에게 '밤'은 무엇보다도 성찰과 고백의 시간이었으니, 이는 그의 글쓰기가 '밤'과 더불어 시작된다는 의미이면서 그에게 '시'는 곧 성찰과 고백 행위였다는 의미이다. 이렇게 윤동주에게 있어서 '밤'과 '시', 그리고 서정시적 고백과 성찰은 자연스럽게 연결된다. 무엇보다도 '밤'은 고백과 성찰의 시간이었고, 그런 한에서 그것은 '시'의 시간이기도 했다.

문학작품에서 표제의 중요성을 무시할 수 없기에 '밤'의 특별한 의미를 드러내기 위해서 표제에 쓰인 '밤'에 주목할 수밖에 없지만, 실제로 윤동주의 작품 상당수에서 '밤'은 표제와 상관없이 한 편의 시가 시작되는 주요한 동기motivation로 기능하고 있다. 제목에 '밤'이 등장하는 경우를 제외하고 살펴보아도 "이 밤을 더불어 말할 이 없도다"(「산골 물」), "우물 속에는 달이 밝고 구름이 흐르고 하늘이 펼치고 파아란 바람이 불고 가을이 있습니다.(「자화상」), "이제 새벽이 오면 / 나팔소리 들려올 게외다"(「새벽이 올 때까지」), "밤이 어두웠는데 / 눈 감고 가거라"(「눈 감고 간다」), "그 전날 밤에 / 그 전날 밤에 / 모든 것이 마련되었네"(「태초의 아침」), "황혼이 짙어지는 길모금에서 (…중략…) 황혼처럼 물드는 내 방으로 돌아오면"(「흰 그림자」), "창밖에 밤비가 속살거려 / 육첩방은 남의 나라, (…중략…) 등불을 밝혀 어둠을 조금 내몰고, / 시대처럼 올 아침을 기다리는 최후의 나"(「쉽게 씌어진 시」), "오늘 밤에도 별이 바람에 스치운다"(「무제(일명 서시)」), "모든 것이 흐르는 속에 어렴풋이 빛나는 가로등,"(「흐르는 거리」) 등

32 알베르 베갱, 이상해 역, 『낭만적 영혼과 꿈』, 문학동네, 2001, 171면.

처럼 후기시의 중요한 작품들 상당수에서 '밤'은 시적 사유 내지 상상이 시작되는 출발점이 되고 있다. 이 작품들 가운데 '밤'이 가장 중요한 비중을 차지하는, 동시에 윤동주의 대표작으로 손꼽히는 것이 「또 다른 고향」과 「참회록」이다.

고향에 돌아온 날 밤에
내 백골이 따라와 한방에 누웠다.

어두운 방은 우주로 통하고
하늘에선가 소리처럼 바람이 불어온다.

어둠 속에 곱게 풍화 작용하는
백골을 들여다보며
눈물짓는 것이 내가 우는 것이냐
백골이 우는 것이냐
아름다운 혼이 우는 것이냐

지조 높은 개는
밤을 새워 어둠을 짖는다.

어둠을 짖는 개는
나를 쫓는 것을 게다.

가자 가자

쫓기우는 사람처럼 가자

백골 몰래

아름다운 또 다른 고향에 가자.

—「또 다른 고향」 전문

선행 연구들이 이 시에서 주목한 것은 두 가지이다. 하나는 '나'와 '백골'과 '아름다운 혼'의 관계[33]이고, 다른 하나는 '밤', '어둠을 짖는 개', '또 다른 고향' 등의 정체이다.[34] 연구자에 따라서 첫 번째 문제는 '자아 분화의 내면적 성찰'(김윤식), '초월적 세계와 지상적 · 현실적 세계의 혼재에서 비롯되는 갈등'(김흥규), '자아와 백골이 분열되지 않은 세계에 대한 희원'(최동호) 등으로 다양하게 해석되었고, 두 번째 문제는 대개 '저항시'의 맥락에서 '또 다른 고향=조국', '어둠을 짖는 개=자의식' 정도로 해석되

33 이 시의 특이성은 '눈물짓는 나'와 '백골인 나'와 '아름다운 혼인 나'의 분화 상태를 선명하게 의식하고 있음에 있다. 한국 근대시가 자아 분화의 내면적 성찰에서 이보다 깊이 추구된 것은 거의 예를 찾을 수 없다. 그것은 어둠을 짖는 개를 강하게 인식함에서 연유돼 있거니와 이 어둠을 짖는 개는 유년 시절 혹은 추억에의 강한 탈각(脫却) 의미를 표상한 것으로 보아질 수 있다. 이렇게 본다면 아름다운 혼이 깃드는 또 다른 고향이란 문학의 세계든 관념의 세계든 미지의 세계를 추억의 탈출로 보아질 수 있을 듯하다. 그러나 고향 곧 추억에의 탈출이 과연 가능한가. 이 물음 속에, 그 해답이 긍정적이든 부정적이든 윤동주 시의 참모습의 일단이 스며 있을 것이라 필자는 생각한다. 그것은 다시 내성의 문제로서, 시대로서의 고향, 추억으로서의 고향, 역사 의식으로서의 고향을 내성 속에 안고 들어간 문제와 관련된다(김윤식, 「한국 근대시와 윤동주」, 『나라사랑』 23, 외솔회, 1976.여름, 79~80면). '백골'은 어떤 초월적 세계의 추구를 제약하는 지상적 · 현실적 연쇄에 속한 존재임을 알 수 있다. '나'는 이 둘이 결합된 실존적 인간이며, 이 둘의 갈등을 의식하는 자아이다(김흥규, 「윤동주론」, 『문학과 역사적 인간』, 창작과비평사, 1980, 149면).

34 이에 대해서는 장철환, 앞의 글, 68~73면 참고.

고 있다. 단적으로 김준오는 이 시에 등장하는 "백골, 어둔, 방, 개 등의 이미지는 묘사적이 아니라 어떤 관념을 상징하고 있"고, '밤' 또한 "역사적 상황에 대한 시인의 인식을 형상화한 것"[35]으로 해석한다. "지조 높은 개는 / 밤을 새워 어둠을 짖는다" 등의 진술은 이러한 역사적 해석에 신빙성을 제공하고 있다. 그런데 이러한 해석을 잠시 보류하고 다시 읽으면 다른 해석도 가능할 듯하다.

이 시는 1941년 9월 서울에서 유학 중이던 윤동주가 방학을 이용하여 잠시 용정에 돌아왔을 때 창작한 작품이다. 사정이 이러하다면 "고향에 돌아온 날 밤에"라는 도입부를 축자적으로 읽을 수도 있다. 다만 이 시에서도 시적 상황을 만들고 있는 것은 '밤'이라는 조건이다. 이 시를 역사적·저항적 관점에서 바라보는 사람들에게 '밤'은 의심의 여지없이 역사적 상황에 대한 알레고리로 읽히겠으나, '밤'은 단순히 시간적인 배경, 특히 시인이 창작을 위해 주목한 시간적 배경으로 읽을 수도 있다. 이 해석에 따르면 화자는 지금 오랜만에 돌아온 고향집에서 잠자리에 들었다. 화자는 이 상태를 "백골이 따라와 한방에 누웠다"라고 기술하고 있다. 추측에 불과하지만 여기서의 '백골'은 환한 달빛에 비친 자신의 모습을 형상화한 것일 수 있다. 분명한 것은 화자가 쉽게 잠에 들지 못하고 있다는 사실이다. 그는 자신이 누워 있는 '방'이라는 세계가 우주와 연결되어 있다고 느낀다. 알다시피 윤동주의 시에서 '방'이라는 공간은 종종 "윤리적 주체의 정립을 위한 신념의 공간"[36]으로 평가되는데, 그러한 윤리적 주체의 정립에서 '방'보다 더 중요한 역할을 담당하고 있는 것은 '밤'이라는 시간

35 김준오, 『시론』, 삼지원, 1991, 113면.

36 장철환, 앞의 글, 71면.

이다. 어쨌거나 이 시에서 화자가 느끼는 이 연결 방식 가운데 하나가 바로 '소리'로 경험되는 '바람'이다. 그리하여 그는 제3연에서 자신이 '바람' 속에 누워 있는 듯("어둠 속에 곱게 풍화 작용하는")하게 형상화하고 있다. 그리고 이러한 경험을 배경으로 개 짖는 소리가 들려오는데, 화자는 그것이 자신을 쫓는 것이라고 생각한다. 물론 멀리서 들려오는 개 짖는 소리를 자신을 쫓는 소리로 받아들이는 장면에서 우리는 윤동주의 내면이 평온하지 않은 상태임을 짐작할 수 있다. 또한 이러한 자의식의 발로 끝에 등장하는 '아름다운 또 다른 고향'이 부정적인 현실로부터의 탈출을 가리키는 것이라고 해석할 수도 있다. 하지만 그것보다 이 모든 시적 사건이 '밤'을 배경으로 하고 있다는 사실, 특히 1939년 이후 '밤'을 배경으로 한 시편들 대부분에서 화자가 쉽게 '잠' 들지 못한다는 사실이 더 중요하다. 윤동주의 시에서 시간적 배경이 종종 '아침'이나 '새벽'으로 이어지는 것도 이 때문이거니와 이 시에서도 "지조 높은 개는 / 밤을 새워 어둠을 짖는다"라는 진술에서 우리는 화자가 쉽게 '잠'들지 못하고 있음을 확인할 수 있다. 이러한 '불면' 문제가 단적으로 드러나는 작품이 바로 「못 자는 밤」이다. "하나, 둘, 셋, 네 / (…중략…) / 밤은 / 많기도 하다."(「못 자는 밤」) 이 시가 말하고 있는 바는 잠들지 못한다는 단순한 사실이다.

이처럼 '잠'에 실패할 때 우리가 경험하는 '밤'을 모리스 블랑쇼는 "또 다른 밤"이라고 명명했다. "또 다른 밤은 맞이하지 않고 열리지 않는다. 그 밤 속에서 사람들은 언제나 바깥에 있다. 밤은 더 이상 닫히지도 않는다."[37] 윤동주의 시는, 서정시의 형식을 통해 드러나는 삶에 대한 그의 윤

37 모리스 블랑쇼, 이달승 역, 『문학의 공간』, 그린비, 2010, 237면.

리적 성찰은 '밤', 무엇보다도 잠들 수 없는 불면의 밤을 배경으로 할 때에 시작된다. 맞이하지도 않고 열리지도 않는 밤, 그리하여 닫히지도 않는 '밤'이란 결국 '나-주체-화자'의 의지가 통하지 않는 밤이고, 때문에 결코 '잠'이라는 휴식으로 설명되지 않는 세계이다. "밤 가운데 잠으로의 피난처는 발견되지 않는다."[38] 그것은 출구 없는 밤이다. 윤동주의 시에서 '밤'은 '잠'과 '휴식'으로 대표되는 평온한 밤이 아니라 언제나 잠을 자다가 깨거나 잠들지 못하는 불면의 밤이다.

> 파란 녹이 낀 구리 거울 속에
> 내 얼굴이 남아 있는 것은
> 어느 왕조의 유물이기에
> 이다지도 욕될까.
>
> 나는 나의 참회의 글을 한 줄에 줄이자.
> —만 이십사 년 일 개월을
> 무슨 기쁨을 바라 살아왔던가
>
> 내일이나 모레나 그 어느 즐거운 날에
> 나는 또 한 줄의 참회록을 써야 한다.
> —그때 그 젊은 나이에
> 왜 그런 부끄런 고백을 했던가.

38 위의 책, 272면.

밤이면 밤마다 나의 거울을
손바닥으로 발바닥으로 닦아보자.

그러면 어느 운석(隕石) 밑으로 홀로 걸어가는
슬픈 사람의 뒷모양이
거울 속에 나타나 온다.

—「참회록」 전문

이 시는 '밤'이 성찰의 시간임을 보여준다. 여기에 등장하는 '거울'은 「자화상」에 등장하는 '우물'("산모퉁이를 돌아 논가 외딴 우물을 홀로 찾아가선 가만히 들여다봅니다")의 변주이다. 물론 「자화상」에서 화자가 우물을 들여다보는 시간 또한 '밤'이다. 그것은 우물에 비친 풍경("우물 속에는 달이 밝고 구름이 흐르고 하늘이 펼치고 파아란 바람이 불고 가을이 있습니다")을 통해서 확인할 수 있다. '밤'이 그러하듯이, '우물'과 '거울' 또한 '나'의 얼굴을 비춘다는 점에서 성찰의 상징이다. 그것은 빅토르 위고의 다음과 같은 낭만주의적 진술에서 그대로 나타난다. "기상천외한 일, 그것은 바로 자신의 내부를 통해 외부를 바라보는 일이다. 깊고 어두운 거울이 인간의 내부 깊은 곳에 있다. 끔찍한 명암이 거기에 있다. 영혼에 의해 반사된 것은 직접 보이는 것보다 훨씬 현란하다. 그것은 이미지 이상의 것, 환영이고, 그 환영 속에는 유령과 같은 것이 있다 (…중략…) 이 우물 속을 들여다봄으로써, 우리의 정신은, 우리는, 심연처럼 깊은 저 먼 곳에서 조그만 원 속에서 거대한 세계를 보게 된다."[39] 물론 이 시는 윤동주가 일본 유학을 위해 창씨개명을 한 닷새 뒤에 쓴 작품이므로 이 시에 나타나는 '참회'와 '부끄러움'을 식민지 청년의 굴곡진 내면으로 읽는 것은 타당해 보인다. 그럼에도 불구하고 이 시의 시간적 배경인 '밤'을 역사적 상황에 대한 알레고리보다는 해석하는 것은 지나친 단순화이다.

이 시를 쓸 때 윤동주의 심경은 꽤 복잡했던 것으로 추측된다. 『시고전집』을 살펴보면 윤동주는 이 작품을 쓴 용지의 하단(여백)에 '시詩란?', '문학文學', '생활生活', '고경古鏡', '시인의 고백', '도항渡航', '증명證明', '상급上級', '비애금물悲哀禁物' 등의 단어들을 한자로 적어놓았다. 이는 일본 유학을 앞둔 그의 심경이 복잡했고, '문학'과 '생활'을 놓고 갈등했으며, '상급' 학교 진학을 위해 '도항'해야 하고, 그것을 위해서는 창씨개명을 '증명'해야 하는 현실적인 문제 앞에서 '비애悲哀'의 감정을 느꼈다는 것을 의미한다. 논자에 따라서는 이 시에 등장하는 "파란 녹이 낀 구리 거울"을 역사의 거울, 즉 윤동주가 식민지 청년인 자신의 처지를 몰락한 "왕조의 유물"처럼 치욕스러운 것으로 간주한 것이라고 해석하기도 한다. 하지만 '거울' 자체가 몰락의 상징이고, 그것을 치욕스러운 것으로 인식한다면, 그 거울에 자신을 비추는 행위 자체가 무의미해진다. 차라리 "파란 녹이 낀 구리"라는 거울의 외적인 특징을 축자적인 것으로 이해하고, 화자가 지금 거울에 비친 자신의 모습에서 욕됨을 느끼는 것이라고 해석하는 것이 타당할 듯하다. 이 '욕됨'의 기분으로 인해 시인은 참회록을 쓰게 되거니와, 참회란 결국 '부끄러운 고백'의 일종이니 화자는 "밤이면 밤마다", 즉 매일 밤마다

39 알베르 베갱, 이상해 역, 앞의 책, 136면.

거울을 닦으면서 거듭되는 참회의 시간을 살아가리라고 다짐하고 있는 것이다. 이러한 참회의 반복을 통해 그가 예상하는 바는 “어느 운석 밑”, 즉 운석이 떨어지는 하늘 아래를 홀로 걸어가는 “슬픈 사람의 뒷모양”이다. 혹자는 이 ‘운석隕石’을 하강 이미지로 해석하여 ‘죽음’[40]이라고 설명하지만, 시의 전체적인 분위기로 볼 때 그것은 운석이 떨어지는 하늘이라는 세계이해로서의 배경으로 읽는 것이 더 적절해 보인다. 요컨대 시인은 이 시에서 밤마다 ‘거울’을 닦으며 성찰의 시간을 보내는, 그럼에도 불구하고 그 상황이 쉽사리 타개될 가능성이 없기에 결국 슬플 수밖에 없을 자신의 쓸쓸한 운명을 미래의 거울에 투사하고 있는 셈이다. 물론 이 시에서 이러한 해석보다 더 본질적인 것 또한 이 모든 행위가 ‘밤’에 행해진다는 사실일 것이다.

이 시에서 한 가지 특이한 점은 사건과 진술의 시제가 미묘하게 어긋나 있다는 것이다. 김응교는 이 시의 시제가 ‘과거 → 현재 → 미래 → 현재 → 미래’[41]의 순서라고 주장한다. 제1연의 시제가 과거인지 현재인지는 이견이 있을 듯하다. 하지만 사건 자체를 놓고 보면 분명히 제3연은 미래, 제4연은 미래완료의 성격을 띠고 있다. 따라서 ‘~그러면’으로 시작되는 제5연의 사건은 ‘미래’여야 하는 것이 당연하고, 그렇다면 제5연의 마지막 진술은 ‘거울 속에 나타나 올 것이다’로 종결되는 것이 마땅하다. 왜 이런 시제의 불일치가 발생한 것일까? 먼저 제1연과 제5연에서 화자의 감정이 다르다는 사실에 주목하자. 감정/정서를 중심으로 살펴보면 이 시는 ‘욕됨’(제1연)에서 시작하여 ‘슬픔’(제5연)으로 끝난다. 그런데 ‘참회’의 사

---

40 류양선, 「윤동주의 「참회록」 분석」, 『한국현대문학연구』 25, 한국현대문학회, 2008, 67면.
41 김응교, 『처럼』, 문학동네, 2016, 375면.

전적 의미처럼 화자가 밤마다 자신의 삶을 성찰한다면, 그리하여 그 성찰에 성공한다면 제5연에서 '거울' 속에 뒷모습으로 등장하는 화자가 슬플 까닭이 없다. 오히려 그는 당당하게 자신의 정면 얼굴을 드러내어 마땅할 것이다. 사정이 이러하다면 화자는 자신의 참회懺悔가 거짓은 아니지만, 그렇다고 완료될 수 있다고 믿고 있지도 않다고 말해야 한다. 요컨대 윤동주에게 있어서 참회는 거듭되는 참회만 가능할 뿐 완료될 수 없는 것이다. 때문에 여기에서 시인이 강조하려는 바는 참회를 통해 당당한 존재로 거듭나는 것이 아니라 밤마다 거울을 닦는 행위, 즉 성찰적인 삶을 이어가겠다는 것이다. 시인은 그러한 성찰을 통해 욕되고 부끄러운 자신의 과거와 성찰이 행해지는 현재-순간을 분리해낸다. 실제로 삶에 대한 참회, 특히 과거의 참회마저 '부끄러운 고백'으로 간주해버리는 참회는 한 인간의 내면을 가난하게 만든다. 하지만 이 참회를 통해 가난한 내면에 심리적인 보상이 주어지는 것도 사실이다. 참회하는 존재가 참회한 내용에 대해 반성/성찰하고 있다는 것, 따라서 참회하는 현재는 부끄러운 과거와 단절되어 있다는 믿음을 제공하는 것이 바로 그것이다. 고백의 정당성/진정성이 고백의 '내용'이 아니라 고백하는 존재가 경험하는 고통, 번민, 부끄러움 등에 의해 뒷받침되듯이, 윤동주는 결코 완료될 수 없는 자기 성찰적 참회와 고백의 연속적인 과정과 '삶'을, 나아가 '시쓰기'를 동일한 궤도에 위치시킨 것이다. 흔히 '윤리'라는 이름으로 지칭되는 이러한 고백적 발화가 20세기 서정시의 주류적인 발화방식이 된 데에는 윤동주의 영향력이 컸다고 말할 수 있으며, 윤동주에게 그것은 '밤'과 '고백'이라는 두 개의 시적 장치를 통해 형성된 것이었다.

4. 나오며

윤동주의 시의 서정성은 '밤'에 관계된다. 그에게 '시'는 '밤'에 대한 글쓰기가 아니라 '밤 안에서'의 글쓰기이고, '밤'의 도래와 동시에 열리는 세계와 같은 것이다. 이때의 '밤'은 이성과 노동이 지배하는 낮의 시간 다음에 오는 밤, 즉 휴식의 시간이 아니라 그 '밤'을 배경으로 도래하는 '두 번째 밤'의 시간이다. 윤동주에게 '시'는 이러한 '밤'의 말 건넴에 대한 응답이라고 말할 수 있다. 이는 100여 편에 이르는 그의 작품들 가운데 '동시'를 제외한 작품들, 특히 그가 본격적으로 시작詩作에 전념한 1939년 이후의 작품들을 살펴보면 분명히 드러난다. 주지하듯이 윤동주 연구는 오랫동안 저항, 종교 등의 맥락에서 해석되고 수용되었다. 이런 해석이 전적으로 부당한 것은 아니다. 하지만 그것들은 '밤'보다는 '별'에, 즉 '배경'보다는 '전경'과 '사물'에 시선을 고정시킴으로써 윤동주의 시에서 '밤'이 수행하는 역할을 간과하거나, 심지어 '밤'을 은폐하는 역할을 수행하기도 했다. 이런 맥락에서 이 글은 윤동주의 시를 '배경' 중심으로 읽는 새로운 방법을, '무엇'을 노래했는가가 아니라 그의 시가 '언제', '왜' 시작되었는가를 해명함으로써 '저항시인'과 '서정시인'이라는 양분된 해석을 넘어서려 했다. 흔히 시의 '서정성'에 대해 이야기할 때 자주 등장하는 개념들이 내면, 고백, 성찰 등이다. '밤'을 배경으로 하는 윤동주의 시는 이러한 개념들이 어떻게 연결됨으로써 서정적 효과를 극대화하는가를 보여주는 좋은 사례이며, 나아가 왜 윤동주의 시가 그토록 오랫동안 서정시의 한 전범으로 인식되어 왔는가를 이해할 수 있는 단초를 제공한다. 물론 윤동주의 '밤'이 릴케의 '밤'과 어떤 관계를 맺고 있는지, 실제로 그것들 사이에 직접적인 영향관계가 있는지는 후속 연구를 통해서 충분히 해명되어야 할 것이다.

제4장

동양적인 것의 슬픔, 또는 시적 초월의 이율배반

미당의 '친일문학'을 읽는 한 가지 방식

1. 들어가며

작가는 언제나 '작품'으로만 기억되기를 희망한다. 실제로 작가에 대한 독자의 기억 또한 '작품'에 관한 것이 대부분이다. 하지만 작가의 희망과 달리 작가가 항상 작품으로만 기억되는 것은 아니다. 특히 작가에 대한 기억이 부정적 평가를 포함할 때, 작가는 '작품'보다 '삶'으로 기억되는 경향이 있다. 동서고금을 막론하고 작가가 부정적으로 기억될 때, 거기에는 '작품'만이 아니라 언제나 '삶'의 문제가 개입되어 있다. 물론, 그것이 긍정적인 것이든 부정적인 것이든, 작가를 기억한다는 것, 특히 수많은 사람들이 집단적으로 작가를 기억하고 작가에 관해 이야기한다는 것은 해당 작가가 유명한 작가라는 것을 의미한다. 단적으로 삶이 문제가 되는 작가 가운데 저명하지 않은 사람은 없는데, 그것은 작품세계가 훌륭하지 않으면 그의 '삶'조차 관심 대상이 되지 못한다는 것을 의미한다. 가령 지난 4월 타계한 전후 독일문학의 대표작가 귄터 그라스Gunter Wilhelm Grass나 1940~1942년 독일 점령기의 브뤼셀에서 나치의 영향권에 있던 신문에 100여 편의 논설을 기고한 전력이 사후(1987)에 알려져 수많은 독자들로부터 '나치 부역자'라는 비판을 받은 미국 해체주의의 대부 폴 드 만Paul de man, 여전히 나치 부역 전력과 반유대주의적 시각이 비판과 논쟁의 대상이 되고 있는 철학자 하이데거Martin Heidegger 등이 대표적인 사례이다. 이러한 스캔들의 공통적인 특징은 쉽게 수그러들지 않고 반복된다는 점이다. 그것은 프랑스의 정치학자 알랭 가리구가 최근 『르몽드 디플로마티크』에 발표한 글에서 "마르틴 하이데거에 대한 논란이 반복되는 것은 하이데거의 나치 부역 전력과 반유태주의의 입장을 증명하는 수많은 증거를 놀라울 정도로 고집스럽게 거부하는 하이데거 옹호자들 때문이다"라고 썼듯이 옹호자들이 나치에 협력하고 가담한 경력을 "수동적 방관자" 수준으로 축소하거나, "전체 1,200페이지 가운데 반유대주의 내용은 열두 쪽밖에 되지 않는다"는 식으로 "사안의 심각성을 단어의 수로 평가"하는 계량적 태도로 일관하기 때문이며, 무엇보다도 "철학과 정치활동은 분리시켜 생각"해야 한다는 식의 주장을 고집하기 때문이다.[1]

식민지 상태에서 생산된 친일문학을 둘러싼 논쟁도 사정이 다르지 않다. 친일문학은 '친일'문학이면서 친일'문학'이라는 점에서 '문학'과 '삶' 모두가 논쟁의 대상이며, 그것을 계량적인 방식으로 평가함으로써 또 다른 논란의 여지를 남기고 있다. 미당 서정주의 친일문학은 여전히 그 논쟁의 중심에 있다. 한국의 근대문학은 '민족문학'으로서의 성격을 강하다.

---

1 알랭 가리구, 임영주 역, 「하이데거가 감옥에 갔다면」, 『르몽드 디플로마티크』 76, 2014.

이러한 특징 때문에 지금까지 서정주의 문학을 둘러싼 논쟁은 평행선을 그려왔다. '친일' 문제를 애써 외면하고 전통지향적인 영원주의만을 높이 평가하여 그를 '국민시인'으로 추앙하는 태도와, 반대로 '친일'과 그 이후의 권력 친화적인 삶을 근거로 그의 문학 전체를 부정적으로 바라보는 태도의 대립이 그것이다. 이 글은 원칙적으로 서정주의 '친일문학'을 비판적으로 바라보는 시각을 견지하고 있지만, 그의 모든 글쓰기를 연구대상에서 배제하거나 오로지 비판의 대상으로만 삼으려는 태도에 동의하지 않는다. 대신 이 글은 서정주의 '친일문학'과 권력지향적인 삶의 궤적을 관통하는 논리를 찾아야 한다는 시각에서 시작하며, 그 논리를 재구성함으로써 '친일문학'을 발생론적 관점에서 살펴볼 것이다.

2. '국민시(가)'라는 문제

서정주의 '친일문학'에 관한 선행 연구의 주요한 논점은 그의 친일이 자의에서 행해진 것인지 타의, 즉 강요에 의해 행해진 것인지의 문제, 그리고 친일의 길로 접어든 시기가 언제인지를 확정하는 문제에 집중되어 있다. 여기에서는 두 번째 문제부터 살펴본다. 김재용은 「전도된 오리엔탈리즘으로서의 친일문학」에서 친일문학의 성격을 시기에 따라 '내선일체의 황민화'와 '대동아공영권의 전쟁동원'의 두 가지로 구분했다. 그에 따르면 전자는 중일전쟁이 발발하고 일본의 승세가 분명해지는 1938년 10월 이후에, 후자는 태평양 전쟁 발발 직전인 1941년 9월 무렵에 각각 시작되었다. 이 구분에 따라 그는 서정주의 친일문학이 후자에 속한다고 주장하면서 "서정주가 친일을 하게 되는 시점은 태평양전쟁이 난 후 일본이 싱가포르를 공략한 1942년 2월 이후",[2] 더 구체적으로는 "1942년 중반에 들어서면서 친일의 글을 발표하기 시작"했다고 기술한다. 구체적인 언급은 피하고 있으나 그가 서정주가 1942년 7월 『매일신보』(1942.7.13~17)에 발표한 평론 「시의 이야기 ― 주로 국민시가에 대하여」(일문)를 염두에 두고 있음은 쉽게 짐작할 수 있다. 서정주의 이 글은 비슷한 시기 일본에서 등장한 '국민문학'의 운문적 버전인 '국민시가'에 관해 쓴 글이기 때문에 '국민문학=친일문학'이라는 관점에서 보면 친일문학이라고 말할 수 있다. 특히 김재용이 "이들을 사로잡은 것은 바로 근대를 지배한 서구 세계에 대한 대타의식으로서의 동양의 설정이고 이 '동양'에 입각하여 서구의 근대를 비판하는 것이었다 (…중략…) 서정주가 친일을 하는 경로는 바로 이 대동아공영론으로서, 서양에 대한 동양의 반발이 그 기본 축을 이루고 있다"[3]라고 지적했듯이, 당시 일본과 조선에서 유행한 '동양' 담론은 민족주의적인 것과는 무관하게 일본주의-근대초극론의 맥락을 벗어나지 않는 것이었다. 그래서 많은 연구자들에게 이 글은 서정주의 친일문학의 원점으로 평가되고 있다. "미당이 보편과 동양정신으로의 회귀를 선언한 것은 「시의 이야기 ― 주로 국민시가에 대하여」(『매일신보』, 1942.7.13~17)를 통해서였다"[4]라는 지적도 그 하나일 것이다.

'국민문학'이란 대정익찬회가 주도한 '고쿠민분가쿠'의 산물이다. 1940년 10월 제2차 고노에 내각은 7월에 결정된 기본국책요강에 기초해 신체

2 김재용, 「전도된 오리엔탈리즘으로서의 친일문학」, 『실천문학』, 2002.여름, 59면.

3 위의 글, 63면.

4 오성호, 「시인의 길과 '국민'의 길 ― 미당의 친일시에 대하여」, 『배달말』 32, 배달말학회, 2003, 114면.

제 운동을 추진하기 위한 국민조직으로서 '대정익찬회'를 결성했다.[5] 이에 대정익찬회문화부는 태평양전쟁 개전 직후인 1941년 12월 문학자애국대회를 개최하고, 이후 1926년에 창립된 작가의 직능단체인 문예가협회를 모체로 대정익찬회 산하에 일본문학보국회(1942.5)를 설립했다. 이 영향으로 1943년 4월 조선에서도 조선문인보국회가 결성되었다. 이 시기에 일본에서는 『국민시』라는 제명의 잡지가 발간되기 시작했고, '국민시'에 관한 논의가 등장했다. 미요시 다츠지三好達治를 중심으로 한 과거의 모더니스트와 오에 미츠오大江満雄로 대표되는 전향 공산주의자들이 이 운동을 주도했다. 이러한 움직임은 곧장 조선 문단에 영향을 끼쳐 1941년 9월에 『국민시가』가 창간되었다. 서정주가 1942년에 발표한 「시의 이야기 — 주로 국민시가에 대하여」는 이러한 논의의 흐름에 놓여 있었기 때문에 태생 자체가 '친일'을 벗어나기 어렵다. 하지만 이 글의 문제성을 정확히 이해하기 위해서는 '국민시' 담론이 등장하기까지의 과정을 조금 면밀히 살필 필요가 있다.

일본인들은 꽤 이른 시기부터 조선에서 문학 활동을 했다.[6] 한 연구에 따르면 1905~1907년 무렵 부산에서 발행된 『조선지실업』(일문), 러일전쟁을 전후한 1902~1906년 사이에 간행된 『한국교통회지』, 『한반도』(일문) 등의 잡지에는 재조선일본인들의 단카나 하이쿠가 상당수 발표되었

---

5 여기에 대해서는 고봉준, 「일제 후반기 국민시의 성격과 형식」, 『한국시학연구』 37, 한국시학회, 2013 참고.

6 재조선일본인들의 문학활동에 대해서는 나카네 다키유키, 「조선 시가의 하이쿠 권역」, 『일본연구』 16, 고려대 일본학연구센터, 2011; 엄인경, 「일제 말기 한반도에서 창작된 단카 연구」, 『일본학보』 97, 한국일본학회, 2013; 구인모, 「단가로 그린 조선의 풍속지」, 『사이』 1, 국제한국문학문화학회, 2006 참고.

다.[7] 이때 단카와 하이쿠를 창작하는 사람을 '가진歌人'과 '하이진俳人'이라고 불렀다. 그리고 전자의 행위를 작가作歌, 후자의 행위를 작구作句라고 말한다. 1920년대에 접어들면서 재조선일본인들의 문학 수준은 내지內地 일본에 뒤지지 않을 정도로 높았고, 일본 내에서의 평가 또한 동일했다. 실제로 1933년에 작성된 한 자료를 살펴보면 당시 조선에는 단카를 창작하는 네 유파가 경쟁하면서 독자적으로 활동했을 정도로 창작 활동이 활발했음을 알 수 있다. 이들 유파에 속했던 미치히사 료道久良과 스에다 아키라末田晃는 훗날 각각 『국민시가』의 편집 · 발행인과 조선문인보국회 단카부 회장을 맡을 정도의 유명인이었다. 하지만 중일전쟁이 시작되면서 상황이 달라진다. 물자부족과 사상적인 문제가 전면에 등장한 것이다. 이 맥락에서 일본은 1940년에는 『조선일보』와 『동아일보』를 강제 폐간시켰고, 1941년에는 문예지 『문장』과 『인문평론』을 『국민문학』으로 통합시켰다. 일본은 1941년 국가총동원법에 이어 무역통제법을 실시하면서 모든 물자를 국가가 관리하는 완전한 통제체제로 진입했다. 중일전쟁은 조선에서 독자적인 영역을 갖추고 있던 '가단'과 '하이단'에도 직접적인 영향을 끼쳤다. 1930년대 중반까지 조선에서는 여러 종류의 일본전통시가 잡지가 출간되고 있었으나[8] 전쟁이 장기화 국면에 접어들면서 1941년 하이쿠는 '조선하이쿠작가협회'로, 단카는 시 장르와 함께 '국민시가연맹'으로 통합된 것이다. 하지만 알려지지 않은 이유로 최재서가 주재한 『국민문학』은 상당한 공백기를 거쳐 11월에야 창간호를 출간할 수 있었고, 그

7 여기에 대해서는 엄인경, 「1940년대 초 한반도의 일본어 국민시가론」, 『일본문화연구』 48, 동아시아일본학회, 2013 참고.

8 자세한 잡지명과 내용에 대해서는 엄인경, 「식민지 조선의 일본고전시가 장르와 조선인 작가」, 『민족문화논총』 53, 영남대 민족문화연구소, 2013 참고.

사이 그보다 두 달 앞서 '국민시가연맹'이 기관지 『국민시가』의 창간호를 발행했다. '국민시가연맹'은 1943년 4월 '조선문인보국회'가 결성될 때 '조선문인협회', '조선하이쿠작가협회', '조선센류협회', '조선가인협회'와 함께 통폐합되어 조선문인보국회를 결성한 단체이다. '국민시가연맹'은 1941년 7월 국민총력조선연맹문화부의 지도하에 결성되었고, 단카와 시 장르를 통합한 성격을 띠었다. 그런데 왜 하필이면 '국민시가연맹'이라는 단체가, 그리고 『국민시가』라는 이름의 기관지가 등장해야 했을까? 왜 그것은 '국민시'가 아니라 '국민시가'였을까? 그것은 이 단체가 '시단'과 '가단'의 통폐합을 상징했기 때문이다. 즉 '시가'는 '시'와 '가'의 결합을 의미했고, 그것은 근대적인 것과 전前근대적인 것, 또는 외래적인 것과 전통적인 것의 결합을 뜻했다. 실제로 재조선일본인들이 주도한 이 잡지는 '단카'와 '시'를 적절한 비중으로 실었다. 하지만 잡지(기관지)의 편집과 발행을 주도한 것은 '단카', 즉 '가歌' 쪽이었다. "이 잡지는 기본적으로 단카 작품과 그 이론(가론)을 중심적으로 취급하고 있으므로, 일본 최고最古의 문학서 『만요슈』에서 시작하는 일본의 고전과 전통 세계에서 '국민시가'의 보편성을 찾으려고 하였다."[9] 요컨대 이 시기의 '국민시가론'은 '단카'가 중심이었고, 이것은 최재서가 주도한 『국민문학』과는 조금 다른 것이었다. 바로 이 시기에 이광수는 자신의 첫 '국민시'를 '와카'로 지었고,[10] 김억은 『만엽집』을 초역하고, 국민시가발행소가 『만요슈』시대부터 다이쇼 시대에 이르기까지 천황에 대한 충성심을 읊은 유명 단카를 모아서 편집한

9 위의 글, 297면.

10 이광수의 '국민시'에 대해서는 최현식, 「이광수와 국민시」, 『상호학보』 22, 상허학회, 2008 참고.

『애국백인일수』를 시조 형식으로 번역하는 작업을 했다. 이상의 논의를 정리하자면 1940년대에 등장한 '국민시가'의 핵심은 일본의 전통단형서정시인 '단카'를 중심으로 한 논의였던 셈이다.

왜 이런 논의가 필요한가? 그것은 '단카'를 중심으로 한 '국민시(가)' 담론이 이 무렵 일본의 역사철학적 입장과 무관하지 않았기 때문이다. 알다시피 일본은 메이지 유신을 통해 근대국가로 발돋움했다. 그것은 '일본적인 것'을 부정하고 '서구적인 것'을 수용하는 과정이기도 했다. 1882(메이지 15)년 일본에서는 영미시의 번역과 번역자들의 창작시를 함께 수록한 『신체시초新体詩抄』가 출간되었다. 당시는 '근대'라는 개념이 사용되던 시기가 아니었기에 '근대시'라는 명칭이 쓰이지는 않았지만, 이 책의 출간은 일본이 근대시를 창안하는 과정에서 '서양적인 시'를 모델로 삼았다는 것을 말해준다. 이때의 서양적인 시란 곧 '근대시=장시'라는 관념에 의해 지배되었고, 이 기준에서 보면 일본의 전통 시형들은 길이가 너무 짧았다. 이때부터 일본은 근대적인 의미의 '시poetry'를 창안하기 위해 자신들의 고유 시형詩形 대부분을 부정하기 시작했다. 일본에게 근대는 곧 전통에 대한 부정이었고, 서구적 모델에 자신들을 맞추는 변화였다. "『신체시초』의 저자들은 근대장시에 어울리는 매체를 마련하기 위해서 한시, 와카和歌, 하이카이俳諧 등 예전부터 전해진 시적 장르의 정형을 모두 버리고 그 폐물 속에서 단지 전통적 운율인 7·5조만을 '쓸모 있는 과거'로서 취급하여 거기에다가 이중의 근대적 '가공'을 베풀었다."[11] 일종의 근대 콤플렉스에서 시작된 전통에 대한 부정은 중일전쟁을 전후한 시기부터 의문시되기 시

11 가와모토 고지, 「일본 시가에서 전통과 근대의 상호관계」, 『동아시아 문화연구』 43, 한양대 한국학연구소, 2008, 27면.

작했고, 마침내 1940년대에 접어들어 '근대의 초극'이라는 역사철학적 비전이 제시되면서 완전히 역전되었다. 이런 흐름의 한가운데에서 등장한 것이 바로 '국민시' 담론이었는데, 그것은 정확하게 말하면 일본이 근대화 과정에서 부정했던 전통 시형을 복원하는 것, 상식처럼 통용되던 '시=자유시'라는 관념을 넘어서는 기획이었다. 그래서 일본은 '시'보다는 '시가'라는 단어를 전면에 내세웠으니, 이는 곧 음악적인 요소의 복원을 뜻하는 것이었다. 그 음악적 요소에 대한 것이 곧 낭송/낭독 문제로 담론화된 것이 1940년대였다. 이러한 방향전환의 사상적 · 이론적 근거를 제공한 것이 1930년대 중반에 등장하여 미학적인 분야에서 '근대의 초극'과 '일본 민족의 기념비로서의 민족예술의 창출'을 주장한 야스다 요주로와 일본 낭만파였다. 자신의 '국민시'를 자유시가 아니라 '와카'로 지은 이광수야말로 '국민시' 담론의 핵심을 가장 정확하게 인식하고 있었던 것이다.

3. 서정주의 '국민시' 이해와 문학적 보편주의

그렇다면 서정주도 '국민시'를 그렇게 이해했을까? 회고에 따르면 서정주는 1941년 만주에서 고향으로 돌아가는 길에 서울에 들렀고, 그때부터 서울에 거주하면서 이용악, 최재서, 오장환 등과 지속적으로 교류했다. 그리고 일본인 저자들의 책을 조선어로 번역하는 일로 생계를 해결했다. 최재서의 인문사[社]와 잡지 『국민문학』이 주요 고객이었다. 서정주는 1942년 여름 부친이 위독하여 잠시 고향에 다녀왔으나 가을에는 흑석동에 주거지를 마련했다. 이러한 삶의 궤적을 고려하면 그가 당시의 문학적 흐름, 즉 '국민시'에 관해 알지 못했을 가능성은 거의 없다.

우리는 항용 '독창(獨創)'이라든가 '개성(個性)'이라든가 하는 말을 애용해 왔다. 생명이 유동하는 순간순간에서 일(一)의 자기의 언어, 자기의 색채, 자기의 음향(音響)만을 찾아 헤매었던 것이다. 그러나 아무와도 닮지 않은 독창이라든가 개성이란 어떤 것일까? 중심에서의 도피, 전통의 몰각, 윤리의 상실 등이 먼저 재래(齎來)되었다. 할 수 없는 무질서와 혼돈 속에서 작가들은 아무와도 닮지 않은 자기의 유령들을 만들어 놓고 또 오래지 않아서는 자기가 자기를 모방하여야 했던 것이다. 이러는 동안에 먼저 심심해진 건 작가 자신이었던 것이다. (…중략…) 국민문학이라든가, 국민시가라는 말이 기왕에 나왔거든 이제부터라도 전일(全日)의 경험을 되풀이하지 말고, 정말로 민중의 양식이 될 수 있는 시가 내지 문학을 만들어내기에 일평생을 바치려는 각오를 가져야 할 것이다. 이것은 심히 전통의 계승 — 동방전통의 계승과, 보편성에의 지향과 밀접한 관계가 없을 수 없는 것이다. 그렇게 생각한 까닭에 나는 이상에 개성과 보편 등의 수개 조목을 들어 내가 생각하는 대로 개진했음에 불과하다.[12]

1940년대에 이 정도의 치밀한 논리와 안정적인 문체로, 그것도 긴 분량의 비평을 썼다는 것은 상당한 노력을 기울였다는 것을 의미한다. 이 글의 첫머리에서 서정주는 "국민시가라는 새로 생긴 술어의 연역演繹을 하기 전"에 먼저 문학을 '독창'과 '개성'의 산물로 이해하는 태도를 비판하고, 대신 '보편'과 '일반성'의 가치에 대해 질문한다. 앞에서 언급한 김재용의 구분에 따른다면 서정주의 친일문학은 대동아공영론, 즉 "근대를 지배

12 서정주, 「시의 이야기 — 주로 국민시가에 대하여」, 김병걸 · 김규동 편, 『친일문학작품선집』 2, 실천문학사, 1986, 285~287면.

한 서구 세계에 대한 대타의식으로서의 동양의 설정"에 해당하며, 따라서 이 글에 등장하는 '보편'과 '일반성'의 가치에 대한 주장 역시 '동양' 담론의 맥락에서 이해되어야 한다. 실제로 이 글은 서구 근대문학을 추종하는 서구지향적 태도를 비판하고 동양-전통의 중요성을 강조하는 내용을 포함하고 있다. 요컨대 그는 '국민시가'에 관해 이야기할 때, 먼저 서구적인 것을 추종하는 데 "몇 십 년을 소모하고도 아직껏 민중의 항심恒心에 침투하지 못한 서러운 경험"을 잊지 말아야 한다고 주장하고, 다음으로 '문학'을 사상으로 환원하는 태도를 경계해야 한다는 주장을 펼친다. "문학을 문학으로서 하지 않는 한 대체 누구의 작품이 아직도 우리를 위로할 수 있을 것인가. 아무리 사상에서 출발한다 하여도 그것이 시문학으로 존재하려면 역시 어쩔 수 없이 감성의 관문을 통해 나와야 된다."

이상의 두 가지를 전제한 후 서정주는 "문제의 국민시가란 어떠한 시가여야 할까?"라고 묻는다. 이 질문에 대한 서정주의 답은 "구라파의 지성과 사상에 종사했던 우리"의 과거를 뛰어넘어 "개성의 삭감, 많은 사상의 취사선택과 그것의 망각, 전통의 계승 속에서 우러나는 전체의 언어공작"이어야 한다는 것이다. 물론 이때의 전통과 언어는 '동양=일본'과 '일본어'를 의미한다. 그리고 이 맥락에서 그는 괴테와 푸시킨이 대표적인 '국민시인'임을 환기한다. "나는 국민문학이란 전연히 괴테나 푸쉬킨 같은 태도의 보편적이요 건실한 작가에게 의하여 씌어지는 문학이어야 한다고 생각하였다." 여기서 말하는 '보편적 태도'란 무엇일까? 괴테의 경우에 그것은 "독일사람들이 오랫동안 기리고 오던 전설에다 착색하여 『파우스트』라는 실로 그 후의 독일문학을 위하여 한 전통이 될 수 있는 작품을 써서 그것이 독일의 국민성의 향상에 적지 않게 공헌"한 것을 가리키고, 푸시킨의 경우에 그것은 "『오네긴』 등의 시작으로 하여 노문학의 성격을 비로소 확립하여 그 후의 자국문학이 의거하는 바, 한 개의 커다란 원천이 되었다"는 것을 의미한다. 그런데 국민문학과 국민시가에 대한 이런 설명은 고쿠민분가쿠의 이념은 물론 근대국가 건설 과정에서 부정한 전통을 복원하고 긍정하는 '일본적인 것'의 추구로서의 국민시가 담론과 상당한 거리가 있다. 서정주는 지금 문학은 '사상' 이전에 '언어공작'이라는 것, 개성과 독창성을 중시한 유럽의 근대문학과 달리 "자국민의 성격의 발견과 이것의 고양"에 기여하는 국민문화로서의 보편=국민문학이 필요하다는 원론적 입장을 개진하고 있는 것이다.

> 동아공영권이란 또 좋은 술어가 생긴 것이라고 나는 내심 감복하고 있다. 동양에 살면서도 근세에 들어 문학자의 대부분은 눈을 동양에 두지 않았다. 몇몇 동양학자들이 따로 있어 자기들이 일상 사용하는 한자의 낡은 문헌들을 자의적으로 해석해 내는 정도에 그쳤었다. 시인은 모름지기 이 기회에 부족한 실력대로도 좋으니 먼저 중국의 고전에서 비롯하여 황국의 전적들과 반도 옛것들을 고루 섭렵하는 총명을 가져야 할 것이다. 동양에의 회귀가 성히 제창되는 금일이다. 그것은 작가의 태도 여하에 따라서는 결코 어려운 일도 아닐 것이나, 자네가 이렇게 공부하는 동안에 그건 취사될 것이요 또한 선택될 것이다.[13]

서정주는 유럽 문화는 '희랍 · 로마 문화'에 근거하는 반면, 동양 문화는

13 위의 글, 289~290면.

"한자를 중심으로 하는 일환의 문화"에 기초한다는 틀 속에서 사고하고 있다. 그런 점에서 '동양'은, 밀란 쿤데라가 "모든 민족은 자신을 찾는 과정에서, 자기 집과 세상 사이의 중간 경계가 어디에 위치하는지를, 내가 중앙 배경이라고 부르는 것이 국가적 배경과 세계적 배경 사이 어느 곳에 위치하는지를 자문하기 때문이다"[14]라고 말할 때의 중간 경계, 즉 상대적인 보편의 지평이라고 말할 수 있다. 일본 제국주의는 이 상대적인 보편의 지평을 '서구'라는 대타적 항에 대립하는 실체적인 것이라고 주장하고, 나아가 그것을 '동양=일본'이라는 단일한 중심과 동일시했다. 그런 점에서 "동아공영권이라는 술어"는 명백하게 '친일'의 기호이다. 그런데 서정주는 '국민시가'를 당시 일본과 조선에서 공식적으로 통용되던 '국민시가' 담론과는 전혀 다른 맥락에서 개진하고 있다. 예컨대 '국민시가'는 단카나 하이쿠 같은 일본의 전통시형을 복원하는 문화적 전통의 문제였는데 서정주는 자유시의 범위를 벗어나지 않는다. 또한 같은 시기에 친일문학자들이 강조했던 천황제 파시즘과 죽음에 대한 예찬도 수락하지 않고, 위의 인용에서 확인되듯이 심지어 '일본'과 '중국'과 '조선'을 '동양-고전-한자'라는 프레임에서 같은 수준에 놓는다. 만일 서정주가 '친일'을 작정하고 이 글을 썼다면,[15] 그것도 『매일신보』에 발표하는 글에 친일문학의 클리셰인 천황, 일본, 국민의 자세, 만엽집 등을 언급하지 않은 까닭은 무엇일까. 우리는 태평양전쟁 개전 이후에 발표된 비평에서 이런 시각을 견

14 밀란 쿤데라, 한용택 역, 『만남』, 민음사, 2013, 139~140면.

15 이 글은 서정주가 '친일' 의도로 집필했을 가능성을 완전히 부정하지 않는다. 다만 그것이 '친일'의 의도에서 집필된 것이라면 연구자에게는 이 글이 왜 당시에 유행했던 내용과 기호로 채워지지 않았는지 설명해야 할 의무가 있다고 생각한다. 몇몇 제한적인 구절이나 제목을 근거로 '친일'의 의도를 추론하는 것은 타당한 논리가 아니라고 생각한다.

지한 글이 또 있었는지 살펴야 한다.

그렇다면 문제는 이 글에 등장하는 '동양'과 '보편'이 근대초극론에 등장하는 그것과 동일한 것인지의 여부를 살피는 일일 것이다. 알다시피 서정주는 1930년대 등단 무렵의 잠깐을 제외하고 매우 이른 시기부터 '동양적인 전회'를 주장해왔다. 물론 이때의 '동양', 즉 전회의 동기가 일본낭만파의 등장에서 식민지 후반기로 이어지는 시국적 변화와 그에 따른 문학의 주조 변화에서 받은 영향에서 비롯되었을 가능성이 상당히 높다. 또한 거기에는 출생과 성장 과정에서 그가 경험한 것들의 영향도 개입되어 있었을 것이다. 한 가지 분명한 사실은 서정주가 매우 일찍부터, 그리고 문학적인 절정을 구가할 때조차도 '동양'과 '보편'을 포기하지 않았다는 점이다. 물론 서정주가 초기에 '보편'을 강조할 때, 그것은 "영원히 사람들에게 매력이 되고 문젯거리가 될 수 있는 내용을 골라 써야 한다. 그러니 그럴려면 한 시대성의 한계 안에서 소멸되고 말 그런 내용이 아니라 어느 때가 되거나 거듭거듭 문제가 되는 그런 내용만을 골라 써야 한다"[16]처럼 '개인'이나 '시대'를 뛰어넘는 보편적인 것으로서의 인간문제 정도의 소박한 수준이었다. 그것은 "남녀의 사랑을 비롯한 사람들 사이의 여러 사랑에서 파생하는 환희와 비애, 절망과 희망 (…중략…) 이별 · 상봉 · 질투 · 화목 또 생과 사 — 이런 어느 시대에나 공통될 인생의 문제"였지 그것을 넘어서는 이데올로기가 아니었다. 서정주는 「시의 이야기」에서 '보편'을 "괴테나 푸쉬킨과 같은 이들의 본을 받아서 커다란 보편적인 작가 태도를 가져야 할 것이다", "스스로 수영할 때의 해양의 넓이와 같이 자네들의 전신

16 서정주, 『미당산문』, 민음사, 1993, 118면.

을 둘러싸게 되는 것이라야 할 것"처럼 '개인'을 넘어선 문화적 지평의 문제로 간주한다. 그는 "우리의 안전眼前에 있는 것 전체에 명명하여, 이걸 오랫동안의 사회死灰로부터 소생시킬 수 있는 그러한 작가"가 되어야 한다고 강조한다. 그 안전의 것이란 "풀이파리 하나, 하잘것없는 팔만이나 요시오의 아내 하나, 해안의 돌메이 하나" 등이다. 이런 관점에서 서정주는 오히려 '국민시가'라는 이름을 달고 발표된 작품들, "인도양이여! 남방의 신화여! 등"의 작품들에 대해 "그건 시가 아니요"라고 평가한다. 그런 작품들을 접할 때마다 '환멸'을 느낀다는 것이다. 그래서 서정주는 시는 "먼저 언어로서의 많은 세련을 통과해 온 것이다. 언어를 그렇게 홀대하는 사람들이 시를 쓰는 것이라면 가두의 인단仁丹 장수나 옛날 무성영화의 변사도 넉넉히 시를 썼겠다"라고 지적한다. 이 글의 후반부에서 서정주는 "시는 무엇보담도 먼저 언어해조인 것이다", "시는 무엇보다도 먼저 언어의 문제인 것이다" 등처럼 '시=언어'라는 태도를 반복해서 강조하며, 이러한 태도는 해방 이후에도 포기하지 않았다. 이렇게 보면 서정주의 「시의 이야기—주로 국민시가에 대하여」를 '국민시가'라는 제목만으로 친일문학이라고 판단하는 것은 설득력이 떨어진다.[17] 서정주가 '국민시가'의 진의를 몰랐는지, 아니면 그것과는 별개로 당시의 시작품에 대한 자신의 불만을 '국민시가'라는 첨단의 개념을 빌려 표현한 것인지는 단정할 수 없지만, 당대의 국민시가 담론의 핵심과는 전혀 동떨어진 글을 '국민시가'라는 부제가 붙었다는 이유만으로 친일문학이라고 평가할 수는 없다.

---

17 김춘식은 "미당의 '국민시'에 대한 생각은 '파시즘'이나 '총동원 체제'와 관련된 것이 아니라 미학적인 보편이나 시적 전체성에 대한 지향에 가까운 것이었다"라고 주장하는데, 전적으로 타당한 의견이라고 생각한다.

4. 일본낭만파의 전통론과 초월주의의 영향

일찍이 서정주는 자신의 친일은 1944년 6월부터 1945년 봄까지의 "반 해 남짓한 동안의 일들"[18]이라고 기술한 바 있다. 하지만 확인된 작품목록에 따르면 서정주는 1943년 하반기부터 친일작품을 발표하기 시작했다. 서정주의 친일문학 작품목록을 연도별로 제시하면 다음과 같다. 「인보정신」(산문, 『매일신보』, 1943.9.1~10), 「징병적령기의 아들을 둔 조선의 어머니에게」(산문, 『춘추』, 1943.10), 「항공일에」(시, 『국민문학』, 1943.10), 「스무 살 된 벗에게」(산문, 『조광』, 1943.10), 「최체부의 군속지망」(소설, 『조광』, 1943.11), 「경성사단 대연습 종군기」(르포, 『춘추』, 1943.11), 「헌시－반도학도 특별지원병 제군에게」(시, 『매일신보』, 1943.11.16), 「보도행－경성사단 추계연습의 뒤를 따라서」(르포, 『조광』, 1943.12), 「무제－사이판 섬에서 전원 전사한 영령을 맞이하며」(시, 『국민문학』, 1944.8), 「송정오장 송가」(시, 『매일신보』, 1944.12.9). 친일문학으로 분류되는 서정주의 작품들은 형상화의 수준이 다른 문인들의 작품과 친일작품과 비교가 되지 않을 정도로 높다. 하지만 그 내용은 "벗이여, 한 피는 진실로 어머니에게서 받았으나 벌써 어머니의 것은 아닌 우리의 몸뚱이를 어디에다가 던져야 할 것인가를 다시 한 번 생각해보자"(산문, 「스무 살 된 벗에게」)처럼 '죽음'을 미학화하는 상투성을 벗어나지 않는다. 그러므로 이들 작품의 '친일'적 성격에 관해서는 재론의 여지가 없다. 다만 이 시기가 서정주의 시집 『자화상』과 『귀

18 그것은 1944년 유월 내가 민족주의극 공연 사건에 영향을 주었다는 혐의로 석 달 동안의 구치소 신세를 진 뒤 풀려나와서부터 이듬해 즉 1945년 봄까지의 반 해 남짓한 동안의 일들로서, 제목은 친일적 업적 또는 전범 여부에 대한 것이다(서정주, 『미당 자서전』 2, 민음사, 1994, 153면).

촉도』[19]에 실린 작품들을 창작한 시기와 겹친다는 점, 따라서 이들 시집에 포함된 '고향', '동양', '전통' 등의 주제의식이 일본 파시즘의 '동양' 담론이나 '근대 초극'과 어떻게 구별될 수 있는지가 문제일 듯하다. "보들레르로 대표되고 있는 서구의 세계"에서 "서구의 근대가 이 세계를 휩쓸기 이전의 비서구의 삶에 대한 관심"으로 나아간 초기 시의 동양적 · 전통적 세계의 발견 사이에 놓여 있는 획기적인 단절을 '서구'와 '동양', '근대'와 '근대 초극'이라는 동양 담론의 영향으로 읽을 수 있는 가능성이 주어지는 것도 이 때문이다.

'고향-전통-신라-영원'으로 변화해간 서정주의 시세계는 '일본적인 미'를 주장하면서 천황제파시즘에 복무한 야스다 요주로의 일본 낭만파와 상당히 흡사한 면모를 지니고 있다.[20] '전통'과 '새로움'은 어느 시대에나 예술의 중요한 논점 가운데 하나이지만, 그것이 본질이나 실체로 간주되어 다른 하나를 배척하는 근거가 될 때, 그것은 이데올로기가 되고 만다. 예술에서 이러한 이데올로기의 특징은 본질의 가치를 내세워 현실로부터 눈을 돌리게 만드는 것이다. 가령 불안의 시대를 배경으로 등장한 일본 낭만파 미학은 아이러니의 미학을 강조하면서 젊은이들의 지지를 받았지만 어느 순간 국수주의적 태도를 취하면서 예술 창작의 주체를 예술가가 아닌 민족과 국가로 이동시켜버렸다. 그 결과 일본 낭만파는 "선

19 『귀촉도』에 실린 작품의 절반 이상이 1943년 이전에 창작된 작품이다.

20 미당의 초기 시 「수대동시」는 흔히 '동양에의 전회'를 이야기할 때 가장 많이 인용되는 작품이다. 김윤식은 이 작품을 "보들레르 시학과의 결별을 선언한 것"(김윤식, 『미당의 어법과 김동리의 문법』, 서울대 출판부, 2002, 41면)으로 평가하지만, 이승원은 이 시가 "서정주 시의 전환을 알려주는 작품이 아니라 일제강점기 서정주의 시 중 매우 이질적인 작품"(이승원, 「서정주 초기 시의 친일과 시정신 재고」, 『인문논총』 24, 서울여대 인문과학연구소, 2012, 48면)이라고 평가, 상징적인 의미를 부여하지 않는다.

조로부터 내려온 신화"와 "우리의 역사와, 민족이라는 영웅과, 시인들에게 그려진, 일본의 미적 이상"에 대해 관심을 집중하기 시작했고, 그것은 "그들에게 있어 주체 창조의 근거가 되는 것은 '생명[삶]', 단독적으로 일회적인 현재의 나의 '생명[삶]'이기 때문이다. 하지만 야스다에게 있어서는 나의 '생명[삶]'은 문제가 되지 않는다. 창조의 주체는 문화이고 전통이며, 개인은 이미 창조할 힘과 능력을 잃어버렸으며, 그 대신에 '나'는 공허한 주관성이 되어, 미적으로 장엄한 세계를 돌아다니는 것이다"[21]라는 지적처럼 개인의 삶을 부정하고 민족과 국가의 일원으로 사는 삶을 긍정하는 국가주의 이데올로기로 귀결되고 말았다. 따라서 서정주의 초기 시를 친일문학의 흔적이라고 말할 수는 없지만, 그 초월적 비전의 위험성은 충분히 일본 낭만파의 미학과 비교할 만하다. 물론 "미당 서정주의 친일 행적과 해방 이후의 영원성, 영통주의, 신라의 발견 등을 연속적인 관계로 보는 시각"을 경계하면서 "대동아공영권의 동양주의와 서정주의 동양적 영원성이 동일한 정신구조를 지니고 있"다는 주장을 반박하는 연구자들도 많다.[22] 이 반박 논리의 핵심은 식민지 시대의 친일문학과 해방 이후의 국가주의, 국민문학 논리가 구조적인 상동성을 띠고 있지만, "애국의 최종적 목표점"이 무엇인지에 따라 그 궁극적 의미는 달라진다는 것이다.[23] 예컨대 1942년까지의 시에는 토속적 · 전통적 요소는 나타나지만 "신라정신에 해당하는 단면"은 나타나지 않으며, 따라서 서정주의 신라정신은

21 일본 낭만파의 미학에 관해서는 구라카즈 시게루, 한태준 역, 『나 자신이고자 하는 충동』, 갈무리, 2015, 277~279 참고.

22 김춘식, 「자족적인 '시의 왕국'과 '국민시인'의 상관성」, 『한국문학연구』 37, 동국대 한국문학연구소, 2009, 342면.

23 위의 글, 342면.

"해방 전의 토속적 · 전통적 경향과 영원성에 대한 탐구가 해방 이후 서정주의 새로운 모색에 의해 결합하면서 새로운 시 정신으로 완성"된 것이라는 주장 등이 그렇다.[24] 하지만 초월주의적 비전의 위험성이 정확하게 현실의 역사성을 몰각하고 구조적인 상동성에 집착하여 '역사적 현실'에 대한 맹목을 만들어내는 데 있다면 시기에 따라 "애국의 최종적 목표점"이 달랐다는 주장은 설득력이 높은 반론은 되지 못한다. 이러한 문제 때문에 서정주 문학에서 '친일' 문제는 해방 이후부터 작고 때까지 이어진 권력지향적인 삶의 문제와 연속적인 맥락에서 논의될 필요가 있다.

서정주의 문학을 둘러싼 논란은 '친일' 문제가 전부는 아니다. 그의 문학과 삶에 대한 비판이 '국민시인'이라는 명예에 흠집을 내기 위한 의도가 아니라면, 그에게서 '친일'만을 문제로 삼는 민족주의적 시각은 하루빨리 극복되어야 한다. 서정주는 '국가 만들기'를 놓고 좌우익이 첨예하게 갈등한 해방기에는 우익 진영에 투신했고, 한때는 윤보선의 소개로 이승만의 전기를 집필하기도 했다. 그 공로로 정부 수립 후 초대 문교부 예술과장 자리에 올랐다. 한국전쟁 시기에는 문총구국대 결성을 주도했고, 1960년대에는 월남전 참전을 독려하는 작품을 썼다. 그리고 1980년대 신군부가 등장하자 통일주체국민회의 대통령 선거 당시 전두환 지지 연설을 했고, 1987년 1월에는 "이 민족기상의 모범이 되신 분이여! // 이 겨레의 모든 선현들의 찬양과 / 시간과 공간의 영원한 찬양과 / 하늘의 찬양이 두루 님께로 오시나이다"로 끝나는 송가頌歌를 바쳤다. 전두환에게 '일해'라는 호를 지어준 것도 그였다. 이처럼 서정주는 정치적 · 역사적 갈림

24 이숭원, 앞의 글, 50면.

길과 마주할 때마다 어김없이 현실적인 힘, 즉 '권력'을 선택했고, 그 때문에 역사적 흐름을 판단하는 일에는 매번 실패했다. 서정주의 이러한 삶과 문학의 궤적을 문학하는 자의 단견에서 비롯된 착오, 목숨이 위태로운 상황을 모면하기 위해 선택한 고육지책이라고 옹호하는 논의도 있지만, 언제나 역사와 문화의 객관적인 관찰자임을 자청해온 그였고, 상당한 학식과 지식을 자랑하던 그였다. 심지어 생生과 사死의 경계를 초월한 시적 영원주의의 주창자였기에 논란은 클 수밖에 없다. 그는 자신의 문학 세계와는 정반대의 세계를 지향하며 살았다. 그는 왜 삶으로 자신의 문학을 부정하는 삶을 살았을까? 혹자는 이 문제에 관하여 외부적 강제 때문에 어쩔 수 없었다거나, 문학과 삶은 별개라는 주장을 펼친다. 하지만 서정주에게 쏟아지는 비판의 대부분이 친일'문학'에 관한 것이기에 설득력이 약하고, 특히 그의 '친일문학'이 1940년대의 친일 작품들 가운데 최고 수준이기에 '강제' 그 이상의 동기가 있을 수 있다는 합리적인 의심을 불식시키기에는 한참 부족하다. 최근 몇몇 연구자들은 서정시의 근본원리가 동일성과 초월성이 기초하고 있는 일본의 파시즘과 구조적 상동 관계에 있기에 서정 시인들의 다수가 친일에로 경사되었다는 가설을 제기하지만, 그 또한 반대사례가 너무 많기에 일반화하기 어렵다. 오히려 서정시의 주관성은 때로 정신분석학이 주장하는 대타자의 권위를 무시하는 개인주의적 아나키즘의 동력으로 전화되기도 하지 않는가.

그렇다면 왜 이런 문제가 발생했을까? 이 글이 제시하는 한 가지 가설은 '초월적 원리' 때문이라는 것이다. 즉 예술이나 철학, 심지어 일상적 생활세계에서조차 '초월적 원리'를 전제하면 발생할 수 있는 문제라는 것이다. 여기에서 말하는 초월적 원리란 현실적/현재적 존재보다 상위의 존재, 즉 초월적 존재가 있다는 발상, 궁극적으로는 그것이 중요하며, 그 원리를 관철시키는/현실화하는 것이 곧 현실이라는 사고방식이다. 플라톤의 이데아 이래로 이러한 초월적 원리는 끊임없이 다른 개념으로 변주되면서 철학이나 예술에 현실을 부정하는 알리바이를 제공했다. 이것의 현대적 변형이 근본주의, 본질주의라고 말할 수도 있겠다. 이러한 초월적 원리의 특징은 발화되는 순간부터 그것 아닌 모든 것을 무의미한 것, 무가치한 것으로 만든다는 데 있다. 가령 박종홍이 만든 "우리는 민족중흥의 역사적 사명을 띠고 이 땅에 태어났다"로 시작되는 국민교육헌장이 대표적인 사례이다. 이 헌장을 수락하는 순간 우리의 삶의 목표와 목적은 선험적으로 결정되며, 그 목적과 무관하거나, 그 목적을 위배하는 일체의 행위 / 삶은 반反민족적인 것이 된다. 이러한 초월성은 종교에도, 이데올로기에도, 계급주의에도, 민족주의에도 있다. 뒤집어 말하면 이러한 믿음이 분명하고 강렬할수록 대타자의 욕망을 욕망하는 행위는 증대된다. 이러한 초월성은 초월적 원리 자체를 의심하거나 성찰하기보다는 그것을 정당화하고 미화하는 '정치의 심미화'를 선호한다. 이때의 대타자는 그것을 믿고 발화하는 주체가 자신의 존재의 일관성을 유지할 수 있도록 만들어 주는 질서이지만, 사실은 주체의 믿음/발화에 선행하여 존재하는 현실적 실체가 아니라 주체가 만들어낸/구성한 '거짓말의 질서'이다. 정신분석학이 대타자를 텅 빈 실체이면서 현실과 주체를 생산하고 지탱시키는 원동력이라고 설명하는 이유도 여기에 있다. 그것은 "상상"의 산물이다. 대타자가 현행하는 실체가 아니라 텅 빈 실체라는 말은 그것의 '자리'만이 준비되어 있다는 의미인데, 역사적 존재해온 많은 초월적 원리와 근본주의, 본질주의 등은 각기 이 '자리'에 부여된 상이한 기표의 이름이었다.

1930년대에 일본의 담론장에 등장한 일본 낭만파는 이 '자리'에 '일본의 미적 이상'을 배치했다. 사람들의 오해와 달리 그들은 일본의 미적 이상, 즉 '미' 이외의 것에는 관심을 기울이지 않았다. 그들은 단순한 이데올로그가 아니었고, 예술을 천황제 파시즘을 정당화하는 수단으로 사용하지도 않았다. 그럼에도 불구하고 그들은 가장 국수적인 미를 옹호했고, 그것을 통해 천황제 파시즘을 정당화했다. 야스다 요주로는 일본의 고전에 대해 "나는 여기서 역사를 전하기보다도, 미를 이야기하고 싶은 것이다. 일본의 미가 어떠한 형태로 다리로 나타나고, 또한 다리에 의해 고찰되고, 그 다음에는 드러날 것인지, 그러한 일반 생성의 미학이란 문제를 가장 가련하고 애처로운 일본의 것부터 늘어놓아, 오늘날 가장 젊은 일본 사람들에게 호소하고 싶은 것이다"라고 말했다. 일본 낭만파는 당대의 예술을 "고전에 머물고 있는 옛사람들의 감정을 순수의 소리로서 무매개적으로 듣고 파악하는 것, 그리고 그 옛날 시인의 비애와 함께 하는 것이 오늘의 시적 정신에 부과되고 있는 것"으로 이해한다. 이것이 그 유명한 야스다 요주로의 산문 「일본의 다리」(1936)의 핵심이다. 예술에 대한 이런 태도는 1940년대의 문장파派는 물론 서정주의 시론에도 일부 나타난다. 서정주의 시적 변화과정, 즉 '고향-전통-신라-영원'으로의 이동 과정은 이러한 초월적 원리의 시적 형상화라고 평가할 수 있다. 아이러니한 것은 이러한 초월적 원리의 구현과정이 철저하게 그것을 부정하거나 그것과 상반되는 현실적인 정치권력의 힘을 용인하는 세속적 과정과 나란하게 진행된다는 사실이다. 그것은 이승만-박정희-전두환으로 이어지는 개발독재와 산업화 세력이 서정주 자신이 지향한 시세계를 위협하는 세계관의 소유자였음에서 분명하게 확인된다. 그럼에도 불구하고 서정주가 끝내

이 정치권력으로부터 자유롭지 못했던 것은, 일본 낭만파가 '미'라는 초월적 이상에 시선을 고정함으로써 현실에서 벌어지는 파시즘에 눈을 감을 수 있었듯이, 그 자신 영통주의라는 초월적 세계에만 시선을 고정함으로써 정치권력이 현실에서 그 초월성을 파괴하는 주요한 힘임을 성찰하지 못했기 때문이다. 이런 점에서 서정주의 초월주의적 태도는 그가 초기에 영향을 받은 보들레르나, 전후 시단에서 서정주와 함께 활동한 김수영의 시적 태도와 분명히 다르다. 일찍이 보들레르는 『악의 꽃』 서문에서 독자를 "위선자 독자여, 내 동류, 내 형제여"라고 호명하면서 부르주아에 대한 비판과 자신에 대한 비판을 동일화했고, 김수영 또한 자신의 삶을 시적 비판의 대상으로 간주함으로써 자기 비하와 혐오에 관해 말하기를 주저하지 않았다. 이들 시의 모더니티는 정확히 이 자기성찰과 비판에 근거한다. 반면 이른 시기부터 서구적 모더니티와 다른 길을 선택한 서정주의 시는 좀처럼 자신의 삶을 시적 대상으로 설정하지 않는다. 특히 '전통-신라-영원'으로 이어지는 시기에는 더욱 그렇다. 서정주는 기회가 있을 때마다 시인, 작가의 자세는 자유에 있고, 어떠한 이념이나 사상에 만족하지 않아야 한다면서 '자유'를 강조했으나, 정작 공산주의 이외의 사상과 제도가 '자유'를 위협한다는 것을 깨닫지는 못했다. 또한 그는 문학은 오로지 '언어'의 문제라고 강조했지만, 바로 그 때문에 자신이 구체적 현실을 감각하지 못하고, 나아가 자신이 강조하는 영원주의가 그것을 부정하거나 파괴해온 세계관에 의해 물질적으로 뒷받침되고 있다는 이율배반을 깨닫지 못했다. 이런 점에서 우리는 서정주의 신라정신과 영원주의가 서구-근대의 횡포에 반反하는 전통주의 또는 반근대주의가 아니라 근대가 낳은 두 명의 자식 가운데 한 명이 아닌지 되물어야 할 듯하다. 만일 그렇다면 '국민시인'이라고 칭호는 낭만주의적 의미의 '국가주의'의 또 다른 표현에 불과하다고 말해야 할지도 모른다.

제5장

'동양'의 발견과 국민문학

김종한론

1. 신민요와 노스텔지어의 정신

을파소乙巴素 김종한[1]의 초기 시는 소곡小曲과 민요民謠에 집중되어 있다. 개벽사社에서 주최한 소곡현상공모에도 두 번이나 당선되었으며, 『동아

1 김종한은 1914년 2월 28일 함경북도 명천에서 태어났다. 그는 여섯 살 때 의사인 백부의 집안에 양자가 들어가 함경도 일대를 떠돌면서 성장했고, 『조선일보』(1928.1.5)에 「가을비」와 「하소연」을 발표, 1933년 함경고등보통학교 재학 중에 시 「격류」가 학생문단 가작(佳作)으로 뽑혀 『동광』에 게재되기도 했다. 1934년에는 개벽사(社)에서 주최한 제1회 '신유행소곡현상공모'에 「임자 없는 나룻배」가, 제2회 '신유행소곡현상공모'에 「빨래하는 색시」가 각각 당선되었고, 같은 해에 「결산」과 「거종」을 『중앙』에, 「거종」을 『조선일보』에 발표하는 등 본격적인 문단활동 이전부터 비교적 활발한 활동을 했다. 1935년에는 『조선일보』 신춘문예에 민요 「베 짜는 각시」가, 1936년에는 『동아일보』 신춘문예에 민요 「망향곡」이, 그리고 1937년에는 『조선일보』 신춘문예에 시 「낡은 우물이 있는 풍경」이 각각 당선되었다. 소곡(小曲)과 민요(民謠)에 집중되어 있던 초기의 문학은 1939년 『문장』에 「귀로」, 「고원의 시」가 추천됨으로써 점차 시(詩)로 바뀌게 된다. 그는 식민지 조선에서 태어나 일본어 교육의 영향권에서 성장했으며, 조선어와 일본어라는 두 개의 언어를 넘나드는 이중어 글쓰기를 했다. 이러한 성장의 경험은 훗날 신세대론으로 표출된다.

일보』와 『조선일보』 신춘문예에 민요로 응모하여 당선되었다는 사실이 이를 말해준다. 당시 개벽사社에서 주최한 현상공모에는 '시에튼 레코-드'나 '빅터 축음기회사'처럼 당선작들을 노래로 보급할 수 있는 물질적 기반을 갖춘 자본이 관계하고 있었고, 응모작의 규모(1회에서 300여 편, 2회에는 1170편)에서도 그 대중적인 영향력을 쉽게 확인할 수 있다.[2] 레코드와 라디오의 등장은 '신민요'라는 새로운 형식을 낳았는데, 이러한 현상은 김종한의 민요·소곡 창작에도 큰 영향을 끼쳤다. 흔히 "동양적인, 정적이고 포근한 정한과 전설의 세계를 구현"[3]하고 있다는 평가에서도 나타나듯이 김종한의 시는 표면적으로 향토성을 짙게 드러내고 있다. 「베짜는각씨」, 「남어지이한밤」, 「얄루강구비구비」, 「마전타령」, 「백두산타령」, 「명천방아타령」, 「얄루강처녀」 등의 민요는 그 대부분이 함경도의 길주·명천 지역의 설화와 전설을 배경으로 하고 있다. 그러나 김종한이 민요를 통해 구현했던 토속적·향토적 정서는 농경사회를 기반으로 한 전통 민요와는 사뭇 다른 세계관에 근거하고 있었다. 표면적으로 김종한의 민요는 상실과 이별에서 기원하는 정한의 정서를 담고 있다. 그러나 그는 "지방분권적인 수공업적인 중세적 사회"[4]를 배경으로 하는 '토민&민요'가 아니라 레코드와 라디오라는 문명을 통해 전파되는, 새로운 대중성과 시

2 민요는 요사이 레코-드에서 흔히보는 소위 신민요체란 것의 시작(試作)이 만히 잇엇다. 대부분 칠오조로서 조선민요로서의 정체를 얻지 못한 것들이오 사사조를 거이 볼수없은 것은 섭섭한 일이엇다(「신춘문예선후감」, 『동아일보』, 1936.1.11). 이러한 지적에서 보듯이 레코드의 등장은 신민요체라는 새로운 시형의 등장을 낳았는데, 김종한의 민요도 이러한 현상으로 자유롭지 못했다.

3 정종현, 「식민지 후반기(1937~1945) 한국문학에 나타난 동양론 연구」, 동국대 박사논문, 2005, 170면.

4 김종한, 「신민요의 정신과 형태 1」, 『조선일보』, 1937.2.6.

대성을 담지한 신민요를 창작할 것을 주장했다.

김종한에게 '신민요'는 "삼삼조, 사사조, 아리랑조등 모든 과거의 조자를 완전히 탈피하고 칠오조 등의 가요조자를 무조건으로 승인하는 신민요는 소위 민요조 (토민민요조)와는 전연무관계하게 되여가는 모양이다. 비향토적인 현대사회기구에서 비향토적 민요가 출산되는 것은 당연할 것이며 향토성의 패배와 시대성의 승리는 템포우에서도 역역한 것을 볼 수 있다"라는 진술에서 확인되듯이 7·5조의 음수율에 입각한 음악의 하나로 이해되었다. 그는 민요를 '토민민요'와 '신민요', '읊플민요'와 '노래할민요'로 구분했다. 토민민요란 농경사회와 관련하여 기층 민중들에 의해 자연발생적으로 창작된 전통민요를 가리키며, 신민요란 자본주의적 생산양식하에서 소수의 제작자들에 의해 만들어지고, 대중매체를 통해 전파되는 민요를 의미한다. 그리고 소월과 안서의 민요시로 대표되는 '읊플민요'는 "자기만족의 극단화"에서 창작되고 "노래할수업는 음악면을 상실하고 문학면만가진 민요"를 의미한다. '읊플민요'가 "작곡을 무시하고 쓰는" 민요라면, '노래할민요'는 유행가를 포함하여 민요, 소곡, 속요 등처럼 음악과 관련성을 지니고 창작된 민요를 가리킨다. 김종한은 민요의 특성은 사회·물질적인 조건에 따라 변한다고 보았고, 이에 전통민요와 신민요의 관계를 연속성이 아니라 단절의 관점에서 이해했다. "신민요는 신민요 이전의 모든 전통적 민요에서 출발해야 할 하등의 의무도 업다. 신민요는 토민민요가 종결되는 곳에서 새로 출아出芽할(또는, 한) 민요형식일 것이다."

'토민민요'가 "지방분권적인 수공업적인 중세적사회"의 산물이라면, 신민요는 "도시중심인 사회", 즉 자본주의적인 "생산양식과 교통양식"의 산물이다. 그러므로 민요 본래의 '향토성'은 "가두의 유행가나 째즈 · 송"처럼 달라진 전파 상태에 의해 필연적으로 변화를 겪을 수밖에 없다는 것이다. 이에 근거하여 그는 신민요의 특징을, 첫째, "자연발생적이든 민요가 일정한 작시, 작곡가에 의하여 대변적으로 제작되게된 것"(제작과정), 둘째, "향토성의 패배. 시대성의 승리"(문학면), 셋째, "가요곡에의 접근", "단선법의 독보"(음악면), 넷째, "기계예술(레코-드, 라디오)과의 악수", "소비체계적", "전파기간이매우짜른것", "도시에 유행하다가 농촌에 사라짐", "노래하는 것보다도 듯는 것이 위주가 되여감에 따라 노동민요의 상실"(전파상태)로 정리한다. 김종한에 따르면, 농촌중심사회에서 민요의 템포tempo는 민중의 생활(노동)과 일치하는 것이었지만, 신민요에 이르러 이러한 템포의 일치는 무의미하게 되었다. 그것은 현대인이 "민요로 생활하는 것이 아니라 잉여한가剩餘閑暇에 민요를 향락"할 뿐이기 때문이다. 이처럼 달라진 조건으로 인해 민요는 가두街頭를 수용공간으로 삼게 된다. 변화된 수용조건은 또한 필연적으로 창작의 성격에도 변화를 가져온다. 주지하듯이 전통적인 민요는 자연발생적으로 창작된 비개성의 산물이었다. 반면 신민요는, 현상공모라는 제도가 암시하듯이, 몇몇 창작자의 개성이 반영되기 마련이다. 이에 김종한은 신민요의 위상을 "신민요작가는 항상 예술성과 대중성의 경계선(그것이 민요의 위치지만)에서 고민한다"라고 정의한다.

김종한의 신민요론은 한 마디로 "향토성의 패배와 시대성의 승리"로 요약된다. 여기에서 시대성이란 근대 자본주의에 입각한 도시생활과 교통의 발달, 그리고 생활양식의 통일을 의미하며, 근대성에 의해 향토성이 해체되는 과정이 곧 근대이다. 김종한은 이러한 근대성에서 "시대성 우에 절실한 인간성"의 출현의 목도한다. 그렇다면 위에서 인용한 소곡小曲 「임자 없는 나룻배」를 비롯하여 김종한의 신민요에서 공통적으로 목격되는 향토성의 정체는 무엇인가?

> 현대인에게는 향토는 없다. 그들은 영원한 보헤미안이다. 그들의 향토는 향토에 대한 향수가 아니라, 시대감의 반동으로 일어나는 영원에 대한 향수이다. 인테리 아닌 민중은 불안이니 토스카(世界苦)니 하는 술어는 몰라도 몸소 그것을 체험하는고로, 그리고 풍부치못한그들의 두뇌는 반동적으로 다만 대상 업는 향수에 잠길 뿐이다. 그들의 생활은 '가도그만 와도그만 언제나 타향'일 것이다.[5]

김종한은 보헤미안에서 '현대인'의 초상을 발견한다. 현대인은 태생적으로 잃어버릴 향토조차 갖고 있지 않으며, 따라서 그들의 향수는, 봉건시대의 고향이나 땅에 대한 향수와 달리, '영원'에 대한 향수의 성격을 띤다는 것이 것이다. 그러므로 '대상 없는 향수'나 '노스텔지어'[6]는, 비록 향토성으로 표현될지라도 민족성과는 무관한 현대 예술의 운명이다. 향토성에 대한 이러한 인식은 정지용과 백석의 시에 대한 평가에서 분명하게 확인된다. 그는 「시문학의 정도」(『문장』, 1939.10)에서 정지용의 시세계를 '자연유기체설적인 순수성'으로, 백석의 시세계를 '조선색이 농후한 잠미즘'[7]으로 고평高評한다. 이 글에서 그는 예술을 '로코코적인 것'과 '질풍노도적인 것'으로 구분한 다음, 임화, 김기림, 최재서 등 당대의 비평가들에 대해

---

5 김종한, 「신민요의 정신과 형태」, 『조선일보』, 1937.2.13.

6 김종한, 「예술에 잇어서의 비합리성」, 『동아일보』, 1940.2.22.

7 잠이즘이란 일생을 자연에 파묻혀 자연의 풍물을 종교적 애정을 갖고 평평한 가락으로 노래한 잠(Francis Jammes, 1868~1938)의 문학적 경향을 의미하는 듯하다.

비판적인 의견을 개진하는데, 그 비판의 이면에는 "한 민족의 문학이 질풍노도적인가 로코코적인가 하는 것은 풍토와 민족성에 의하야 선천적으로 결정되는 것입니다. 개인에 있어서도 물론 그렇지요. 하로의 삼분지이가 밤인 독일이기 때문에 장중한 질풍노도의 문학이 있을 수가 있었고, 남구의 청명한 하늘 아래 비로소 로코코의 화미하고 경쾌한 회화가 생겨났던 것입니다"[8]에서 확인되듯이 풍토론이 전제되어 있다. 일본의 윤리학자 와쓰지 데쓰로和辻哲郎가 하이데거의 '시간' 개념에 착안하여 인간존재의 구조계기로서의 공간성을 해명한 풍토론은 토지의 기후, 기상, 지질, 토질, 지형, 경관 등에 입각하여 문화를 세 가지 유형으로 구분한다.[9] 물론, 김종한이 와쓰지 데쓰로의 저작을 직접 읽었다거나 영향을 받았다는 증거는 없다. 그러나 와쓰지 데쓰로의 『풍토』는 1935년 출간 이후 1940년대까지 일본 사회에서 커다란 반향을 불러 일으켰다는 점, 당시 김종한이 1942년까지 일본에서 유학 및 직장생활을 했다는 점, 그리고 김종한이 주장한 풍토론의 논리가 와쓰지 데쓰로의 이론과 거의 동일하다는 점 등을 감안하면, 김종한이 『풍토』에서 영향을 받았으리라는 추측도 가능할 듯하다.

한편 김종한은 「예술에 잇어서의 비합리성」(『동아일보』, 1940.2.22)에서 풍토론에 입각하여 백석의 시를 "조선적 stylo를 가진 원시에의 노쓰탈자"라고 명명한다. 그는 이 글에서 백석의 시를 '토속취미'로 이해하는 것은 "과학적이란 미명에 숨은 일종의 예술적 불감증"이자 심각한 '오해'라고 밝히고 있다. 그에 따르면 예술은 합리성과 비합리성의 복합체이며, 이

8 김종한, 「시문학의 정도」, 『문장』, 1939.10, 200면.

9 와쓰지 데쓰로(和辻哲郎), 박건주 역, 『풍토와 인간』, 장승, 1993, 13면.

러한 두 경향의 대립은 그 자체로 현대 세계의 모순을 반영한다. 그는 현대예술에서 창조적 감정의 원천이 되는 것은 "원시에 대한 격렬한 노쓰탈자"이며, 백석에게서 그것이 비록 향토성과 토속성의 외양을 두르고 나타나지만 그것은 본질적으로 전통적인 농경사회에 근거한 향수의 개념과는 무관하고 주장한다. 이처럼 신민요와 소곡小曲에 집중되어 있던 김종한의 초기 시세계는 현상적으로 전통적인 세계관의 연장선에 위치하고 있는 듯 보이지만, 실제로 그는 대상 없는 향수를 통해 현대인들의 운명적인 고독감과 영원에의 향수를 표현하려 했다.

2. 동양적 예술관과 신지방주의

김종한은 1937년 『조선일보』 신춘문예로 등단한 이래 향토적 · 토속적 세계의 일상과 한가로운 풍경을 투명하고 서정적인 언어로 그려내는 데 집중했다. 그는 등단 초기부터 임화로 대표되는 카프 문학은 물론 김기림과 최재서로 대표되는 모더니즘의 문명비판적 입장에 대해서도 비판적 거리를 유지했다. 그는 "시에 있어서는 내용이 형식에 내속하는 것이므로 언어 자체의 미를 떠나서는 여하한 시상詩想도 사상도 공허한 개념에 불과한 것입니다", "순수의 예술시, 즉 서정시를 창작할 때는 그러한 관념을 노출하거나 의논議論해서는 안 될 것입니다"[10] 등에서 나타나듯이 시의 아름다움을 철저하게 언어와 정서의 측면에서 이해함으로써 사회성, 사상, 철학 등을 강조한 당대의 지배적인 입장과 분명한 차이를 보였다. 오히려 그는 "동양예술의 특질의 하나는 예술관이나 세계관을 적은 대상 중에 우

10 김종한, 「시집 『동경』 독후감」, 『해협』, 1938.10, 4면.

주적인 정신으로서 감수하는 곳이었다"라는 진술이 말해주듯이 '기운생동'의 순간을 시화詩化하는 동양적 예술관에서 시의 본질을 찾으려 했다.

김종한이 주장한 '동양적 예술관'이란 '기운생동'이나 '우주적인 정신'이 가리키듯이, 서구의 합리적 세계관을 가리키는 것은 아니었다. 물론 김종한의 글에서 '동양'은 종종 '일본'과 동일한 의미를 지니며, 따라서 동양적 전통이란 곧 '고사기'나 '만엽집' 같은 일본적 전통을 긍정하는 것과 무관하지 않다. 그러나 그가 주장한 '동양적 예술관'은 모더니즘이나 카프 계열의 주지적 시작詩作 태도와 달리, 우주 내지 자연세계와의 유기적인 관계에서 자연스럽게 흘러나오는 기운을 시화詩化하는 것을 의미한다. 그리하여 「시문학의 정도」에 등장하는 "미란, 생의 욕구에 절도가 있을 때에 비로소 성립되는 관념인 것입니다"나 "그것은 시적 법열法悅이나 신神에의 일치나 기운생동이나 또는 무사념無邪念, 진성眞性 등의 용어로 번역하여도 좋습니다"라는 진술은 그의 시세계가 지향하는 방향성을 분명하게 보여준다. 1940년대에 발표된 김종한의 친일시들이 다른 시인들과 달리 서정성을 상실하지 않았던 까닭도 이러한 시적 태도에서 기인한다고 할 수 있다. 그는 새로움에서 문학적 가치를 발견하던 당대의 문학적 관습에서 벗어나 "독창적인 것을 노려서는 안 됩니다"라는 다소 극단적인 주장을 하기에 이르는데, 이는 '독창성'에의 집착이 곧 현대성을 긍정하는 것이라고 보았기 때문이다. 「낡은 우물이 있는 풍경」은 이러한 김종한의 문학적 입장을 가장 잘 보여준다.

> 능수버들은 우물의 낡은 촌위(寸衛)이오.
>
> 우물 속에는 국보(國寶)처럼 푸른 하늘 쪼각이 떠러져 있오.

그 근방의 구도(構圖)를 가추노라고
물동이를 이고 아가씨는 오솔길로 드러오오.

아가씨는 드레박을 넘쳐흐르는 푸른 하늘을 길어올리오.
아가씨는 드레박을 넘쳐흐르는 푸른 전설(傳說)을 길어올리오.

아가씨는 돌아가오 이 풍경화(風景畵)에
남화풍(南畵風)의 여운(餘韻)을 보태여 주는듯이.

능수버들은 우물의 늙은 촌위(寸衛)이오.
마을의 봄은 구도(構圖)의 배경(背景)에서 낮잠을 자고 있오.

—「낡은 우물이 있는 풍경」 전문

1937년 『조선일보』 신춘문예 당선작인 이 시는 김종한의 시적 지향을 보여준다. 김종한은 예술(시)를 철저하게 언어와 정서의 측면에서 이해했다. 이러한 태도는 그가 한 편의 작품을 창작·발표하는 데서 그치지 않고 지속적으로 개작하고 반복해서 발표했다는 사실에서도 확인된다.[11] 인용시에서 시인은 '낡은 우물'이라는 향토적 소재를 배경으로 농촌의 봄 정

11 김종한은 인용시 「낡은 우물이 있는 풍경」을 『조선일보』 신춘문예에 발표한 이래 일본에서 발행된 잡지 『예술과(藝術科)』(1938.6), 『조광』(1938.9), 임화가 편집한 『현대조선시인선집』(1939), 『부인화보』(1940.12), 시집 『수유근지가(垂乳根之歌)』(1943), 번역시집 『설백집(雪白集)』(1943) 등에 반복적으로 게재했는데, 그때마다 작품을 개작하여 발표했다. 그의 시 「거종」 역시 『중앙』(1934.3), 『조선일보』(1934.11.29), 『삼천리』(1935.12), 『춘추』(1943.2) 등에 반복해서 발표되었는데, 이들 작품 또한 매번 개작의 과정을 거치고 있다.

경을 한 폭의 풍경화처럼 그려내고 있다. 앞서 밝혔듯이 김종한은 근대시의 성격을 '대상 없는 향수'나 '노스텔지어'라고 정의했는데, 그에 근거한다면 이 작품 또한 식민지 조선의 현재 모습이라기보다는 보헤미안에 불과한 현대인들의 상실감을 위무하는 원형에 대한 갈망을 형상화한 것이라고 말할 수 있다. '우물'을 둘러싸고 있는 능수버들과 우물 속의 푸른 하늘, 그리고 그 평화로운 풍경을 완성시키듯이 오솔길에서 물동이를 들고 걸어오는 아가씨의 어우러짐은 한 폭의 풍경화를 연상시킨다. 특히 '-오'라는 각운의 반복은 시 전체에 리듬감을 제공함은 물론 화자가 대상 세계에 대해 감정을 절제하고 있음을 상기시킨다. 1937년 중일전쟁 이후 조선문학이 급속히 친일문학으로 경사되었던 사실과 비교하면 김종한의 문학사적 위치는 매우 흥미롭다. 이 문학사적 위치의 일단을 추측할 수 있는 것이 바로 김종한이 주장했던 신세대론[12]에 담겨 있다.

> 혹은 향토에 대한 민족주의적인 향수를 가르킨 것인지도 모르겠습니다. 그러나 그것은 너무도 기우(杞憂)인 것이 사실 명일(明日)의 조선문단을 질머질 35세 미만의 청년들에게는 실감으로서의 민족주의란 것은 있을 리가 없기 때문입니다. 그들에게 만일 향수가 있다면 그것은 차라리 세계주의적인 자유주의의 부산물로서의 어떤 기분이 아닐가 생각합니다. 이 향수의 정체에 대하여는 다시 자세히 언급하겠습니다. 결코 그것은 민족주의적인 실감의 잔조(殘槽)는 아니라고 생각합니다. 그 향수가 때로 향토적인 소재에

12 그러면 도대체 시단신세대란 무엇인가. 우리 신세대들이 시인으로서 출발하려 했을 때, 우리는 '계승'할 유산도 '반동'할 전통도 받지 못했습니다. 성급히 말하면, 조선에 있어서는 시란 예술형식의 장르(독자성, 자율성)의 개념조차 아직 불명료한 것입니다(김종한, 「시단(詩壇)신세대의 성격」, 『동아일보』, 1940.1.21).

결체(結體)되였달지라도 그것의 정체를 민족주의적인 것이라고 생각하는 것은 매우 위험한 단정일 것입니다. — 그리고 그러한 기분이란 것은 내지의 청년들과 더불어 조선의 청년들도 청산의 과정을 졸업하려고 하고 있지 않습니까. (…중략…) 지방경제와 지방문화에 대한 관심이 높아진 것도 사변 이래의 일이지만 전체주의적인 사회기구에 있어서는 동경도 하나의 지방이라고 생각하는 것이 올흘 것입니다. 라기보담 지방이나 중앙이란 말부텀 정치적 친소를 부수하야 좋지 않은 듯합니다. 동경(東京)이나 경성(京城)이나 다같은 전체에 있어서의 한 공간적 단위에 불과할 것입니다. 그 경우의 중앙이라든가 전체라든가 하는 것은 국가란 관념적인 것이 아닐가 생각합니다. 그러한 자부와 자각을 가질 때 비로소 우리는 한 지방에서 봉공하는 자신의 지미(地味)한 직성(職城)에 안심입명할 수가 있을 것입니다. 지방문화나 문학이 자율해가야 할 또 하나의 중대한 조건은 그것이 위치하는 지정학적 성격이 아닐가 생각됩니다.[13]

1937년 이후의 조선 시단에 대한 김종한의 평가는 크게 두 가지로 구분된다. 하나는 중견 시인들의 시적 경향에 대한 비판이며, 다른 하나는 '신세대론'이다. 그는 모더니즘 문학을 '취미적인 것'으로, 경향파의 문학을 '관념적인 것'으로 평가하면서 "중견으로서의 지위를 작품 자체로 두렷이 보장하고 있는 것은 백석 한 사람뿐인 듯하고",[14] "나는 정지용씨가 만일에 끝끝내 전쟁시를 쓰지 않았대도 그를 국민적인 시인의 한 사람으

13 김종한, 「일지(一枝)의 윤리(倫理)」, 『국민문학』, 1942.3.

14 김종한, 「시단시평」, 『문장』, 1941.1, 144면.

로 대우하기에 주저하지 않을 것이다"[15]처럼 백석과 정지용의 시를 유일한 모범으로 간주했다. 그리고 유치환, 조지훈, 서정주, 박두진, 오장환 등의 신세대 문학을 높게 평가했다. 그의 신세대론은 문학적인 전통의 부재에서 출발하여 신세대들의 문학을 '전통'이나 '동양적인 것'과 연결시켜 사고하는 방향으로 나아간다. 그리고 이러한 문제의식은 「일지의 윤리」에서 신지방주의로 확대 · 심화된다.

김종한은 1942년 2월부터 『국민문학』의 편집에 직접 참여하면서 '신지방주의'를 주창한다.[16] 신지방주의의 사상적 모태인 인용문 「일지의 윤리」에서 그는 35세 미만의 청년들, 이른바 그가 '시단신세대'라고 명명한 존재들에 근거하여, '향수'를 민족주의적인 향토애와 연관 짓는 태도에 대해 강하게 반대한다. 여기서 말하는 '향수'란 결국 그 자신이 근대예술의 기본적인 성격이라고 명명했던 '대상 없는 향수' 혹은 '노스탤지어'를 가리키는데, 이런 맥락에서 그는 신세대의 시에서 드러나는 '향수'를 세계주의적인 자유주의의 부산물로 간주할 것을 주장한다. 물론 민족주의에 대한 비판 내지 저항감에는 '실감'의 문제만이 아니라 고도국방국가론의 한 원칙인 일본정신의 고취와 내선일체의 완성이라는 의식이 작동하고 있는 것처럼 보인다. 그리하여 그는 의도적으로 민족주의를 경험한 40~50대의 1세대 문인이나 1920~1930년대 경향문학과 모더니즘을 겪었던 30대 후반의 2세대 문인들과 시단신세대의 탈민족주의적 경향을 분리하려 한다.

---

15 김종한, 「조선시단의 진로」, 『매일신보』, 1942.11.13.

16 당시 김종한이 신지방주의와 관련해서 발표한 글로는 「일지의 윤리」(『국민문학』, 1942.3), 「좌등춘부선생へ」(『국민문학』, 1942.4), 「ありかた談義－신지방주의문화의 구상」(『경성일보』, 1942.4.14~18) 등이 있다.

한편 김종한은 독일의 '지정학'이라는 개념을 원용하여 현대는 "예단하고 구상하는 용기와 양식"이 필요한 시대라고 규정한다. 이는 고도국방국가와 신체제에 대한 문화적 이념, 즉 '동아학'이나 '국민문학'에 관한 발언이기도 한데, 그는 동아학의 보편법칙을 세우려는 노력보다는 '방향성'(방향성에 대한 애정과 신뢰)의 중요성을 역설力說한다. 김종한에 의하면 고도국방국가란 "대내적으로는 국민의 두뇌를 일본적 나아가서는 동아적으로 개조하고 재편성하려는 정신운동"에 다름 아니다. 주지하듯이 당시 일본은 중일전쟁이 장기전의 국면에 접어들고, 미국과의 전쟁('최종전쟁론') 가능성이 대두됨에 따라 종래의 전시체제를 한층 강화하여 결전체제로 끌어 올린 고도국방국가론을 주창하기에 이른다. 고도국방국가론의 핵심은 첫째, 사상통일(일본정신의 고취와 내선일체의 완성), 둘째, 국민총훈련(생활의 신체제 확립), 셋째, 생산력 확충(전시 경제체제의 추진)이다. 따라서 「일지의 윤리」는 고도국방국가론의 사상적 · 이념적 정당성을 문학의 관점에서 담론화한 것이라고 평가할 수 있다. 그가 '고사기', '만엽', "일본국민의 정감과 사유에 혈액적인 전통과 역사를 가지는 매화를 노래하는 시인"의 중요성을 강조한 것도 이 때문이다. 그는 이러한 문학의 힘을 '예지叡智'라고 정의한다. 그는 중일전쟁 이후 조선 문단에 발표된 국민문학을 "작가가 독자를 교육하려는 태도"와 "작가가 국민과 운명을 같이하려는 문학적 태도"로 구분한 다음 진정한 의미의 국민문학은 후자가 되어야 함을 주장한다.

그렇다면 동아東亞, 즉 제국 일본과 조선의 관계는 어떻게 사고되어야 하는가? 일제 말기 김종한의 문학을 '사상으로서의 친일'이라는 관점에서 이해하기 위해서는 이 질문이 필수적이다. 그는 이 문제에 대해 두 가지

의견을 제시하는데, 하나는 "동경이나 경성이나 다 같은 전체에 있어서의 한 공간적 단위에 불과할 것입니다"라는 말에서 드러나듯이 중심과 주변이라는 이항대립적인 사고를 지양해야 한다는 것이다. 이것은 '일본'이라는 외연을 비동일적인 것, 즉 차이를 내재하는 단위로 사고해야 한다는 것을 의미한다. 이러한 논리에 따르면 내지와 조선은 '일본'이라는 중심 안에서 위상학적인 차이를 갖지만, 이때의 '일본'이란 구체적인 공간으로서의 내지가 아니라 새롭게 재구성되어야 할 관념으로서의 '일본'이어야 한다. 이러한 사고는 1937년 이후 제국 일본이 조선과 중국, 만주 등으로 영토를 확장함으로써 그때마다 새롭게 '일본'이라는 것을 재규정할 수밖에 없었던 상황에서 발생하는 문제와 밀접한 관련을 지닌다. 당시 일본은 영토가 확장되어감에 따라 식민지를 내부 혹은 일부분으로 사고해야 했는데, 이는 역설적으로 '일본'이라는 단일한 경계를 허물고 재구성해야 하는 처지에 직면함을 의미했다. 이런 맥락에서 김종한의 신지방주의는 내선일체가 조선을 내지에 맞추는 중앙집중화의 방식이 아님을 보여준다. 내지와 조선의 관계를 중심과 주변이라는 이항적 관점에서 사고해서는 안 된다는 김종한의 주장은 『국민문학』의 편집을 함께 담당했던 최재서에게 직접적으로 영향을 끼쳤다. 최재서가 1942년 8월에 발표한 「조선문학의 현단계」(일문)가 바로 그것이다.[17] 여기에서 중요한 사실은, 결과

17 일본문학과 대립하여 조선문학이 있는 것이 아니다. 일본문학의 일환으로서 조선문학이 있는 것이다. 다만 조선문학은 충분히 독창성을 가진 문학일 터이므로, 장래의 일이기는 하지만 조선문학으로서의 일부분을 확보하게 될 것이다. 조선문학을 논하는 경우, 그것을 구슈문학이나 북해도문학과 비교하는 사람이 많다. 물론 일본의 지방문학으로 파악할 것이겠지만, 그렇다고 틀렸다 말할 수는 없다. 그러나 양자는 결코 동렬에 나란히 놓을 성질의 것은 아니다. 조선문학은 구슈문학이나 동북문학이 아니면 대만문학 등이 가지고 있는 지방적 특이성 이상의 것을 갖고 있다. 그것은 풍토적으로나 기질적으로

적으로, '신지방주의'가 일본정신의 고취나 내선일체의 완성이라는 고도국방국가의 이념 속에서 조선문학(문화)의 독자성을 긍정할 수 있는 방법으로 제시되었다는 점이다. 이런 관점에서 김종한은 동경과 경성이라는 비대칭적 정치공간을 동일한 수준에 위치시킴으로써 "동아의 중심으로서의 조선"을 사고했고, 최재서는 동경문화의 비非일본성을 비판하는 데까지 나아갔다.

3. 국민시의 두 방향

그렇다면 김종한의 '신지방주의'는 일본이라는 제국적 질서하에서 조선 문화의 특수성이나 자율성을 유지하기 위해 의도적으로 고안된 이론이었을까?[18] 이 질문에 대한 대답은 부정적이다. 김종한은 국민문학의 내부에 존재하는 이질성을 "지정학적 성격"의 차이에서 비롯되는 것으로 사고했다. "일본인이기 위해서는, 조선인이라는 것을 어떻게 처리해야 하는가"(최재서)라는 식민지인으로서의 정체성 물음이 그에게는 없었기 때문이다. 그는 제국 일본의 바깥에서 조선을 사고하지 않았는데, 그것은 식

도 다르다. 따라서 사고형식상으로도 내지와는 다를 뿐만 아니라, 오랫동안 독자적인 문학 전통을 함유하고 있으며, 또 현실적으로도 내지와는 다른 문제와 요구를 지니고 있다. 앞으로도 조선문학은 이들 현실과 생활 감정을 소재로 하게 될 것이므로, 내지에서 생산되는 문학과는 상당히 다른 문학이 될 것이다(최재서, 「조선문학의 현단계」, 『전환기의 조선문학』, 인문사, 1943).

18 후지이시 다카요(藤石貴代)는 이러한 맥락에서 김종한의 국민문학을 항의문학으로 읽는다. 『국민문학』이 발행되지 않고, 최재서와 김종한이 편집자로 없었더라면, 그 당시 조선일들이 '국민화=일본화'의 강요 속에서 거기에 힘껏 맞서려고 한 고투의 흔적조차 사라졌을 것이다. 그 흔적 자체가 일본에 대한 '고발'의 의미를 지닌다. 그 고투가 이루어진 자리를 '식민지공공성'이라 부르고 그런 '고발'이 은근히 드러나 있는 문학을 '항의문학'이라 부를 수 있다고 본다(후지이시 다카요, 「김종한과 국민문학」, 『사이』 1, 국제한국문학문화학회, 2006, 143면).

민지인으로 태어나고 성장한 세대의 특징이기도 하다.[19] 그리하여 1937년 이후 친일문학으로 나아간 선배문인들과 달리 그에게서는 조선과 일본이라는 서로 다른 전통이 분열로 경험되지 않는다. 김종한은 문학을 '풍토론'의 관점에서 이해했고, "지정학적 성격" 또한 그것과 다르지 않다. 그는 국민문학의 방향성을 긍정하는 한, 풍토와 지정학적 성격의 차이에 따른 상이성은 중요하지 않다고 보았고, 이에 조선과 내지의 문화(문학)가 그 고유의 전통에 따라 상이한 방향으로 나아가는 것은 필연적이라고 생각했다. "우리는 일본국민으로서의 아리까따를 생각하는 동시에 국민문학으로서의 조선문학의 아리까따를 생각하는 것으로 지방작가의 봉공의 가능과 방법을 발견할 수 있을 것입니다"(「일지의 윤리」)라는 진술은 이상의 문제의식에 대한 해답의 성격을 갖는다.

이러한 특징은 '언어'의 측면에서도 분명하게 드러난다. 1938년 11월 「조선문화의 장래와 현재」(『경성일보』, 1938.11.29~12.7)라는 좌담회가 개최되었다. 이 좌담회에서 한효는 조선의 현실은 조선어로만 표현할 수 있다는 입장을, 김용제는 국가적 보편성의 관점에서 일본어의 우수성을, 그리고 임화는 작가가 가장 사용하기 쉬운 언어를 사용해야 함을 주장한다.[20] 이처럼 식민지라는 조건 속에서 '언어'의 문제는 곧 모국(일본)에 대한 태도와 직결되는 문제였다. 1940년대에 접어들어, 조선어의 사용을 주장했던 문인들이 붓을 꺾은 반면, 일본어의 사용을 주장했던 문인들이 내선일

19 이러한 주장은 종종 민족주의적인 해석의 시각에 의해 친일문학에 정당성을 부여하는 태도로 오해된다. 그러나 식민지 시기의 모더니스트들이 증명하듯이, 식민지라는 조건에서 태어나고 자란 모든 사람이 생래적으로 민족주의적인 관점을 갖는 것은 아니다. 이런 점에서 태생의 조건으로서의 민족과 민족주의 이념은 구분될 필요가 있다.

20 윤대석, 『식민지 국민문학론』, 역락, 2006, 17~19면.

체를 찬양하는 작품들을 썼다는 사실은 매우 상징적이다. 그렇다면 '일본어'에 대한 김종한의 태도는 어떠했을까? 그는 일본어로 사고하고 일본어로 글을 쓰는 데 조금의 불편함도 느끼지 않은, 이중어 글쓰기가 가능한 세대에 속했다. 앞 세대에게 '조선어'가 조선의 특수성을 상징하는 것이었다면, 김종한에게 '언어'(일본어)는 자연적인 산물이기보다는 학습을 통해 습득되어야 할 것에 불과했다.[21]

1940년 이후에 발표된 김종한의 시는 크게 두 가지 경향으로 구분된다. 하나는 내지와 조선이라는 풍토적 차이, 지정학적 차이를 '일본'이라는 새로운 정체성 속에서 융합시켜야 한다는 문제의식을 보여주는 작품들이며, 다른 하나는 일본국민으로서의 정서를 체화하고 국민國民의 시선으로 전쟁을 바라보는 작품들이다. 전자가 "일본국민으로서의 아리까따"에 해당한다면, 후자는 "국민문학으로서의 조선문학의 아리까따"에 해당한다. 시 「일지에 대하여一枝について」, 「합창에 대하여合唱について」 등은 전자를, 대표적인 친일시로 손꼽히는 「춘복」, 「살구꽃처럼」, 「항공애가」 등은 후자를 대표한다. 당대의 친일문학과는 달리, 김종한은 이러한 문제를 매우 서정적인 방식으로 시화詩化했다는 점에서 독특한 위치를 점한다.

21 타의가 있어서가 아니라 편집실에 모여오는 국문원고들이 예상 이상으로 정확하고 풍격이 있으므로 어느날 귀가시 一금 一원 三七전야를 분발하여 고본점에서 사가지고 온 것이다. 시대에 뒤떨어지기가 싫어서였을는지도 모르겠다. (…중략…) 사실 현대와 같은 언어적 과도기에 있어서는 남보다 우수한 국어력을 가졌다는 것이 자랑될 것이 아니라 남보다 열등한 국어력을 가지면서도 노력여하로 우수하게 되려는 성의 — 그 성의에 의미가 있을 것이다. 이것은 딴 얘기지만 일본정신의 체득도 동일할 것이어서 더구나 작가의 경우에 있어서는 대학교수의 강의나 교화단체의 팜플렛 등에서 배울 것이 아니라 고전을 숙독하여 자기자신의 설(舌)로 고전의 저류를 이루고 있는 정신의 원파를 파악해야 할 것이다(김종한, 「국어공부기」, 『매일신보』, 1942.9.2).

늙은 돌배나무에 늙은 원정(園丁)은
능금의 새 가지를 접목했다
서슬 푸른 칼을 놓고
을씨년스런 유리빛 하늘에다 담배 연기를 흘려보냈다
'그런 일을 할 수 있을까요'
원정(園丁)의 아내가 고개를 갸웃거렸다
이윽고 철쭉이 매소(賣笑)했다
이윽고 버들이 음탕(淫蕩)했다
늙은 돌배나무에도 변명이나 하듯

두 둘레반의 능금이 피었다
'그런 일도 할 수 있군요'
원정(園丁)의 아내는 비로소 웃었다

그리고 버들은 실연(失戀)했다
그리고 철쭉은 노쇠(老衰)했다
'내가 죽은 다음에는'
늙은 원정(園丁)은 생각했다
'이 가지에도 능금이 열리겠지
그리고 내가 잊혀질 무렵에는……'

과연 원정(園丁)은 죽었다
과연 원정(園丁)은 잊혀졌다

늙은 돌배나무에는 추억처럼

능금의 볼이 탐스럽게 빛났다

'그런 일도 할 수 있군요'

원정(園丁)의 아내도 지금은 없다

—「원정(園丁)」 전문[22]

이 시는 '늙은 돌배나무'에 '능금의 새 가지'를 접붙이는 한 정원사의 이야기이다. 김종한은 1년 뒤 첫 시집 『수유근지가垂乳根之歌』를 출판할 때 이 시의 제목을 「일지에 대하여」로 바꾸었는데, 그것은 "일즉 나는 나치스의 시화집에서 전체에 있어서의 부분의 아리까따를 노래한 「일지一枝」라는 시를 매우 아름답게 읽은 일이 있었습니다"[23]라는 진술에서 확인되듯이 전체에 있어서 부분의 존재 의미를 상징하는 '일지'가 "일본국민으로서의 아리까따"와 "국민문학으로서의 조선문학의 아리까따"의 상관성을 해명하는 일로 인식되었기 때문이다. 이 시에서 '돌배나무'와 '능금나무'는 각각의 전통과 풍토, 그리고 상이한 지정학적 위치에서 살아온 조선과 일본을 상징한다. "그런 일을 할 수 있을까요"라는 아내의 질문처럼, 서로 다른 두 개의 전통을 포괄하는 행위는 불가능한 일처럼 보인다. 그런 의심에도 불구하고 정원사의 노력은 일정한 시간이 경과한 뒤 능금 꽃으로 피어난다. 그러나 꽃 자체가 열매는 아니어서, 결국 정원사는 능금열매가 자신의 죽음 이후에야 비로소 자라날 수 있음을 예감한다. 이는 내지와 조선이라는 서로 다른 전통의 결합이 빠른 시일 내에 효과를 내지 못할 수

22 김종한, 「원정」(일문), 『국민문학』, 1942.1, 58~59면.

23 김종한, 「일지의 윤리」, 『국민문학』, 1942.3, 35면.

있음을 의미한다. 그리고 마침내 제3연에서는 정원사와 아내가 사라진 먼 훗날, 늙은 돌배나무에 '능금의 볼'이 탐스럽게 맺힌다. 이 시는 내선일체를 두 나무의 접붙임이라는 상징을 통해 표현하고 있는데, 이는 내선일체를 동조동근론이라는 동화의 관점에서 설명하던 당시의 통념과는 사뭇 다른 것이어서 주목을 요한다.[24]

또 다른 시 「합창에 대하여」(일문)에서 내선일체 관념은 대동아의 관념으로 확장된다. "자네는 반도에서 오지 않았나"라는 내지인의 질문으로 시작되는 이 시는 '반도', '송화강 상류', '남경 교외', '스마트라', '보루네오', '중경重慶의 방공호' 등처럼 제국 일본의 영향권에 포함되어 있는 아시아인들이 "지휘봉이 가리키는 방향"이 상징하는 일본의 영도領導하에 하나가 되는 경험을 노래하고 있다. 내지와 조선의 관계가 내선일체의 관념으로 표현되었다면, 조선을 포함한 아시아 전체와 일본의 관계는 대동아라는 관념에 의해 표출되었다고 할 수 있다. 이와 관련하여 김종한은 1942년 『매일신보』에 발표한 평문 「조선시단의 진로」에서 정지용의 「이토異土」를 "가장 투명하고 섬세하고 아름다운" 국민시로 평가했다. "나하자란 곳 어디거나 / 묻힐데를 밀어 나가자 // 꿈에서처럼 그립다 하랴 / 따로 진힌 고향이 미신이라"(「이토」 부분)로 시작되는 이 시에서 시인은 '나하 자란 곳'이라는 혈통적 조국 관념이 미신에 불과하며, 정작 중요한 것은 '묻힐 데'로 상징되는 새로운 조국임을 관념이 중요성을 말하고 있다.

---

24 발표 당시 이 시에는 반가(反歌)가 붙어 있었으나 시집에 수록되는 과정에서 삭제되었다. 김윤식은 '반가'의 존재를 근거로 이 시를 『만엽집(萬葉集)』에 맞서기라고 해석한다. 김윤식, 「이중어글쓰기의 제6형식 – 시인 김종한」, 『한겨레』, 2006.3.24.

살구꽃처럼

살구꽃처럼

전광(電光) 뉴쓰대(臺)에 하늘거리는

전쟁은 살구꽃처럼 만발했소

음악이 혈액처럼 흐르는 이밤

살구꽃처럼

살구꽃처럼 흩날리는 낙하산부대

낙화ㄴ들 꽃이 아니랴

쓸어무삼하리요

음악이 혈액처럼 흐르는 이밤

청제비처럼 날아오르는 총알에

맛받이로 정중선(正中線)을 얻어맞고

살구꽃처럼, 불을 토하며

살구꽃처럼 떨어져가는 융커기(機)

음악은 혈액처럼 흐르는데

달무리같은

달무리같은 나의 청춘과

마지노선과의 관련, 말슴이죠?

제발 그것만은 묻지말아주세요

음악은 혈액처럼 흘려 흘려

향 집에서 편지가 왔소

전주백지(全州白紙) 속에 하늘거리는

살구꽃은

살구꽃은 전쟁처럼 만발했소

음악이 혈액처럼 흐르는 이밤

살구꽃처럼 차라리 웃으려오

음악이 혈액처럼 흐르는 이밤

전쟁처럼

전쟁처럼 살구꽃이 만발했소

—「살구꽃처럼」 전문[25]

누구보다도 먼저 외투(外套)를 벗고

누구보다도 먼저 춘복을 입엇노라

전쟁 속에 봄이 돌아와

다사로운 날세 날세 오늘 억그제

고산식물처럼 태양을 그려하든

---

25 김종한, 「살구꽃처럼」, 『문장』, 1940.11, 98~101면.

나의 마음에 봄이 돌아와

찌저진 파초(芭蕉)입도 파초입이랫거니
찌저진 춘복이라고
춘복이 아니리오

마음은 신부(新婦)처럼 성장하고
누구보담도 몬저 새봄을 호흡하다

아아 전쟁 속에 봄이 돌아와
군용기가 빛에 물들어 날아간 다음

다사로운 날세 오늘 억그제
수은처럼 마음은 부풀어 오른다

—「춘복」 전문[26]

두 편의 인용시는 1940년대에 발표된 김종한의 대표적인 친일시이다. 전쟁의 아름다움을 살구꽃에 비유한 「살구꽃처럼」은 다분히 미래파의 경향이 느껴지는 작품이며, 「춘복」은 계절과 의복의 변화라는 시적 상징을 통해 일본 국민으로 거듭 태어나는 한 인간의 내면을 노래한 작품이다. 1941년 12월 8일 태평양전쟁의 발발을 계기로 조선의 '국민문학'은

26 김종한, 「춘복」, 『매일신보』, 1942.3.16.

황민화의 논리를 반복하거나 적국(영·미)에 대한 단순한 증오감을 표현하는 방향으로 나아갔다. 그러나 김종한은 "헛되이 지명과 전첩戰捷 일부와 감탄사를 나열한 정도의 시편에서는 라디오의 시국해설의 십분지일의 감격도 실감도 느낄 수 없었습니다"처럼 생경한 관념의 나열로 떨어진 당대의 국민시에 대해 비판적인 태도를 지니고 있었다. 「살구꽃처럼」에서 시인은 살구꽃이 개화한 모습을 전쟁('낙하산부대')에, 음악을 혈액의 흐름에 비유함으로써 전쟁을 미학적인 차원으로 끌어올린다. 뿐만 아니라 "살구꽃처럼 불을 토하며 / 살구꽃처럼 떨어져가는 융커기"라는 비극적 순간에서는 제국 일본을 위해 청춘을 불태우는 젊은이들의 삶에 대한 경외감과 숭고의 감정이 느껴지기도 한다. 이러한 비유법은 1941년 4월 『문장』에 발표된 「항공애가」에서도 그대로 반복되는데, 이 시에서 시인은 "소낙비처럼 휩쓸"리는 사념, 고독, 기억 등을 전투기의 양날개로 가르며 죽음을 향해 비행하는 한 청춘의 모습을 통해 조국이라는 관념이 어떻게 젊은이들에게 새로운 생명과 성숙함을 부여하는가를 형상화하고 있다. 결국 이들 시편에 등장하는 "청춘과 마지노선과의 관련"이란 결국 청춘=예술=전쟁이라는 파시즘의 도식이 선명하게 드러나지만, 그것들은 생경한 관념대신 비유적 표현에 의해 구체성을 획득함으로써 일정한 시적 긴장을 형성하고 있다.

한편 「춘복」에서 시인은 '전쟁'이라는 극한의 상황과 '봄'이라는 희망의 시간을 병치시킴으로써 전쟁에 미래적 가치를 투영한다. 이 시에서 '외투'는 태평양전쟁 이전의 낡은 정체성을, '춘복'은 태평양전쟁 이후의 새로운 정체성을 상징하는데, 그 계절의 분기점을 형성하고 있는 것이 바로 '전쟁'이다. 여기서 전쟁이란 곧 1941년 12월 8일 태평양전쟁의 발발을 의미하는 것으로, 당시 지식인들은 '전쟁'이 일본이 동양을 대표하여 유럽(영·미)과의 최종 전쟁을 수행함으로써 세계사의 전환점을 형성하는 역사적 사건('근대 초극')이라고 이해했다. 그리하여 「춘복」의 화자는 "마음은 신부新婦처럼 성장하고 / 누구보담도 몬저 새봄을 호흡하다"처럼 옷을 갈아 입는 행위를 '신부'의 순결함이나 고귀함과 연결시킨다. 태평양전쟁이라는 급박한 정세하에서도 김종한은 서정성과 시적 긴장을 놓치지 않았으며, 이는 일본 국민으로서의 정체성을 체화하지 않은 상태에서는 나오기 힘든 것이라고 평가할 수 있다. 이처럼 김종한의 시는, 전향이라는 사건과는 무관했던, 식민지 후반기 신세대 문인들의 내면을 이해하는 데 있어서 중요한 시사점을 제공하며, 아울러 1940년 이후 식민지 조선에서 '국민문학'이 갖는 문학사적 의미를 이해하는 출발점이 될 것이다.

4. 나오며

중일전쟁 이후 본격적인 문학 활동을 시작한 김종한은 '신세대론'을 통해 탈민족주의적인 서정성을, '신지방주의론'을 통해서 조선적 특수성을 사고한 일제 말기의 문인이다. 당시 일본어로 창작했던 대부분의 문인들이 일본주의에의 적극적인 동화만을 주창한 사실과 대조적으로 그는 현대가 고향으로부터 분리된 시대이며, 따라서 현대 예술에서의 노스텔지어는 잃어버린 고향에 대한 정서가 아니라 영원에의 갈망이라고 정의했다. 그는 와쓰지 데쓰로의 풍토론과 독일의 지정학에 근거하여 제국 일본의 내부에서 조선문학이 가져야 하는 차이에 주목했는데, 이러한 사유는 당시의 지배적 관념과는 방향을 달리 한다는 점에서 주목할 필요가 있다. 주지하듯이 1940년대는 '국민문학'의 시대였다. '국민문학=친일문학'이라는 등식이 잘못된 것은 아니지만, 오늘날 한층 중요한 것은 '친일'을 확인하는 것이 아니라 친일의 내적 논리를 발견하는 것이다. 이는 '암흑기'라는 민족주의적인 평가와 달리, 일제 말기에 활동했던 문인들은 자신만의 사상과 논리를 갖고 있었으며, 식민지 후반기는 그 사상과 논리가 일제의 제국주의적 논리와 직접적으로 부딪히는 공간이었음을 의미한다. 물론 일제 후반기 문학은 제국주의에 대한 비판으로 나아가기보다는 그것을 내화하는 방향을 선택했다. 그러나 내화의 과정은, 기존의 평가와는 달리, 제국 일본의 논리를 기계적으로 수용하는 것이 아니라 일정한 방식으로 굴절시키는 것이었다. 이것이 바로 친일문학의 내부에 존재하는 다양한 이념적 스펙트럼을 해명할 수 있는 근거이기도 하다.

제6장

1930년대 후반 시의 도시표상 연구

오장환, 김광균, 박팔양을 중심으로

1. 1930년대 시와 도시

1930년대 시 연구에서 '도시'는 상징적인 의미를 지닌다. 그것은 첫째, 1930년대의 경성이 소비도시의 면모를 지님에 따라 '도시'가 문명과 소비의 공간으로 인식되었다는 점, 둘째, 중일전쟁 이후 모더니즘의 쇠퇴와 더불어 도시에 대한 문학적 표상이 급속히 변화하기 시작했다는 점에서 살펴볼 수 있다. 그러나 1930년대의 도시표상 연구에 있어서 이 두 가지 의미는 사뭇 다른 양상을 띠는데, 그것은 1930년대 중반 이후의 문학에서 모더니즘이 갖는 영향력의 변화와 직결된다. 주지하듯이 1930년대의 경성은 왕조의 수도로서의 위엄 대신 근대성의 상징, 즉 소비 공간으로 면모를 띠기 시작했고, 1930년대 시의 '도시성' 연구 또한 '도시(경성)'를 식민지 자본주의라는 특수성의 관점에서 이해할 것인가, 근대성의 공간이라는 보편성의 관점에서 이해할 것인가로 양분되어 진행되어 왔다. 특히 '근대성' 담론이 국문학 연구의 화두로 등장한 이후에는 1930년대 시에 등장하는 '도시'를 모더니티와 소비자본주의라는 보편성의 관점에서 이해하려는 경향이 한층 두드러지고 있다. 그렇지만 1930년대 후반에 관한 최근의 연구들이 보여주듯이, 도시에 관한 보편적 이해는 중일전쟁 이후 모더니즘과 함께 점차 영향력을 잃어버리고 있었다.[1]

주지하듯이 조선총독부는 1912년 11월 총독부 고시 제78호를 시작으로 1934년 7월 최초의 근대적 도시계획법인 '조선시가지계획령'에 이르기까지 다수의 경성재개발 사업을 통해 경성의 전통적인 공간배치를 해체하고 대신 종로-황금정-본정을 연결하는 남북도로와 을지로 중심의 방사상 도로망 등을 건설했다. 비록 부산, 인천, 원산 등처럼 일본의 식민지 지배와 함께 새롭게 형성된 도시는 아니었지만 경성은 전통적인 도시와 식민지 도시가 겹쳐진 '이중구조'[2]의 발달을 피할 수 없는 상태였다. 문명의 발달에 따른 공간 변화는 감성의 변화를 수반한다. 백화점을 비롯한 새로운 문명의 등장은 새로운 감성과 유행, 주체의 경험구조에 변화를 초래했고, 그것은 경성을 배경으로 살아가던 사람들의 일상과 문학 전반에 커다란 변화를 불러왔다. 1930년대의 모더니즘 문학은 바로 이 '도시' 체험이 낳은 변화된 감각의 산물이었다. 그것은 먼저 도시와 문명이라는 소재의 변화를 의미하는 것이었고, 나아가 언어와 문체, 주체의 경험 변화를 의미하는 것이었다. 물론, 특유의 이중구조로 인해 경성은 모더니티의 상징인 근대 도시로 환원될 수 없는 전통의 흔적과, 식민지라는 특수한 조

1 중일전쟁 이후 문학장(場)의 변화는 주로 '전통'의 재발견이라는 점에 초점을 두고 논의되고 있고, 시(詩)보다 소설과 비평에 비중을 많이 두고 있지만, 오히려 문학주조의 변화는 시에서 가장 뚜렷하게 드러난다. 중일전쟁 이후 문학장(場)의 성격변화에 대해서는 차승기, 『반근대적 상상력의 임계들』, 푸른역사, 2009 참고.

2 하시야 히로시, 김제정 역, 『일본제국주의, 식민지 도시를 건설하다』, 모티브, 2005, 35면.

건을 지니고 있었다. 그렇지만 1930년대에 '전통'과 '식민지'라는 특수한 조건 또한 '도시'라는 자본주의적 경험에서 자유롭지 못했는데, 이 환원 불가능한 지점과 특수한 조건 등이 1930년대 시에서 도시 표상의 다양성을 가능하게 원인이었다. 유파나 경향에 상관없이 대부분의 시인들이 도시에 머물렀고, 도시에 관한 시를 썼으며, 고향을 떠나 도시로 향했던 것만큼은 부정할 수 없는 사실이다. 1930년대의 '경성'이 19세기 유럽 모더니티의 수도였던 파리만큼 강력한 중심성을 갖고 있지는 못했지만, "도시 체험의 충격이 근대성의 수준보다는 체험의 새로움"[3]에 더 크게 좌우되고, 모더니티의 관점에서 도시는 국가의 일부가 아니라 그것과 별개로 존재한다는 사실을 감안하면 이 시기 경성이 도시 체험의 공간으로 지니고 있었던 위상을 짐작할 수 있을 듯하다.

그렇지만 '도시(성)'에 대한 시적 표상은 1937년 이후 급격히 변화되기 시작한다. 이러한 변화는 식민지 후반기로 갈수록 더욱 뚜렷해지는데, 이와 관련하여 김종한은 1930년대 중반 이전 시에서의 '향수'는 민족주의의 영향이지만, 1930년대 중반 이후 신세대들의 시에서의 '향수'는 민족주의와 무관한 현대인의 상실감을 나타내는 낭만주의의 흔적일 뿐이라고 주장[4]했다. 실제 이 시기의 시적 경향은 모더니즘의 영향에서 벗어나 생명주의와 전통주의로 양분되고 있었고, 1930년대 전반까지 시단을 이끌어온 모더니즘은 부정과 극복의 대상으로까지 인식되기 시작했다.[5] 모더니즘에 대한 비판적 성찰의 절정은 김기림의 「모더니즘의 역사

---

3 전봉관, 「1930년대 한국 도시적 서정시 연구」, 서울대 박사논문, 2003, 5~6면.

4 김종한, 「시단개조론」, 『조광』, 1940.3.

5 1930년대 후반의 시적 경향은 한 마디로 모더니즘의 부정과 극복으로 요약할 수 있다. 이 시기에 발표된 오장환의 『성벽』(1937)과 『헌사』(1939), 정지용의 『백록담』(문장사,

적 위치」(1939)였다. 중일전쟁을 전후해서 모더니즘의 영향력이 위축된 이후의 시단, 특히 신세대의 시적 주조는 "생명파적 윤리적 경향과 신비적 회화적 경향과 그 양자의 절충적 경향, 그리고 공리파적 경향으로 분리"[6]되기 시작했는데, 이 과정에서 도시적 감수성과 도시 공간에 대한 문명적 이해는 사라지고 대신 '자연', '고향', '전통'과 같은 가치들이 부각되기 시작했다. 이런 맥락에서 보면, 부정적이든 긍정적이든, 도시성의 흔적이 드러나는 오장환, 김광균, 박팔양의 시는 과도기적 성격을 띠고 있다고 평가할 수 있으며, 아울러 중일전쟁 이후의 시의 도시표상이 이전 시기와 어떻게 달라졌는가를 확인할 수 있는 계기를 제공한다고 볼 수 있다. 이들의 시에서 드러나는 도시표상은 대개 모더니즘의 영향으로 해석되어 왔지만, '전통'과 '고전'에 대한 관심이 급증하는 시대적 분위기, 그리고 1930년대 후반 이후 이들의 시적 지향이 '도시성'에서 이탈했다는 사실을 고려할 때, 이들의 시에서 '도시'를 모더니티의 보편적 공간이나 모더니즘의 흔적으로 해석하는 것은 재고되어야 할 듯하다. 이 글은 이들 세 사람의 시가 '도시'라는 1930년대 문학의 일반적 범주를 포함하고 있으면서도, 본격적으로 전통과 고전의 세계로 진입하지 않았다는 사실에 주목하려 했다. 이들의 시는 모더니즘의 영향력이 지배적이었던 1930년대

1941), 『사슴』 이후의 백석 시, 『와사등』 이후의 김광균 시, 장만영의 『양』(1937)과 『축제』(1939) 등은 모더니즘의 영향 밖에서 새로운 시세계를 찾기 시작했다. 이런 변화는 신세대의 시에서도 확인된다. 『문장』을 통해 등단한 이호우와 김상옥, 모더니즘의 후예였던 김종한, 향수(鄕愁)의 세계에 주목했던 오일도, 장서언, 이한직, 이용악의 『분수령』(삼문사, 1937)과 『낡은 집』(삼문사, 1938), 신석초의 「바라춤」(『문장』, 1941.4), 조지훈의 「고풍의상」(『문장』, 1939.4)과 「승무」(『문장』, 1939.12)와 「봉황수」(『문장』, 1940.2) 등이 이 시기에 발표·출간되었다.

6 한형구, 「일제 말기 세대의 미의식에 관한 연구」, 서울대 박사논문, 1992, 46면.

전반의 도시표상과 식민지 후반기 '전통'과 '고전'의 세계 사이에 위치하고 있으며, 이 과도기적 성격은 1930년대 시에서 도시표상의 변화를 고찰할 때 중요한 준거점을 제공한다고 생각한다.

2. 오장환 – 식민지 근대성과 병리성의 공간

오장환은 1933년 『조선문학』을 통해서 등단했다. 그렇지만 첫 시집의 자서("이 시집은 1936~1937 양년, 즉 저자의 약년기에 노작한 바 일부분이다")에서 스스로가 밝히고 있듯이, 그는 등단 이후 귀국 때까지 별다른 창작활동을 하지 않았다. 이 시기 그는 일본에서 유학했다. 주지하듯이 그가 본격적인 창작 활동을 시작한 것은 대략 1936~1937년이었는데, 이는 그가 카프의 해체와 문단의 주조 상실이라는 변화된 정세 속에서 시작詩作했음을 말한다. 동시대의 시인들이 회고하듯이, 1930년대의 오장환은 "보들레르와 베를렌느 같이 고독한 심신으로 거리에서 다방에서 자나 깨나 살아오던"[7] 거리의 시인("사뭇 돼지구융같이 늘어선 / 끝끝내 더러운 거릴지라도 / 아, 나의 뼈와 살은 이곳에서 굵어졌다"(「병든 서울」))이었고, 도회의 시인이었다. 그렇지만 이때의 '도회'는 모더니스트들의 도시와는 달랐다. 1930년대 중반 오장환의 시는 식민지 현실에 대한 비판적 인식을 도시적 암흑과 우울의 정조로, 나아가 데카당한 분위기로 표출한다. 그의 시세계는 1930년대 후반 이후 비애와 퇴폐, 슬픔과 절망, 근대 문명과 도시에 대한 데카당한 부정 같은 모더니즘적 경향에서 향토적 서정의 세계로 변모해 갔고, 이러한 경향은 해방 이전까지 지속되었다. 이러한 시적 변화는 한 개인의 관심 이

---

7 이봉구, 「「성벽」 시절의 상환」, 김학동 편, 『오장환 연구』, 시문학사, 1990, 284면.

동이라고 평가될 수 있지만, 그것은 동시에 1937년 이후 문학장場의 변모에서 기인하는 결과처럼 보인다.

오장환의 첫 시집은 『성벽』(1937)이다. 비참한 현실과 도시 문명의 부정성, 봉건적 잔재에 대한 비판적 시각이 돋보이는 이 시집에서 '항구'와 '도시'는 근대성의 부정적 공간으로 형상화된다. 비애와 우울, 피로한 여정과 상실감으로 점철된 초기 시에서 '항구'는 전통적인 세계와 대비되면서 페이소스의 기원으로 설정된다. 최남선에서 임화에 이르기까지 '항구'는 "있어야 할 당위의 공간"[8]이었지만, 오장환에게 '항구'는 끝없는 상실과 방황을 상징하는 인간 존재의 운명이자 식민지 현실의 상징적 공간으로 표상될 따름이다. 또한 김기림의 모더니즘에서 감각과 취향, 즉 '도시'가 모던한 소비 공간이었다면, 오장환의 시에서 '도시'는 식민지적인 삶의 비극성을 함축하고 있는 축도로서 기능한다. 오장환의 시에서 '도시'는 '병든 서울'이라는 표현처럼 항상 비정상적이고 퇴락한, 음울한 공간으로만 인식된다. 오장환의 시에서 '도시'가 타락과 부패라는 부정성의 공간으로 인식된다는 것, 그것은 근대에 대한 시인의 태도는 물론 '도시'라는 근대 자본주의의 상징을 바라보는 시인의 세계관을 단적으로 증명한다. 설령 문명비판의 요소를 띠고 있었다 할지라도 스스로를 세계 시민의 한 사람으로 규정했고, 코스모폴리타니즘이라는 근대성의 세계에 열광했던 김기림과 달리, 오장환의 시에서 '도시'는 무엇보다 우울하고 남루한 공간으로 형상화된다.

---

8 서지영, 「오장환 시의 모더니티 연구」, 『한국근대문학연구』 2-1, 한국근대문학회, 2001, 146면.

폐선처럼 기울어진 고물상옥(古物商屋)에서는 늙은 선원이 추억을 매매하였다. 우중충한 가로수와 목이 굵은 당견(唐犬)이 있는 충충한 해항의 거리는 지저분한 크레용의 그림처럼, 끝이 무디고, 시꺼먼 바다에는 여러 바다를 거쳐온 화물선이 정박하였다. (…중략…)

망명한 귀족에 어울려 풍성한 도박. 컴컴한 골목 뒤에선 눈자위가 시퍼런 청인(淸人)이 괴춤을 훔칫거리며 길 밖으로 달리어간다. 홍등녀의 교소(嬌笑), 간드러지기야. 생명수! 생명수! 과연 너는 아편을 가졌다. 항시의 청년들은 연기를 한숨처럼 품으며 억세인 손을 들어 타락을 스스로이 술처럼 마신다.

—「해항도(海港圖)」 부분

어포의 등대는 귀류(鬼類)의 불처럼 음습하였다. 어두운 밤이면 안개는 비처럼 내렸다. 불빛은 오히려 무서웁게 검은 등대를 튀겨놓는다. 구름에 지워지는 하현달도 한참 자욱한 안개에는 등대처럼 보였다. 돛폭이 충충한 박쥐의 나래처럼 펼쳐 있는 때, 돛폭이 어스름한 해적의 배처럼 어른거릴 때, 뜸안에서는 고기를 많이 잡은 이나 적게 잡은 이나 함부로 투전을 뽑았다.

—「어포(魚脯)」 전문

오장환의 첫 시집에서 '항구'는 가장 인상적인 공간의 하나이다. 문명에 열광했던 시인들, 또는 문명과 근대성을 동일한 것으로 간주했던 모더니스트들의 계몽적 비전과 달리, 오장환의 시에서 '항구'는 '어둠'의 공간일 따름이다. 그의 시편들은 '문명'과 '도시'에 열광하기보다는 오히려 그것들을 비판적으로 바라보고 있다. 인용시에서 확인되듯이, 항구에 덧씌워져 있는 암울한 기운 또한 이와 다르지 않을 것이다. 「여수旅愁」에 등장하는 "신뢰할 만한 현실은 어디에 있느냐"라는 짙은 탄식은 시집 전체를 통해 그려지는 항해와 여정이 신뢰할 수 있는 현실의 부재와 무관하지 않음을 말해준다. 「해항도」의 첫 구절은 오래된 물건들을 매매하는 한 상점을 배경으로 삼고 있다. 항시港市에 위치한 이 상점을 화자는 '폐선처럼 기울어진', '우중충한 가로수', '충충한 해항의 거리'처럼 부정적이고 어두운 이미지로 묘사한다. 이 시에서 항구도시는 '바의 계집'으로 상징되는 매춘, '풍성한 도박', '아편'이 난무하는 세계이고, 화자는 그 세계 속에서 "연기를 한숨처럼 품으며 억세인 손을 들어 타락을 스스로이 술처럼 마"시는 청년들의 모습을 본다. 죽음을 향한 이들의 향연은 "윤락된 보헤미안의 절망적인 심화心火"(「매음부賣淫婦」)와 같은 절망감 이상이 아니다.

절망적인 분위기는 「어포」에서도 동일하게 나타난다. 이 시에서 '등대'는 밤바다를 비추는 계몽/문명의 빛이 아니라 '귀류鬼類의 불'처럼 음습하게 빛난다. '밤'과 '안개', 그리고 '불빛'의 조합으로 형상화되는 포구의 모습은 사뭇 을씨년스럽고 우울하다. 짙은 안개로 인해 사위를 분간할 수 없을 때, 그리고 어둠 속에서 희미하게 반짝이는 하현달이 마치 등대처럼 보일 때, 사람들은 '투전'에 몰입한다. 오장환의 시에서 현실의 비정상성, 즉 "신뢰할 만한 현실"의 부재는 주로 매춘(매음녀, 기녀), 도박(투전), 가난으로 상징된다. 오장환의 시에서 이 현실부재의 원인은 '식민지'라는 조건과 무관하지 않다. 「성씨보」의 한 구절("성씨보와 같은 관습이 필요치 않다")을 근거로 오장환의 초기 시를 전통과의 단절에 대한 의지로 이해하는 연구들이 있지만, 실제 오장환은 전통과의 단절을 통해 근대를 긍정하는 문명론자와 달리 구습(봉건적 유습과 신분제)의 폐지를 통한 근대의 형성을 꾀한 진보주의자로서의 면모가 더욱 강하다. 그러나 그의 시에서 목격되는 근대의 풍경들이란 병적인 상태 이상이 아니었는데, 이 문제의 이면에는 때때로 권력의 흔적이 짙게 투영되어 있다.

> 전당포에 고물상이 지저분하게 늘어선 골목에는 가로등도 켜지지 않았다. 죄금 높다란 포도(鋪道)도 깔리우지는 않았다. 죄금 말쑥한 집과 죄금 허름한 집은 모조리 충충하여서 바짝바짝 친밀하게는 늘어서 있다. 구멍 뚫린 속내의를 팔러 온 사람, 구멍 뚫린 속내의를 사러 온 사람. 충충한 길목으로는 검은 망토를 두른 주정꾼이 비틀거리고, 인력거 위에선 차(車)와 함께 이미 하반신이 썩어가는 기녀들이 비단 내음새를 풍기어가며 가늘은 어깨를 흔들거렸다.
>
> —「고전(古典)」 전문

> 직업소개소에는 실업자들이 일터와 같이 출근하였다. 아무 일도 안 하면 일할 때보다는 야위어진다. 검푸른 황혼은 언덕 알로 깔리어오고 가로수와 절망과 같은 나의 긴 그림자는 군집(群集)의 대하(大河)에 짓밟히었다.
>
> (…중략…)
>
> 제 집을 향하는 많은 군중들은 시끄러이 떠들며, 부산히 어둠 속으로 흩어져버리고, 나는 공복의 가는 눈을 떠, 희미한 노등(路燈)을 본다. 띄엄띄엄 서 있는 포도(鋪道) 위에 잎새 없는 가로수도 나와 같이 공허하고나.
>
> (…중략…)
>
> 어디를 가도 사람보다 일 잘하는 기계는 나날이 늘어나 가고, 나는 병든 사나이. 야윈 손을 들어 오랫동안 타태(惰怠)와, 무기력을 극진히 어루만졌다. 어두워지는 황혼 속에서, 아무도 보는 이 없는, 보이지 않는 황혼 속에서,

나는 힘없는 분노와 절망을 묻어버린다

—「황혼(黃昏)」 부분

오장환의 시에서 '병'은 "신뢰할 만한 현실"의 부재이자 비정상성에 대한 상징이다. 그의 시 도처에는 '병'이 산재해 있다. 아니, 그토록 많은 '병'들은 차라리 현실 전체가 병으로 가득하다는 것을 증언하고 있다. 그러므로 훗날의 '병든 서울'이라는 모티프는 해방 이후의 혼란만을 가리키는 수사가 아니었던 셈이다. 「고전」에서의 도시 공간은 빈민가이거나 변두리로 설정되어 있다. 전당포와 고물상이 늘어선 골목, 포장이 되지 않은 도로, 집과 집이 빼곡하게 붙어 있는 곳. 이러한 공간은 1930년대 모더니즘의 상징인 소비도시 '경성'과는 거리가 멀다. 항시港市의 음울함, 도시의 가난과 병적 상태를 형상화할 때에 오장환은 '충충'이라는 표현을 반복해서 사용한다. '병'과 함께 '충충'이라는 이 느낌의 표현이야말로 그가 도시 공간에서 받았던 대표적인 이미지였던 것이다. 이 시에서 '도시'는 다방-백화점-기차로 상징되는 '모던의 세계'가 아니라 "구멍 뚫린 속내의"로 상징되는, 가난마저 매매해야만 하는 '가난의 세계'이고, 검은 망토의 주정꾼들이 비틀거리는 '절망의 세계'이며, "하반신이 썩어가는 기녀들"로 상징되는 '매음의 세계'이다. 「황혼」의 화자는 이 가난, 절망, 매음의 세계에서 "병든 나에게도 고향은 있다"라고 외친다. 절망과 향수가 뒤엉킨, 그러나 '고향'으로 상징되는 농경사회에 대한 향수와는 달리 도시에서의 병적 우울과 절망이라는 주조야말로 오장환의 시세계를 압축적으로 보여주는 것이다. 이 세계 위에서 사람들은 "직업소개에는 실업자들이 일터와 같이 출근하였다"처럼 하루하루 실업의 불안한 나날을 영위한다. 또한 "어디를 가도 사람보다 일 잘하는 기계는 나날이 늘어나 가고"처럼 기계는 문명이라는 이름으로 세상을 장악하기 시작한다. 이 문명에 대한 시인의 비전은 "꽃밭을 허황하게 만드는 문명", "꽃밭에서는 끊일 사이 없는 교통사고가 생기어났다"(「화원花園」)처럼 비관적이다.

> 쓰르갯바람 못 쓰는 휴지쪽을 휩싸아가고
> 덧문을 척, 척, 걸어닫은 상관(商館)의 껍데기 껍데기에는 맨 포스터 투성이
> 쫙 펴지는 번화가의 포스터
> 주보(酒甫)
> 초저녁 북새통에 것을 비뚜루 쓴 시골영감
> 십년지기처럼 그 뒤를 따라 나가는 늙은 좀도적!
> 음험한 눈자위를 구을리며 쑹덜쑹덜 수군거리는 거지
> 헌 구두를 훔키어잡고 달아나는 아편쟁이 눈썹이 싯푸른 청인(淸人)은 훔칩훔칩 괴춤을 추썩거리며 어둠 밖으로 나온다.
> 불안한 마음
> 불안한 마음
> 생명수! 생명수! 과연 너는 아편을 가졌다.
> 술맛이 쓰도록 생활이 고달픈 밤이라 뒷문이 아직도 입을 다물지 않은 중화요리점에는 강단으로 정력을 꾸미어나가는 매음녀가 방게처럼 뺏낙질을 하였다.
> 컴컴한 골목으로 드나드는 사람들 — 골목 뒤로는 옅은 추녀 밑으로 시꺼먼 복장의 순경이 굴뚝처럼 우뚝 다가섰다가 사라지고는 사라지고는 하였다.

영화관-환락경. 당구-마작구락부-도박촌.

—「야가(夜街)」 전문

인용시 「야가夜街」는 오장환 시의 나타나는 도시 이미지를 가장 압축적으로 보여주는 작품이다. 1936년 12월 『시인부락』에 발표되었던 이 시의 모티프는 같은 지면에 함께 발표되었던 「해항도」와 상호텍스트적인 성격을 띠고 있다. 괴춤을 추썩거리며 골목길을 황급히 빠져나오는 청인淸人의 형상, 그리고 "불안한 마음 / 불안한 마음 / 생명수! 생명수! 과연 너는 아편을 가졌다"라는 구절은 「해항도」의 일절 "생명수! 생명수! 과연 너는 아편을 가졌다"를 반복하고 있다. 그러나 「해항도」와 달리 이 시는 '도시'라는 공간의 이면에 도사리고 있는 권력의 일면을 보여준다는 점에서 「해항도」와 구분된다. 밤거리 풍경이라고 말할 수 있는 이 시의 제목은, 그러나 김기림이나 이상의 시에 등장하는 '백화점'과 기묘한 대조를 이루면서 식민지 경성의 어두운 일면을 탁월하게 그려내고 있다. 실제로 1930년대는 백화점의 시대였다. 도심 곳곳에 쇼윈도우와 백화점이 들어서면서 식민지의 수도 경성은 왕조의 도시로서의 위엄을 상실하고 급속하게 자본주의에 편입되었고, 그것은 '소비'와 '취향'이라는 근대성의 상징처럼 여겨지기에 이르렀다. 그러나 오장환에게 도시는 '야가'라는 제목처럼 거리의 음울한 풍경으로 비춰질 따름이다. 바람이 온갖 휴지들을 쓸어가는 밤거리, 덧문마저 잠근 상점의 외벽에는 번화가의 포스트들이 즐비하게 붙어 있다. 이 공간에서 움직이고 있는 인물들을 잠시 살펴보자. 시골영감, 시골영감의 뒤를 따르는 늙은 좀도둑, 걸인, 아편쟁이, 매음녀 …….

「고전」이 변두리나 빈민촌의 형상이라면, 「야가」는 도심지의 형상에 가깝다. 그러나 이 시에서도 '도시'라는 근대성의 보편적 형식을 발견하기는 불가능하다. 그것은 도시의 형상을 띠고 있으되 '불안한 마음'들만이 들끓고 있는 병든 도시이기 때문이다. 물론 이 시에 등장하는 인물들을 익명적 주체, 즉 군중과 동일시하기는 어렵다. 그것은 차라리 '시골영감'처럼 봉건적 잔재이거나 '매음녀'처럼 근대적 화폐경제에 묶여서 살아가는 인간 군상에 가까운 듯하다. 흥미로운 사실은 "영화관-환락경. 당구-마작구락부-도박촌"으로 연결되는 도박과 향락의 자본주의적 문화 이면에 "시꺼먼 복장의 순경"을 배치시켜 놓았다는 점이다. '순경'은 "우뚝 다가섰다가 사라지"는 존재라는 점에서 일견 위압적으로 느껴지지 않을 수도 있다. 그러나 반대로 이 시는 위압의 정도와는 무관하게, 그러한 도박과 향락의 문화 이면에 '순경'으로 상징되는 제국주의의 권력이 깊숙이 연루되어 있음을 보여주고 있다.

오장환의 시는 '도시'에 주요 공간으로 설정하고 있고, 모더니즘의 세례를 받았지만 근대성의 빛을 좇기보다는 그것을 비판하는 방향에서 출발했다. 오장환의 눈에 비친 경성의 형상은 이식된 근대가 식민지인들의 삶을 얼마나 황폐하고 불행하게 만드는지를 보여주기 위해 선택된 것들이었고, 그는 질병 상태에서 벗어나지 못하는 조선의 현실을 '병', '설움', '그리움', '눈물', '떠돎'(행인, 여행자) 같은 감정으로 표현했다. 도시를 부정적인 공간으로 묘사하면서도 도시적 서정에서 벗어나지 않았던 그의 시는 『헌사』 이후 전통적인 자연과 농경의 세계로 나아가기 시작했는데, 이는 오장환의 시세계가 병리성에 대한 비판에서 정상성에 대한 탐구로, '도시'라는 부정적 공간에서 '농촌'이라는 긍정적 공간으로 이동했음을 의미한다.

3. 김광균 – 현대의 방향상실과 분열된 낭만주의

김광균은 1926년 『중외일보』에 「가는 누님」을 발표하면서 등단한 이래 1920년대에는 전통적인 시어를 바탕으로 고독과 슬픔, 상실 등을 표현했고, 1930년대 초반에는 사회현실을 반영한 몇몇 작품들을 발표하기도 했다. 가령 「실업자의 오월」에서는 "컴컴한 공장의 지하실에 황폐해가는 ××의 거리에 / 짓밟힌 현실이 낳은 모–든 가슴아픈 회억回憶과 눈물을 실고 / 고뇌에 묻힌 우리들의 봄은 그대로 가고 / 낙화진 봄의 폐허공원의 벤취에 / 고달픈 실업자의 무리는 헤매인다"처럼 "저주와 기아"로 상징되는 실업상태에 처한 군상들이 들끓는 공원의 모습을 묘사하기도 했고, 「창백한 구도」에서는 "지금 애상의 안개 속에 헤매는 우리들의 마음 속에 — / 허무러진 시대와 떠나가는 감정의 한숨 섞인 회억回憶 속에 — // 공황의 애사를 지켜오던 몰락된 생활의 여음을 실고 —"처럼 경제공황으로 인해서 "허물어진 시대"를 표현하기도 했다. 두 편의 시에 등장하는 "짓밟힌 현실"과 "허무러진 시대"가 식민지의 현실을 가리키는지, 아니면 보편적인 모더니티로서의 도시를 가리키는지는 분명하지 않지만, 일어로 발표된 "식민지에도 봄이 찾아 왔다. 벚꽃은 필 것이다. 공원의 잔디 위에서 관청의 공무원과 상인은 착취되는 우리들을 비웃을 것이다. 거리에 식민지의 부르조아를 태우고 시보레는 달린다. 소작인을 ××해 세운, 산 위의 별장에 피아노 음이 새어 나온다. 마을 아래에는 오늘도 우리의 노역과 눈물이 계속된다"(「日本の兄弟よ」)[9]를 고려하면 그것들이 '식민지'와 '근대'라는 이중의 질곡을 가리키는 것이라고 해석할 수도 있다.

9　김광균, 「日本の兄弟よ」, 『戰旗』, 1930.6 ; 이승원 외, 『시의 아포리아를 넘어서』, 이룸, 2006, 157면에서 재인용.

그런데 1935년을 전후해서 김광균의 시는 변모하기 시작한다. 그의 첫 시집 『와사등』에 「외인촌」을 제외하면 1935년 이전에 창작된 작품이 한 편도 포함되어 있지 않다는 것 역시 주목할 대목인데, 이는 1939년 시집 출간 당시에 의도적으로 이전 시기의 작품들을 제외했다는 것을 의미한다. 그의 텍스트에서 이 변화와 선택의 근거를 발견하기는 어렵지만, 이 변화에 종래의 모더니즘적 지평과는 다른 시적 세계를 추구해야 한다는 의식이 개입되어 있었던 것만큼은 분명해 보인다. 실제로 김광균의 텍스트에 회화적 이미지가 도시 풍경을 지배적인 이미지로 삼게 된 것은 1935년 이후이다.[10] 이는 '시어'의 경우에도 마찬가지인데, 1940년에 발표된 「서정시의 문제」는 이러한 시적 변모가 이 시기에 사실상 완결되었음을 보여주는 예라고 할 수 있다. 이 산문에서 시인은 "시에 있어서의 대상(현실)이 있는 이상, 이 대상에 근본적인 변화가 있을 때 이 대상을 담는 용기(시) 역시 변화해 할 것"처럼 '현실'과 '시'의 관계를 '대상'과 그것을 담는 그릇, 즉 '용기'에 비유한다. 신세대론의 하나로 제출된 이 산문의 핵심 요지는 "19세기는 19세기가 끝나는 마지막 날의 한 장의 '캘린더'로 없어져 역사상의 존재가 되었고, 20세기에 존재하는 우리는 20세기의 정신과 감정과 감각을 노래할 뿐이다"처럼 19세기와 20세기의 문학을 구분하는 것이었다.

현대의 교양과 감정을 흔들려면 반드시 거기에 적합한 문학내용과 새로

10 이에 대해서 윤지영은 김광균의 초기작들이 근대적이라고 평가되는 이유는 그의 시가 도시의 근대풍경에 주목했기 때문이 아니라 전통과 근대가 혼합된 풍경마저 '도시의 근대적인 풍경처럼 보이게 만들기 때문이라고 지적했다. 윤지영, 「김광균 초기작의 근대적 면모」, 『어문연구』 112, 한국어문교육연구회, 2001, 178면.

운 형태 및 새로운 서정정신을 갖추기 전에 어렵다도 생각하여도 무방할 것 같다. (…중략…) 오늘의 문명이 추상적인 것보다 구체적인 것, 청각보다 시각, 관념보다 수학으로 조직된 것으로 보아, 우리가 탐구할 형태가 보다 음악적인 것에서 보다 조형적인 것으로 될 것은 넉넉히 자신할 수 있다. 대전 이후로 미래파, 입체파, 초현실파 이렇게 시가 회화운동과 행동을 같이해 온 것이 결코 이유가 없는 것은 아닐 것이다. 새로운 시가 자연의 풍경에서 노래할 것을 발견하지 못하고 정신의 풍경 속에서 대상을 구했고, 거기 사용된 언어도 목가적인 고전에 속하는 것보다는 도시 생활에 관련된 언어인 것도 사실이다. 오늘에 와서 현대의 형태가 조형으로 나타나고 발달된다는 사실은 석유나 지등(紙燈)을 켜든 사람에게 전등의 발명이 '등불'에 대한 개념에 중요한 변화를 주듯이, '형태의 사상성'을 통하여 조형 그 자체가 하나의 사상을 대변하고 나아가 그 문학에도 어느 정도의 변화를 일으키는 데까지 갈 것도 생각할 수 있다.[11]

인용문은 크게 세 가지 내용으로 요약할 수 있다. 첫째, 현대에는 현대에 적합한 문학내용과 그것을 담을 새로운 형태, 이른바 새로운 서정정신이 필요하다는 것. 둘째, 근대 이후의 서정시가 음악보다는 회화와의 연관성을 더욱 강조하면서 발전해 왔다는 것, 셋째, 새로운 시가 '자연'의 풍경이 아니라 '정신'의 풍경 속에서 대상을 구하고, 목가적인 고전이 아니라 도시 생활에서 언어를 구한다는 것이다. 여기서 흥미로운 지점은 세 번째, 그러니까 "석유나 지등을 켜든 사람에게 전등의 발명이 '등불'에 대한 개

11 김광균, 「서정시의 문제」, 『인문평론』, 1940.2.

념에 중요한 변화"를 준다는 대목이다. 언어와 표상의 관계를 문제 삼고 있는 이 지점은 그의 모더니즘이 소재적인 차원의 새로움, 다시 말해 「오후의 구도」에 등장하는 '아네모네', '보표', '카-텐' 등의 새로운 사물로 환원될 수 없음을 의미한다. "조형 그 자체가 하나의 사상을 대변"한다는 것은 새로운 사물의 등장이 사물에 대한 개념, 나아가 그것을 매개로 발생하는 감정과 정서의 변화를 촉발한다는 것이며, 이는 석유나 지등이 지배적인 시대에 '등불'의 의미와 전등의 발명 이후에 '등불'의 의미가 사뭇 다를 수밖에 없다는 것을 가리킨다. 그러므로 김광균은 도시적인 소재나 언어의 발견, 특히 그것을 회화적인 이미지를 통해서 표현함으로써 19세기와는 다른 정서와 서정의 필요성을 강조하려 했던 셈이다. 같은 맥락에서 그는 "모필에 먹을 묻혀 쓰던 시"와 "타이프라이터로 찍은 시" 사이의 호흡과 시각효과의 차이를, "역전마차를 타는 것"과 "특급열차를 타는 시대"의 속도감각의 변화를, "물소리나 닭의 울음소리에 깨는 사람"과 "비행기나 전차의 폭음에 때는 사람"의 생활 정서나 자연에 대한 질감의 차이에 주목하야 한다고 주장한다.

그렇지만 「서정시의 문제」에서 보인 '새로운 시'에 대한 강조를 그의 시 전체에 적용하는 것은 다소 무리가 있다. 그것은 이 글이 1940년에 시단의 신세대론이라는 성격하에서 발표되었으며, 1920년대의 재래적 서정이나 1930년대 초반에 그가 보였던 사회현실에 한 발 다가선 작품들과 무관한 것처럼 보이기 때문이다. 주지하듯이 1930년대 후반에 등장한 시단 신세대론에서 새로운 세대의 시인들은 카프의 경향문학과 정지용, 김기림의 모더니즘을 모두 극복의 대상으로 설정했다. 이것은 김광균의 모더니즘이 1930년대 모더니즘의 연속선상에 놓여 있지 않다는 것을 의미한다. 이 두 시기 사이, 그는 『시인부락』(1936)과 『자오선』(1937) 동인활동을 했다. 말하자면 김광균의 시세계는 초기의 전통 서정에서 출발하여 1930년 무렵에는 가난과 착취처럼 사회성이 짙은 작품들을 썼고, 1935년 이후에는 도시와 고향(유년)의 대비 속에서 도시적 우울과 고독, 슬픔 등을 노래했다고 볼 수 있다.[12] 그렇지만 1935년 이후의 그의 시가 음악성 대신 회화성을 부각시켰다는 점, 사물과 언어의 변화가 서정의 성격을 바꾼다는 사실을 포착하려 했다는 점, 자연적 풍경마저 도시적인 언어로 표현하려 했다는 점에서, 여타의 모더니즘 시와 달리 고독, 향수, 우울, 감상에 압도된 시적 주체를 일관되게 그려냈음에도 불구하고 시적 근대성을 추구했다고 평가할 수 있다. 문제는 그의 시적 근대성이 '도시'와 '문명'에 대해서 긍정적인 반응으로 연결되지는 않다는 점이다. 그의 시에서 '도시'는 희망과 긍정의 공간이 아니라 방향상실과 그로 인한 고독, 슬픔, 우울의 공간으로 그려지고 있다.

> 차단-한 등불이 하나 비인 하늘에 걸려 있다.
> 내 호올로 어딜 가라는 슬픈 신호냐.
>
> 긴-여름해 황망히 나래를 접고
> 늘어선 고층 창백한 묘석같이 황혼에 젖어
> 찬란한 야경 무성한 잡초인양 헝클어진채

---

12 이 시기에 김광균은 고향인 개성을 떠나 항구도시 군산에서 신혼살림을 시작했다. 때문에 이 시기 도시나 항구의 모습을 배경으로 설정하고 있는 시편들에서 두드러지는 향수, 고독, 우울 등은 이러한 내면의 표현이라고 볼 수 있다.

사념 벙어리되어 입을 다물다.

피부의 바깥에 스미는 어둠
낯설은 거리의 아우성 소리
까닭도 없이 눈물겹고나

공허한 군상의 행렬에 섞이어
내 어디서 그리 무거운 비애를 지니고 왔기에
길-게 늘인 그림자 이다지 어두워

내 어디로 어떻게 가라는 슬픈 신호기
차단-한 등불이 하나 비인 하늘에 걸리어 있다.

—「와사등」 전문

1938년 『조선일보』에 발표된 이 시는 '전등'의 발명이 '등불'에 대한 감성의 변화를 불러온다는 「서정시의 문제」의 문제의식과 맞닿아 있지만, '도시'를 "내 호올로 어딜 가라는 슬픈 신호냐"처럼 방향상실과 불안의 공간으로 묘사하고 있다. 시인은 고층건물이 늘어선 거리에 내려 앉은 어둠에서 "무성한 잡초"처럼 헝클어져 있는 무질서함을 읽어내고, 낯선 거리의 아우성에서 눈물겨움을 느낀다. 도시 문명의 특징 가운데 하나인 대중은 "공허한 군상의 행렬"처럼 무의미하고, 그 무의미한 일상은 "무거운 비애"를 낳는다. 여기에는 '새로운 시'의 추구라는 현대적인 감각은 존재하지만, 박팔양이 "기쁨과 슬픔이 교차되는 네거리"라는 진술을 통해서 확인하려 했던 도시의 양면성에 대한 인식조차 발견되지 않는다. 도시 공간에서 느끼는 우울과 향수 등의 감정은 『와사등』 전체를 지배하고 있다. 가령 항구와 바다를 공간적 배경으로 설정하고 있는 「오후의 구도」에는 전통적인 서정시에서는 등장하지 않던 언어와 소재들이 많이 나타나지만, “하이얀 추억의 벽 위엔 별빛이 하나 / 눈을 감으면 내 가슴엔 처량한 파도 소리뿐”처럼 ‘추억’을 매개로 한 처량함의 정서로 귀결된다. 「해바라기의 감상」을 이끌고 있는 이미지는 “퇴색한 작은 마을이 있고 / 마을 길가에 낡은 집에서 늙은 어머니는 물레를 돌리고”처럼 화자의 고향과 유년에 맞닿아 있는 농촌 풍경이고, 「향수의 의장」 역시 “슬픈 기억의 장막 저편에 / 고향의 계절은 하이얀 흰 눈을 뒤집어 쓰고”, “낙엽이 쌓인 옛 마을 옛 시절이 / 가엾이 눈보라에 얼어붙은 오후”처럼 황혼의 시간을 배경으로 과거와 현재를 대비시킴으로써 특유의 향수를 자극하고 있다. 「벽화」에서는 “옛 기억이 하-얀 상복을 하고 / 달밤에 돈대를 걸어내린다”라는 구절처럼 과거의 기억을 현재적 시간 속으로 불러들임으로써 유년의 아늑함을 표현했고, 그 유년의 기억 속에는 “조락한 역로” 근처에서 방랑했던 기억과 “죽은 누나의 하-얀 얼굴”처럼 피어나던 돌담 위의 박꽃이 펼쳐진다. 「석고의 기억」의 ‘향수’, 「가로수」의 “길 잃은 세피아의 파-란 눈동자”, 「밤비」의 “사라진 정열”과 “추억의 날개”, 「성호부근」의 “여윈 추억”과 “낡은 고향”, “어린 향수” 등 역시 동일한 맥락에서 이해할 수 있다.

1930년대 후반 김광균의 시에서 ‘도시’는 문명의 공간이지만, 바로 그 이유에서 고독과 향수, 우울과 비애의 공간이기도 하다. 문제는 김광균 시의 도시표상이 도시 자체의 속성이 아니라 그것과 대면하는 주체의 심리상태가 투영된 결과물이라는 사실인데, 이는 이러한 도시표상이 시인 개인의 일상적 체험의 산물이 아니라 '방향상실'로 상징되는 일제 후반기의 시대정신과 세대의식을 담지하고 있음을 의미한다. 김광균 시에 대한 기존의 연구들은 1930년대 모더니즘의 연장선에서 김광균 시의 모더니즘적 요소를 강조하고 있지만, 실제로 모더니즘이 더 이상 추구되어야 할 모델이 아니었던 1930년대 후반의 시적 지형 속에서 김광균은 현대인의 방향상실을 언어화하려 했다. 동시대의 시인들이 낭만주의적 세계관에 근거하여 현대의 방향상실을 전통적인 언어로 표현하려 했음에 비해, 그는 그 방향상실이 현대적인 언어와 감각에 의해 표현되어야 한다고 믿었던 듯하다. 김광균과 비슷한 시기에 태어나 활동했던 김종한은 김광균의 이러한 시적 특징을 신비성과 조형적 수법의 결합이라고 평가했는데, 이것은 김광균의 모더니즘이 해체된 방식의 낭만주의 의식을 내포하고 있다는 평가였다.

4. 박팔양 – 센티멘탈리즘의 극복과 과도기적 양가성

박팔양은 1923년 『동아일보』에 「신神의 주酒」를 발표하면서 문단에 나왔다. 1926년 초기 카프KAPF에 가입했으나, 1927년 조직 개편 직전에 탈퇴한 것으로 알려져 있고, 1934년 6월 구인회에 참여하면서부터 카프적인 경향성과는 일정한 거리를 유지한 작품을 썼다. 『시와 소설』에 이름만 있을 뿐 작품이 실려 있지 않다는 사실로 미루어보면 그가 이태준이나 정지용과의 친분 때문에 구인회에 가입한 것은 사실이지만, 실제 구인회에서 활발한 활동을 한 것은 아닌 듯하다.[13] 이 시기 그의 문학에 대한 이해

13 '구인회'와 관련하여 그의 활동이 알려진 것은 그가 구인회 주최의 제2차 문학 공개강좌에 참석하여 「조선신시사」를 강의했다는 사실 정도이다.

는 1927년 『조선문단』에 발표한 「문예시평」에서 가장 잘 드러난다. 이 글에서 그는 "프로문예라 하더라도 그 중에는 볼세비즘의 문예와 아나키즘의 문예가 있고 더욱 널리 신흥문예라 하면 기성문예에 대해서 전기 무산계급의 문예 이외에도 표현파 · 미래파 · 입체파 · 다다이즘 등"처럼 세기 초 유럽의 표현주의, 미래파, 입체파, 다다이즘 등을 무산계급의 문예와 함께 신흥문예의 한 조류로 인식[14]했는데, 이는 그의 카프 활동이 신흥문예의 지류에 지나지 않은 것이었다고 볼 여지도 있다. 주지하듯이 박팔양은 카프에서 활동할 당시에도 모던, 즉 현대적인 것에 깊은 관심을 가졌다. 그는 "현대에 사는 이상 현대의 사람이 되지 않으면 아니 된다. 물론 현대의 나쁜 것短處만을 취하고 본뜨는 것은 불가하지만 현대의 좋은 것은 얼마든지 배우고 본뜨고 이용하고 그리고 생활에까지 받아들여 와야 할 것이다. 현대의 남녀 또는 현대풍의 남녀는 현대를 이해하지 아니하면 아니 된다"[15]처럼 유행으로서의 모던(취향)과 구분되는 현대에 대한 이해의 중요성을 누차 강조했다.

박팔양 시에서 '도시'의 의미는 첫 시집 『여수시초』(1940)에 실린 몇몇 작품들에서 확인할 수 있다. 『만선일보』 기자로 재직 당시 출판한 이 시집에는 카프는 물론 구인회의 흔적 역시 드러나지 않는다. 전체 7개의 테마를 중심으로 자선自選된 47편의 시를 담고 있는 이 시집은 '근작近作'과 '구작舊作'이라는 항목을 제외하면 사실상 '자연 · 생명', '도회', '사색', '애상', '청춘 · 사랑'의 다섯 개 테마로 구성되어 있는데, 이러한 구성은 1930년대 이후 박팔양의 시세계를 가늠하는 중요한 잣대가 된다. 앞에서 살폈듯

14 박팔양, 「문예시평」, 『조선문단』, 1927.2, 58면.

15 박팔양, 「진실한 의미의 모던이 되자」, 『조선일보』, 1929.4.10.

이, 이 시집이 출간될 당시 문단의 주조는 카프의 경향문학도, 구인회의 모더니즘도 아니었다. 비평계에서는 신세대론과 전통론이 논쟁의 대상이 되고 있었고, 시단에서는 전통주의의 영향력이 한층 높아지고 있었다. 특히, 순수시론이나 생명시파의 등장은 이 시기의 시문학이 1935년 이전의 문학적 주조에서 벗어나 있음을 보여주는 사건이었다. 때문에 박팔양의 시집에서 '도회'에 실려 있는 여섯 편은, 비록 박팔양의 '도시' 인식을 가장 구체적으로 보여준다고 할지언정, 7개의 테마 가운데 하나에 불과한 것이었다.

박팔양의 『여수시초』에 실려 있는 여섯 편의 도회시는 발표 시기에 따라 두 개로 나뉜다. 그 하나는 1926년, 즉 카프의 성원으로 활동할 당시에 창작된 「도회정조」, 「인천항」, 「태양을 등진 거리 위에서」이고, 다른 하나는 1934년, 즉 구인회 가입 이후에 창작된 「하루의 과정」, 「점경」, 「근영수제」이다. 또 하나, 두 시기 사이인 1930년 창작된 「새로운 도시」를 추가할 수 있다. 박팔양은 카프에서 활동할 당시에도 '도시'에 대한 관심을 표방한 바 있는데, 가령 1927년 『조선문단』에 발표한 「윤전기와 사층집」은 "××! ××! ××! / 輪轉機가 소리를지른다 / PM. 7-8 PM. 8-9 / ABC. XYZ. / 符號를 보렴으나 / 한時間에 十萬장式박어라!"처럼 문명을 근간으로 기존질서의 파괴가 야기하는 충격을 다다이즘적인 수법으로 그려낸 작품이다. 이는 등단 무렵의 박팔양이 재래의 서정이 아니라 새로운 예술에 대해 깊은 관심을 갖고 있었음을 의미한다. 그렇지만 이 시집에 실려 있는 1920년대의 도시 시편들은 문명의 충격을 다다이즘처럼 형식의 파괴를 통해 그대로 드러내기보다는 객관적 시선으로 그려내고 있는 것처럼 보인다.

도회는 강렬한 음향과 색채의 세계,
나는 그것을 얼마나 사랑하는지 모른다.
불규칙한 직선의 나열, 곡선의 배회,
아아, 표현파의 그림같은 도회의 기분이여!
(…중략…)
오오-현대문명이 이곳에 있어,
경찰서, 사법대서소, 재판소, 교수대,
학교, 교회, 회사, 사교구락부, 정거장,
보험실, 연구소, 운동장, 극장, 음모단의 소굴,
아아 정신이 얼떨떨하다.

아침에는 수 없는 사람의 무리가 머리를 동이고
일터로-일터로-밥먹을 자리로
저녁에는 맥이 풀려 몰려나오는 사람의 무리가
위안을 구하려, 향락장으로 향락장으로—
연극장과 도박장과 유곽과 기생집은
한집도 빼놓지 않고 만원이다.

기생이 인력거 위에 높이 앉아
값비싼 담배를 피우면서 연회장으로 달릴 때,
순사는 다 떨어진 양복에 헬메트를 쓰고
네거리에서 STOP과 GO를 불른다.
거미새끼들 같이 모였다 헤어지는

상, 중, 하층의 각 생활군을 향하여.

어떻든 이 도회란 곳은
철학자가 혼도하고 상인이 만세부르는 좋은 곳이다.
그XX한 기분과 기분의 교류는
어느 놈이 감히 나서서 정리하지를 못한다.
마치 그는 위대한 탁류의 흐름과 같다.

— 박팔양, 「도회정조」 부분

박팔양에게는 '모던'에 대한 분명한 지향이 있었다. 그에게 '모던'은 취향이나 유행과 달리 시대의 변화에 대한 인식과 같은 것이었다. 그는 '모던'에 대해서 "현대의 또는 근대의 가장 큰 특징은 모든 것을 과학적으로 생각하는" 것이라고 규정했고, 사유의 과학화와 실천의 전투화가 현대인의 필수조건이라고 주장했다. 박팔양 시의 도시적 감수성은 이 시대의 변화에 대한 감각이 문학에 투영된 결과처럼 보인다. 김기림과 마찬가지로, 그는 도시적 감수성에서 19세기적인 센티멘탈리즘의 흔적을 지우려고 노력했다. "그러나 이는 / 감상적 시인의 글투! / 우리는 센티멘탈하게 울지않기로 작정한 사람이다"(「태양을 등진 거리 위에서」) 박팔양의 시에서 도시, 즉 모던의 세계는 양가성을 띠고 등장한다. 그는 한편으로는 "강렬한 음향과 색채의 세계", "직선과 사선, 반원과 타원의 선과 선"으로 만들어진 도회 건물들의 무질서함에 대해서 '사랑'의 감정을 느끼지만, "문명기관의 총신경"이 집중되어 있는 그곳에서 "아아 정신이 얼떨떨하다"처럼 충격을 경험한다. 시인은 감정의 양가성을 드러내기 위해 구체적인 공간이 아니라 '거리'를 선택하는바, 박팔양의 도시 서정시는 모두 거리를 배경으로 삼고 있다.

박팔양에게 '도시'는 무엇보다도 양면성의 공간이다. 시인은 "기쁨과 슬픔이 교차되는 네거리"로 상징되는 도시 공간에서 '우울'을 느낀다. 때문에 그의 도시 시편들은 거의 대부분이 동일한 구조를 지니고 있다. 그의 시는 첫째, 도시의 경쾌한 인상에서 출발하여 우울한 감정으로 귀결된다는 것, 둘째, 아침에서 시작되어 저녁으로 이어짐으로써 하루 전체를 시간적 배경으로 삼는다. 인용시를 보자. 제1~2연에서 시인은 표현주의 그림 같은 도회의 기분과 음향의 '난조亂調'를 경험한다. 도시가 연출하는 밝은 이미지는, 그러나 제3~4연에서 "사흘 굶은 노방의 음악가"와 전차의 평행선 궤도가 종국에 교차하리라는 것에 대한 '근심'으로 바뀐다. 제6연에서는 '충격'으로, 제7연에서는 반복되는 일상의 피곤, 그것을 위로받기 위해 향락장으로 몰려가는 도시인들의 쓸쓸한 이면을 그린다. 제8연에서는 도시생활을 "상, 중, 하층"처럼 계급의 위계로 묘사하고, 이를 "값비싼 담배를 피우면서 연회장으로 달"려 가는 기생의 인력거와 "다 떨어진 양복에 헬메트를 쓰고" 있는 순사의 모습을 통해 대비시킨다. 도회의 거리 풍경을 파노라마적인 시각으로 담아내는 이러한 시각은 마침내 도시에서 "탁류의 흐름"을 읽어내고, 그것은 마지막 연에서 '외로움'과 '비애'로 바뀐다. 시공간의 변화에 그에 결부된 정서의 변화는 비슷한 시기에 창작된 「태양을 등진 거리 위에서」에서도 동일하게 반복되는데, 이 시에서 시인은 "서름과 희망이 뒤범벅된" 황혼의 거리 위에서 도시가 "피로한 잠"에 잠겨 있음을 본다.

도회.

밤 도회는 수상한 거리의 숙녀인가?

그는 나를 고혹의 뒷골목으로

교태로 손짓하며 말없이 부른다.

거리우의 풍경은 표현파의 그림.

붉고 푸른 채색등, 네온싸인,

사람의 물결 속으로 헤엄치는 나의 젊은 마음은

지금 크나큰 기쁨 속에 잠겨 있다.

쉬일사이 없이 흐르는 도회의 분류(奔流) 속으로

내가 여름밤의 조그마한 날벌레와 같이

뛰어들제. 헤엄칠제. 약진할제.

아름다운 환상은 나의 앞에서

끈임없이 명멸하고 있다.

그러나 이윽고 나는 나의 피로한 마음 우에

소리도 없이 고요히 나리는 회색의 눈(雪)을 본다.

아아 잿빛 환멸 속의 나의 외로운 마음아.

페이브먼트 우엔 가을의 낙엽이 떨어진다.

이것은 1933년대의 서울

늦인 가을 어느 밤거리의 점경,

기쁨과 슬픔이 교차되는 네거리에는

사람의 물결이 쉬임없이 흐르고 있다.

—「점경」 전문

박팔양의 시에서 '도시'의 정서는 낮의 화려함과 밝음이 아니라 '황혼'과 '저녁'의 우울, 비애, 적막, 슬픔 등으로 지각된다. 이러한 시적 구성은 1934년에 창작된 세 편의 시에서도 동일하게 드러난다. 「하루의 과정」에서 시간은 "동편 들창에 비치는 여명"과 "붉은 볼에 행복을 미소하는 젊은 남녀의 / 오고가는 발자취 소리"가 들려오는 "럿슈 · 아워"에서 시작되어 "오후 네 시의 권태"를 거쳐 "도시의 사람을 유혹하는 향락의 밤"으로 이동한다. 「근영수제」에서 시간은 "거리등불 깜박이는 도회의 한밤"으로 설정되어 있는데, 시인은 도회의 거리를 거니는 "지향없는 걸음"에서 "애처로운 밤"과 '울음'을 끄집어낸다. 인용시 「점경」은 "밤 도회"를 시간적 배경으로 삼고 있다는 점에서 「근영수제」와 유사하지만 "붉고 푸른 채색등, 네온싸인"을 "표현파의 그림"에 비유하고 있다는 점에서 1920년대에 창작된 「도회정조」와도 일맥상통한다. 1933년의 도시의 밤 풍경을 묘사한 이 시에서 '숙녀'에 비유된 도회의 밤은 시인을 "고혹의 뒷골목"으로 유혹하고 있다. 제1~3연이 도시의 밤 풍경이 연출하는 매력에 관한 이야기라면, 제4연부터는 도시의 매력이 피로, 환멸, 외로움으로 바뀌는 정서적 반응에 관한 이야기이다. 시인은 이 감정의 변화를 "기쁨과 슬픔이 교차되는 네거리"라고 묘사하는바, 이러한 도시의 이중성과 그것들의 '교차'는 박팔양 시의 핵심적인 인식에 속한다.

이처럼 박팔양의 시에서 '도시'는 무엇보다 '거리'라는 새로운 경험 공간의 발견과 연관된다. 1930년대의 경성은 빛-중심부를 지니고 있었고, 이는 '거리'가 높은 인구 밀도와 교통밀집, 다양한 스펙터클들의 연쇄로 구성되었음을 의미한다. 근대도시에서 '거리'는 불특정 대중들의 공간이다. 따라서 비단 백화점만이 아니라 도시의 대로를 따라 형성되는 빛의 거리, 즉 백화점과 다방, 산책로와 마천루 등이 도시체험의 중요한 공간적 대상이 된다. 뿐만 아니라 대로를 따라 질주하는 전차와 택시, 버스 등의 문명 체험 역시 같은 맥락에서 이해할 수 있다. 박팔양은 이 거리 위에서 희미하나마 베일에 싸인 군중의 모습을 발견하고 있는데, 그들은 거리를 '집'으로 여기는 창녀, 갱, 노동자, 실업자, 넝마주이 등이다. 그렇지만 박팔양의 군중에 대한 이해는 계급적인 관심보다는 풍경과 점묘의 수준에 그치고 있다. 이는 도시 풍경을 묘사하는 그의 태도가 자본주의에 대한 극복의 의지나 식민 현실에 대한 이해에서 출발한 것이 아니라 도시의 양면성, 즉 빛과 어둠이 교차하는 장소로서 '도시-거리'를 포착하기 때문이고, 황혼과 밤의 시간 속에서 도시인의 피로, 환멸, 우울, 고독 등을 읽어내려 하고 있기 때문이다.[16] 그렇다면 박팔양의 시가 보여주는 '도시'에 대한 양가성은 현대인이 도시에 대해 갖는 일반적인 심리적 태도였을까? 그렇지만 여기에서 간과하지 말아야 할 것은 이 양가성이 박팔양의 1920년대 시가 아니라 1930년대 시의 특징적인 면모, 다시 말해서 카프에서 구인

16 도회! 사람과사람이 개아미색기쓸듯하고 골목과골목이바둑판줄가티 縱橫으로뚤린곳에 아름다운 근대문명윗곳이피어잇다 화려한 '떼피-트멘트스토어'白晝를 비웃는數萬燭電燈 (…중략…) 그러나 우리는도회라는그곳에서데굴데굴굴러잇슴직한 '행복' 대신에 실상무엇을 보는가 거긔에는 煤煙에 가리워 暗黃色이된 陰鬱한 太陽이잇다 無數한 사람들이 마섯다가 배아터노흔 下水道들가티 不潔한 空氣가잇다 汚物로더럽힌 식커먼 내ㅅ물이잇다(박팔양, 「자연과 생명」, 『동아일보』 1928.8.8~9).

회로 옮겨가는 과정에서 목격되는 것이고, 1930년대 후반 이후에는 양가적 대상으로서의 '도시'라는 소재마저 시에서 사라지고 만다는 사실이다. 흥미롭게도 이러한 시적 변화는 카프에서 구인회로, 구인회에서 『만선일보』 기자로, 다시, 해방 이후에는 우익문화단체 전조선문필가협회로 변화를 거듭했던 그의 사상적 · 미학적 태도 변화와 일정한 연관성을 지니고 있는 것처럼 보인다. 이런 점에서 보면 '도시'에 대한 그의 양가적 감정은 시인 개인의 입장이나 정세의 변화와 무관하지 않았음을 알 수 있다.

5. 나오며

표상이란 심적 현상을 가리키는 동시에 구체적인 형상을 의미한다. 대상을 마음속에 떠올리는 심리적인 조작과 관련되면서, 또 한편으로는 대상의 대체물을 구체적으로 제시하는 물질적인 행위에 관련되는 것이 바로 표상이다.[17] 심리적 · 물리적 재현전화representation로서의 표상은, 때문에 특정한 대상에 관련된 문학적 차별성을 해명하는 데 유용한 출발점이 된다. 1930년대 시에서 '도시'는 특별한 의미를 갖는다. '도시'는 자본주의라는 근대성의 보편적인 측면과 식민지라는 근대성의 특수한 측면이 동시에 결합되어 있는, 이중적인 질곡의 공간이었다. 그렇지만 1930년대 시의 도시 표상은 중일전쟁을 기점으로 크게 변화하기 시작했다. 이 변화는 1930년대 중반 이후에 급속하게 확산되기 시작한 전통론의 영향과 결코 무관하지 않은 것처럼 보이는데, 이것은 모더니즘의 영향이 쇠퇴하는 과정과 일맥상통한다. 모더니즘의 영향력이 강하게 작용하고 있던 1935

17 이효덕, 박성관 역, 『표상 공간의 근대』, 소명출판, 2002, 19면.

년 이전 시기에 도시는 일반적으로 '소비'와 '취향'의 공간으로 표상되었다. 이상과 김기림이 여기에 해당한다. 한편 카프의 해체에서 중일전쟁에 이르는 시기에 문단의 화두는 '도시'가 아니라 '전통'이었다. 이러한 문학적 경향의 변화를 상징하는 것이 바로 1939년 2월 창간된 『문장』이었다. 『문장』의 전통주의는 식민지 후반기 문학의 성격 변화를 가장 첨예하게 보여주는 사건이었는데, 이를 전후하여 한국 근대시에서 '도시'를 시적공간으로 삼는 태도는 사례를 찾아보기 어려울 정도로 위축되고 만다. 오장환, 김광균, 박팔양의 시는 이 변화의 한 가운데에 위치하고 있었고, 그럼에도 불구하고 전통주의로 완전히 함몰되지 않는 면모를 보여주고 있다. 물론 1930년대 후반에서 1940년대 초반에 이르면 이들의 시세계 역시 전통주의로 빠져들기 시작하는데, 이 글에서 고찰하고 있는 1930년대 중반 이후의 시편들은 전통주의의 영향에도 불구하고 도시성에 대한 시적 인식을 보여주고 있다.

1930년대 중반 오장환의 시에서 '도시'는 가난, 우울, 절망의 공간으로 그려진다. 농촌과 도시의 가치 대립을 전제하고 있는 그의 시는 도시를 어둠의 공간으로 표상함으로써 1930년대의 암울한 현실을 그려내는데 집중했다. 특히 경성이라는 공간을 매음과 도박, 죽음의 공간으로 형상화하는 장면들에서는 식민지 지배라는 현실의 무게를 엿볼 수 있다. 한편 1920년대에 전통적인 세계에 주목했던 김광균 역시 1930년대 중반 이후에는 도시에 관한 시편들을 발표하기 시작했다. 일반적으로 그의 시는 회화성을 부각시키고 사물과 언어의 혁신을 꾀했다는 점에서 시적 근대성의 범주로 평가되지만, 그는 고독, 향수, 우울, 감상에 압도된 시적 주체를 그려냄으로써 도시를 희망과 긍정의 공간으로 묘사하는 경향과는 커다란 차별점을 보여주었다. 그의 시에게 도시는 방향상실, 그리고 그로 인한 고독, 슬픔, 우울의 공간으로 그려진다. 카프와 구인회를 거쳤던 박팔양 역시 1930년대 중반 이후에는 도시를 배경으로 하는 다수의 작품을 썼다. 오장환과 달리 모던에 대한 강력한 지향을 갖고 있었던 그였지만, 박팔양의 시에서 '도시'는 낮의 밝음이 아니라 '황혼'과 '저녁'의 우울, 비애, 적막, 슬픔 등으로 일관되고 있다. 흥미로운 것은, 오장환이나 김광균과 달리 박팔양의 '도시'가 양면성을 띠고 있다는 사실이다. 오장환이 도시에서 절망만을 읽어내고, 김광균이 도시에서 고독만을 읽어낸 반면, 박팔양은 도시의 우울을 강조하기 위해서 시에 도시의 밝음과 어두움을 동시에 투영시킨다. 이것은 그가 두 이미지의 대조 안에서 창작했다는 사실을 말해주며, 이를 위해서 그는 '거리'라는 공간을 적극적으로 시화詩化했다. 때문에 박팔양의 시는 희미하게나마 창녀, 갱, 노동자, 실업자, 넝마주이 같은 '군중'의 모습을 형상화하고 있지만, 군중에 대한 그의 이해는 계급적인 관심이 아니라 풍경과 점묘의 수준에 그치고 있다.

1930년대 문학사에서 카프의 해체로 압축되는 이념적 좌표의 부재와 중일전쟁 이후 모더니즘의 영향력 감소는 문학의 주조변화와 관련해서 중요한 의미를 갖는다. 시에서 드러나는 도시표상의 변화 역시 이들 사건과 무관하지 않은데, 이는 도시화와 근대화가 동일한 의미로 통용되고 자본주의 일반에 대한 비판과 저항이 '도시'라는 자본의 공간에서 모색되던 1930년대 전반과 달리, 1930년대 중반 이후 시인들은 모더니즘의 영향에서 벗어나 '전통'의 세계로 나아가기 시작했다는 것을 의미한다. 물론, 이 경우에 '전통'을 탈근대적이라고 평가하는 것은 해석의 비약에 해당하는데, 그것은 '전통'에 대한 관심 자체가 근대적인 의식의 한 축을 형성하고 있기 때문이다. 그럼에도 불구하고 1930년대 중반을 기점으로 시에서의 도시표상의 변화는 매우 중요한 문학사적 사건처럼 보인다. 이것은 앞서 지적한 것처럼 모더니즘의 영향력이 쇠퇴하기 시작한 징후이며, 모더니즘의 외부에서 새로운 문학적 돌파구를 마련하려는 시대적인 관심의 산물이기 때문이다. 이런 맥락에서 1930년대 시와 도시성의 영향관계를 해명하는 데 집중되었던 기존의 연구, 특히 이상과 김기림 문학에서의 '도시'의 의미를 확인하는 기존의 연구들이, 중일 전쟁 이후 시와 도시성의 관계를 해명하는 데 그대로 적용되어서는 안 된다고 생각한다. 전자에 있어서 그 영향관계는 모더니즘에 의해 뒷받침되고 있지만, 후자에 있어서 모더니즘은 더 이상 커다란 영향력을 발휘하지 못하고 있기 때문이다.

초출일람

제1부 '근대의 초극' 이라는 담론

「일제 말기 근대비판 담론의 시간성 연구」, 『비교문화연구』 23, 경희대 비교문화연구소, 2011.
「1930년대 비평장과 휴머니즘」, 『한국문학이론과 비평』 40, 한국문학이론과비평학회, 2008.
「전형기 비평의 논리와 국민문학론」, 『한국현대문학연구』 24, 한국현대문학회, 2008.
「일제 말기 신세대론 연구」, 『우리어문연구』 36, 우리어문학회, 2010.

제2부 근대시 · 자유시 · 국민시

「1910~1920년대 '자유시' 논의에 나타난 장르적 무의식」, 『민족문학사연구』 60, 민족문학사학회 · 민족문학사연구소, 2016.
「일제 후반기 국민시의 성격과 형식」, 『한국시학연구』 37, 한국시학회, 2013.
「일제 후반기 시에 나타난 향토성 문제」, 『우리문학연구』 30, 우리문학회, 2010.
「고향의 발견」, 『어문론집』 43, 중앙어문학회, 2010.
「일제 후반기의 담론 지형과 『문장』」, 『국어국문학』 152, 국어국문학회, 2009.

제3부 근대시의 문턱들

「'사건'으로서의 3 · 1운동과 1920년대 시문학」, 『한국시학연구』 59, 한국시학회, 2019.
「만해 사상과 근대 기획」, 『만해학 연구』 5, 만해학술원, 2009.
「윤동주 시의 세계 이해」, 『현대문학의 연구』 63, 한국문학연구학회, 2017.
「동양적인 것의 슬픔, 또는 시적 초월의 이율배반」, 『우리문학연구』 48, 우리문학회, 2015.
「'동양'의 발견과 국민문학」, 『한국문학이론과 비평』 35, 한국문학이론과비평학회, 2007.
「1930년대 후반 시의 도시표상 연구」, 『한국시학연구』 25, 한국시학회, 2009.